本书受中山大学"一带一路"研究院资助出版

中山大学国际问题研究文库

袁丁 主编

东南亚女政治领袖研究

Research on Female Political Leaders
in Southeast Asia

范若兰 等著

中国社会科学出版社

图书在版编目（CIP）数据

东南亚女政治领袖研究 / 范若兰等著. —北京：中国社会科学出版社，2021.9
（中山大学国际问题研究文库）
ISBN 978-7-5203-8802-3

Ⅰ. ①东… Ⅱ. ①范… Ⅲ. ①女性—政治家—人物研究—东南亚 Ⅳ. ①K833.327

中国版本图书馆 CIP 数据核字（2021）第 168893 号

出 版 人	赵剑英
责任编辑	宋燕鹏
责任校对	李　剑
责任印制	李寡寡

出　　版	中国社会科学出版社
社　　址	北京鼓楼西大街甲 158 号
邮　　编	100720
网　　址	http://www.csspw.cn
发 行 部	010-84083685
门 市 部	010-84029450
经　　销	新华书店及其他书店
印　　刷	北京君升印刷有限公司
装　　订	廊坊市广阳区广增装订厂
版　　次	2021 年 9 月第 1 版
印　　次	2021 年 9 月第 1 次印刷
开　　本	710×1000　1/16
印　　张	20.5
插　　页	2
字　　数	323 千字
定　　价	98.00 元

凡购买中国社会科学出版社图书，如有质量问题请与本社营销中心联系调换
电话：010-84083683
版权所有　侵权必究

目 录

导论 东南亚女政治领袖研究述评:研究范式与分析工具 …………(1)
  第一节 东南亚女政治领袖增多与相关研究的发展 …………(2)
    一 起步:20世纪末的东南亚女领袖研究………………(2)
    二 发展:21世纪东南亚女政治领袖研究………………(6)
  第二节 东南亚女政治领袖的研究范式与分析工具 …………(16)
    一 东南亚女领袖研究范式………………………………(16)
    二 东南亚女政治领袖研究的分析工具…………………(21)
  第三节 东南亚女政治领袖研究的评价与前瞻 ………………(26)
    一 对已有研究的评价……………………………………(26)
    二 本书思路和框架………………………………………(28)

第一章 菲律宾的玛利亚:科拉松·阿基诺与民主转型 ………(30)
  第一节 菲律宾民主化浪潮与科·阿基诺步入政坛 …………(31)
    一 阿基诺之死与菲律宾民主化浪潮……………………(32)
    二 科·阿基诺与菲律宾民主运动………………………(39)
    三 为什么是科·阿基诺?…………………………………(42)
  第二节 科拉松·阿基诺的执政表现 …………………………(50)
    一 重建菲律宾民主政治…………………………………(50)
    二 振兴经济与土地改革…………………………………(53)
    三 以和平谈判解决菲共和"摩解"问题…………………(58)
    四 冷静应对多次兵变……………………………………(60)
    五 反腐努力收效甚微……………………………………(63)

第三节 科拉松·阿基诺总统的双重困扰……………………（65）
　　一 备受质疑的执政能力 ………………………………（66）
　　二 柔中带刚的执政风格 ………………………………（68）
　　三 难以摆脱的裙带与贪腐 ……………………………（72）
　　四 不重视妇女权利 ……………………………………（74）
余论 ……………………………………………………………（77）

第二章 菲律宾铁娘子：阿罗约总统研究 ……………………（79）

第一节 阿罗约的上台路径 ……………………………………（80）
　　一 阿罗约夫人的早期经历 ……………………………（80）
　　二 阿罗约夫人成功掌权及原因 ………………………（83）
第二节 阿罗约夫人的执政表现 ………………………………（89）
　　一 菲南问题·区别对待 ………………………………（90）
　　二 发挥专长·促进经济 ………………………………（94）
　　三 临危不乱·化险为夷 ………………………………（98）
　　四 高调反腐·大肆腐败 ………………………………（103）
第三节 对阿罗约总统的评价 …………………………………（107）
　　一 无可质疑的执政能力 ………………………………（108）
　　二 强硬的执政风格 ……………………………………（111）
　　三 腐败总统 ……………………………………………（113）
　　四 漠视妇女权利 ………………………………………（115）
余论 ……………………………………………………………（119）

第三章 印度尼西亚的"雌狮"：梅加瓦蒂的多重政治身份 ……（120）

第一节 梅加瓦蒂的上台路径 …………………………………（121）
　　一 步入政坛：从家庭主妇到国会议员 ………………（122）
　　二 苏哈托威权政治与民主变革 ………………………（125）
　　三 登上总统之位 ………………………………………（133）
　　四 梅加瓦蒂成功上位的原因：光环与质疑 …………（139）
第二节 梅加瓦蒂的政治思想 …………………………………（146）
　　一 梅加瓦蒂政治思想的来源 …………………………（146）

二　政治思想内容 …………………………………………… (148)
　　三　政治思想的特点 ………………………………………… (152)
  第三节　梅加瓦蒂的执政表现 …………………………………… (153)
　　一　民主建设与治理 ………………………………………… (154)
　　二　经济恢复与发展 ………………………………………… (155)
　　三　坚持国家统一　解决分离运动 ………………………… (157)
　　四　解决军队的双重职能 …………………………………… (160)
  第四节　对梅加瓦蒂的评价 ……………………………………… (162)
　　一　梅加瓦蒂的政治能力 …………………………………… (162)
　　二　柔中带刚的执政风格 …………………………………… (167)
　　三　贪腐问题与裙带关系 …………………………………… (168)
　　四　妇女权益问题 …………………………………………… (171)
  余论 ………………………………………………………………… (174)

第四章　泰国的红玫瑰：政治怪圈与英拉的困境 …………… (175)
  第一节　英拉的上台路径和执政表现 …………………………… (176)
　　一　从商界 CEO 到泰国总理 ……………………………… (176)
　　二　英拉总理的执政表现 …………………………………… (179)
　　三　英拉被迫下台 …………………………………………… (185)
  第二节　家族政治之困：成也他信，败也他信 ………………… (190)
　　一　他信体制特点及其对泰国的影响 ……………………… (190)
　　二　他信因素对英拉的正负影响 …………………………… (194)
  第三节　民主怪圈之困：泰国的劣质民主与权力政治 ………… (197)
　　一　泰国民主政治的缺陷 …………………………………… (198)
　　二　各种政治势力对英拉执政的制约 ……………………… (201)
  第四节　女总理之困：女性执政所遭受的双重困扰 …………… (208)
　　一　泰国性别秩序的变化 …………………………………… (209)
　　二　女性身份对英拉从政的影响 …………………………… (211)
  余论 ………………………………………………………………… (217)

第五章 永远的替代者:旺阿兹莎的从政之路分析 (218)
第一节 代夫出征:旺阿兹莎的从政之路 (219)
  一 "烈火莫熄"运动与旺阿兹莎步入政治 (220)
  二 当选议员与反对党领袖 (223)
  三 辞任议员与重新代夫出征 (225)
  四 希望联盟主席与女副总理 (227)
第二节 旺阿兹莎的理念与实践 (228)
  一 反对威权与追求民主和公正 (228)
  二 支持族群平等 (229)
  三 主张所有宗教和谐共处和温和伊斯兰 (230)
  四 维护和支持妇女权利 (231)
第三节 旺阿兹莎从政之路的优势与劣势 (233)
  一 旺阿兹莎从政之路的优势 (233)
  二 旺阿兹莎从政之路的劣势 (237)
余论 (241)

第六章 东南亚女政治领袖比较研究 (242)
第一节 东南亚女政治领袖上台路径与道德资本 (243)
  一 政治家族的继承者和替代者 (243)
  二 专制腐败政权的反对者和民主象征 (246)
  三 女性身份与特质 (247)
  四 从政意愿与经验 (249)
第二节 东南亚女首脑与双重困扰 (254)
  一 执政能力与表现 (254)
  二 执政风格 (257)
  三 在治腐更腐的困境中 (259)
  四 关注还是漠视妇女权利 (261)
第三节 对东南亚女政治领袖的理论思考 (263)
  一 东南亚女政治领袖类型 (263)
  二 民主化与女政治领袖 (265)
  三 父权制类型与女政治领袖 (269)

第四节　东南亚女首脑与其他国家女首脑比较研究 …………（277）
　　一　世界女首脑类型及特点 ……………………………（278）
　　二　民主水平与父权制互动对三种类型女领袖
　　　　上台路径的影响 ……………………………………（285）
　　三　民主化和父权制对不同类型女首脑执政
　　　　表现和评价的影响 …………………………………（292）
余论 …………………………………………………………………（298）

主要参考文献 ……………………………………………………（300）

后　记 ……………………………………………………………（318）

导　论

东南亚女政治领袖研究述评：
研究范式与分析工具

  女性能够成为领袖并不是她们个人的选择，而是在她们父亲或者丈夫殉难以后的政治需要，忠诚的公众将支持她作为能够继续表达他们忠诚的一种方式。

——Mark R. Thompson

  女领袖一方面要像男性领导人一样面对风云突变的国内局势并力图促进国家发展；另一方面她们还要因为女性身份而面对来自多方面的指责。

——范若兰、陈妍

  政治领袖是指在政治领域极具号召力和创造力的人，通常包括掌握最高权力的政治家（总统、总理、议长）、政党领袖、工会领袖、利益集团领袖等。政治一向是男子主导的领域，长期以来政治领袖几乎是由男政治家包揽。随着民主化进程和女权运动发展，越来越多的女性进入政治领袖行列，迄今共有40多位女总统和女总理曾经或正在活跃于世界政治舞台上，而来自亚洲国家的女领袖占三分之一。

  亚洲是女政治领袖最早出现的地方，也是人数最多的地方。世界上第一位和第二位女首脑诞生在南亚，即斯里兰卡的班达拉奈克夫人和印度的英迪拉·甘地总理，她们在20世纪60年代就登上权力顶峰，在70、80年代继续执掌最高权力。伴随着第三波民主化浪潮，南亚和东南亚在80、90年代涌现出一批女领袖，即巴基斯坦的贝娜齐尔·

布托、孟加拉的卡莉达·齐亚和谢赫·哈斯纳、斯里兰卡的库马拉通加夫人、菲律宾的科拉松·阿基诺、缅甸的昂山素季、印尼的梅加瓦蒂、马来西亚的旺阿兹莎。进入21世纪,亚洲的女政治领袖扩大到东亚,又添加几位新人,即菲律宾的阿罗约总统、泰国的英拉·西那瓦总理和韩国的朴槿惠总统,最新的一位女总统是新加坡的哈莉玛,但她只是虚位总统。

迄今东南亚已出现了六位女总统、总理、国务资政,还有不少女政党领袖,可与盛产女政治领袖的南亚媲美。这一引人注目的现象使人们不禁好奇:在男性占据主导地位的父权社会,为什么女性能掌握最高权力?许多亚洲国家是根深蒂固的父权社会,长期是威权政治和军人政治,为什么出现众多女政治领袖?女领袖与男领袖有何不同?为了一窥究竟,有关女领袖的报道、传记、学术研究层出不穷。传记和新闻报道较多,主要集中于女领袖的家庭、个人生活经历、政治生涯、服饰和爱好,而学术研究相对较少,主要探讨她们能够登上权力顶峰的原因和面临的问题。

本书首先对国内外学界有关东南亚女政治领袖(本书的女政治领袖只包括实权总统、总理和大党领袖)的学术研究进行回顾,目的是厘清有关东南亚女领袖研究集中探讨的问题、取得的成就和存在的问题,重点是对其研究范式和分析工具进行评析,以期对深入研究这一议题有所助益。

第一节　东南亚女政治领袖增多与相关研究的发展

有关东南亚女政治领袖的学术研究是与亚洲女领袖研究结合在一起的,随着亚洲女领袖人数的增加而增多,以世纪之交为界,可分为两个时期。

一　起步:20世纪末的东南亚女领袖研究

20世纪有关亚洲女领袖的学术研究较少,主流政治学研究几乎不关注女领袖。美国著名政治学家詹姆斯·麦格雷戈·伯恩斯1978年出版的

《领袖论》尽管指出像果尔达·梅厄、英迪拉·甘地、玛格丽特·撒切尔"这样的人物在政界起着举足轻重的作用",也认识到"当领袖渐渐被人们恰当地看作是领导者调动其追随者的自身需求和渴望的过程时,妇女被公认为领袖就会容易得多,而男性则会改变自己的领导作风"。① 但他在具体分析政治领袖的起源、心理特点、执政方式、类型时,几乎都是从男领袖的案例出发,对女领袖极少关注。第三波民主化浪潮中涌现出众多女领袖,但一般民主化研究很少探讨这一现象,美国著名学者亨廷顿在其名著《第三波——20世纪后期民主化浪潮》中轻描淡写地谈道:"还存在着一种寡妇女儿的现象。性质不同的反对派团体围绕在已成为烈士的国民英雄的那些仍然活着的女性亲属周围:如科拉松·阿基诺、贝娜齐尔·布托、微奥莱塔·查莫罗、昂山素季。这些领袖以戏剧般的手法展现了善的义举和现行政权之恶,同时提供了一种具有磁力般的象征和人格。而围绕着这种人格,各种持不同意见的团体能够团结起来。"② 亨廷顿敏锐地抓住了女领袖的一些关键特点,但仅此而已,没有展开分析。

80年代东南亚出现女政治领袖,菲律宾的科拉松·阿基诺和缅甸的昂山素季登上政治舞台,有关她们的传记和研究大量涌现。1986年科拉松·阿基诺成为菲律宾和东南亚的第一位女总统,吸引了所有人的目光,仅1987年出版的有关她的书就有克劳德·A. 布斯(Claude A. Buss)的《科丽·阿基诺与菲律宾人民》③,伊萨贝洛·克里索斯托莫(Isabelo T. Crisostomo)的《科丽——一个总统的传记》④,以及露西·科米萨

---

① [美]詹姆斯·麦格雷戈·伯恩斯著,刘李胜等译:《领袖论》,中国社会科学出版社1996年版,第58—59页。

② [美]塞缪尔·亨廷顿著,刘军宁译:《第三波——20世纪后期民主化浪潮》,上海三联书店1998年版,第221页。

③ Claude A. Buss, *Cory Aquino and the People of the Philippines*, Calif.: Stanford Alumni Association, 1987.

④ Isabelo T. Crisostomo, *Cory-Profile of a President: The Historic Rise to Power of Corazon Cojuangco Aquino*, Brookline Village, MA: Branden Pub. Co., 1987. 此书被翻译为中文出版,有两个版本,一为[菲]伊萨贝洛·克里索斯托莫著,水恒涌等译《传奇式的女总统:阿基诺夫人传》,西北大学出版社1988年版。二为[菲]埃萨伯罗·克里索斯托莫著,施能济等译《科丽·阿基诺传》,东方出版社1988年版。

(Lucy Komisar) 的《科拉松·阿基诺: 革命故事》① 等, 上述著作对阿基诺夫人生平及其登上政治舞台的过程记叙甚详, 但因出版较早, 对其执政表现着墨不多。罗伯特·里德 (Robert H. Reid) 与艾琳·格雷罗 (Eileen Guerrenro) 的《科拉松·阿基诺与小规模战争》② 则弥补了这一不足, 该书从阿基诺夫人登上政治舞台开始论述, 以其执政过程为主脉, 分析了军方、传统社会和西方民主在菲律宾的相互作用, 以及阿基诺夫人在这一背景下的执政表现。

昂山素季 1988 年登上缅甸政治舞台, 有关她的传记很快涌现出来, 有约翰·帕瑞特 (John Parenteau) 的《和平的囚徒: 昂山素季为缅甸民主而斗争》③, 威特妮·斯特瓦 (Whitney Stewart) 的《昂山素季: 缅甸免于恐惧的声音》④, 大石幹夫 (Mikio Oishii) 的《昂山素季的斗争: 原则与策略》⑤ 等, 主要论述昂山素季的生平、从政之路和政治理念。美国记者芭芭拉·维克托 (Barbara Victor) 的《昂山素季夫人: 诺贝尔得主与缅甸的囚徒》⑥ 最为著名, 该书以缅甸政治经济发展为时代背景, 根据作者 1996 年对军政要员、民主人士、僧伽、学者和商业人士的采访, 详细记述了昂山素季的家族背景、成长历程, 以及其投身缅甸民主化运动的过程。昂山素季的思想也受到研究者重视, 主要有《缅甸自由理念与昂山素季政治思想》⑦ 和《缅甸政治危机中的道德文化: 昂山素季与民主

---

① Lucy Komisar, *Corazon Aquino: The Story of a Revolution*, New York: G. Braziller, 1987. 中译本为 [美] 露西·科米萨著, 吴壬林等译:《女总统——科拉松·阿基诺》, 黑龙江人民出版社 1988 年版。

② Robert H. Reid and Eileen Guerrenro, *Corazon Aquino and the Brushfire Revolution*, Baton Rouge: Louisiana State University Press, 1995.

③ John Parenteau, *Prisoner for Peace: Aung San Suu Kyi and Burma's Struggle for Democracy*, Greensboro: Morgan Reynolds, 1994.

④ Whitney Stewart, *Aung San Suu Kyi: Fearless Voice of Burma*, Minneapolis: Lerner Publications, 1997.

⑤ Mikio Oishii, *Aung San Suu Kyi's Struggle: It's Principles and Strategy*, Penang: Just World Trust, 1997.

⑥ Barbara Victor, *The Lady: Aung San Suu Kyi: Nobel Laureate and Burma's Prisoner*, London: Faber and Faber, 1998.

⑦ Josef Silverstein, "The Idea of Freedom in Burma and the Political Thought of Daw Aung San Suu Kyi", *Pacific Affairs*, Vol. 69, No. 2, Summer 1996.

联盟的民主斗争》①。

梅加瓦蒂1993年成为印尼民主党主席，有关她的研究开始出现。《梅加瓦蒂的领导权与国家的干预》一文，主要分析苏哈托总统干预1996年印尼民主党大选以及梅加瓦蒂的应对。② 在1999年大选后，瓦希德成为印尼第四任总统，梅加瓦蒂成为副总统，不少论著分析为什么在印尼获得最多民意支持的梅加瓦蒂不能当选总统，是选举制度的缺陷还是印尼民主政治的漏洞？其中《梅加瓦蒂的悲剧：变革印尼的公共政治》一书，从梅加瓦蒂的从政之路、印尼政治历史以及现实分析入手，探讨在印尼金钱政治和既得利益集团的博弈下，民意基础最坚实的梅加瓦蒂最后会屈居瓦希德的副手，并预测了梅加瓦蒂未来的政治走向。③

90年代国外学界出现以女性主义视角研究东南亚女领袖的论著。林达·K.瑞彻特（Linda K. Richter）的《对南亚和东南亚女领袖的理论探讨》主要分析亚洲女政治领袖现象的一些关键变量，如父权制、家族纽带、殉难、阶级、女性生活方式、文化、个人经历、选举制度等因素对女领袖的影响，评价女性作为领袖的优势和劣势等问题。④ 米切尔·A.格诺维斯（Michael A. Genovese）主编的《作为国家领袖的女性》是一本高质量的论文集，收入《动荡时代的柔性治理：菲律宾总统科拉松·阿基诺》《贝娜齐尔·布托与家族政治：父亲的女儿，人民的姐妹》《英迪拉·甘地与权力运用》等个案分析论文，还收入《女性国家领袖，我们知道什么》和《女性国家领袖：模式和前景》等宏观分析和理论探讨论文，提出女领袖的模式，形成初步的研究范式。⑤ 弗朗塞·阿米考和皮特·R.拜克曼（Francine D'Amico and Peter R. Beckman）主编的论文集《世界政治中的妇女：导论》收入《女性国家领导人》《英迪拉·甘地：

---

① Gustaaf Houtman, *Mental Culture in Burmese Crisis Politics: Aung San Suu Kyi and the National League for Democracy*, Tokyo: Tokyo University of Foreign Study, 1999.

② Eep Saefulloh Fatah, "Kepemimpinan Megawati dan Intervensi Negara", *Republika*, 24 Juni 1995.

③ Andi Setiono Dll, *Tragedi Megawati: Revisi Politik Massa di Indonesia*, Yogyakarta: Tarawang, 2000.

④ Linda K. Richter, Exploring Theories of Female Leadership in South and Southeast Asia, *Pacific Affairs*, Vol. 63, No. 4, 1990 – 1991, pp. 524 – 540.

⑤ Michael A. Genovese, ed., *Women as National Leaders*, Calif.: Sage Publications, 1993.

社会性别与外交政策》《科拉松·阿基诺：社会性别、阶级和人民力量总统》等论文，提出女领袖的三种类型。① 米娜·罗丝（Mina Roces）的《女性、权力和家族：战后菲律宾的女政治家》是研究菲律宾女政治家与家族政治的经典之作。她提出"非正式权力"概念，指出"在菲律宾文化环境下，非正式权力也是'权力'，可以对妇女最大程度的赋权。在这个领域妇女的角色是男政治家的妻子、女儿、母亲和情妇，提供权力的基础来自家族政治"②。并深入探讨了科拉松·阿基诺和马科斯夫人的权力参与问题。

这一时期中国学界对东南亚女领袖研究极少，只有数篇论文，如陈岳、吴秀慧的《菲律宾总统阿基诺夫人》③，曾莫休的《亚洲第一位女总统：阿基诺夫人的崛起》④ 和《科·阿基诺政府进入第三年》⑤，罗梅的《浅谈阿基诺夫人》⑥，以及林锡星的《缅甸著名政治明星——昂山素姬》⑦，木生的《昂山素季在当前缅甸政治中的角色》⑧。传记只有陈岳、吴秀慧的《阿基诺夫人》和孙嘉莉的《科·阿基诺传》⑨。这些论文和传记只是简单描述两位女领袖的生平和从政之路，没有深入分析，没有与其他地区女领袖的对比，更没有从女性主义视角进行探讨。

二 发展：21世纪东南亚女政治领袖研究

这一时期有关亚洲女领袖的学术研究增加，也较深入，这与女政治领袖增多有关，也与前期的学术积累有关。

---

① Francine D'Amico and Peter R. Beckman eds., *Women in World Politics: An Introduction*, Westport, CT: Bergin & Garvey, 1995.
② Mina Roces, *Women, Power and Kinship Politics: Female Power in Post-War Philippine*, Westport, CT: Praeger, 1998, p.29.
③ 陈岳、吴秀慧：《菲律宾总统阿基诺夫人》，《现代国际关系》1987年第2期。
④ 曾莫休：《亚洲第一位女总统：阿基诺夫人的崛起》，《东南亚研究》1988年第1期。
⑤ 曾莫休：《科·阿基诺政府进入第三年》，《东南亚研究》1988年第2期。
⑥ 罗梅：《浅谈阿基诺夫人》，《东南亚纵横》1994年第4期。
⑦ 林锡星：《缅甸著名政治明星——昂山素姬》，《东南亚研究》1995年第5期。
⑧ 木生：《昂山素季在当前缅甸政治中的角色》，《东南亚研究》1997年第1期。
⑨ 陈岳、吴秀慧：《阿基诺夫人》，中国妇女出版社1988年版；孙嘉莉：《科·阿基诺传》，黑龙江人民出版社1995年版。

(一) 国外研究

2001年阿罗约夫人成为菲律宾第二位女总统，执政时间长达10年，有关她的传记和研究较多。菲律宾传记作家尼克·华谨的《走进马拉卡楠宫：菲律宾总统阿罗约夫人传》①，对阿罗约总统的生平和从政经历进行了详细叙述，但很少涉及其总统生涯和执政表现。洁恩·希尔维斯特（Jaylyn Silvestre）的《菲律宾女领袖的崛起：科拉松·阿基诺与格洛丽亚·马卡帕加尔·阿罗约研究》②一文从家族政治、天主教会的支持、前任总统的腐败、女性在菲律宾的重要象征四个方面来解释阿罗约夫人上台的原因。小山田英二（Eiji Oyamada）的《阿罗约夫人在菲律宾的反腐政策》③一文总结了阿罗约夫人在第一个任期内反腐的成果和不足，进而探讨阿罗约夫人在其第二任期内反腐面临的困难和对策。保罗·亨奇克罗夫特（Paul D. Hutchcroft）的《阿罗约陷入菲律宾的纷争中》④一文对阿罗约夫人接二连三的丑闻进行分析，探讨菲律宾民主制度的缺陷。帕特里西奥·阿比纳勒斯（Patricio N. Abinales）的《菲律宾：弱国家，强总统》⑤从菲律宾2007年11月29日发生的未遂兵变开始，探讨了阿罗约政府与反对派间力量的不平衡问题。指出她之所以经过多次兵变仍能安然无恙，并躲过一次次民众抗议浪潮，与其执政联盟有关，进而分析了阿罗约政权与地方势力非同寻常的关系。南森·吉尔伯特（Nathan Gilbert）的《菲律宾：政党与腐败》⑥对阿罗约任内菲律宾的修宪问题及其反腐措施进行了探讨。

梅加瓦蒂2001年接任遭弹劾下台的瓦希德成为印尼第一位女总统，

---

① ［菲］尼克·华谨著，施雨、施迪夫译：《走进马拉卡楠宫：菲律宾总统阿罗约夫人传》，海潮摄影艺术出版社2005年版。

② Jaylyn Silvestre, "The Rise of Women Leaders in the Philippines: A Study of Corazon Aquino and Gloria Macapagal-Arroyo", *The Berkeley McNair Research Journal*, 2001, pp. 165 – 178.

③ Eiji Oyamada, "President Gloria Macapagal-Arroyo's Anti-Corruption Strategy in the Philippines: An Evaluation", *Asian Journal of Political Science*, Vol. 13, No. 1, June 2005, pp. 81 – 107.

④ Paul D. Hutchcroft, "The Arroyo Imbroglio in the Philippines", *Journal of Democracy*, Vol. 19, No. 1, January 2008, pp. 141 – 155.

⑤ Patricio N. Abinales, "The Philippines: Weak State, Resilient President", *Southeast Asian Affairs*, 2008, pp. 293 – 312.

⑥ Nathan Gilbert, "The Philippines: Political Parties and Corruption", *Southeast Asian Affairs*, 2007, pp. 277 – 294.

有关她的研究大量涌现。许多论著分析印尼政局的乱象，以及梅加瓦蒂上任后面临的问题。《印尼的治理：梅加瓦蒂政权面临的挑战》一书，集中阐释了瓦希德被弹劾的原因和梅加瓦蒂上任后面临的挑战，包括伊斯兰主义与民族主义的博弈、寻求行之有效的外交政策、军队改革的困局、宪法改革、东帝汶与亚齐地方分离主义、恐怖主义与经济复苏等。① 《梅加瓦蒂：从家庭主妇到总统》一书，详细记述了梅加瓦蒂的童年时代、教育背景、执政争议和社会名流的评论，作者希望通过为梅加瓦蒂写书立传，改变民众对其政治理念知之甚少的状况。② 此外，还有不少论文评估梅加瓦蒂在任期间的政绩，预测其继续连任的可能性。③ 梅加瓦蒂2004年卸任总统后，依然是大党民主斗争党的领袖，对印尼政治有举足轻重的影响，有关她的研究长盛不衰，研究角度和视野更为丰富。《领导魅力：梅加瓦蒂在民主斗争党中的政治领导研究》一文，从领导力的视角，分析梅加瓦蒂在组建和发展民主斗争党过程中所展现的政治谋略、领导力与号召力。④ 《70岁的梅加瓦蒂：印尼民主党与梅加瓦蒂的政治亮相》一文，从历史发展的角度，分析梅加瓦蒂在印尼民主党、民主斗争党和印尼政坛中扮演的重要角色。⑤ 《梅加瓦蒂：曙光之女》是一本传记，详细书写了梅加瓦蒂的生平，尤其是展现了大量梅加瓦蒂与其父苏加诺总

---

① Hadi Soesastro, Anthony L. Smith and Han Mui Ling, *Governance in Indonesia：Challenges Facing the Megawati Presidency*, Singapore：Institute of Southeast Asian Studies, 2003.

② Sumarno, *Megawati Soekarnoputri：Dari Ibu Rumah Tangga Sampai Istana Negara*, Depok：PT Rumpun Dian Nugraha, 2002.

③ 这类研究成果较多，主要有 Sir V. S. Naipaul, "Keeping Sukarno's Promise? Megawati's Indonesia", *The Brown Journal of World Affairs*, Spring 2002 - Volume IX, Issue 1. Irman G. Lanti, "Megawati's Re-election in 2004：Not a Sure Bet", RSIS Commentaries, 01 August 2002, https：//www. rsis. edu. sg/rsis-publication/rsis/527 - megawatis-re-election-in - 20/#. WXW_meyerdY. "A Return to the New Order? Political Prisoners in Megawati's Indonesia", *Human Rights Watch*, Vol. 15, No. 4 (C), July 2003。

④ Hadi Mustafa, "Pekepemimpinan Karismatik：Studi Tentang Kepemimpinan Politik Megawati Soekarnoputri Dalam PDIP Partai Demokrasi Indonesia Perjuangan", Skripsi, Program Studi Ilmu Politik Fakultas Ilmu Sosial Dan Ilmu Politik Universitas Islam Negeri Syarif Hid Ayatullah, 2011.

⑤ Aryo Bhawono, Ibad Durohman, Irwan Nugroho, "70 Tahun Megawati：PDI Dan Debut Politik Megawati", Detik, 23 Januari 2017, https：//x. detik. com/detail/intermeso/20170123/Kisah-Debut-Politik-Megawati/index. php. Last access by 27 June 2017.

统相处的细节。①《女总统的争议》一书，详尽分析了印尼社会对梅加瓦蒂出任总统的两极化声音，而无论是支持还是反对女性出任总统的人士，大都援引《古兰经》的相关经文，而且都能自圆其说，显示伊斯兰及印尼文化传统对女性担任领导人的有限制约。②《印度尼西亚妇女：性别、平等与发展》是一本论文集，有数篇论文研究梅加瓦蒂，指出她的从政之路饱受性别不平等的影响，认为部分民众的偏见主要来源于对女性的刻板印象。③《女总统在政治和社会实践中的意义：雅加达、茂物、德波和唐格朗地区中产家庭妇女对梅加瓦蒂的认知分析》一文，则从雅加达首都特区省、茂物、德波和唐格朗地区中产家庭妇女对梅加瓦蒂的认知和反应，展现其作为女性领导人的政治和社会意义。④

昂山素季历经长期软禁，仍然是缅甸民主运动的领袖。2012年被释放后，她参与选举，先后成为议员、外交部部长、国务资政，行使"总统之上"的权力。21世纪以来有关昂山素季的传记和研究一直长盛不衰，主要有英国记者彼德·波凡姆（Peter Popham）的《夫人和孔雀：昂山素季的生平》，⑤对其家庭、成长经历、从政经历和囚禁岁月进行详细描述。瑞纳·彼德森（Rena Pederson）的《缅甸的春天：昂山素季为民族精神的新斗争》⑥一书，除了探讨昂山素季的思想和从政之路外，还对其恢复自由后的政治活动进行分析和评价。

英拉2011年才步入政坛并成为泰国总理，在任时间又短，对她的研究十分薄弱。国外研究以新闻报道为主，几乎没有学术论文，更没有专

---

① Yvonne de Fretes and Rita Sri Hastuti, *Megawati: Anak Putra Sang Fajar*, Jakarta: Gramedia Pustaka Utama, 2012.
② Nur Hidayah, *Kontroversi Presiden Wanita*, Jakarta: PT Pabelan Jayakarta, 1998.
③ Kathryn Robinson and Sharon Bessell eds., *Women in Indonesia: Gender, Equity and Development*, Singapore: Institute of Southeast Asian Studies, 2002.
④ Billy Sarwono Atminobudi, "Pemaknaan Karir Politik Presiden Perempuan Dalam Masyarakat Patriarki (Analisis Pemaknaan Ibu Rumah Tangga Kelas Menengah di Jabotabek Tentang Megawati Soekarnoputri)", *Jurnal Penelitian Ilmu Komunikasi*, III (2) Mei-Agust 2004, hlm. 1 – 25.
⑤ Peter Popham, *The Lady and the Peacock: The Life of Aung San Suu Kyi*, New York: The Experiment Publishing, 2012. 中译本为［英］彼德·波凡姆著《翁山苏姬》，庄安祺、范振光译，联经出版事业股份有限公司2012年版。
⑥ Rena Pederson, *The Burma Spring: Aung San Suu Kyi and New Struggle for the Soul of a Nation*, New York and London: Pegasus Books, 2015.

著。《英拉·西那瓦》① 一文发表于英拉当选泰国总理之后，详细介绍了英拉的社会背景、家族关系与施政重点。《新手英拉》② 一文主要分析英拉上台背后的他信因素和未来政府中可能有的他信元素，以及英拉政府如何与民主党反对派、执政联盟内部其他政党、军方等重要政治团体保持平衡稳定关系。

旺阿兹莎是马来西亚人民公正党领袖，2018年才担任副总理，对她的研究更是少之又少。目前只有一本旺阿兹莎的个人传记《为公正奋斗：马来西亚旺阿兹莎的故事》③，出版于2005年，只对旺阿兹莎早期政治经历有所描述，且多为人民公正党的宣传，谈不上是客观的学术研究。另有一篇论文《烈火莫熄与抑制：旺阿兹莎》④，讨论旺阿兹莎作为政治替代者和反对党领袖的作为，但这篇论文只写到2012年以前旺阿兹莎的政治活动。

这一时期国外学界从女性主义视角研究东南亚女政治领袖的论著增多，且分析深入。有几本高水平的论文集代表了这一领域研究的最高水平。达格玛·赫曼—拉加纳亚根（Dagmar Hellmann-Rajanayagam）和安翠·弗莱斯成伯格（Andrea Fleschenberg）主编的《女神、英雄、奉献：亚洲女领袖》是一本高质量的论文集，收入多篇探讨亚洲女政治领袖的论文，如《差异性造成何种差异？——亚洲顶级女领袖的政治领导类型》《神化我的姐妹：政治约束中的女领袖》《圣人还是罪人？道德资本与亚洲女领袖等》，这些论文引入主流政治领袖研究的类型分析、道德资本等分析工具，从女性主义视角深入探讨亚洲女领袖。⑤ 阿扎·阿亚日（Aazar Ayaz）和安翠·弗莱斯成伯格（Andrea Fleschenberg）主编的论文集《亚洲政治的性别面相》研究亚洲妇女的权力参与，其中包括研究菲

---

① J. P, Shinawatra, Yingluck, *Current Biography*, October 2011, pp. 68–73.
② "Beginner's Yingluck", *Business Asia*, July 11, 2011, pp. 1–3.
③ Hiroko Iwami Malott, *Struggle for Justice: The Story of Dr. Wan Azizah Wan Ismail of Malaysia*, Kuala Lumpur: IUniverse, 2005.
④ Claudia Derichs, "Reformasi and Repression: Wan Azizah Wan Ismmail", in Claudia Derichs & Mark R. Thompson, eds., *Dynasties and Female Political Leaders in Asia: Gender, Power and Pedigree*, Berlin: LIT VERLAG Dr. W. Hopf, 2013, pp. 291–320.
⑤ Dagmar Hellmann-Rajanayagam and Andrea Fleschenberg, eds., *Goddesses, Heroes, Sacrifices: Female Political Power in Asia*, Munster: LIT Verlag, 2008.

律宾总统阿罗约夫人处于危机时的表现，对昂山素季的争议，等等。① 克罗蒂娅·德瑞彻（Claudia Derichs）和麦克·汤普森（Mark R. Thompson）主编《亚洲的王朝与女政治领袖：性别、权力与家族》一书②，收入多篇研究东南亚女领袖的论文，包括《菲律宾总统与人民力量：科·阿基诺与阿罗约夫人》《真命天子还是战斗的孔雀？——昂山素季的政治领导与道德资本（1988—2008）》《梅加瓦蒂：印尼的民主转型与第一位女总统》《烈火莫熄与抑制：旺阿兹莎》等，这些论文运用女性主义观点，分析女政治领袖与家族政治的关系，探讨其执政表现，以及道德资本对她们从政的影响。米切尔·A. 格诺维斯（Michael A. Genovese）等人主编的论文集《女政治领袖：性别与治理研究》③，则是在1993年出版的《作为国家领袖的女性》基础上的修订本，增加了部分章节，着重探讨女政治领袖的从政路径、执政能力和执政风格，分析性别对其执政表现的影响。此外，卡伦·奥·丛诺（Karen O'Connor）主编的论文集《社会性别与女领袖》收入女性主义关于领袖的理论、全球环境中的女领袖、联合国中的女领袖、各大洲的女领袖等论文，该书对美国女领袖研究较多，对亚洲女领袖的研究比较空泛。④

还有一些论文运用性别视角对东南亚女领袖进行研究，如麦克·R. 汤普森（Mark R. Thompson）的《亚洲民主转型时期的女领袖》探讨南亚和东南亚民主转型时期女领袖与父权制的关系，以及她们掌权后面临的问题，分析较为深入。⑤ 安翠·弗莱斯成伯格（Andrea Fleschenberg）的《亚洲顶层女政治家：怒吼母虎还是温顺小猫》探讨南亚和东南亚女政治领袖的产生与社会文化、经济、政治制度的关系，分析比较

---

① Aazar Ayaz and Andrea Fleschenberg, eds., *The Gender Face of Asian Politics*, Oxford: Oxford University Press, 2009.

② Claudia Derichs & Mark R. Thompson, eds., *Dynasties and Female Political Leaders in Asia: Gender, Power and Pedigree*, Berlin: LIT VERLAG Dr. W. Hopf, 2013.

③ Michael A. Genovese and Janie S. Steckenrider, *Women as Political Leaders: Studies in Gender and Governing*, New York: Routledge, 2013.

④ Karen O'Connor, ed., *Gender and Women's Leadership: A Reference Handbook*, London: SAGE Publications, Inc., 2010.

⑤ Mark R. Thompson, "Female Leadership of Democratic Transitions in Asia", *Pacific Affairs*, Vol. 75, No. 4 (Winter, 2002 – 2003), pp. 535 – 555.

全面。① 卡罗琳娜·鲁伊兹（Carolina S. Ruiz Austria）的《菲律宾原教旨主义背景下的教会，国家与妇女的身体》分析天主教会对菲律宾妇女权利的影响，认为阿罗约夫人用保守天主教会的教条来制定国家政策，极大地限制了妇女的性权利与生殖权利，女总统并不必然维护妇女权利。②

（二）国内研究

21世纪以后中国学界东南亚女领袖研究的数量和质量都有所提升。

首先，媒体和学界对东南亚女领袖的关注度大大提高，有关她们的一般报道和传记较多，亦对其执政表现有一定探讨。

有关阿罗约夫人的传记有邢继盛的《阿罗约夫人——才貌双全的东南亚铁娘子》③，该书对阿罗约夫人的家庭背景和早期经历进行了详细介绍；朱幸福的《风云诡谲的菲岛政坛》④一书介绍了阿罗约夫人上台的前因后果，叙述了其执政初期合法性受质疑，面临的困难等；王子昌的《权力的合法性：菲律宾政权更迭的政治学分析》⑤和沈红芳的《埃斯特拉达：菲律宾特色民主的产物和替罪羊》⑥两篇论文均对阿罗约上台的合法性进行了分析；方拥华的《阿罗约连任及菲律宾内外政策走向》⑦探讨了阿罗约获得连任的原因及其第二任期的政策倾向；此外，天桥的《梅加瓦蒂与阿罗约：谁更像谁？》⑧将阿罗约夫人与梅加瓦蒂的成长经历与从政之路进行对比，对两人的执政风格进行总结；赵洋的《阿罗约：菲律宾"铁娘子"的未来之路》⑨和储昭根的《"铁娘子"阿罗约

---

① Andrea Fleschenberg, "Asia's Women Politicians at the Top: Roaring Tigresses or Tame Kittens?" In Kazuki Iwanaga, eds., *Women's Political Participation and Representation in Asia: Obstacles and Challenges*, Copenhagen: NIAS Press, 2008.

② Carolina S. Ruiz Austria, "The Church, the State and Women's Bodies in the Context of Religious Fundamentalism in the Philippines", *Reproductive Health Matters*, Vol. 12, No. 24, November 2004, pp. 96–103.

③ 邢继盛：《阿罗约夫人——才貌双全的东南亚铁娘子》，江苏人民出版社2003年版。

④ 朱幸福：《风云诡谲的菲岛政坛》，中国社会科学出版社2002年版。

⑤ 王子昌：《权力的合法性：菲律宾政权更迭的政治学分析》，《东南亚研究》2001年第3期。

⑥ 沈红芳：《埃斯特拉达：菲律宾特色民主的产物和替罪羊》，《南洋问题研究》2001年第2期。

⑦ 方拥华：《阿罗约连任及菲律宾内外政策走向》，《东南亚》2004年第3期。

⑧ 天桥：《梅加瓦蒂与阿罗约：谁更像谁？》，《国际展望》2001年第9期。

⑨ 赵洋：《阿罗约：菲律宾"铁娘子"的未来之路》，《国际纵横》2012年第1期。

的起伏人生》①叙述了阿罗约夫人从上台执政到下台后被逮捕的经历。

有关昂山素季的研究较多。林锡星对昂山素季与缅甸政治发展问题的关注最为持久、最具连续性，这些论文涵盖了90年代至2009年昂山素季对缅甸政局影响的分析，但总体而言，各篇章都没有聚焦，分析浅显。②李晨阳和陈茵合著的《影响缅甸民主化进程的主要政治势力》将昂山素季领导的民盟及其支持者定义为三股影响缅甸民主化进程势力之一，对昂山素季影响力下降和民盟政治斗争方式进行了分析，指出缅甸军人政权仍将会是缅甸政局的主导。③昂山素季被释放及掌握政权后，对她的报道和介绍大大增加，④但更多的还是昂山素季对缅甸政治的影响，王子昌的《缅甸民盟的胜选及其执政难题》，分析民盟胜选原因，指出昂山素季领导的民盟政府面临的困难。⑤王冠兴的《缅甸民盟政府的国家治理及面临的挑战》一文主要探讨民盟政府上台后的施政，分析昂山素季在其中的作用。⑥

有关梅加瓦蒂的研究不多，只有数篇论文，如《梅加瓦蒂：沉默的雌狮》《梅加瓦蒂执政100天：印尼前途充满荆棘》《梅加瓦蒂政府的国内外政策走势》《维护国家团结　摆脱经济困境——梅加瓦蒂政府的政策走向》等，主要分析梅加瓦蒂面临的挑战及其政策。⑦

---

① 储昭根：《"铁娘子"阿罗约的起伏人生》，《检察风云》2012年第1期。
② 林锡星：《昂山素季与缅甸政治》，《东南亚研究》2002年第4期；林锡星：《试析昂山素季对缅甸军政权态度的转变》，《东南亚研究》2004年第1期；林锡星：《美缅关系的趋缓与缅甸政治生态探析》，《东南亚研究》2009年第6期；林锡星：《缅甸与昂山素季的未来》，《南方周末》2003年11月20日。
③ 李晨阳、陈茵合著：《影响缅甸民主化进程的主要政治势力》，《当代亚太》2006年第4期。
④ 李晨阳：《昂山素季其人其事》，《世界知识》2012年第10期；吴钦、魏华：《昂山素季，在总统之上》，《领导文萃》2016年第16期；王孖：《缅甸国务资政昂山素季》，《国际研究参考》2017年第1期。
⑤ 王子昌：《缅甸民盟的胜选及其执政难题》，《东南亚研究》2016年第2期。
⑥ 王冠兴：《缅甸民盟政府的国家治理及面临的挑战》，《东南亚研究》2017年第2期。
⑦ 麦棠源：《梅加瓦蒂：沉默的雌狮》，《21世纪》2001年第7期；温北炎：《梅加瓦蒂政府的国内外政策走势》，《当代亚太》2002年第3期；麦棠源：《梅加瓦蒂执政100天：印尼前途充满荆棘》，《瞭望新闻周刊》2001年第46期；夏峰：《维护国家团结　摆脱经济困境——梅加瓦蒂政府的政策走向》，《当代世界》2001年第9期；郑一省、赵美玲：《梅加瓦蒂政府减少燃油津贴的原因及影响》，《东南亚纵横》2004年第5期。

国内关于英拉的相关研究大多是在其当选泰国总理前后所发表。宋清润的《泰国首位女总理英拉》① 一文，在简单介绍英拉的家庭背景、求学与从商经历以及婚姻状况的基础上，从女性特有的美丽优雅及亲和力、他信的影响等方面分析其成功上台的原因。憬怡在《女总理代兄从政的乐与愁》② 一文中，敏锐地看到英拉当选后的媒体热潮，并客观地描述了英拉一系列被称为"民粹政策"的惠民措施的利与弊，对英拉政府为迎接他信回国所可能采取的修宪或假借王室特赦机会等可能触怒反对派的举措表示担忧。周方冶则在《泰国首位女总理的三大考验》③ 一文中，从"反他信"阵营的夺权威胁、政治盟友的利益分配矛盾以及社会经济改革与发展的压力这三个方面入手，预测英拉执政后所要面对的重要考验。在英拉解散国会乃至被撤销总理职位后，国内再一次引发英拉研究热潮。《环球人物》2014 年第 13 期连登三文，④ 分别从英拉个人魅力、家族背景、泰国政局三个方面对英拉下台的原因进行了分析和探讨，但分析力度不够，停留在现象评论层面。

其次，对东南亚女政治领袖的综合研究和对比研究较多，并不断深入。

陈文的《东南亚南亚为何频出女首脑?》一文，较早对东南亚、南亚的女首脑现象进行系统的研究，主要从社会时势、制度环境、家族影响、教育水平以及性格特点这五个方面分析这些女性政治家能够问鼎首脑宝座的原因。⑤ 孙小迎的《东南亚"水"文化承载着的两位女总统——科拉松·阿基诺和梅加瓦蒂主政随想》一文，在家族政治这一常用的分析工具之外，独到地探讨东南亚社会特有的"水"文化，亦即"超越男权社会特有的追求权力与物质财富、实现支配欲和占有欲的价值取向，尊重妇女，尊重母亲的特征"，⑥ 来解释东南亚女性领袖出现的文化和传统因素。庄礼伟在其

---

① 宋清润：《泰国首位女总理英拉》，《国际资料信息》2011 年第 8 期。
② 憬怡：《女总理代兄从政的乐与愁》，《南风窗》2011 年第 22 期。
③ 周方冶：《泰国首位女总理的三大考验》，《人民论坛》2011 年 8 月。
④ 杨讴：《美丽 智慧 贤淑：英拉的三个侧面》，《环球人物》2014 年第 13 期；于景浩：《几代人积累财富，三总理来来去去：西那瓦家族未完的传奇》，《环球人物》2014 年第 13 期；陆建人：《英拉下台背后的隐情》，《环球人物》2014 年第 13 期。
⑤ 陈文：《东南亚南亚为何频出女首脑?》，《东南亚纵横》2001 年第 12 期。
⑥ 孙小迎：《东南亚"水"文化承载着的两位女总统——科拉松·阿基诺和梅加瓦蒂主政随想》，《东南亚纵横》2002 年第 3 期，第 59 页。

《亚洲"政治"超女现象》一文中，用生动的语言尝试解释亚洲频频出女领袖的原因，着重探讨发展中国家和家族政治这两个因素对女性领袖当选的重要作用，也看到了亚洲特有的"宿命"文化对其影响，以及女领袖风光执政背后的男性操纵。① 但其所选个案多是南亚国家，对东南亚涉及不多。

再次，从性别或女性主义视角对东南亚女政治领袖的研究开始出现，并不断深入。

范若兰对东南亚女政治领袖的研究最为深入，她运用女性主义理论，发表多篇论文和专著探讨女领袖与父权制和民主化的关系。在范若兰和陈妍的《东南亚民主化浪潮中的女领袖现象探析》②及《掌权之后：东南亚女总统与民主转型的性别分析》③两篇论文中，从社会性别视角对东南亚女领袖上台原因和执政后面临的双重困境进行了深入探讨。范若兰的《政治替代者与党内攀登者：东南亚和大洋洲女首脑比较研究》从女首脑的不同类型入手，比较东南亚三国和大洋洲两国不同的经济、政治发展阶段、政治文化对女首脑上台路径和面临问题的影响。④ 范若兰的《东南亚女性的政治参与》一书，不仅对东南亚主要国家女性参政进行了梳理，还深入探讨了女性参政与威权政治、民主政治、政治文化、父权制的关系，并在第八章《东南亚女政治领袖研究》专门探讨女领袖的相关理论问题。⑤ 她还在《父权制类型与女性政治参与模式分析：一个理论思考》《父权制松动和性别秩序变化对女性政治参与的影响——以东南亚国家为中心》《当代菲律宾家族政治与女性权力政治参与的关系》等论文中集中探讨父权制与家族政治对女政治领袖上台路径和执政的影响。⑥

---

① 庄礼伟：《亚洲"政治"超女现象》，《南方人物周刊》2007年2月1日。
② 范若兰、陈妍：《东南亚民主化浪潮中的女领袖现象探析》，《东南亚研究》2012年第1期。
③ 范若兰、陈妍：《掌权之后：东南亚女总统与民主转型的性别分析》，《妇女研究论丛》2012年第1期。
④ 范若兰：《政治替代者与党内攀登者：东南亚和大洋洲女首脑比较研究》，《中山大学学报》2013年第3期。
⑤ 范若兰：《东南亚女性的政治参与》，社会科学文献出版社2015年版。
⑥ 范若兰：《父权制类型与女性政治参与模式分析：一个理论思考》，《思想战线》2015年第5期；范若兰：《父权制松动和性别秩序变化对女性政治参与的影响——以东南亚国家为中心》，《东南亚研究》2014年第5期；范若兰：《当代菲律宾家族政治与女性权力政治参与的关系》，《南洋问题研究》2014年第4期。

第二节 东南亚女政治领袖的研究范式与分析工具

一 东南亚女领袖研究范式

已有的东南亚女政治领袖研究主要围绕下列问题展开,并形成研究范式:

(一)东南亚女领袖的上台路径:前提条件和基础

几乎所有学者都致力于探讨南亚和东南亚出现女领袖的根源。米切尔·A. 格诺维斯认为女领袖现象的共同特点是:(1)大都在欠发达国家;(2)这些国家有表面的民主;(3)世俗政治体制;(4)通常处于政治/社会危难。[①] 玛丽·F. 卡真斯汀(Mary F. Katzenstein)认为不论什么国家,出现女领袖与下列因素有关:(1)社会条件(阶级结构、宗教和文化);(2)政治机制(政治继承程序、政党结构性质)。在论及印度时,她认为政治机制是出现女领袖的主导因素,国大党和家族政治"在选择女候选人竞选时举足轻重",因此,"提升了妇女进入领袖地位的机会"。[②] 但是这并不能导致更高的普通女性政治参与。柔娜·加罕(Rounaq Jahan)认为能达到顶层政治位置的南亚女领袖主要由于下述因素:(1)男性政党领袖需要"填补因一个克里斯玛式的领袖突然离去而造成的真空,他们需要时间再造一个符合要求的政治继承人"。(2)由于女领袖能加强党内不同派别团结的潜能(通常由于她们相对没有政治经验)。(3)由于她们作为死去的领袖家庭成员的强有力象征,这些女性被认为是个人信念和道德选择的结合体。[③]

林达·瑞彻特认为家族政治、出身精英阶层是女领袖产生的重要前

[①] Michael A. Genovese, *Women as National Leaders*, London: SAGE Publications, 1993.

[②] Mary F. Katzenstein, "Towards Equality? Cause and Consequence of the Political Prominence of Women in India", in ed. by G. Minault, *The Extended Family: Women and Political Participation in India and Pakistan*, Delhi: Chanakya Publications, 1989, pp. 292, 297.

[③] Rounaq Jahan, "Women in South Asian Politics", *Third World Quarterly*, No. 3, 1987, pp. 851–855.

提和基础。① 麦克·汤普森从父权制与女领袖、政治家族与女领袖、牺牲与动员、继承"他"的事业几个方面探讨出现女领袖的原因，认为南亚东南亚盛行的家族政治有助于女领袖产生，女性之所以成为殉难领袖的继承者，部分原因是家族政治派系中的男性不能、不愿或者不适合去承担这样的领袖地位；男性著名政治家在被捕、遇刺或处死后，"成为支持者的世俗圣徒"，女领袖继承"他"的事业，"女领袖能够成为政治家并不是她们个人的选择，而是在她们父亲或者丈夫殉难以后的政治需要，忠诚的公众将支持她作为能够继续表达他们忠诚的一种方式"②。安翠·弗莱斯成伯格指出，东南亚大部分女领袖有共同特征，第一，民主转型对政治变化和政治体制的压力成熟；第二，利用基本的民主工具：选举。但她认为这两个特点还不足以解释东南亚女领袖现象，应该加上"地位"，女领袖上台是靠"地位"而不是性别，女领袖都出身权贵家族、受过良好教育，她们的支持资本（社会、人力、经济资本）使得她们成为领袖并取得成功。她还指出"亚洲的特点是，一方面有顶层女政治家，另一方面是女议员和女部长的比例较低"③。

范若兰和陈妍认为东南亚女领袖在民主运动中崭露头角，获得民众支持，主要得益于以下因素：一是她们是著名政治家的妻女，因为她们死去的、被囚禁的、被驱逐的父亲、丈夫、兄长而登上政治舞台。她们被视为男政治家的继承者，民众将对他们的热爱、怀念、同情转移到她们身上，使得女领袖拥有巨大的号召力。二是女领袖们在民主化浪潮中积极提倡民主、自由和人权，迎合了民众对专制统治的不满，对民主和人权的渴望，她们甚至被视为民主象征，获得民众拥护。三是女领袖的女性特质，如温柔、顺从、纯洁、母性、不具侵略性、非暴力等，对于常年生活在军政府专制统治之下的民众很有吸引力，也使反对派阵营乐

---

① Linda K. Richter, "Exploring Theories of Female Leadership in South and Southeast Asia", *Pacific Affairs*, Vol. 63, No. 4, 1990 – 1991, p. 528.

② Mark R. Thompson, "Female Leadership of Democratic Transitions in Asia", *Pacific Affairs*, Vol. 75, No. 4, 2002 – 2003, pp. 538 – 548.

③ Andrea Fleschenberg, "Asia's Women Politicians at the Top: Roaring Tigresses or Tame Kittens?" in Kazuki Iwanaga, eds., *Women's Political Participation and Representation in Asia: Obstacles and Challenges*, Copenhagen: NIAS Press, 2008, pp. 38 – 43.

于拥戴女领袖来加强团结。四是女领袖都受过高等教育,属于精英女性,她们虽然从政经验不足,但她们的学习能力、洞察力以及勇气、毅力和对政治的敏感加强了她们的个人能力,巧妙地将政治经验不足转化为优点而不是弱点,使她们能在众多反对派领导人中脱颖而出。①

国内外学者对东南亚女领袖现象根源、前提和基础的探讨可谓是大同小异,研究范式基本形成,即女领袖是著名男政治家的替代者或继承者;受命于危机之时;家族政治是她们产生的基础;民主选举政治是她们崛起的条件;女性特质在一定程度上为她们提供支持;一般妇女政治参与度并不高。

(二) 执政困境:东南亚女领袖面对的主要问题

东南亚女领袖上台后如何巩固统治?面临什么问题?与男领袖有何相同和不同?这方面的研究远不如探讨她们上台原因的论著多,只有数篇论文涉及这一问题。

米切尔·A. 格诺维斯认为女领袖如果是靠替代者身份登上大位,她们的执政能力一定会被贬低,"如果一位女性是从其家族继承了某项职位或重要的身份,或是从与她密切相关的人,如丈夫那里获得了相应的地位,其政治生涯开始时便已经是或即将是顶层精英中的一分子时,观察者们会有意或无意地带有一种性别偏见,贬低那些女性,他们以一种反常的方式不断重复或指出她们的成功是依靠家族或者配偶而不是她们自身的能力和努力。"② 林达·瑞彻特认为女领袖上台后面对的劣势主要是:没有政治能力,在军队中没有威望,人们认为她们是临时领导人,认为她们对异见的容忍、妥协,对反对派的政治特赦是胆怯而非勇敢,是软弱而非坚强。③ 麦克·汤普森认为女领袖上台后面对的最大障碍是大男子主义,"女领袖被贬低为软弱的并且没有能力应对复杂的现实政治",女领袖上台后谋求"公正",包括为她们殉难的丈夫或者父亲寻找"正义",

---

① 范若兰、陈妍:《东南亚民主化浪潮中女领袖现象探析》,《东南亚研究》2012 年第 1 期。

② Michael A. Genovese and Janie S. Steckenrider, *Women as Political Leaders: Studies in Gender and Governing*, New York: Routledge, 2013, p. 5.

③ Linda K. Richter, "Exploring Theories of Female Leadership in South and Southeast Asia", *Pacific Affairs*, Vol. 63, No. 4, 1990 – 1991, p. 537.

但女领袖有可能被怀疑是寻求报复政敌而非寻求正义,女领袖经常被认为是为家族利益而非为了国家利益。① 安翠·弗莱斯成伯格认为亚洲大部分女首脑很快适应权力,像她们的男同事一样运用权力。她们作为执政者是合格的。更重要的是,大部分女政治家有成功记录,包括成功连任。但她认为亚洲女首脑在提升妇女权利上作为不多。

范若兰和陈妍从执政能力、施政方式、廉洁政治、妇女权利几个方面研究东南亚三位女总统,指出女领袖掌权之后所面临的困境:(1)因为是女总统,又是靠父亲、丈夫、兄长的光环获胜,许多民众和政治评论家总是质疑她们的执政能力,认为她们没有能力应对复杂的现实政治;(2)因为是女总统,她们总是被认为"软弱",尽管她们像男总统一样,有"软""硬"两手,并交替使用,她们还是被认为"软弱";(3)因为是女总统,民众希望她们在廉洁政治、清除贪腐方面更有作为,但她们在这方面乏善可陈,民众对她们失望会更大,批评更多;(4)因为是女总统,她们在维护妇女权利和提高妇女地位方面也要面临男首脑无须面临的各种压力。②

国内外研究者都认为作为政治家的亚洲女领袖,其执政力与男首脑并没有什么不同,但因为她们是女性,因为她们不同于男政治家的上台路径,使她们在掌权后要面对比男政治家更大的压力:她们被认为没有执政能力,施政软弱,不关注妇女权利,有人宁愿她们只当政治象征,权力留给男政治家;当她们像男政治家一样强硬时,她们又被批评大权独揽、专制。总之,"她们一方面要像男性领导人一样面对风云突变的国内局势并力图促进国家发展,另一方面她们还要因为女性身份而面对来自多方面的指责。"③

(三) 女领袖类型

由于政治经济文化差异,世界各国的女政治领袖呈现不同特征。最早对女领袖进行分类的是弗朗塞·阿米考(Francine D'Amico),她按照上台

---

① Mark R. Thompson, "Female Leadership of Democratic Transitions in Asia", *Pacific Affairs*, Vol. 75, No. 4, 2002 – 2003, pp. 550 – 553.

② 范若兰、陈妍:《掌权之后:东南亚女总统与民主转型的性别分析》,《东南亚研究》2012 年第 1 期。

③ 同上书,第 84 页。

方式将女领袖分为三种类型：（1）政治替代者（political surrogates），指"因生病的、亡故的或为政治而牺牲的亲属而掌握权力的人"；（2）政治的局内人或向上攀登者（political insider or climber），指经由政党或地方政治渠道当选和掌握最高权力的人，简称党内攀登者；（3）政治的外来者或活动家（political outsider or activists），是指通过基层活动而参与政治的人。① 大体而言，亚洲、拉丁美洲等发展中国家的女领袖大都属于政治替代者，西欧、大洋洲等国女首脑大都是党内攀登者，少数欧洲和拉美的女首脑属于第三种类型，她们长期从事基层活动或社会运动，最终进入政治高层。

米切尔·A. 格诺维斯依据女政治领袖的政治经验将其分为三类："没有""有限的""广泛的"，她指出所考察的大多数女领袖"几乎没有独立的政治经验"，她们"因家族地位而直接掌权"。② F. 加拉宰（F. Jalalzai）评价政治经验的分类包括：是否担任政府官员、是否参加政党活动、是否参加政治运动。③ 亚洲大部分女政治领袖掌权以前没有政治经验。

安翠·弗莱斯成伯格试图用詹姆斯·伯恩斯的领袖类型为亚洲女领袖分类。詹姆斯·伯恩斯将领袖分为两大类型：变革型领袖和交易型领袖，前者包括知识型领袖、改革型领袖、革命型领袖、英雄与思想家，后者包括舆论型领袖、群体型领袖、政党型领袖、立法型领袖、行政型领袖。④ 她认为昂山素季、科·阿基诺属于变革型领袖，贝·布托、哈斯纳、齐亚属于先是变革型，后为交易型领袖，阿罗约夫人、梅加瓦蒂、索尼娅·甘地、旺阿兹莎、朴槿惠为交易型领袖，库马拉通加夫人为混合型领袖（混合变革型和交易型）。⑤ 她在另一篇论文中又以交易型领袖、

---

① Francine D'Amico, "Women National Leaders", in Francine D'Amico and Peter R. Beckman eds., *Women in World Politics: An Introduction*, Westport, CT: Bergin & Garvey, 1995, p. 22.

② Michael A. Genovese ed., *Women as Political Leaders*, London: Sage, 1993, pp. 211 – 218.

③ F. Jalalzai, "Women Political Leaders: Past and Present", *Women Politics*, Vol. 26, No. 3/4, 2004, p. 100.

④ ［美］詹姆斯·麦格雷戈·伯恩斯著，刘李胜等译：《领袖论》，中国社会科学出版社1996年版。

⑤ Andrea Fleschenberg, "Asia's Women Politicians at the Top: Roaring Tigresses or Tame Kittens?" in Kazuki Iwanaga, ed., *Women's Political Participation and Representation in Asia: Obstacles and Challenges*, Copenhagen: NIAS Press, 2008, pp. 32 – 33.

混合型领袖、变革型领袖对上述女领袖展开论述，归类与上一篇论文有所不同，叙述有点混乱。①

范若兰运用弗朗塞·阿米考的女领袖类型对东南亚和大洋洲女首脑进行对比研究，指出两地不同的社会发展水平、政治体制、政治文化、性别观念深深影响到女首脑的生成路径。澳大利亚和新西兰政治已发展到"自由民主"阶段，有成熟的两大政党集团通过竞选轮流执政的制度框架，政党也建立健全的民主制度，根除了家族政治的弊端，女性通过政党进入政界，代表政党竞选议会席位，出任内阁部长，积累政治经验和人望，通过党内选举竞争党领袖职位，并以党领袖身份出任总理。相比之下，东南亚三国仍处于"民主转型"阶段，女领袖要借助家族政治加上民主运动，通过选举获胜来执政。总的来说，大洋洲两国是式微的父权制，东南亚三国是松动的父权制，使得东南亚女首脑面对的困难和压力要大于大洋洲女首脑。②

二 东南亚女政治领袖研究的分析工具

采用合适的分析工具和分析方法能深化对东南亚女领袖的研究，否则，只能流于现象描述和简单分析。目前，国内外学界对东南亚女领袖研究的分析工具主要有社会性别、父权制、双重困扰和道德资本。

（一）社会性别（gender）

社会性别是当代女性主义的核心概念之一，是指由社会文化建构起来的一整套制度，社会性别不是与生俱来的，而是随着社会文化发展形成的对男女差异的理解，以及在社会文化中形成的属于女性或男性的群体特征和行为方式。③ 男性被认为具有果断、理性、勇敢、侵略、暴力等特质，女性被认为具有柔顺、被动、合作等特质，通常人们称为男性特

---

① Andrea Fleschenberg, "What Difference does 'Difference' Make? ——The Political Leadership Style of Asia's Female Top Politicians", in Dagmar Hellmann-Rajanayagam and Andrea Fleschenberg, eds., *Goddesses, Heroes, Sacrifices: Female Political Power in Asia*, Munster: LIT Verlag, 2008.

② 范若兰：《政治替代者与党内攀登者：东南亚和大洋洲女首脑比较研究》，《中山大学学报》2013年第3期。

③ 谭兢嫦、信春鹰主编：《英汉妇女与法律词汇释义》，中国对外翻译出版公司1995年版，第145页。

质和女性特质。

政治一直是最具有"男性特质"的领域，政治领袖被认为应该是有野心的、强硬的、主导的和果断的，政治领袖与"男性特质"高度重合，因此，男性被认为更能胜任政治首脑职务，这导致女政治领袖鲜见。而在长期威权统治和民主运动情境下，范若兰和陈妍指出，民众对充满"男性特质"的威权统治者心生反感，而对具有温柔、母性、纯洁、非暴力、优雅等"女性特征"的女领袖寄予厚望，于是女领袖在强调自己是丈夫或父亲的继承者的同时，强调自己温柔、纯洁、非暴力的女性特质，强调自己的贤妻良母身份，她们以这种方式表达对父权制的认同和维护，迎合公众的性别观念，淡化了自己"越界"的行为，从而在父权制根深蒂固的社会避过性别障碍，获得民众支持。① 米娜·罗丝认为，像男性一样，女性也可以利用性别特质来最大化自身的利益。男政治家可以仰仗他们的男子汉气概，而女政治家则可以利用她们的柔弱、美貌、优雅，或者树立一个宗教虔诚的妻子形象来寻求支持。②

范若兰和陈妍进一步指出，一旦女性成为首脑，她们必须符合"男性特质"，才能被认为是合格的政治家，所以女首脑也更强调自己强硬的一面，以表明自己是合格的政治领袖，如英·甘地、贝·布托、阿罗约夫人等。但是基于男强女弱、男刚女柔的性别刻板印象，人们总是认为女首脑能力有限，过于软弱，不如男领袖有能力，不如他们强硬，尽管这些印象和批评并不符合事实。③

"社会性别"对于分析政治的性别特征，女领袖的优势和劣势特别有用。

（二）父权制（patriarchy）

父权制是女性主义的核心概念之一，也译为男权制，是指以男子掌握权力为基础的社会组织结构。它是男性用来统治女性的一整套意识形

---

① 范若兰、陈妍：《东南亚民主化浪潮中的女领袖现象探析》，《东南亚研究》2012年第1期。

② Mina Roces, *Women, Power, and Kinship Politics: Female Power in Post-war Philippines*, Westport, CT: Praeger, 1998.

③ 范若兰、陈妍：《掌权之后：东南亚女总统与民主转型的性别分析》，《妇女研究论丛》2012年第1期。

态和社会关系，是一个以权力、统治、等级和竞争为特征的体系，以男性权力为中心，限制女性平等获得政治、经济、文化等资源。

一般情况下，父权制阻碍了妇女进入政治领域，尤其是最高权力，林达·瑞彻特指出，"父权制理念对于妇女命运有决定影响，父权制倾向于加强专制价值观而不是民主价值观。男性支配已被法律和习俗合法化了，国家的政治或公共生活已被假定天然是男性的领域，而妇女的领域是私人的。……因此私人家庭角色使得大部分妇女'无资格'进入政治领域。"①

但在民主化情境下，家族政治加上选举政治，父权制在一定程度上支持女领袖现象。麦克·汤普森认为在民主运动中，父权制是帮助而不是阻碍亚洲女领袖。② 范若兰更进一步指出，父权制对女领袖既有促进作用，也有制约作用，父权制所具有的家族政治、庇护政治、等级制、二元对立的性别观念等特征对东南亚女领袖影响最大，"她们都出自政治家族，因为民主运动而步入政治舞台，一跃而为总统候选人或政党领袖，她们以强调自己的女性特质和母亲身份，来迎合父权制的性别角色规范"。在民主运动中，父权制在一定程度上支持女领袖。"但父权制既能支持她们，也能制约她们，导致女首脑掌权后面临更多的困境。"③ 米切尔·A. 格诺维斯着重指出，亚洲女政治领袖有一个共同特点："她们没人挑战所处社会的父权权力结构，这样做无疑是政治自杀。"④

范若兰还提出三种类型父权制类型与女领袖类型的对应关系，第一类是式微的父权制，性别平等程度极高或较高，女性政治参与度高，女首脑多且出自非政治家族，主要依靠政党或社会运动登上权力顶峰；第二类是松动的父权制，传统性别规范受到极大冲击，性别平等取得显著进步，女性政治参与有一定提高，女首脑大多出自政治家族，依靠民主选举和家族政治登上权力顶峰；第三类是牢固的父权制，传统性别规范

---

① Linda K. Richter, "Exploring Theories of Female Leadership in South and Southeast Asia", *Pacific Affairs*, Vol. 63, No. 4, 1990–1991, p. 526.

② Mark R. Thompson, "Female Leadership of Democratic Transitions in Asia", *Pacific Affairs*, Vol. 75, No. 4, 2002–2003, p. 538.

③ 范若兰、陈妍：《东南亚民主化浪潮中的女领袖现象探析》，《东南亚研究》2012 年第 1 期，第 9 页。

④ Michael A. Genovese and Janie S. Steckenrider, *Women as Political Leaders: Studies in Gender and Governing*, New York: Routledge, 2013, p. 343.

仍然根深蒂固，性别平等程度低，性别差距巨大，女性政治参与度较低，为数极少的女首脑都出自政治家族，依靠家族政治登上权力顶峰。①

"父权制"概念对于分析家族政治、民主选举、性别观念对女领袖的上台路径的影响是很好的分析工具。

(三) 双重困扰 (double binging)

"双重困扰"这一概念最初由心理学家帕特森 (Gregory Bateson) 及其同事提出，② 后来被引用到女性研究领域，该理论认为女性由于受制于人们矛盾的评价，往往处于不公平的弱势地位，并成为双重标准的受害者，受到双重困扰。为了在公共政治领域取得成功，需要进取心以及决断力等所谓"男性特质"，但具有这些特质的女性会被批评没有"女人味"；而另一方面，如果她展现了顺从与感性等"女性特质"，人们又认为她没有能力，在公共事务领域不会成功。换句话说，女政治家陷入一种悖论之中，无论其如何表现都会受到来自不同人的批评，困于性别陷阱之中。

目前，只有少数学者运用"双重困扰"对亚洲女政治家进行分析。安娜·阿拉亚 (Annai Oru Alayam) 指出女政治领袖通常被神化，被视为圣母玛丽亚 (科·阿基诺)、菩萨 (昂山素季)、杜尔加女神 (英·甘地)、大地之母 (梅加瓦蒂) 等，人们认为"女人——女神——比男人能更好地处理冲突。……一些女政治家在转型时期被称作或推崇为能结束纷争的救世主。"这是她们能在选举中获胜的关键因素之一。但另一方面，"像女神一样，女政治家必须受控于男性统治，不能越界"。当女政治家挣脱了男性控制，她就会成为卡莉 (印度教中的女神)、腐败、滥权、算计、不可控制。总之，"如果女政治家表现得像一个政治家，就会令她的男同僚咬牙切齿。然而，如果她不像人们想象的政治家，她就会被嘲笑懦弱，必须下台"③。

---

① 范若兰：《父权制类型与女性政治参与模式分析：一个理论思考》，《思想战线》2015 年第 5 期。

② Gregory Bateson et al., "Toward a Theory of Schizophrenia", *Behavioral Science*, No. 4, 1956, pp. 251 – 264.

③ Annai Oru Alayam, "God My Sister: Female Leaders between Political Constraints", in Dagmar Hellmann-Rajanayagam and Andrea Fleschenberg, eds., *Goddesses, Heroes, Sacrifices: Female Political Power in Asia*, Munster: LIT Verlag, 2008, pp. 173 – 174.

范若兰在对比东南亚和大洋洲女首脑时,指出她们面对的双重困扰:"女首脑强调自己强硬的一面,以表明自己是合格的政治领袖,如大洋洲女首脑和阿罗约夫人。但是,如果女政治家表现得过于自信或有攻击性,就会招致强硬、缺乏女性魅力的批评,而如果运用较为柔性的方式,人们又会认为她们优柔寡断、不够强硬,女首脑成为民众矛盾需求下的牺牲品。"①

"双重困扰"对于分析男女政治家的差别、女政治家面临的困境等问题特别有用。

(四)道德资本(moral capital)

道德资本原是经济学理论,约翰·凯恩在《道德资本政治学》一书中将其引入政治领域,他认为道德资本是一种特定的政治道德价值,它可以驱使他人——特别是政治团体以及支持者们——对某个政治人物或者机构的代表人物表现出尊重、忠诚、服从等行为。由此,这个政治人物便可以使用这些来为政治目标和政治活动服务。② 约翰·凯恩详细分析了昂山素季道德资本的来源,并考察其目的、行为和具体政治实践。作者最后得出结论认为昂山素季所持有的道德资本,将继续以一股持久稳定的重要力量对缅甸政局产生影响。

女政治家通常被认为更纯洁、更具有道德,这也是女领袖乐于自我标榜的。在民主运动中,女领袖的道德优势使她们获得拥戴,所以麦克·汤普森认为:"女性可以领导胜利的民主变革,因为她们站在道德制高点。"③ 大部分研究者仅仅指出了女政治领袖所具有的道德优势,但没有深入研究。只有安翠·弗莱斯成伯格运用约翰·凯恩的道德资本理论,并对其进行女性主义解读,她认为在民主运动和竞选阶段,道德资本对于女领袖最有价值,"为了鼓动大众,团结支持者,最重要的是合法化她们的领袖地位、政治目的和价值观。简单的例子见于一些象征性行为诸

---

① 范若兰:《政治替代者与党内攀登者:东南亚和大洋洲女首脑比较研究》,《中山大学学报》2013年第3期,第85页。

② John Kane, *The Politics of Moral Capital*, Cambridge: Cambridge University Press, 2001, pp. 2-3, 11.

③ Mark R. Thompson, "Female Leadership of Democratic Transitions in Asia", *Pacific Affairs*, Vol. 75, No. 4, 2002-2003, p. 555.

如衣着，或者唤起宗教意识（如圣母玛丽亚），或其他女性象征（如母亲）。在男性主导的政治领域，女政治家只能通过与某种社会性别规范靠拢（已经内化的社会性别观念）而获得尽可能多的支持，使自己成为一种道德正义的体现和领导力合法化的标志。"所以，道德资本可以作为女政治家最重要的突破玻璃天花板的工具。她更进一步指出，执政之后，道德资本对于女政治领袖的作用减弱，"南亚或东南亚国家/政府的女首脑，没有一个能长期保持在道德制高点，反而几乎都被同化进'通常'充斥着枪、暴徒和金钱的男性主导的传统政治，从而浪费掉了作为反对派政治家在民主运动阶段所积累的道德资本。"[①]

"道德资本"对于研究亚洲女政治家是一个很有价值的分析工具，它可以解释亚洲女性政治家突破玻璃天花板到达政治最顶层的潜力，以及她们掌权后遭遇民众失望和差评的部分原因。

第三节　东南亚女政治领袖研究的评价与前瞻

一　对已有研究的评价

随着女领袖的增多以及女性研究的发展，东南亚女领袖研究取得丰硕成果，尤其在女领袖上台路径分析上，国内外学者从家族政治、民主化、政治制度、文化传统、个人素质等多方面进行了深入探讨。在女首脑执政能力、施政方式、关注问题、取得成就、面临问题等方面也进行了初步分析。

当然，对东南亚女政治领袖的研究也有很多不足之处，笔者认为，下列问题尚需进一步探讨，以深化对这一议题的研究。

（一）需要加强对东南亚女领袖的研究，既要研究其共性，也要分析其差异，进而探讨其与各国政治、经济、文化发展的关系

学界对东南亚女领袖研究可分为个案研究和综合研究两大类。

个案研究包括个人传记、报道和论文，对女领袖的家族背景、个人

[①] Andrea Fleschenberg, "Saints or Sinners? Moral Capital and Female Asian Top Politicians", in Dagmar Hellmann-Rajanayagam and Andrea Fleschenberg, eds., *Goddesses, Heroes, Sacrifices: Female Political Power in Asia*, Munter: LIT Verlag, 2008, pp. 264–265.

经历、从政生涯、执政表现有所涉及，有些个案研究较深入，但大部分研究不够深入，尤其是中国学界的个案研究。此外，学界对东南亚女政治领袖的研究呈现不平衡，对科·阿基诺、昂山素季的研究最多，对英拉和旺阿兹莎的研究最少。

综合研究主要是将亚洲，包括南亚、东南亚、东亚女领袖放在一起探讨，重点研究其共性，而忽略了差异。其实南亚、东南亚、东亚的经济发展水平、文化传统、民主政治发展程度差异较大，因此女领袖的产生方式并不是完全同一的。南亚国家经济发展落后，尤其是巴基斯坦和孟加拉，民主政治水平低，政党制度和选举制度不健全，家族政治起更大作用，相比之下，东南亚女领袖尽管也有家族政治的支持，但已不是唯一因素，东南亚"四小虎"经济发展迅速，进入民主转型阶段，女领袖要依靠政治家族，更要依靠民主政治和社会性别（符合父权制性别特征）。即使是东南亚女政治领袖，尽管有很多共性，但因为各国民主政治、政治文化以及个人能力的不同，也存在不少差异。

因此，加强对东南亚女政治领袖的研究，不仅要探讨女领袖的共性，更重要的是分析她们的多样性和差异性，从而能够更深入地分析女领袖与不同父权制社会、政治机制、经济发展、文化模式的关系。

（二）需要加强对女领袖不同类型的研究，深入分析世界范围女领袖的多样性

世界女领袖三种类型的划分是90年代提出来的，有点简单化和片面化。如亚洲女领袖被归入"政治替代者"类型，也许符合早期女政治领袖特征，却并不完全符合后来出现的女领袖。著名男性政治家曾经是女领袖的正资产，但在民主转型和民主巩固社会，男性政治家并不仅是正资产，他们也会是负资产，如泰国的他信之于英拉，韩国的朴正熙之于朴槿惠，女领袖陷入"继承"和"切割"的两难中。况且，女领袖并不仅仅是因为"替代者"获得支持，"替代者"的说法强调了家族政治，却遮蔽了民主政治和女领袖个人的能动性。更重要的是，东南亚女领袖不能简单地归入政治替代者一种类型，她们大部分同时也是第二种类型，即"局内人或党内攀登者"，如梅加瓦蒂、阿罗约夫人、旺阿兹莎。

（三）需要引入主流政治领袖研究的分析工具，加入社会性别视角，以深化东南亚女领袖研究

已有的大部分对东南亚女政治领袖的个案研究和介绍没有引入女性主义理论，要么是与一般政治家研究相同，探讨其政策和效果，要么是突出对女领袖家庭、外表、经历的描述。对女领袖的综合研究则运用女性主义理论和社会性别分析视角，深入探讨父权制、家族政治、民主政治、性别特征与女领袖的关系。但在借鉴和引入主流政治学分析工具时还有所欠缺，如对"双重困扰""道德资本"的运用刚刚起步。安翠·弗莱斯成伯格正确指出，"道德资本作为政治资源的重要维度，迄今为止仍是相关领导力研究中的一个盲点，亟须更深入和广泛的研究"[1]。目前来看，对昂山素季的道德资本有一些研究，对其他女政治领袖则显薄弱，如克罗蒂娅·德瑞彻认为旺阿兹莎是具有道德资本的模范，主要来自她的穆斯林传统女性和受害者形象，[2] 但这一分析过于简单，其实旺阿兹莎的道德资本来源要更广泛，包括她的廉洁。中国学界几乎没有运用道德资本对女领袖进行研究，亟须加强。

更重要的是，在引入新的分析工具时，必须对其进行女性主义批判和重构，如对道德资本和詹姆斯·伯恩斯的领袖类型进行社会性别分析，才能深化对东南亚女政治领袖的研究，在理论上有所突破。

二 本书思路和框架

本书以女性主义为理论基础，以社会性别、父权制、道德资本和双重困扰为分析工具，对东南亚女政治领袖的上台路径和执政表现进行梳理，探讨民主化与父权制对女领袖的影响，并比较东南亚女领袖的共性与差异及其与世界其他地区女领袖的异同。本书在深化东南亚女政治领袖研究的同时，力图在理论上有所突破，提出民主政治发展与父权制形

---

[1] Andrea Fleschenberg, "Saints or Sinners? Moral Capital and Female Asian Top Politicians", in Dagmar Hellmann-Rajanayagam and Andrea Fleschenberg, eds., *Goddesses, Heroes, Sacrifices: Female Political Power in Asia*, Munter: LIT Verlag, 2008, p. 265.

[2] Claudia Derichs, "Peformasi and Repression: Wan Azizah Wan Islmall", in Claudia Derichs & Mark R. Thompson, eds., *Dynasties and Female Political Leaders in Asia: Gender, Power and Pedigree*, Berlin: LIT VERLAG Dr. W. Hopf, 2013, p. 311.

态的互动理论。

"导论"部分，对国内外学界有关东南亚女政治领袖的学术研究进行回顾，目的是厘清相关学术研究集中探讨的问题、取得的成就和存在的问题，对其研究范式和分析工具进行评析。

之后分章对东南亚女政治领袖进行个案研究。

第一章分析菲律宾第一位女总统科拉松·阿基诺的上台路径和执政表现，探讨道德资本在她上台中的作用及她掌权后所面临的双重困扰。

第二章分析菲律宾第二位女总统阿罗约夫人的上台路径，强硬的执政风格，并对其进行评价。

第三章阐述印尼第一位女总统梅加瓦蒂的从政之路，探讨其政治思想及执政表现，并进行评价。

第四章从泰国第一位女总理英拉的上台路径和执政表现入手，深入分析家族政治对英拉的双重效应，分析泰国政治怪圈对英拉执政的制约。

第五章分析马来西亚公正党领袖旺阿兹莎的从政之路和政治思想，探讨其从政的优势与劣势，指出其是永远的替代者。

第六章对东南亚六位女政治领袖的上台路径和执政表现进行比较分析，探讨其相同和差异，并将其与南亚、西方国家女政治领袖进行比较，深入探讨民主政治和父权制社会差异对女领袖类型的影响。

第 一 章

菲律宾的玛利亚
科拉松·阿基诺与民主转型

> 我不爱政治，我卷入政治只是为了我的丈夫。
>
> ——科拉松·阿基诺

> 我知道我在经验上无法与马科斯先生比肩。我承认，我缺乏欺骗、偷窃、说谎以及暗杀政敌的经验。
>
> ——科拉松·阿基诺

科拉松·阿基诺（Maria Corazon Cojuangco Aquino）是菲律宾第一位女总统，也是东南亚第一位女总统。她原本是家庭主妇，并不关注政治，因为丈夫阿基诺的遇刺而以政治替代者身份步入政坛，因为道德、纯洁、温柔、非暴力等女性特质赢得天主教会、反对派、民众的支持，被称为"菲律宾的玛利亚"，进而当选总统。但这样的上台路径也使她的总统生涯一直要面对没有从政能力、执政软弱的质疑，遭受军人政变、贪污腐败的挑战。本章主要探讨科·阿基诺在菲律宾民主化中的作用，面临的双重困扰，以及家族政治、父权制对其从政之路的影响。

第一节　菲律宾民主化浪潮与科·阿基诺步入政坛

科拉松·许寰哥·阿基诺 1933 年出生于菲律宾中吕宋打拉省一个富有且政治地位显赫的家族，她的祖父、父亲和哥哥都担任过国会议员。科·阿基诺受过良好教育，早年在马尼拉女子学校受教，13 岁随父母前往美国。1953 年毕业于纽约的圣·文森特山学院，获文学学士学位。1954 年，科·阿基诺与《马尼拉时报》记者贝尼尼奥·阿基诺结婚，两人的婚姻被视为当年菲律宾最有权势家族的结合，连时任总统拉蒙·马格赛赛（Ramon Magsaysay）也是他们婚礼的证婚人之一。[1] 婚后阿基诺专心于政治，是很有前途的政治新星，而阿基诺夫人专心于家庭，教养 5 个子女，当好贤妻良母，她对自己的定位是"一名政治家的妻子，他的孩子的母亲，而不是他的政治伴侣"[2]。随着贝尼尼奥·阿基诺在政治上平步青云，阿基诺夫人不得不出席一些集会，在贝尼尼奥·阿基诺发表演讲时，她要么站在后台，要么坐在观众席的后排，她总是避开聚光灯和照相机，避免成为焦点，谢绝主办方为她安排在主席台上的或前排座

---

[1] [美] 露西·科米萨著，吴壬林等译：《女总统——科拉松·阿基诺》，黑龙江人民出版社 1988 年版，第 18 页。

[2] [菲] 伊萨贝洛·克里索斯托莫著，水恒涌等译：《传奇式的女总统：阿基诺夫人传》，西北大学出版社 1988 年版，第 31 页。

位,因此,当贝尼尼奥·阿基诺活跃在政坛的时候,很多人根本没有听说过科拉松·阿基诺的名字。在丈夫未被囚禁之前,她也从来没有公开发表过演讲。1972年阿基诺被捕入狱,阿基诺夫人不得不承担沟通阿基诺与其政党的桥梁;1978年仍在狱中的阿基诺决定参加众议院选举,科拉松开始代表丈夫在集会上发表演讲。

1983年丈夫的遇刺身亡打破了科·阿基诺平静而幸福的家庭主妇生活,她不得不正式步入政治,参与并领导菲律宾的民主运动。

一 阿基诺之死与菲律宾民主化浪潮

(一)马科斯的威权政治

1965年,费迪南德·马科斯(Ferdinand Marcos)通过选举成为菲律宾总统,并在1969年成功连任,这进一步提高了他对权力的欲望。根据菲律宾宪法,总统只能连任一次,他的任期将在1973年结束。为了继续担任总统,他要打破宪法对总统任期的限制,马科斯宣称国家正处于"被暴力推翻、叛乱和颠覆的威胁之中"[1],于1972年9月23日颁布军管法,中止宪法,解散国会,禁止一切政党活动。在军管期间,马科斯实行威权统治,消除异己,控制舆论,操纵制宪会议,通过1973年宪法,这部被称为"马科斯宪法"的新宪法使得马科斯能够再次担任总统。1981年马科斯取消军管,但其威权统治继续。

马科斯的威权统治对菲律宾政治和社会发展产生了极大的影响。

首先,在威权统治期间,菲律宾的社会结构发生了转变。家族政治是菲律宾由来已久的传统,一些代代相传的"名门望族"构成了菲律宾的上层社会,并通过家族关系和主从网络轮流掌握国家权力。但马科斯执政时期,尤其是颁布军管法和开始"新社会运动"以后,政治和经济权力被马科斯一家及其密友垄断,"旧贵族"非但失去权力,还受到打压,这其中甚至包括帮助马科斯赢得总统职位的洛佩斯家族等大家族。[2] 虽然在威权政治下,大多数传统家族都保持沉默,但不满已经

---

[1] 周东华:《战后菲律宾现代化进程中的威权主义起源研究》,人民出版社2010年版,第211页。

[2] 金应熙主编:《菲律宾史》,河南大学出版社1990年版,第766—767页。

悄悄蔓延,① 本凯特矿业公司总裁海梅·王彬（其祖父是反西班牙统治英雄罗曼·王彬，菲律宾的"王彬街"就是为了纪念他）甚至公开指责马科斯实行"亲信资本主义"。② 马科斯的军管法"破坏了精英们默认的游戏规则——轮流坐庄瓜分公共资源，改由马科斯及其密友长期垄断公共资源，这必然遭到被剥夺了分赃机会的精英们的强烈反对"③。

中产阶级的不满在增长。马科斯执政初期，经济的发展和旧贵族的失势在一定程度上有助于中产阶级的发展，许多出身较低微的菲律宾人在这一时期得以开创事业并逐渐向社会上层流动，向来弱小的菲律宾中产阶级有扩大的趋势。④ 然而马科斯的亲信迅速把握了经济和政治大权，新兴中产阶级如果不能与马科斯家族或其密友搭上关系，根本无法继续发展。1981年以后，菲律宾经济状况急转直下，中产阶级只能苦苦维持，一些商人甚至难以保持以往的生活水准，商人和中产阶级此时虽然没有公开与马科斯政府决裂，但也已经对政府感到幻灭。⑤ 中产阶级的发展与其与日俱增的不满，为将来"人民力量"运动推翻马科斯政权埋下了伏笔。

马科斯威权统治也引起菲律宾学生、知识分子和社会下层人士的不满。贫富分化、通货膨胀、失业率上升使占菲律宾人口大多数的工人和平民生活困难，希望通过发起社会运动改变现状。军事管制法取消以后，罢工运动连年发生，规模和时间也逐渐增长，马尼拉的穷人开始走上街头表示对政府的不满。⑥ 另外，这一时期政府不仅禁止一切政党和社团活

---

① 在1982年，罗慕洛夫人已经留意到马尼拉的"名门望族"，甚至包括她的丈夫罗慕洛将军在内，都"从不支持马科斯"。[美] 贝丝·戴·罗慕洛著，李延陵、卢保江、温满玉译：《菲律宾政坛回忆》，广西人民出版社1987年版，第147页。

② 同上。

③ 赵自勇：《菲律宾非暴力群众运动的根源和后果》，《当代亚太》2006年第8期，第49页。

④ [美] 加里·霍斯著，其实译：《马科斯、其密友和菲律宾发展的失败》，《南洋资料译丛》1995年第z2期。

⑤ 马卡蒂商业俱乐部一位代表语。引自 [美] 加里·霍斯著，其实译《马科斯、其密友和菲律宾发展的失败》，《南洋资料译丛》1995年第z2期，第49页。

⑥ 关于工人和贫民运动的情况，参见 C. Carlos, "Perceptions of Alienation among Filipino Labor", *Philippine Journal of Industrial Relations*, Vol. 7, 1985, pp. 98 – 104。以及 A. M. Karaos, "Manila's Urban Poor: Discussions of Marginality and Power", *Pulse*, Vol. 1, 1985, pp. 241 – 257。

动,而且严厉控制报刊、电视和广播,非法拘禁、逮捕、失踪等侵犯人权行为时有发生,甚至在取消军管法以后,这些行为依然有增无减。① 菲律宾人恶劣的生存状况、政府控制言论自由和侵犯人权的做法激起了人们愤怒。80 年代初的菲律宾,各阶层和各行业民众对于独裁的愤怒逐渐积累,"已形成马科斯身旁的火药桶,随时有着爆炸的可能"②。

其次,威权政治使得菲律宾的两方势力——反政府势力和军队——在相互对抗中得到了发展,并开始对菲律宾产生举足轻重的影响力。1972 年马科斯宣布实施军事管制法令时,提出的主要理由是要应对日益严重的菲律宾共产党的威胁,以及打击南部菲律宾穆斯林分离组织。事实上,当时的菲律宾共产党老党已经式微,几乎没什么活动。③ 而共产党新党则羽翼未丰,其领导的新人民军(New People's Army,NPA)麾下不过 300 余人,还不能对国家产生实质威胁。另外,穆斯林分离分子的主要组织摩洛民族解放阵线(Moro National Liberation Front,MNLF)形成于 1969 年,直到 1972 年才正式宣布成立,其在军管法实施前的活动较为分散,还没有形成真正意义上的分离主义运动。④ 恰恰在军事管制法实施以后,菲律宾共产党和摩洛民族解放阵线迅速发展。菲共新党在军管法后发布宣言称"当前情况对革命运动来说,比以往任何时候都要有利得多"⑤,事实证明他们是正确的。因为对政府的批评和反对被严厉禁止,越来越多威权统治下的贫困者、失去言论自由和公民权利的菲律宾人转向菲共新党,菲共"农村包围城市"的战略也让其在菲律宾各省得到发展。新人民军在短短几年内由 300 人发展到 26000 人。到 1985 年,菲律

---

① 根据美国天主教菲律宾人权委员会 1985 年公布的数据,1980 年"非法拘禁"有 926 例,"失踪"19 例,"暗杀"218 例,此后逐年增加,到 1984 年,"非法拘禁"上升到 3038 例,"失踪"137 例,"暗杀"445 例。具体数据参见《美国天主教联合会菲律宾人权委员会关于菲人权状况的声明》,http://lawdata.com.tw/tw/detail.aspx? no =73020。
② 金应熙主编:《菲律宾史》,河南大学出版社 1990 年版,第 798 页。
③ [美] 戴维·罗森伯格著,李国兴摘译:《菲律宾的共产主义》,《当代世界社会主义问题》1986 年第 1 期,第 66—67 页。
④ Carolina G. Hernandez, "Political Developments in the Philippines", Thomas W. Rokinson ed., *Democracy and Development in East Asia: Taiwan, South Korea, and the Philippines*, Washington D. C.: American Enterprise Institute, 1991, pp. 172 – 173.
⑤ [美] 戴维·罗森伯格著,李国兴摘译:《菲律宾的共产主义》,《当代世界社会主义问题》1986 年第 1 期,第 68 页。

宾60%的省份和20%的巴朗圭（村社组织）都有菲共的活动。① 另外，一些反对派精英如议员何赛·迪奥诺（Jose Diokno）和洛伦佐·塔纳达（Lorenzo Tanada）也与同情共产党的组织来往密切。② 菲律宾的穆斯林问题虽由来已久，但达到高潮并真正成为分离主义运动是在70年代之后，到70年代中期，菲律宾发生的军事冲突中超过60%与"摩解"相关，不少学者认为"摩解"反叛的加剧是马科斯军事管制的结果而非其原因。③ 菲共和"摩解"在70年代规模持续扩张，活动日益频繁，甚至曾出现过彼此联合的迹象，形成了对政府强大的威胁。此后，这两股反政府势力构成菲律宾主要的社会问题之一，也成为该国民主化过程中必须要面对和解决的一大难题。

军管法的实施也使军队变得更强大。在实行美国式政治制度的二十余年里，菲律宾一直采取文官治国原则，军队并没有过多干预政治和社会经济，但军管法实施以后，权力越来越集中在马科斯和军方手中。为了换取军方的忠诚，马科斯不断扩大军队规模：1972—1981年，国防预算增加了6.3倍，国军总兵力扩大了2.9倍。④ 军队在规模扩大的同时，也开始分享政治权力，并将势力扩展到经济和社会各个领域，军人被高度政治化。从马科斯第一个四年经济计划开始，军人被鼓励参与到媒体、行政、公共事业、投资公司以至于司法等各个领域，军队和军校的培训中也增加了经济学、经济管理、政治管理和政治学等内容。1978年总统地域开发室12名工作人员中就有6名是军人，1983年至少有2000名军

---

① Carolina G. Hernandez, "Political Developments in the Philippines", Thomas W. Rokinson ed., *Democracy and Development in East Asia: Taiwan, South Korea, and the Philippines*, Washington D. C.: American Enterprise Institute, 1991, p.176.

② Walden Bello, Benigno Aquino: Between Dictatorship and Revolution in the Philippines, *Third World Quarterly*, Vol.6, No.2, 1984, p.293.

③ Marites Danguilan Vitug and Glenda M. Gloria, *Under the Crescent Moon: Rebellion in Mindanao*, Quezon City, Ateneo Center for Social Policy and Public Affairs, 2000. Carolina G. Hernandez, "Political Developments in the Philippines", Thomas W. Rokinson ed., *Democracy and Development in East Asia: Taiwan, South Korea, and the Philippines*, Washington D. C.: American Enterprise Institute, 1991. Cristina Jayme Montiel and Victoria Marie Chiongian, "Political Psychology in the Philippines", *Political Psychology*, Vol.12, No.4, 1991.

④ 转引自田雪梅、黄建洪《颠覆型民主化：菲律宾民主转型的力学博弈及依靠力量》，《东南亚研究》2008年第2期，第35页。

人进入文职机关,国家警察也由军队领导。① 此时军队的主要职能已经由对外防御转变为对内维护秩序和保护总统,其势力之强大足以左右国家对内对外政策甚至撼动国家政权。

值得注意的是,并非所有军人都能从军队势力扩张中受益。在马科斯的默许下,上层军官肆意贪污腐败,大多数军费都被用于私人,下层军人薪酬与待遇并未得到改善,而且因为军队长官的任期被无限延长,许多年轻的中层军官长期无法升职,这都使得军队内部开始滋生不满。这些不满的军官组成叫 RAM Boy 的集团,并秘密跟当时的反对派联系,寻找政变机会。②

马科斯时期军队势力的扩大、军人的政治化和军队内部分歧的显现,使军方在菲律宾民主创制和民主巩固过程中扮演了独特的角色,并成为菲律宾民主化的关键性因素之一。

最后,菲律宾深陷经济困境与腐败。军管法实施初期,菲律宾经济在马科斯"新经济政策"刺激下增速明显,连续六年保持6.6%以上的增长率,国民生产总值从1972年的556亿比索增加到1978年的1310亿比索③。经济的发展以及新政策对出口加工业和中小型企业的鼓励也使得以知识精英、企业家和商人为主体的中产阶级开始成长和壮大,菲律宾银行家商业协会和菲律宾雇主联合会等商业团体纷纷成立,要求政府进行变革,赋予它们更大的发展空间。

1980年,因为石油危机影响以及政府无法处理日益严重的债务危机,菲律宾的经济开始恶化,仅1981年一年内财政赤字就扩大了3倍,通货膨胀率则上升为1975年的3倍。到1985年,菲律宾的经济增长率由5年前的5.15%下降到了 -7.31%,④ 人民生活更加困苦,妇女则成为贫困的直接和最终承受者:为了支撑家庭,菲律宾妇女不得不进入国营或跨国

---

① Carolina G. Hernandez, "Political Developments in the Philippines", Thomas W. Rokinson ed. , *Democracy and Development in East Asia*: *Taiwan*, *South Korea*, *and the Philippines*, Washington D. C. : American Enterprise Institute, 1991, pp. 173 – 174.

② Robert H. Reid and Eileen Guerrero, *Corazon Aquino and the Brushfire Revolution*, Baton Rouge: Louisiana State University Press, 1995, pp. 27 – 28.

③ 金应熙主编:《菲律宾史》,河南大学出版社1990年版,第786页。

④ 世界各国GDP增长统计, http://old. swivel. com/data_sets/spreadsheet/1004019。

工厂，每日超时工作，所得工资与劳动强度极不匹配，而且工作安全得不到保障；① 另一些妇女要么出国当佣人，要么进入性产业，其尊严、权利和人身安全都得不到保护。②

政府的腐败也令菲律宾经济状况雪上加霜。据马来西亚《诗华日报》和马尼拉《世界日报》报道，马科斯一家在总统府的财产达 20 亿美元，并在执政期间非法占有近 100 亿美元的财产。③ 虽然具体的贪污数字并不精确，但马科斯家族的奢侈生活却是众所周知的事实，马科斯的妻子伊梅尔达（Imelda Marcos）更是因其挥霍无度闻名国内外。根据菲律宾前外交部部长卡洛斯·罗慕洛（Carlos Romulo）的遗孀贝丝·罗慕洛（Beth Romulo）在《菲律宾政坛回忆》一书中的描述，总统府马拉卡楠宫竭尽奢华之能事，总举办没完没了的宴会，马科斯夫妇出手大方，一掷千金。1983 年为了修复一个古老教堂以为女儿艾琳举办婚礼，马科斯就花费了 130 万美元，并动用 24 架飞机和 50 辆大客车接送客人。④ 政商勾结和任人唯亲的做法也十分普遍，有利可图的行业如马尼拉电力公司、菲律宾长途电话公司、制糖工业、椰子工业等被马科斯的亲友掌控，几乎所有经济部门的掌权者都是同马科斯夫妇亲近的人，一位官员甚至公开表示："在像菲律宾这样的半集权主义发展中国家，总统有必要控制重要部门，或者让他所信赖的密友来控制。"⑤ 1978 年以后，腐败和贿赂已公开化甚至制度化，同马科斯和伊梅尔达建立朋友关系几乎已经成为菲律宾唯一的生财之道，普通民众则视贪污为不可避免之事，官员腐败在马尼拉甚至"已经引不起菲律宾人的激愤"。⑥

---

① Dabra McNutt, "Philippine Women's Leader Speaks", *Off Our Back*, Vol. 18, No. 1, 1988, p. 10.

② Greta Ai-Yu Niu, "Wives, Widows, and Workers: Corazon Aquino, Imelda Marcos, and the Filipina 'Other'", *National Women's Studies Association Journal*, Vol. 11, No. 2, 1999, pp. 96–98.

③ 详见马来西亚《诗华日报》1983 年 3 月 15 日以及菲律宾马尼拉《世界日报》1986 年 4 月 10 日和 12 日的报道。

④ ［美］贝丝·戴·罗慕洛著，李延陵、卢保江、温满玉译：《菲律宾政坛回忆》，广西人民出版社 1987 年版。

⑤ ［美］加里·霍斯著，其实译：《马科斯、其密友和菲律宾发展的失败》，《南洋资料译丛》1995 年第 2 期，第 46—47 页。

⑥ ［美］贝丝·戴·罗慕洛著，李延陵、卢保江、温满玉译：《菲律宾政坛回忆》，广西人民出版社 1987 年版，第 107、217 页。

马科斯政府将合法性建立在经济发展和社会改革基础之上，一旦经济情况恶化且无法改善而社会改革又毫无进展，统治者和威权政权的合法性就会开始瓦解。迫于逐渐恶化的政治和社会局势，马科斯于1981年宣布停止实施军事管制法令，此后抗议活动骤增，当年就有包括自由党、国民党、战斗党、民族解放联盟在内的8个团体公开表示对政府的不满，① 罢工事件超过160次，9月更是爆发了自军管以来最大规模的群众游行，上万菲律宾人打出了"打倒马科斯"的口号。②

（二）阿基诺之死

"由于威权政权的压制性质，政权的丧失通常是隐蔽发生的……许多人对政权十分不满，但是由于这是一个威权国家，必须有触发事件来具体反映这种不满。"③ 在菲律宾，1983年8月21日贝尼尼奥·阿基诺在菲律宾国际机场被枪杀事件就成为一个绝佳的触发事件。

贝尼尼奥·阿基诺出生于菲律宾打拉省一个名门望族，28岁当选省长，35岁成为菲律宾有史以来最年轻的参议员，被称为"政治神童"，他也是自由党领袖。包括他本人在内的许多菲律宾人都认为他有希望在马科斯任满之后当选总统。然而1972年军事管制的实行阻断了阿基诺的计划，1972年他被马科斯政府逮捕，几经审讯，于1977年被军事法庭以从事颠覆、谋杀和非法拥有武器等罪名被判处死刑，但未执行。④ 然而，阿基诺在菲律宾的影响力并不曾减退，其"反腐""改革""追求社会正义"的口号、"非暴力民主人士"的形象以及非凡的个人魅力为他争取了许多国内外信众与同情者。1980年阿基诺获假释出狱，赴美国做心脏手术，之后在美国继续从事反马科斯专制独裁的政治活动。1983年，阿基诺认为夺权时机已到，不顾劝阻返回菲律宾，在菲律宾国际机场下飞机时被枪杀。绝大多数民众、官员和媒体都相信，这起事件是由马科斯指使的。

阿基诺之死震惊了菲律宾朝野并最终点燃了马科斯身边的火药桶。

---

① 汪炜：《浅析菲律宾民主化进程中的公民社会运动》，《学理论》2011年第13期。
② 金应熙主编：《菲律宾史》，河南大学出版社1990年版，第797页。
③ [美]塞缪尔·亨廷顿著，刘军宁译：《第三波——二十世纪后期民主化浪潮》，上海三联书店1998年版，第173—174页。
④ 金应熙主编：《菲律宾史》，河南大学出版社1990年版，第798页。

阿基诺夫人和民众指控谋杀阿基诺的凶手就是马科斯，发动大规模的示威游行进行抗议，8月31日阿基诺下葬，送葬人数达百万人以上，他们高呼"民主自由""反对独裁，反对暴政"等口号。阿基诺死后一个月内，菲律宾发生了165次游行和抗议，最大一次游行动员了50万民众参加。①与以往的游行不同，1983年后菲律宾的游行队伍中不仅有学生、知识分子、社会活动家、工人和农民，还有为数众多的中上阶级、下层军官和天主教人士，他们要求马科斯辞职，严惩凶手。

马科斯总统否认与阿基诺遇刺案有任何牵连，还成立了一个调查该案件的委员会，委员会历经一年调查，得出的结论有所不同，但一致之处是认为所谓的共产党嫌犯加尔曼不可能是凶手，谋杀阿基诺是有预谋的。1985年1月菲律宾国家检察院向法院正式控告贝尔将军等25名军人和1名商人与谋杀案有关，马科斯让贝尔将军"离职休假"。审判历时一年，12月最终判决，枪杀阿基诺的凶手是加尔曼，贝尔将军等26名嫌犯无罪释放。宣判当天，马科斯总统就下令恢复贝尔将军的职务。

对阿基诺遇刺案的审判就像闹剧，污辱民众的智商，因此反马科斯的声浪并没有随着阿基诺遇刺案的终审而停息，反而招致民众对马科斯专制统治愈加愤怒。阿基诺夫人和反对派呼吁所有菲律宾民众挺身而出，"为我们的权利和自由而斗争"②。

二 科·阿基诺与菲律宾民主运动

阿基诺的遇刺使他成了"一个不死的英雄"③，也将他的妻子科拉松·阿基诺推上政治舞台。科拉松在丈夫的葬礼上，向他发誓："尼诺，我答应你，我会继续你的奋斗。"④

阿基诺夫人参与政治集会和游行，在抗议集会上演讲，揭露丈夫遇

---

① Mark R. Thompson, *Personalistic Rule and Democratic Transition in the Philippines*, New Haren: Yale University Press, 1995, pp. 115–116.
② 金应熙主编：《菲律宾史》，河南大学出版社1990年版，第800页。
③ [美]露西·科米萨著，吴壬林等译：《女总统——科拉松·阿基诺》，黑龙江人民出版社1988年版，第25页。
④ Robert H. Reid and Eileen Guerrero, *Corazon Aquino and the Brushfire Revolution*, Baton Rouge: Louisiana State University Press, 1995, p. 21.

刺真相，批判马科斯政权的专制和腐败，提倡民主和自由，她的虔诚、道德、非暴力、民主、孀妇、慈母形象赢得民众极大的同情和爱戴，民众将对阿基诺的敬仰、怀念转移到科·阿基诺身上，她在民众中拥有巨大的号召力和影响力，成为反对马科斯力量的象征和核心。

以阿基诺被害为契机，社会各个阶层对政府公开表示不满。一些上流社会的妇女"过去通常只在循规蹈矩的俱乐部集会上或餐厅里露面"，现在她们举着"明年被谋杀的将是我的丈夫"的标语率先走上街头抗议，还有一些标语上书"弹劾马科斯"，这些妇女包括工业界巨子海梅·佐贝尔的妻子比·佐贝尔、海梅·王彬的妻子小玛丽贝尔·王彬，等等。妇女们每天参加游行，以保持反马科斯政权的气氛，她们还经常拿着标语站在议会大厦门外，抨击马科斯的专制。她们甚至出现在议会辩论的旁听席上，一天，听到信号后，她们一齐扬起手中的小旗，上书"控告马科斯"。① 1986 年反马科斯运动汇集成了声势浩大的"人民力量"运动（People's Power），百万菲律宾人涌上街头，带着食品、热水瓶、收音机甚至小便袋，以和平示威的方式要求马科斯下台，街头抗议成为一景。之后，总参谋部副部长菲德尔·拉莫斯（Fidel V. Ramos）和国防部长恩里莱（Juan Ponce Enrile）发动兵变，要求马科斯下台。当马科斯派兵镇压叛军时，菲律宾民众响应红衣大主教海梅·辛的号召，上街阻挡政府军的军车。修女们迎面跪在军车前组成第一道防线，妇女、男人和儿童排成第二道防线，军车陷在人民群众的汪洋大海中，完全动弹不得。修女和妇女向军车上的士兵送上食物、香烟和鲜花，让他们不要开枪，最后政府军只好掉转车头退回军营。②

1986 年马科斯被迫宣布提前进行总统选举，为了对抗马科斯，许多人认为阿基诺夫人是反对派最合适的总统候选人。在红衣大主教海梅·辛的撮合下，菲律宾反对派联合起来，推举科·阿基诺为总统候选人，统一民族民主组织领导人劳雷尔为副总统候选人，参加 1986 年总统选举，这是菲律宾历史上第一次出现女性竞争总统之位。阿基诺夫人在竞选中

---

① ［美］贝丝·戴·罗慕洛著，李延陵、卢保江、温满玉译：《菲律宾政坛回忆》，广西人民出版社 1987 年版，第 165—166、177 页。

② 同上书，第 195—196 页。

指责"马科斯政权错误地管理国民经济,通过使自己处于牢固地位的手段修补政治结构,侵犯人权,把财富藏匿国外,使自己陷入行贿腐败的罗网中,不能对国家提供精神指导"①。她承诺"重建我们亲爱的国家,为我们的人民创造一个新菲律宾——在那里,人人有工作、正义、自由和福利"②。

科·阿基诺顺应了菲律宾人对民主的向往和对专制的不满,在她所到之处,大批民众簇拥着她,高呼"科丽!科丽!"她提出竞选口号"已经太久——我们受够了——换掉他!"每一次讲演她都以这句话作为结束语,每到此时,听众都发出赞同的欢呼声。③ 当马科斯总统根据选举委员会提供的虚假数字,宣布自己是胜利者时,科·阿基诺马上提出质疑,并号召全国民众不服从政府。她提出七条非暴力不服从计划,包括:在马科斯宣告就职后的第一周罢工和罢课;抵制"亲朋好友银行",要求民众提取他们在这些银行的存款或不在这些银行开户头;抵制马科斯所控制的媒体;民众推迟付水电费;抵制马科斯"亲朋好友"的商店,不到这些商店购物。④ 她还宣布自己是真正的获胜者,于1986年2月25日宣誓就职总统。

在日益高涨的反对声浪面前,1986年2月25日马科斯带着家人和亲朋登上去往美国的飞机,逃离菲律宾,结束了他长达20年的统治。马科斯的倒台是多重力量合力的结果:人民力量、反对党派、军方和美国,菲律宾妇女在前两种力量中发挥主导作用,各阶层妇女都充分动员起来,从反对派领导人阿基诺夫人到家庭妇女,从上流社会妇女到女工和农妇,从教授到修女,她们全都参与了这场激动人心的民主运动。而阿基诺夫人是领导民主运动的核心人物,这位一直以"家庭主妇"自居的女性看起来与乱哄哄的政治如此不协调,但最后"居然成为这个派系林立、骚乱不断的国家的领袖"⑤,并成为菲律宾第一位女总统。

---

① [菲]埃萨伯罗·克里索斯托莫著,施能济等译:《科丽·阿基诺传》,东方出版社1988年版,第212页。

② 同上书,第214页。

③ [美]贝丝·戴·罗慕洛著,李延陵、卢保江、温满玉译:《菲律宾政坛回忆》,广西人民出版社1987年版,第183页。

④ 同上书,第186页。

⑤ Robert H. Reid and Eileen Guerrero, *Corazon Aquino and the Brushfire Revolution*, Baton Rouge: Louisiana State University Press, 1995, Preface, p. xii.

三 为什么是科·阿基诺？

科·阿基诺在当总统前只是家庭主妇，并无从政经历，而当时反对派阵营里不乏政治经验丰富的男性精英，包括"统一民族民主组织"领袖萨尔瓦多·劳雷尔（Salvador Laurel）、手握军权的拉莫斯和恩里莱。"即使阿基诺很快变成了斗争的象征，但是在这些日子的早期，没有人把她看作一位潜在的领导人，她自己也没有为自己设定过这样的角色。而且，她缺乏一些成为领导人的品质，如经历、野心与自信，而那些反对派男性领导人反而拥有这些特质。"[①] 那么，为什么科·阿基诺能被推举为总统候选人，并最终获胜？

（一）"政治替代者"与家族政治的光环

阿基诺的死让他成为一个偶像，一种道德象征。在这之前，他只是众多反对派领袖中较会玩弄政治把戏的一员。然而，在成为威权统治的受害者和为民主牺牲的"殉难者"后，阿基诺的种种弱点被完全洗刷，成为"英雄"。一位记者在看到阿基诺的尸体后写道："（因为他）是政客，可能在他心中并没有菲律宾的利益，他可能不热爱他的国家和人民。我看到他苍白的脸、被子弹打中的伤口，衬衫上满是血迹，我对自己说，不，尼诺，我不再怀疑，你热爱你的国家和你的人民，上帝保佑你，永远，不论你在哪里。"[②] 这段话清楚地表明，"殉难"让一名政客超越了生前的重重争议，让他成为民主运动的精神偶像和道德源泉。

而科拉松·阿基诺"英雄的遗孀"这一身份让她从踏入政坛开始就有了深厚的群众基础。她在演讲中总是先播放阿基诺生前的讲话，然后回忆自己的家庭在马科斯统治下所受的苦难，每一次演讲都"引起了许多人掉下眼泪……他们因她的丧偶而为她悲伤"[③]。科拉松凄苦的形象正好迎合了菲律宾传统政治文化中强调个人魅力和感情用事的一面，激起

[①] Burton S., *Impossible Dream: The Marcoses, the Aquinos, and the Unfinished Revolution*, New York: Warner, 1989, p. 138.

[②] R. C. Ileto, "The Past in the Present Crisis", in R. J. May and Francisco Nemenzo, eds., *The Philippines after Marcos*, London: Croom Helm, 1985, p. 9.

[③] 当时一位政治领袖安东尼奥·托尼·邱恩科的回忆，引自孙嘉莉《科·阿基诺传》，黑龙江人民出版社1995年版，第147页。

了听众的同情心。阿基诺的民主光环也照耀到他夫人的身上，使她也成为民主象征，为她吸引了大量忠诚选民并使其顺利地成为"政治替代者"。

传统大家族的背景更是让科拉松·阿基诺拥有了优势明显的政治资源。科拉松出生于打拉省富甲一方的地主家庭，父亲何赛·许寰哥（Jose Cojuangco）和母亲德梅特里亚·苏穆隆（Demetria Sumulong）都来自传统大家族，这些大家族对菲律宾的经济和政治进程有不容忽视的影响力；而贝尼尼奥·阿基诺则来自打拉省一个政治望族，这个家族在菲律宾独立之前就拥有强大的政治势力，强强联姻，婚后的科拉松·阿基诺等同于"住在菲律宾经济和政治权力的中心"①，这一庞大的家族不仅自身能力雄厚，而且在菲律宾有分布广阔的主从关系网。虽然科拉松为了保持"民主"形象而很少提及这一事实，但现实是，许寰哥和阿基诺家族在这次竞选中几乎全家出动，她的兄弟何赛·佩平（Jose Peping Cojuangco）是首席战略师，她的大伯子保罗·阿基诺（Paul Aquino）担任秘书长，她的小叔子布兹·阿基诺（Butz Aquino）是一个积极的活动家，与一些热衷于政治的团体有联系，而她的小姑子鲁帕塔（Lupita Kashiwara）负责媒体（她自己就在媒体工作）。② 许寰哥家族的强大声望也是天主教迅速

---

① ［美］露西·科米萨著，吴壬林等译：《女总统——科拉松·阿基诺》，黑龙江人民出版社1995年版，第18页。
② Robert Reid and Eileen Guerrero, *Corazon Aquino and the Brushfire Revolution*, Baton Rouge: Louisiana State University Press, 1995, p. 80.

旗帜鲜明地支持科拉松的重要原因。①

可见,从科拉松·阿基诺踏入政坛的那一刻起,菲律宾的政治文化就赋予了她在政治上的"先天优势"。

(二)女性特质的影响

在父权制社会,女性被认为具有"感情的""柔顺的""合作的"等社会性别特质,而且因为女性活动被局限于私人领域,她们往往也被认为因为远离了"肮脏"政治而更为纯洁。②另外,在天主教的影响下,菲律宾社会还格外强调妇女为家庭和丈夫的牺牲和奉献精神。科拉松·阿基诺就明显表现出了"女性特质"和对父权制社会下女性角色的迎合。

科拉松·阿基诺一直强调她的家庭主妇身份,即便在决定参选以后,她依然对记者说:"我不是政治家,当尼诺活着的时候,我只是一个妻子和母亲。现在我是遗孀和母亲。"③这种不断被强调的"家庭主妇"身份和以家庭生活为重的价值取向,一方面将她与活跃于政坛的马科斯夫妇及其独裁政治鲜明区分开来;另一方面,当她为了给死去的丈夫主持正义而"被迫"站上演讲台,为了"受苦的菲律宾人"决心竞选总统时,一种忠诚的、牺牲奉献的圣母形象便自然被加诸其身上,增加了她的个人魅力,从而俘虏了大量民众。事实上,阿基诺夫人"体现了一个被社会所接受的妇女的传统角色——一个虔诚的女儿(天主教徒)、一个温柔的妻子、一个非常有教养的母亲"④。当她出现在人群中时,菲律宾人甚至称她为"菲律宾的玛利亚"。⑤

科拉松·阿基诺表现出的"纯洁""非暴力"形象,对长期生活在专制统治下的民众更是极具吸引力。阿基诺夫人屡次表明自己不是一个政

---

① 孙嘉莉:《科·阿基诺传》,黑龙江人民出版社1995年版,第25—64、87—129页。
② 范若兰:《东南亚女性的政治参与》,社会科学文献出版社2015年版,第21页。
③ [美]露西·科米萨著,吴壬林等译:《女总统——科拉松·阿基诺》,黑龙江人民出版社1995年版,第70页。
④ Lourdes Veneracion-Rallonza, "Engendering the State and Imaging Women Political Leaders: Corazon Cojuangco Aquino and Gloria Macapagal Arroyo as Cases to Point", in *Quilted Sighting: A Reader in Women and Gender Studies*, Quezon City: Miriam College Women and Gender Institute, 2001, p. 76.
⑤ Mark R. Thompson, "Female Leadership of Democratic Transitions in Asian", *Pacific Affairs*, Vol. 75, No. 4, 2002 – 2003, p. 546.

客，不懂政治技巧，甚至没有办法提出自己的政治观点而只能追随丈夫的观点。① 但也正因为如此，她"不知道如何去说谎，不会愚弄别人"，"也不是一个独裁者"，她将用家庭主妇节俭和高效的家务技巧把这个国家"打扫干净"。② 科拉松的"非暴力"形象也同样深入人心。在性别刻板印象中，女性被认为是柔顺而且反暴力的，阿基诺夫人的形象恰好符合这种印象，她在各个场合宣扬实行甘地式的非暴力抵抗，要在"充满耻辱，以政府暴力和欺诈行为为标志的选举"中，"通过民主的方式来获得民主"。③ 对于看惯了暗杀、专制和暴力的菲律宾人而言，这种女性化的"温柔"和"非暴力"似乎预示着一种光明美好的未来，科拉松也因此被她的人民"视为母亲，视为和平、民主和安宁的象征"。④

纷争不断的菲律宾反对派似乎也更愿意团结在温顺而较少权力欲的科拉松身边。在1986年总统选举之前，反对派组成了一个"召集人小组"（Convenors）以选出代表参加竞选，但各个候选人及其支持者一直互相争持。一开始，科拉松只是通过自己身为阿基诺遗孀的道德号召力让陷入僵局的会议继续下去，但渐渐地，许多反对派领袖发现"只有科拉松站出来，才能终止反对领袖们在这个问题上的争吵"⑤，最终一致同意提名科拉松为总统候选人。但是，反对派似乎只是将科拉松视作过渡时期的一个团结的象征和吸引民众的招牌而已，并没有真正把她放在眼里。他们认为，屡次拒绝参选总统的科拉松较为温顺，易于操纵，即便当选后也只是一个傀儡，不会威胁到他们施行权力。当时，科拉松最有力的对手劳雷尔一直不愿意放弃竞逐，但就在选举前夕，他突然宣布与科拉松达成协议，将作为她的副总统搭档参加竞选。事后，劳雷尔承认自己

---

① Robert H. Reid and Eileen Guerrero, *Corazon Aquino and the Brushfire Revolution*, Baton Rouge: Louisiana State University Press, 1995, p. 24.
② Greta Ai-Yu Niu, "Wives, Widows and Workers: Corazon Aquino, Imelda Marcos, and the Filipina 'Other'", *National Women's Studies Assoication Journal*, Vol. 11, No. 2, 1999, p. 92.
③ 赵娜、吴光红、苏荷编译：《外国首脑经典演说》，时代文艺出版社2005年版，第102页。
④ 孙小迎：《亚洲水文化承载着的两位女总统》，《东南亚纵横》2002年第3期，第61页。
⑤ 反对派领袖内普塔里·冈萨雷斯语，见[美]露西·科米萨著，吴壬林等译《女总统——科拉松·阿基诺》，黑龙江人民出版社1995年版，第106页。

当时认为，科拉松在当选后会回到"合适的"象征性角色上，让他掌握实权。①

在父权制观念的影响下，科拉松·阿基诺以母亲和遗孀的身份，以其传统的女性特质赢得了民众和反对派的拥护。在这里，女性身份成为一种优势，但强调女性身份赢得竞选却为科拉松将来的执政种下了祸端，也为其后接连不断的叛乱埋下伏笔。

（三）民主的象征

如前所述，马科斯政权的专制腐败以及菲律宾的经济社会乱象激起了社会各阶层的不满，要求民主和改革的呼声越来越大。但在威权统治下，菲律宾的权力实际上集中在马科斯一人之手，政府不可能有民主改革的动力，民主化只能起于体制之外，即通过"人民力量"推翻威权政府。正是这场来自体制之外的运动，让从未踏足政坛的家庭主妇科拉松·阿基诺得以走上前台。

贝尼尼奥·阿基诺遇刺后，科拉松·阿基诺开始走上政治舞台，批判马科斯的专制和腐败，提倡民主和自由。阿基诺夫人所提出的清除垄断和腐败、发展经济、维护人权和贯彻土地改革方案等口号与马科斯治下的菲律宾现状形成鲜明对比。当她屡次表示"我是（马科斯）政权的受害者"，并"决心为我们可爱的全体人民创造一个公正和福利一体的菲律宾而进行长期不懈的斗争"② 时，完全对应了菲律宾人对专制的不满和对民主人权的向往。"人们意识到，科拉松是菲律宾社会改革的一个象征，虽然这一点也许未必仅指阿基诺夫人个人……只要任何一种新事物或新人物出现，清除现实社会弊端，人们都是乐于接受的。"③ 于是科拉松所到之处，"科丽万岁！"与"民主自由万岁！"的呼声总是同时响起。阿基诺夫人反对马科斯独裁的立场，让她在民众心目中自然具有了"拥护民主"的形象，被视为民主的象征，得到了民众的拥护。

---

① Linda K. Richter, "Exploring Theories of Female Leadership in South and Southeast Asia", *Pacific Affairs*, Vol. 63, No. 4, 1990 – 1991, p. 536.

② 赵娜、吴光红、苏荷编译：《外国首脑经典演说》，时代文艺出版社 2005 年版，第102页。

③ 孙嘉莉：《科·阿基诺传》，黑龙江人民出版社 1995 年版，第156页。

"民主自由"的形象也让阿基诺得到了关键力量的支持。在置换式民主转型中,"军方的不满是使政权垮台的最基本的力量"①,而阿基诺对民主的提倡让军方有了堂而皇之的叛变理由。如前所述,实施军管法以后,一些年轻军官因长期得不到晋升、薪金待遇差而感到不满,阿基诺在竞选时提出"我们将使一些年迈的将军们退离他们现在的岗位,让更多的年轻上校走到重要的岗位上"②,这一许诺无疑进一步拉拢了中下层军官;至于在人民力量运动中起决定性作用的国防部长恩里莱和副总参谋长拉莫斯,很早便对马科斯任命的总参谋长法比安·维(Fabian Ver)心怀不满,认为其垄断军队大权,对他们的地位和政治前途造成威胁。RAM Boys 的领袖恩里莱与马科斯和伊梅尔达积怨尤深,一直寻找夺权机会,③而科拉松的反独裁民主运动便是最好的理由和机会。在发动兵变的讲话中,恩里莱和拉莫斯都将兵变理由归结为马科斯的独裁统治让他们相信马科斯当局并没有真正得到人民的拥戴,他们此举是要"创造一个正常、美好的菲律宾,使我们的人民能像以前那样沐浴在自由之中,追求自己的理想,实现自己的愿望"④。此话一出,恩里莱和拉莫斯立即得到人民

---

① [美]塞缪尔·亨廷顿著,刘军宁译:《第三波——二十世纪后期民主化浪潮》,上海三联书店1998年版,第174页。

② 孙嘉莉:《科·阿基诺传》,黑龙江人民出版社1995年版,第147页。

③ Robert H. Reid and Eileen Guerrero, *Corazon Aquino and the Brushfire Revolution*, Baton Rouge: State University Press, 1995, pp. 28 – 29.

④ 孙嘉莉:《科·阿基诺传》,黑龙江人民出版社1995年版,第150页。

和天主教会的大力支持。另外，随着民众运动的发展，要求民主的呼声越来越高，推翻威权政权已成不可逆转之势，这一形势的变化也促使美国改变原先两边下注的立场，决定不再支持马科斯，导致马科斯最终放弃了权力。①

（四）精英女性的能力

科拉松·阿基诺虽以"家庭妇女"形象示人，但从其家境和成长经历来看，她更像是传统的菲律宾"精英"。

出身大家族的科拉松从孩提时候起就一直习惯于见大人物，家庭中的男性都热衷于政治，更有一位全力支持丈夫和儿子参政的母亲。② 她13岁便到美国读书，曾在费城拉文山学院和纽约市修女会办的圣母学院学习，1949年到纽约圣文森特山学院专攻法语和数学，1953年毕业后回国就读于菲律宾远东大学法律系。③ 良好的教育无疑让阿基诺具备了参与政治的基本素质。与充满政治野心的贝尼尼奥·阿基诺结婚后，科拉松有了更多接触各类政治人物和参加各种政治聚会的机会，贝尼尼奥的被捕入狱更使阿基诺经受了一次全方位的政治训练，"每周六24小时只有他和我在一起，关在监禁他的监狱里。我们有天下所有的时间彼此倾吐肺腑之言。这就是我政治教育的起点。"④ 她成了联系丈夫与菲律宾政坛的纽带，代表丈夫在反对派中间讲话。丈夫遇刺后，她走上政治舞台，发表大量讲演，斡旋让反对派团结一致。可以说，科拉松在往后风波迭起的政治生涯中能一次次化险为夷并不是出于幸运，而是大大得益于从小的教育和婚后的政治训练，得益于她个人的政治能力。

1986年选举期间，罗慕洛夫人曾与科拉松会面，她敏锐地看到这位女候选人"头脑冷静。我认为没有任何人能操纵她。她看上去是那种清醒、镇定、不易冲动的人，乐于倾听别人的意见，然后自己拿主意"，并

---

① 美国态度转变过程可参见金应熙主编《菲律宾史》，河南大学出版社1990年版，第798页。
② 孙嘉莉：《科·阿基诺传》，黑龙江人民出版社1995年版，第28—29页。
③ 陈岳、吴秀慧：《菲律宾总统阿基诺夫人》，《现代国际关系》1987年第2期。
④ [菲] 埃萨伯罗·克里索斯托莫著，施能济等译：《科丽·阿基诺传》，东方出版社1988年版，第29页。

认为报道阿基诺夫人毫无政治经验的新闻大错特错。① 实际上，宣传阿基诺夫人缺乏政治经验的媒体很可能正是受到科拉松本人的误导，科拉松似乎很担心自己被定义为传统的菲律宾"政客"。② 至于"缺乏政治经验"，对她而言不仅不成问题，反而还是一个优势。她曾在竞选中针对"没有经验"的批评这样说道："我知道我在经验上无法与马科斯先生比肩。我承认，我缺乏欺骗、偷窃、说谎以及暗杀政治反对者的经验。"③ 她对自己的缺乏经验表示心怀感激："感谢上帝，我确实与他（马科斯）有差别。因为如果我们真要拯救我们的国家，我们需要非常不同于马科斯的领袖。"接受记者访问时，她也常常强调"我与马科斯是完全不同的"。④ 显然，科拉松已经准确地预见到，对威权政权极度不满的菲律宾民众需要一个与马科斯夫妇形象完全相反的人，而她要做的，就是把自己塑造成民众需要的人。作为家庭妇女，她理所当然会被认为远离粗鲁和肮脏的政治，远离贪污和腐败，她的"没有政治经验"恰恰可以作为其纯洁、清廉、非暴力的证据。

可见，科拉松·阿基诺的政治经验虽然的确不如她的男性竞争者，但她具有政治能力，也有敏锐的政治洞察力。这种个人能力让她能最大限度地利用菲律宾的本土政治特点和民主化诉求，并最终走上菲律宾总统之位。

综上，与马科斯和其他男性领袖相比，科·阿基诺拥有的最大优势是强大的道德资本，她也将道德资本最大化，强调自己是受害者、贤妻良母、家庭主妇、虔诚的天主教徒，因而纯洁、民主、非暴力，能带来菲律宾的"改变"。民众饱受马科斯的专制、腐败、肮脏政治之苦，对拥有强大道德资本的阿基诺夫人怀有期望，天主教会也对阿基诺夫人的道德优势极为赞赏，大力支持，最终成就了菲律宾第一位女总统的上台。

---

① [美] 贝丝·戴·罗慕洛著，李延陵、卢保江、温满玉译：《菲律宾政坛回忆》，广西人民出版社1987年版，第181—182页。

② 在竞选期间，她不仅公开表示自己不是政客，而且还问过她的婆婆，如果许诺太多的话，会不会让她"看上去像个政客"。详见[美] 露西·科米萨著，吴壬林等译《女总统——科拉松·阿基诺》，黑龙江人民出版社1988年版，第60页。

③ Lewis Simon, *Worth Dying for*, New York: Willian Morrow, 1987, p. 224.

④ 孙嘉莉：《科·阿基诺传》，黑龙江人民出版社1995年版，第145页。

第二节　科拉松·阿基诺的执政表现

前任马科斯政府给科拉松·阿基诺留下的可谓是一个烂摊子。人们把这个烂摊子称为"菲律宾综合症"，即社会混乱、政府无能、家族政治、贪污腐败、经济停滞、贫富悬殊等。① 阿基诺夫人上台时，菲律宾有280亿美元的外债，大面积的贫穷，活跃的菲律宾共产党武装组织，三个穆斯林分离主义运动组织，不能使用的电话，失修的公路，师资匮乏的学校，低收入的劳动力和派系分化的军队。② 因此，阿基诺夫人的主要任务是清除马科斯时期留下的积弊，恢复民主，稳定局势，振兴经济。

一　重建菲律宾民主政治

科·阿基诺政府一上台，首先致力于清除马科斯专制统治的积弊，释放了500多名政治犯，③ 恢复1981年被中止执行的"人身保护法"，成立人权委员会，清查马科斯政权侵犯人权的行为，并承诺菲律宾人民永远都不会再被无故拘留。④ 同时，在全国举行省、市长选举，解散旧议会、重组最高法院等，撤换了一大批忠于马科斯政府的文职官员，包括72个省的省长和1000多个市长和镇长；撤换大部分军区的司令，软禁了包括前陆海空三军司令在内的高级将领，并令39名与马科斯关系密切的将领退役⑤，基本摧毁了马科斯独裁统治的政治框架。科·阿基诺总统还发布"总统第2号行政命令"，宣布冻结马科斯家族及亲信的所有财产，成立廉政委员会负责清理马科斯家族在国内外的财产，并重新调查贝·阿基诺事件及前政府官员犯下的罪行。

与此同时，阿基诺夫人立即着手恢复和重建菲律宾民主政治。她宣

---

① 贺圣达等：《战后东南亚历史发展1945—1994》，云南大学出版社1995年版，第330页。
② Robert H. Reid and Eileen Guerrero, *Corazon Aquino and the Brushfire Revolution*, Baton Rouge: Louisiana State University Press, 1995, p.34.
③ 曾莫休：《科·阿基诺政府进入第三年》，《东南亚研究》1988年第2期。
④ Robert H. Reid and Eileen Guerrero, *Corazon Aquino and the Brushfire Revolution*, Baton Rouge: Louisiana State University Press, 1995, p.36.
⑤ 贺圣达等：《战后东南亚历史发展1945—1994》，云南大学出版社1995年版，第332页。

布废除马科斯时期通过的《1973年宪法》，解散前执政党控制的国民议会，颁布临时自由宪章。1986年8月25日，阿基诺夫人签发第三号公告，"制定一项国策以完成人民授权进行的改革任务、保护人民的基本权力、采用临时宪法，在新宪法的指导下尽快地将临时政府过渡到新政府。"① 根据这个公告，在"自由宪法"的指导下，菲律宾成立临时政府，总统阿基诺夫人拥有行政、立法、司法三权，着手制定新宪法，并于1987年2月通过新宪法的公民投票。这次投票是菲律宾历史上第一次在没有政府压力、没有暴力、没有恐怖活动、没有伪造选票和其他舞弊现象下进行的，充分符合民主程序，并反映出菲律宾人的意愿。新宪法以76%的压倒性多数票获得通过，使阿基诺夫人的领导地位得到新的授权和加强。② 该宪法的主要特点是强调民主和人权，限制总统的权力。宪法规定总统拥有行政权，由选民直接选举，任期六年，不得连任。总统无权解散国会，不得任意拘捕反对派；国会拥有立法权，由参众两院组成；保障人权，取缔个人独裁；禁止军人干预政治；进行土地改革。1987年5月11日菲律宾举行了15年以来第一次国民议会选举，90%的选民参加投票，支持阿基诺夫人的政党在参众两院取得压倒性多数。1987年7月27日，新的一届国会产生，接着在1988年1月18日，举行了全国地方选举，支持阿基诺夫人的力量仍然占优势，执政党联盟的4个政党获得了近90%的席位，③ 执政党联盟大获全胜。这样，从新宪法的颁布到新国会的成立和地方选举的举行，阿基诺夫人已把菲律宾三权分立的美国式民主制度重建起来，使国家机器的运转走上正常轨道。

在政治体制改革方面，菲国会1991年通过了《共和国7160号法令》和《地方政府法》，前者将中央政府的权力去中心化，地方政府在税收分享和支持本地发展项目上有更大的权力，④ 而《地方政府法》给地方政府更多的税收权力和金融自主权，增加了地方政府的财政收入。更重要的是，《地方政府法》在地方的各个层次上把政党和市民团体参与政策制定

---

① ［菲］埃萨伯罗·克里索斯托莫著，施能济等译：《科丽·阿基诺》，东方出版社1988年版，第295页。
② 郑一省：《菲律宾后马科斯时期的民主政治发展》，《东南亚》2002年第3期。
③ 曾莫休：《科·阿基诺政府进入第三年》，《东南亚研究》1988年第2期。
④ Kathleen Nadeau, *The History of the Philippines*, London: Greenwood Press, 2008, p.99.

过程的行为制度化了,从而提高了公民参政的力度,有利于并且确实把更多现代的和有才能的领导人纳入了政治体制,他们向那些传统的政治家族,即以传统的方式控制地方政治的势力提出了挑战。① 以上两个法令通过从中央政府向地方政府分权,把原来集中在中央各机构的权力转到地方机构去,从而使国家或中央政府能着力完善自己的功能,把精力放到宏观调控上来,增强政府的效率,这对于国家功能较弱的菲律宾来说尤其重要。同时,在地方层面上,市民组织和公民能够更方便和有效地监督政府的行为,这必将促使地方政府增加透明度和责任心,从而提高自己的民主化和制度化水平。

与此同时,菲律宾的社会氛围也比较宽松自由。非政府组织的地位得到宪法确定,其参与社会和政治发展的活动也得到政府鼓励,NGO 数量,尤其是发展取向型的 NGO 数量激增,类型多样,一些大的 NGO 之间开始形成联盟并积极发挥作用。② 这一时期的媒体也恢复了活力,在极短的时间内,报纸数量就较马科斯时期增加了 4 倍,仅马尼拉市区就有 27 份报纸。③ 媒体和群众可以公开批评政府,一些评论家如雷纳多·康斯坦丁诺(Renato Constantino)等从这一时期开始撰写批评政府的专栏,④ 菲律宾人开始在电视上没完没了地辩论国家大事。⑤ 此外,人权总统委员会(Presidential Committee on Human Right)、善治总统委员会(Presidential Commission on Good Government)、全国和平及发展委员会(National Peace and Development Committee,NPDC)的成立也显示出了阿基诺夫人推行民主的决心。

---

① Takeshi Kawanaka, *Power in a Philippine City*, Chiba: Institute of Developing Economics and Japan External Trade Organization, 2002.

② Swee-Hin Toh and Virginia Floresca-Cawagas, "Towards a People-Cantred Education: Possibilities and Struggles in the Philippines", *International Review of Education*, Vol. 43, No. 5/6, 1997, p. 531.

③ Doreen G. Fernandez, "The Philippine Press System: 1811 – 1989", *Philippine Studies*, 1989, p. 340.

④ Renato Constantino, *Renato Constantino and the Aquino Watch*, Quezon City: Karrel, 1987, p. 2.

⑤ Robert H. Reid and Eileen Guerrero, *Corazon Aquino and the Brushfire Revolution*, Baton Rouge: Louisiana State University Press, 1995, p. 35.

总之，科·阿基诺任职期间，菲律宾宪政民主政治得以重建，市民社会得以发展，菲律宾的民主状况相较于马科斯时期有了很大进步。

二 振兴经济与土地改革

1986年2月科·阿基诺上台后，菲律宾国家经济发展署颁布了《1987—1992年中期经济发展计划》，旨在减少失业和贫困，尤其是在农村地区；消除经济中的垄断和特权；减少政府对经济的干预；鼓励私营部门参与经济建设，并将其视为国家经济发展的"启动器"。[1] 为此，菲律宾实施经济自由化改革，并引入出口导向型工业化发展战略。在该计划的指导下，经济改革主要涉及以下几个方面。

偿还外债，化解对外支付压力。菲律宾的外债债务从1965年的6亿美元猛增到1985年底的275亿美元，而当时菲律宾的外汇储备仅为260亿美元，是该地区唯一的还本付息存在严重困难的国家，其欠下的外债在东亚地区的发展中国家中仅次于韩国（470亿美元），居第二位，成为世界上第五大负债国。[2] 为此，科·阿基诺政府与国际金融机构进行紧急磋商后，于1986年9月达成一项新的贷款协定，在未来18个月内由国际货币基金组织向菲律宾提供1.98亿美元特别提款权的紧急信贷和2.24亿美元特别提款权的补偿性财政资金（用于填补出口收入方面的赤字）。[3] 1987年1月，巴黎俱乐部的官方援助者同意重新确定将于1988年年中到期的8.7亿美元的债务偿还期；1987年4月，双方就重新确定96亿美元商业性贷款的偿还达成了一项新协定，偿还期被重新定为17年，并有7年半的宽限期；另外，30亿美元的贸易欠款被转换为4年期的贷款，使其偿还期推迟到1990年。通过这些安排，菲律宾政府原来在1987—1992年应偿还的111亿美元减少到仅偿还36亿美元。同时，债务利息也被大大降低，17年中少支付利息达10多亿美元。[4]

增加资金投入，刺激经济发展。自80年代初起，菲律宾国家经济开

---

[1] 沈红芳：《菲律宾经济改革、调整及其前景》，《世界经济研究》1987年第4期。

[2] Lucy Komisar, *Corazon Aquino: The Story of a Revolution*, New York: George Braziller Inc., 1987, p.174.

[3] Kathleen Nadeau, *The History of the Philippines*, London: Greenwood Press, 2008, p.97.

[4] 陈明华：《当代菲律宾经济》，云南大学出版社1999年版，第23页。

始衰退，加之国内政局不稳，社会各界对经济发展前景信心不足，在生产经营方面持观望态度。在这种情况下，只有靠政府加大财政投入来带动社会投资和消费。然而，政府在增加投入方面存在很大困难。自60年代初以来，菲律宾作为国际货币基金组织的固定贷款对象，其货币与财政政策的制定一直处在国际货币基金组织的监管下。而在1983年，国际货币基金组织为菲律宾制订了一项财政紧缩计划，要求菲律宾政府大幅度削减财政赤字。按规定，1986年的财政赤字必须控制在国民生产总值的1%以内。① 科·阿基诺政府上台后，经过磋商，国际货币基金组织同意菲律宾政府通过扩大公共开支（特别用于基础设施建设）激发国内需求，刺激私营部门扩大投资和增加生产，由此产生的财政赤字主要由国外官方援助填补。经过与经合组织、阿拉伯国家和一些国际机构的协商，菲律宾获得的国外官方援助迅速增加，援助额由1986年的约4.6亿美元增加到了1988年的约10.21亿美元和1990年的14.28亿美元。在1986年至1991年阿基诺夫人执政的6年中，菲律宾获得的外国官方援助平均每年达到9.56亿美元。靠着这些援助，加上在国内发行公债，政府财政支出有了较大增加，财政支出占国民生产总值之比由1980—1985年的15%—17%上升到了1988年的20%，② 从而增加了社会投资，对刺激经济有一定促进作用。

土地改革。除增加政府支出外，要想让民众拥有较大的购买力，还必须对财富进行再分配，土地改革是达到这一目的重要手段。因此，科·阿基诺上台后，将土地改革作为推动经济增长的一个重要措施。但由于议会内众多的、代表大地主利益的议员的反对和阻挠，直到1987年7月，科·阿基诺总统才签署了土地法令。其后，又经过10个月的激烈斗争和辩论，才于1988年6月通过了全面土地改革的纲领，即《菲律宾共和国第6657号全面土改法令》。该法令规定，在十年内分三个阶段，向约184.5万无地和少地农民分发381.98万公顷的土地（约占全国耕地面积的31%），被征购的土地以市价计算（估计需支付37.74亿美元），

---

① 陈明华：《当代菲律宾经济》，云南大学出版社1999年版，第24页。
② Lucy Komisar, *Corazon Aquino: The Story of a Revolution*, New York: George Braziller Inc., 1987, p.176.

农民分得土地须以农产品作担保、地主可保留 5 公顷的土地。到 1992 年底，在科·阿基诺政府执政的 6 年中，全国共分配土地 172 万公顷，超过马科斯执政时土地分配数的 4.7 倍。① 但与此同时，菲律宾劳动群众党议员也指责阿基诺夫人的土改是失败的，因为大部分立法者都出身大地主家庭，由他们支持的股票和分红计划实际上是维护地主利益，把小农转化为股东，而且阿基诺夫人自己的家族就是大地主，却始终没有对自己的土地进行重新分配。②

制定新的投资法，刺激外国投资。阿基诺夫人执政时期，菲律宾在利用外资方面取得了较大的突破。这种突破表现为：在扩大外资引进以促进落后地区发展的同时，推动经济结构调整，建立一种面向国际市场、借助外来资金和技术发展新兴产业以带动经济增长的发展模式。菲律宾政府于 1987 年 7 月颁布《菲律宾综合投资法》，对外国投资者提供更多的便利和优惠。首先是放宽对外资引进的限制，简化外来投资审批手续。该法简化了外资企业生产用设备、零部件、原材料、用于出口的加工制品的进口报关手续。如果签订了再离境协定，外资企业可在生产期限内无限制地利用由国外企业提供的机械、设备及零部件。此外，还给予外资优惠的税收鼓励，对投资于一般行业的外商免征所得税、减免资本货物进口税，并通过对外商向劳动密集型行业和落后地区进行投资给予经济上的鼓励，引导外商向劳动密集型行业和落后地区投资，以减少国内城乡差距。③ 除此之外，阿基诺夫人还通过频繁出访新加坡、印尼、美国和日本等国，鼓励外国对菲律宾的投资，宣称"不仅是菲律宾需要外国的资金，到菲律宾投资还是一个双赢的行为，因为菲律宾有高效、高素质的劳动力资源，有丰富的自然资源和尚待挖掘的产能"④。这使得在 1986 年到 1988 年间，外国对菲律宾投资逐年上升，但后来由于政变频

---

① 陈明华：《当代菲律宾经济》，云南大学出版社 1999 年版，第 26 页。
② 环球网：《菲律宾土改屡遭大地主挫败 农民转股东分红失败》，http://world.huanqiu.com/roll/2010-03/745924.html，2010 年 3 月 15 日。
③ 贺圣达等：《战后东南亚历史发展 1945—1994》，云南大学出版社 1995 年版，第 333 页。
④ Lucy Komisar, *Corazon Aquino: The Story of a Revolution*, New York: George Braziller Inc., 1987, p.175.

繁、政局不稳，1989年以后外国投资又呈下降趋势。①

提倡私有化，鼓励私人企业发展。在马科斯执政后期，国有企业的亏损问题已经相当严重，维持其生产运转成为政府财政的一大负担。1986年4月30日，阿基诺夫人在马尼拉举行的亚洲开发银行年会上致辞说，她的主要目标"是使政府较少地干预经济"，"我相信，恢复真正的私人企业经济将促进竞争、生产力和效率"。②受丈夫影响，阿基诺夫人将自己定位为一个基督教社会主义者，她认为政府的作用仅仅在于为私人部门的繁荣提供一个外部环境，而非市场的干涉者或组织者。③因此，科·阿基诺政府成立了私有化委员会，改造马科斯时期形成的庞大的国营企业系统，在《1987—1992年发展计划》中提出了解决国有企业问题的方案，主要是：限制设立国有企业；执行出售国有企业资产的方案；建立国有企业业绩评估制度；加强对国有企业的监督和控制。1986年12月，政府设立了"私有化委员会"和"资产私有化信托公司"，专门负责处理政府拥有和控制的资产。当时政府为私有化订立的原则是保留大约30%的原有国营部门企业，其余的则陆续实施私有化。到1992年9月，通过出售274项政府资产收回资金311.2亿比索，完成国有资产私有化计划的61.4%。④除了对现有的国有企业实施私有化外，科·阿基诺政府还将一些公共基础设施的建造和经营向私营部门开放，加大私营部门对重要工程项目的参与。1990年7月，政府颁布《共和国第6957号法令》，宣布允许私营部门对国家基础设施项目进行投资、建设、经营和维护，同时对私营部门的参与方式制订了多种方案，给予灵活选择。除此之外，阿基诺夫人还把从马科斯及其亲友处没收来的公司企业发售给私人，在税收经营方面给予私营企业各种鼓励照顾。

科·阿基诺政府促进经济发展的努力取得一定成效，但成果不如预期。1986年因政治动荡，经济增长率只有3.4%，1987年略有上升，为4.3%，1988年和1989年是经济发展最快的年头，经济增长率达到6.8%

---

① 贺圣达等：《战后东南亚历史发展1945—1994》，云南大学出版社1995年版，第333页。
② 陈岳、吴秀慧：《阿基诺夫人》，中国妇女出版社1998年版，第59—60页。
③ Lucy Komisar, *Corazon Aquino: The Story of a Revolution*, New York: George Braziller Inc., 1987, p.175.
④ 陈明华：《当代菲律宾经济》，云南大学出版社1999年版，第28页。

和 6.2%，之后开始一路走低，尤其是 1991 年因皮纳图博火山喷发等自然灾害、电力危机及海湾战争，菲律宾经济增长率为 -0.6%（见表 1—1）。六年的平均增长率仅为 3.7%，远远低于同时期泰国、马来西亚、印尼和新加坡 6.5%—9% 的增长率，也未达到在 1986 年提出的 6.5% 的发展目标。菲律宾人均 GDP 一直在低位徘徊，1986 年为 535 美元，1991 年为 715 美元。[1] 这一时期产业结构变化不大，工业所占比重一直在 35% 左右，表明其工业化努力收效甚微。菲律宾国内失业人数虽略有下降，但仍有一支庞大的失业大军，1986 年为 244 万人，1991 年仍高达 226 万人，占全部劳动力的 9%，这在东盟各国中是最高的，同样未达到 1986 年制定的 5% 的目标。社会贫富悬殊仍然很大，政府 1988 年的调查表明，有 50% 的居民仍生活在贫困线以下，这个比例在东盟各国中也是最高的。[2]

表 1—1　　1986—1992 年菲律宾国内生产总值增长率（单位:%)

年份	经济增长率	产业结构		
		农业	工业	服务业
1986	3.4	17.1	35.5	47.4
1987	4.3	16.9	35.3	47.8
1988	6.8	16.3	35.9	47.8
1989	6.2	15.8	36.2	48.0
1990	3.0	15.4	35.9	48.7
1991	-0.6	15.7	35.2	49.1
1992	0.3	15.7	34.9	49.4

资料来源：菲律宾国家统计局网站：http://web0.psa.gov.ph/。

科·阿基诺政府经济调整的成效甚微，究其原因，第一是因为政局不稳，科·阿基诺执政期间发生了七次未遂兵变，这使私人资本和外国资本对政局前景怀有疑虑，不愿扩大投资，造成菲律宾投资不足，1987—1990 年的投资率未超过 20%；第二是政府债务负担沉重，1989 年

---

[1] 世界银行数据库：http://data.worldbank.org/。
[2] 贺圣达等：《战后东南亚历史发展 1945—1994》，云南大学出版社 1995 年版，第 334 页。

外债总额275亿美元，还债率占出口收入的40%，1991年外债达300亿美元，内债约1万亿比索，① 加之连年的外贸逆差、经常收支项目逆差，使得财政赤字日益扩大；第三是菲律宾基础设施十分落后，水电供应不足，交通拥挤不堪，邮电服务低劣等，严重影响了经济的恢复和发展。

三 以和平谈判解决菲共和"摩解"问题

前文已述，马科斯实行军管时期，菲共武装和菲南穆斯林分离运动迅速发展，对菲律宾政治稳定、经济发展和国内安全构成巨大威胁，这也是科·阿基诺政府要面对的最大挑战之一。

科·阿基诺强调，执政后的两大首要任务是寻求民族和解和恢复经济。为了实现民族和解，她在竞选时就多次表示，如果当选，一定要同菲共、"摩解"举行和平谈判，争取以和平方式解决问题。② 上台后，她成立由萨隆加领导的"研究立即释放政治犯的委员会"，将释放政治犯作为她当总统后第一批政治行动。她下令释放了全国所有在押的政治犯，其中包括新菲律宾共产党的创建者、前主席何塞·西轮和菲律宾共产党的军事武装新人民军的领导人、被称为丹特司令的贝尔纳比·布斯凯纳。③ 1986年5月，她亲赴达沃接受168名菲共人员"归顺"。1986年8月，政府和全国民主阵线（包括菲共、新人民军，还有许多进步的和左派的团体以及个人）双方都指定了各自的谈判代表，全国民主阵线方面提出，谈判可以分两个阶段进行。第一阶段着重讨论如何实行停火，第二阶段重点磋商如何在菲成立联合政府。谈判双方立场分歧较大，于是谈谈停停，未达成协议。到了1986年9月，突然发生原菲共主席萨拉斯及其妻子、警卫被军方逮捕的事件，谈判因此中止。民主阵线明确表示萨拉斯等三人不获释，谈判不能继续。此时，阿基诺夫人面对重重阻力、几方干扰，仍然不气馁，不急躁，为表明争取继续和谈的诚意，她于10月中旬，下令释放了萨拉斯的妻子和警卫，但为顾全同军方的关系，未

---

① 李延凌等：《战后东南亚政治与经济研究》，广西人民出版社1997年版，第297页。
② 陈岳、吴秀慧：《阿基诺夫人》，中国妇女出版社1998年版，第47页。
③ ［菲］埃萨伯罗·克里索斯托莫著，施能济等译：《科丽·阿基诺》，东方出版社1988年版，第312页。

释放萨拉斯。与此同时，她又在大主教亚伯道·比亚文迪神父的安排下，同班乃地区的菲共代表会见，讨论达成局部停火协议的可能性。

不料，一波未平，一波又起。全菲劳工领袖、"五一运动"领导人、新成立的人民党主席奥拉利亚此时惨遭杀害，和谈因此再度中断。阿基诺夫人立即组织了一个有军政各方参加的专案调查组，亲赴菲律宾大学的教堂向奥拉利亚的遗体告别，并慰问奥拉利亚的夫人。她的这些表现感动了包括奥拉利亚夫人在内的许多人，在决定和谈成败的这个紧要关头，全国民主阵线终于表现出很大的克制，他们知道和谈中断对谈判双方都不利，只不过合了右派和一切反对分子之意。最终在1986年11月26日，政府和菲共达成停火60天的协议。协议定于11月27日下午3时在科·阿基诺宣誓就任总统的菲律宾人俱乐部（马尼拉青山区）签署，协议生效之日则定于1986年12月10日（国际人权日）。1987年1月22日，农民组织为了要求政府立即进行全面而彻底的土改，举行游行示威，当游行队伍行进到总统府前的门迪奥拉大桥时，遭到一些身穿海军陆战队军装的人枪击，结果有十多人当场死亡，近百人受伤。群众情绪激昂，纷纷指责这是军方蓄意制造的事件。与此同时，一些右派人物纷纷站出来说"停火已使新人民军得到重整的机会"，"菲共一年来有了大发展"，"再不剿共全菲就有赤化的危险"，等等。[①] 他们力主用武力镇压，指责阿基诺夫人对菲共和新人民军"软弱""姑息"，甚至说她光凭威望解决不了共产党问题。马尼拉充满剑拔弩张的紧张气氛。鉴于这种情势，全国民主阵线宣布：政府无和谈诚意，阿基诺夫人控制不了军方，新人民军不能坐以待毙，任人宰割，60天停火到期即结束，不再延长。

与此同时，阿基诺夫人同"摩解"和谈也紧张进行。阿基诺夫人在与"摩解"谈判上比马科斯占有优势，她的亡夫阿基诺同"摩解"领导人密苏阿里有交情，他们两人在马科斯统治时期都曾被捕入狱，并在狱中成了朋友。1981年阿基诺曾专程从美国飞往沙特阿拉伯会晤密苏阿里，商谈共同反对马科斯事宜。密苏阿里承认科·阿基诺对与"摩解"和谈是有诚意的，但指出军方仍然在进攻"摩解"，而且他坚持要棉兰老等穆斯林聚居的岛屿脱离菲律宾中央政府，另成立一个"独立国家"，由他担

---

① 陈岳、吴秀慧：《阿基诺夫人》，中国妇女出版社1998年版，第54页。

任"国家元首"。在此情况下,谈判很难进行下去。但阿基诺夫人却不灰心,派她的小叔子布兹代表政府同密苏阿里一再会谈。1986年11月,双方达成停止敌对行动协议。1987年1月又派政府代表团到沙特阿拉伯首都吉达同"摩解"代表再次谈判,经过政府方面的努力,密苏阿里已不再坚持脱离菲律宾而独立的立场,转而要求给予更大的自治权,扩大自治范围,让棉兰老、塔威塔威、苏禄、巴西兰四岛以及西部的巴拉望省都实行自治(这些地区加起来占菲总面积的1/3),并要求政府任命他为自治区临时政府首长五年。这些条件是政府难于接受的,但阿基诺夫人强调"我一直想同穆斯林联合",声称将继续努力,同"摩解"其他派别接触,并将给予穆斯林聚居的地方更多的自治权。1987年1月,阿基诺夫人批准建立棉兰老联合经济开发委员会,吸收"摩解"参加。

菲律宾穆斯林分离主义组织共有三派,除密苏阿里领导的"摩解"外,还有迪马斯·篷达托领导的"摩洛民族解放阵线改革派"和萨拉马特·哈希姆为首的"摩解伊斯兰解放阵线",后两派均是70年代从"摩解"分离出来的。起初,"摩解改革派"和"伊解"对政府只同密苏阿里谈判很不满,强调密苏阿里不能代表他们,并对和谈采取抵制态度。后来,阿基诺夫人改变策略,同迪马斯·篷达托和萨拉马特·哈希姆分别接触。1987年4月,萨拉马特同政府代表举行会谈,达成双方暂时不交火的协议。篷达托也同政府方面联系,双方进行讨价还价。

对于阿基诺夫人的上述行为,西方报界评论称,不管怎么说,同菲共以及"摩解"取得一些协议是阿基诺夫人执政以来最出色的成就。[①]

四 冷静应对多次兵变

军队在菲律宾占有重要地位,1986年菲律宾民主运动成功的一个重要因素是恩里莱和拉莫斯领导的军队起义。可是菲军人十分复杂,大多数人有非正式的效忠对象,且有民族、地区或从属关系的不同。阿基诺夫人上台后,军队里很多人对阿基诺夫人及其内政外交的看法有很大不同,如国防部长恩里莱就因为阿基诺夫人推行与菲共和解,而拒绝参加内阁会议。副总统兼总理劳雷尔由于阿基诺夫人大权独揽而失望,因为

---

① 陈岳、吴秀慧:《阿基诺夫人》,中国妇女出版社1998年版,第56页。

他本来以为阿基诺夫人只是傀儡,由他掌握实权。这都为后来的军事政变埋下了伏笔。

最先发动兵变的是支持马科斯的军人。曾经充当马科斯的竞选伙伴,副总统候选人托伦蒂诺于1986年7月6日发动第一次兵变。兵变者在他们策划成立的新"政府"里,拥护托伦蒂诺为"代总统",恩里莱是"总理"兼"国防部长"。正在外地视察的阿基诺夫人火速赶返马尼拉,限令托伦蒂诺在24小时内撤出马尼拉饭店,立即向政府军投降,总参谋长拉莫斯将军表示坚决支持阿基诺夫人。在政府军以重火力四面包围的威逼下,叛军被迫投降,兵变在36小时内宣告流产。

1986年11月23日,菲律宾爆发了第二次兵变。这次兵变是由国防部长恩里莱等人策划与发动的,兵变的代号叫"上帝拯救女王"。恩里莱等人打着"清君侧"的幌子,强迫阿基诺夫人撤掉几位坚定支持她的左派内阁成员。对此,阿基诺夫人当机立断召集内阁紧急会议,要求政府所有阁员递交辞呈,总参谋长拉莫斯将军下令军队进入"超级紧急状态"。次日,阿基诺夫人宣布"我已接受恩里莱国防部长的辞呈",并任命副国防部长伊莱托接替恩里莱的职务。阿基诺夫人用这一招割掉了恩里莱这个毒瘤,向世人展示了她的政治谋略。

第三次兵变发生在1987年1月27日,即菲律宾新宪法公决之前。当日凌晨,来自吕宋岛的8名将军,带领200多名武装士兵,还有一支穆斯林武装、一批政客,四五百人在3辆坦克的掩护下,向马尼拉的比利亚莫尔空军基地、萨利空军基地、国防部、陆军总部、国家电视台和7号电视台等处武装进攻。但叛军遭到政府军的包围,政府军还用坦克、装甲车等重型武器封锁了主要路口,使叛军陷入重围。战斗中,叛军17人死伤,271人被捕。29日清晨,占领7号电视台的叛军弃械投降,历时50多小时的兵变彻底失败。①

1987年4月18日发生第四次兵变,也是由马科斯的"忠贞分子"和反对派头目恩里莱的支持者发动的,同样以失败而告终。

第五次兵变发生于1987年8月28日,是历次兵变中规模最大的一次。曾任菲律宾恩里莱卫队长的霍纳桑上校(Gringo Honasan)率1000余

---

① 潘正秀:《亲历菲律宾的五次兵变》,《党史纵横》2005年第6期。

名军人，乘坐长途汽车、军车和坦克从外省一路开进马尼拉，分头攻打总统府、国防部军营、警察保安司令部、靠近马尼拉国际机场的维拉莫空军基地和政府四号电视台等要津。阿基诺夫人立即召开内阁紧急会议，与参众两院领导人磋商后，下令政府军对兵变部队发动进攻。菲国防部长拉莫斯亲临督战。在政府军的飞机与坦克的猛攻下，叛军四处逃窜，首领诺夫莱上校也于6日凌晨无条件投降，历时50多小时的叛乱宣告平息。

1987年和1989年，还相继发生了两起军事政变，但阿基诺夫人都通过团结和依靠前武装部队总参谋长、现任国防部长拉莫斯将军，挫败了这些兵变。

科·阿基诺总统面对兵变，并不是如人们所想象的惊慌失措，而是沉着应对，尤其是规模最大的第五次兵变。当时菲律宾人陷入内战恐慌，但是，出现在民众面前的阿基诺夫人表现镇定，甚至在与拉莫斯将军失去联系一个多小时，政府人员惊慌失措的时候，她依然冷静地安抚民众："这儿很好，只是有点小喧闹……我完全没事，拉莫斯将军也控制着局势并和我保持联系。"不久以后，她又在电视上语气坚定地宣称："我向你们保证，政府牢牢控制住了局势，我们即将摧毁这次威胁。"① 科拉松的表现说明，她并不是一个没有政治经验的家庭主妇，而是一个头脑冷静而且懂得如何运用政治技巧的总统。

科·阿基诺总统吸取多次兵变的经验教训，对军队内部进行了整顿和改革，特别是从1987年12月起，实现国会批准的对全军所有官兵平均增加60%薪饷的决定，每月多支出军费2亿比索（960万美元），② 使占大多数的下级官兵生活有所改善，对安定军心有一定作用。同时，阿基诺夫人先后对一大批将校高级指挥官做出升迁和退役的安排，在处理这些兵变时，她主要团结和依靠拉莫斯的力量，先是任命拉莫斯为三军参谋总长，1988年1月任命他为国防部长，1988年9月，阿基诺

---

① 关于八月兵变的过程及科拉松·阿基诺的表现，可参见 Robert H. Reid and Eileen Guerrero, "Gun of August", *Corazon Aquino and the Brushfire Revolution*, Baton Rouge: Louisiana State University Press, 1995, pp. 124–141.

② 罗梅：《浅论科拉松·阿基诺夫人》，《东南亚纵横》1994年第4期，第9页。

夫人再次委任拉莫斯为全国武装部队总司令，与总统分享统帅权，这在菲律宾历史上也是没有先例的。① 1988 年后兵变减少甚至消失，只有 1989 年出现一次兵变。当然，这是建立在与军方妥协的基础之上，阿基诺夫人从未能直接控制军队，主要是依靠拉莫斯来保持军队的稳定和忠诚。

五 反腐努力收效甚微

菲律宾的腐败风气严重，腐败总统层出不穷，狼狈下台的马科斯总统因为腐败程度严重而创下了吉尼斯纪录。阿基诺夫人以纯洁的形象上台，令人对其反贪治腐有所期待，她也发誓要与各种腐败行为做斗争，公平分配国家财富。上台伊始，她就专门成立了一个菲律宾总统调查委员会，追查和索回马科斯非法盗取的巨额财富。马科斯在国内的全部财产被没收，同时该调查委员会还追查马科斯在国外的财产与国宝，宣布查封马科斯在美国、巴西和瑞士等地的存款。

阿基诺夫人本人以身作则，树立廉洁形象。1986 年 6 月 11 日，内阁举行了一次会议，决定内阁成员出国履行公务，必须严格控制开支，任何部长不得订购头等舱机票，不得住豪华旅馆，科拉松在会上说："既然是一个革新的政府，就不能违背简朴的原则。"② 她不仅这样要求别人，也能严于律己，信守在竞选时的诺言，坚持不住进豪华的总统府——马拉卡楠宫。她认为对于一个贫穷国家的领导人而言，住在这么奢侈的地方是不合适的。③ 她宁愿每日从奎松市住家驱车上班，并用饭盒带一顿午饭。后来为节省时间，搬至离总统府较近的地方居住，仍不迁入总统府。科拉松出访美国时，不坐专机而坐普通民航，随身只带两只箱子。人们将她同马科斯夫妇对比，后者访美不只动用两架专机，光第一夫人的衣箱就有 200 个，阿基诺夫人简朴的作风和形象与之形成鲜明对比，博得了国内外广泛的赞扬，有报纸称她为"清廉的化身"。④ 1987 年据菲律宾社

---

① 贺圣达等：《战后东南亚历史发展 1945—1994》，云南大学出版社 1995 年版，第 337 页。
② 季正聚：《菲律宾三任总统与腐败》，《中国经贸导刊》2003 年第 1 期。
③ Lucy Komisar, *Corazon Aquino: The Story of a Revolution*, New York: George Braziller Inc., 1987, p.134.
④ 季正聚：《菲律宾三任总统与腐败》，《中国经贸导刊》2003 年第 1 期。

会气象网站的调查,民众对其反腐的净满意率高达65%。①

科·阿基诺总统推动廉政制度的建立,颁布了《6713号共和法令》《6770号反贪调查员法令》,要求所有政府官员必须诚实准确申报财产、公布净资产和财务关系,公开其私人财产,新任官员必须在就任前30日内剥离与任何私营企业的关系以避免利害冲突。同时设立贪污受贿案件的办公机构和专职的廉政检察官,建立廉政法庭和反贪调查局,遏制政府腐败。为了保障反贪机构的独立性,使其成员不必担心因履行职责而遭报复,相关法律条文还赋予了这些机构财政独立的地位,它们的行动只需向最高法院负责。② 此外,民主转型时期菲律宾的新闻自由得到充分保障,可以发挥大众传媒和民间组织在反腐败中的作用。

科·阿基诺总统虽然为控制腐败的蔓延做出了一定的努力,但收效甚微,菲律宾贪污受贿现象有增无减,据估计,在她执政时期,每年大约有1/3的国家预算被腐败和无效所吞掉。③ 新任命的官员们,在他们上任不久便被人们找到腐败的事实。流传于街头巷尾的关于政治家和高级官员的腐败丑闻,不绝于耳。外国商船仍然需要带足行贿从海关官员到码头搬运工的礼品,而公路上的警察则随意叫住摩托车手以榨取几个钱。

阿基诺夫人反腐收效甚微的根源在于菲律宾的家族政治毒瘤未能得到根本解决、国内政治权力格局没有发生本质转变的情况下,这些廉政法律和政策大多无法得到真正的贯彻执行,廉政机构也无法发挥应有的作用。家族政治和选举政治结合,反而在某种程度上赋予了上层政治权贵以合法性,打着民主旗号上台执政的政客和掌握权力的公职人员能够通过庇护关系与政商结合的寻租手段,不受约束地利用手中的权力轻易获取非法利益,分享本已稀少的社会资源,并强化既得利益集团的政治地位。在这种情况下,意图对腐败问题进行治理的政治家因为本身就是既得利益集团代理人,受到各方面因素的制约,反腐举措软弱无力且无法被落到实处也就不足为奇了,反腐败成为各大家族争权夺利、清除异

---

① 净满意率等于满意率减去不满意率。菲律宾社会气象站网站:http://www.sws.org.ph/。
② 李文、王尘子:《亚洲国家和地区走出腐败高发期的条件与机制》,《政治学研究》2014年第3期。
③ 季正聚:《菲律宾三任总统与腐败》,《中国经贸导刊》2003年第1期。

己、夺取政权的政治手段，甚至司法机关和检察机关本身也与政治权贵家族关系复杂。①

在任期前四年，科·阿基诺政府在重建民主和经济增长上取得一些成效，阿基诺夫人受到正面评价，据菲律宾社会气象站网站的民意调查，1989年2月她的净满意率是23%。在她执政1000天时，菲律宾调查机构对马尼拉居民发放的问卷显示，她得到73分（100分为满分），失分的部分是执法、政治稳定、镇压叛乱、政府服务以及她的政府在反腐方面的作为。得分最高的选项是经济领域，最高得分是77分。②但随着经济下滑，加上反腐没有成效，民众对阿基诺夫人的净满意率直线下降，到1992年她下台时，净满意率为负数（见表1—2）。

表1—2　　　　　阿基诺夫人的净满意率（单位:%）

时间	净满意率
1989年2月	+23
1989年9月	+14
1990年4月	+17
1990年11月	-10
1991年7月	-1
1991年11月	+1
1992年2月	-2
1992年4月	-5

资料来源：菲律宾社会气象站网站：http://www.sws.org.ph/。

第三节　科拉松·阿基诺总统的双重困扰

科·阿基诺从一名家庭主妇一跃而为菲律宾第一位女总统，纯洁、母性、非暴力是她最显著的标签，这些标签在她上台时立下汗马功劳。

---

① 王尘子：《家族政治与腐败桎梏——后威权时代菲律宾的民主困境》，《福建行政学院学报》2015年第5期。

② M. Lerner, "After First 1000 Days, Aquino Gets Mixed Grades", *Washington Time*, Vol. 22, 1988.

那么掌权之后，作为女总统，这些标签又起何等作用？

一　备受质疑的执政能力

竞选期间，科·阿基诺"纯洁""菲律宾玛利亚"的形象受到民众拥戴，缺乏政治经验也被视为远离"肮脏政治"，并不是一个缺点。但掌权之后，人们用政治家而不是家庭主妇的标准要求她，总说自己是家庭主妇的科·阿基诺恰恰就是典型的传统妇女形象，这一形象引发菲律宾人对其执政能力的质疑，认为她"没有经验，看起来太单纯，太虔诚，无法管理一个派系林立的国家"[1]。

质疑首先针对的是科拉松领导内阁的能力。为了表示新政府的民主，也是为了投桃报李，科拉松的内阁组成复杂，既包括人权律师和亲左改革派，也包括马科斯时代官员、大财团代表和政治家族精英，他们不仅立场不同，而且彼此还存在个人恩怨。[2] 这些背景和观点各不相同的成员让内阁成为一个开放的竞技场，官员们时常相互争吵甚至愤然离席。面对内阁的严重分歧，科拉松似乎显得无能为力。内阁成员之一皮门特尔（Aquilino Pimentel）曾这样描述她在内阁中的表现："她就像一个企图让家人停止吵架的母亲，当分歧发生时，她只会简单地让那些争吵的人自己'搞定它'，这对解决问题和内阁成员的纠纷毫无帮助。[3] 实际上，科·阿基诺鼓励辩论，但并不是放任，据报道，在一次格外激烈的辩论后，阿基诺夫人说，"我才是那个做决策的人……我有那个权力，我想提醒你们的是，我才是总统，如果你们不尊重我的话，那我们就无法在一起工作了。"[4] 但是，内阁的争吵被媒体大肆报道和加以诠释，[5] 让人们

---

[1] Robert H. Reid and Eileen Guerrero, *Corazon Aquino and the Brushfire Revolution*, Louisiana: Louisiana State University Press, 1995, p. 2.

[2] 关于当时科拉松内阁成员的组成情况、各自的背景和彼此之间的关系，可以参见孙嘉莉《科·阿基诺传》，黑龙江人民出版社1995年版，第219—224页。

[3] Robert H. Reid and Eileen Guerrero, *Corazon Aquino and the Brushfire Revolution*, Baton Rouge: Louisiana State University Press, 1995, pp. 41–42.

[4] L. Komisar, *Corazon Aquino: The Story of a Revolution*, New York: George Brazillat, 1987, pp. 129–130.

[5] Doreen G. Fernandez, "The Philippine Press System: 1811–1989", *Philippine Studies*, 1989, pp. 340–344.

形成一种印象：阿基诺夫人不仅无力控制政府，而且被当时有影响力的男性官员掌握了实权。总统行政秘书乔克·阿罗约（Joker Arroyo）就曾被媒体称作"小总统"，暗示其操纵了科拉松政府。① 有学者在评述这一时期阿基诺夫人的执政表现时甚至认为男性内阁成员理所当然会控制她，因为她是个没什么经验的女人，只相信熟面孔，连知识都是通过看电视肥皂剧得来的。②

随着时间的推移，人们对阿基诺夫人执政能力的质疑越来越多，认为她没有政治远见和政治经验，甚至认为她根本无法明白菲律宾的现状，也没有能力规划菲律宾的未来。这种质疑不仅来自民众、媒体和批评者，也来自政府内部。科拉松的小叔子布兹·阿基诺就在接受电台访问时直接批评阿基诺夫人不懂菲律宾政治："她嘴上说那么一次，就觉得事情一定会被落实。她不明白在菲律宾，你要完成一件事情，就得不停地催促催促再催促。"③ 这种对总统无能的质疑之多，让科拉松自己都无奈地表示："我想这些与我是一个女性不无关系。"④

其实，科·阿基诺执政之后的表现并不比前任总统差。如前所述，阿基诺夫人有政治经济的长远规划和施政方针，她在重建菲律宾民主上成就显著，1987年新宪法对总统权力做出限制，提倡保护人权和社会改革；她致力于和平解决菲共和菲南穆斯林分离运动，菲律宾政府第一次摆出了愿意与反政府力量和解的姿态，并几次寻求与菲共、"摩解"达成停火协议。此外，她的勇气和毅力也不可小觑，科拉松执政六年时期经历了七次政变，比马科斯执政时期还频繁，而她都能冷静应对，总统地位安然无恙，这本身就从另一个侧面证明了科·阿基诺的政治能力。

矛盾的是，一方面人们批评科拉松没有政治能力另一方面，许多男政治家却恼怒于科拉松的"有能力"。反对派拥戴科拉松的初衷是觉得她会成为男政治家的傀儡和象征，而当他们发现自己无法操纵科拉松时，

---

① Robert H. Reid and Eileen Guerrero, *Corazon Aquino and the Brushfire Revolution*, Baton Rouge: Louisiana State University Press, 1995, p. 124.
② Ibid., p. 48.
③ Ibid., p. 120.
④ Ibid., p. 175.

便纷纷以她"没有能力"为由谋求夺权。在科拉松决定废除马科斯旧宪法时，就有军队将领认为她全靠军队才能当上总统，没有权力擅自采取这种行动。① 在科拉松当选后四个多月，国防部长恩里莱就暗中支持了一次马科斯余党参与的政变，又在11月与副总统劳雷尔发动了一次名为"上帝拯救女王"的政变。他们明确地把阿基诺比作只有象征意义的"女王"，宣称科拉松曾承诺过当选后由他们掌握实权并要求她兑现承诺，退回"象征"地位，否则将推翻现在的政权。②

科·阿基诺在上台前后，其"家庭主妇"、纯洁、无权力欲的形象并没有改变，但民众、政府人员和军方的态度却发生了巨大变化，原先"尼诺的遗孀"身上被欣赏和推崇的女性特质成了"女总统"身上的劣势。科拉松不得不面对一个巨大的困境：如果保持原先的传统女性形象，恪守"本分"，会被认为没有能力，不足以领导国家，从而引起民怨，导致大权旁落；如果打破传统女性形象，不恪守"本分"，积极行使权力，又会招致政客的不满，面临被推翻的危险。③

二 柔中带刚的执政风格

与"没有能力"的指责同时出现的，还有对科·阿基诺"软弱"的批评。竞选期间，阿基诺夫人用"非暴力"的形象把自己与马科斯区分开来，但这一形象在其当政以后，却成为幽困她的牢笼。

对阿基诺夫人"软弱"的批评主要集中在她对菲共、"摩解"的态度以及政治大赦的做法上。释放政治犯以及与菲共、"摩解"和谈并达成停火协议是科拉松竞选时的承诺之一。当选以后，她的确也采取了实际行动，与菲共和"摩解"和谈，并艰难地与菲共达成60天停火协议。但在向来强调个人魅力和威信的菲律宾人看来，与反对派武装妥协，是总统软弱的表现。阿基诺夫人指出："我们新的民主因为宽容而受到批评，一

---

① Joel Rocamora, "Discontent in the Philippines", *World Policy Journal*, Vol. 8, No. 4, 1991, p. 647.

② Mark R. Thompson, "Female Leadership of Democratic Transitions in Asia", *Pacific Affairs*, Vol. 75, No. 4, 2002 – 2003, pp. 550 – 551.

③ 详见范若兰、陈妍《掌权之后：东南亚女总统与民主转型的性别分析》，《妇女研究论丛》2012年第1期。

些人还认为这是软弱的表现。这是不对的。"① 当政以后，阿基诺夫人在各种场合都强调对不同意见的容忍、和谈与政治大赦是民主政府的表现而非政府软弱，但这些解释都无济于事，一份报纸甚至以"菲律宾总统之职不是为软弱心灵准备的"这个大标题形容阿基诺夫人。②

最猛烈的批评声音来自军方。军方认为，政府一系列的和解行动将他们边缘化了，"对这些人来说，'恢复民主'意味着容忍共产党的暴力行为的同时，用一套不同的人权标准起诉军队"③。在和谈未开始之前，军方就发表了一份报告，称因为政府的软弱，叛乱非但没有平息，反而愈演愈烈。④ 这等于公开表示不赞成政府的和解计划。在与菲共和谈过程中，军方也多次阻挠并最终迫使和谈中止，"政府软弱"也成为军方发动政变的借口。1987年8月政变后，恩里莱就评论说军队之所以发动政变，是因为政府手段不够强硬，让社会充满了沮丧的氛围和不安全感，这一说法甚至得到了商界代表、记者和民众的广泛认同。⑤

菲律宾的军队在二十余年的威权统治期间已被高度政治化，军队首领在推翻马科斯政府、拥护科拉松上台时又起到了非常关键的作用。科拉松执政后，还需要借重军队的力量平息此起彼伏的社会动乱。因此，军队在菲律宾势力强大，能左右政治局势的发展。在这种情况下，科拉松虽然力主军队去政治化，却也只能采取既打又拉的"怀柔"政策，与军方妥协是常见的事。军方多次发动政变，却没有受到严厉处罚，如1986年7月6日的政变，对参与者的处罚是30个俯卧撑。⑥ 在民众看来，对政变者的姑息，表明阿基诺夫人是软弱的。

---

① 科拉松接受记者采访时说，引自 Robert H. Reid and Eileen Guerrero, *Corazon Aquino and the Brushfire Revolution*, Baton Rouge：Louisiana State University Press, 1995, p. 59。

② World Press Review, quoting *South China Morning Post*, January 1990, p. 10.

③ 1987年国防部副助理部长卡尔·杰克逊（Karl Jackson）在谈到菲律宾问题时这样说。引自 Robert H. Reid and Eileen Guerrero, *Corazon Aquino and the Brushfire Revolution*, Baton Rouge：Louisiana State University Press, 1995, p. 122。

④ Robert H. Reid and Eileen Guerrero, *Corazon Aquino and the Brushfire Revolution*, Baton Rouge：Louisiana State University Press, 1995, p. 56.

⑤ Ibid..

⑥ Jose Galang, "A Room with a Coup", *Far Eastern Economic Review*, July 17, 1986, pp. 14 – 15.

和谈与政治大赦遭到军方反对并引起多次军事叛乱后,科拉松被迫转变了自己的态度:"最近,我的慎重被视为软弱,我为达成和解的真诚努力被视为没有决断力。这不能再继续了。"① 随后,科拉松态度开始变得强硬,一再依靠军事行动对付"左右两派的恐怖行动",菲律宾一些地区再度陷入战乱。② 讽刺的是,科拉松此次由宽容变为强硬,反而让一些人更相信政府的"软弱"。非政府组织"公正与和平普世运动"(Ecumenical Movement for Justice and Peace)的秘书长就认为科拉松因为惧怕军方而将政府变成了军队的傀儡。③ 政府的权威也因为前后言行不一致而遭到损害。报刊批评如今的混乱教人失望,并说"他们(菲律宾人)希望看到一个更坚定,更果断的总统。"④

阿基诺夫人的执政方式是民主而不是独断,她鼓励阁员们辩论,"以便在她自己做出决策之前可以听取不同的观点。她不会假装知道所有事情,但也不会很容易就受到影响或是强迫很快得到答案。当她做出一项决定时,便会说'这便是我的想法,'讨论便会停止了。"⑤ 这种倾向公开、民主而形成的"温和"的管理方式和执政风格,与马科斯时代政府权威高度不透明与压抑的风格形成鲜明的对比,但却又被不少人视为"软弱"。⑥

关于总统软弱的批评显然让科拉松非常困扰,她在1987年10月的一次商界会议上沮丧地说:"在1986年2月之后那些令人鼓舞的日子里,科丽并没有做错什么。然而这个我希望能得到你们理解和支持的、以协商方式运作的政府,却让你们失望和感到不安全。从现在起,我将以总统的身份进行直接的统治。"⑦ 这一表态和随后科拉松在统治方式上的转

---

① Robert H. Reid and Eileen Guerrero, *Corazon Aquino and the Brushfire Revolution*, Baton Rouge: Louisiana State University Press, 1995, p. 56.

② 陈岳、吴秀慧:《阿基诺夫人》,中国妇女出版社1988年版,第48页。

③ Robert H. Reid and Eileen Guerrero, *Corazon Aquino and the Brushfire Revolution*, Baton Rouge: Louisiana State University Press, 1995, p. 152.

④ Ibid., p. 143.

⑤ L. Komisar, *Corazon Aquino: The Story of a Revolution*, New York: George Brazillat, 1987, p. 129.

⑥ Michael A. Genovese and Janie S. Steckenrider, *Women as Political Leaders: Studies in Gender and Governing*, New York: Routledge, 2013, pp. 37 – 38.

⑦ Robert H. Reid and Eileen Guerrero, *Corazon Aquino and the Brushfire Revolution*, Baton Rouge: Louisiana State University Press, 1995, p. 143.

变表明,科拉松正在试图超越"柔弱"的女性形象,试图展现出"强硬"的男性特质。这一定程度上缓和了社会对其"软弱"的批评,却又遭到了人权律师、非政府组织和教会指责,认为她太过粗暴强硬,违背了当初"非暴力"和"和平"的承诺,并对菲律宾的人权状况表示担忧。人权组织被拘者专责小组(TFD)、菲律宾人权提倡者联盟(Philippines Alliance of Human Rights Advocates)和原先一直支持科拉松政府的国际组织大赦国际(Amnesty International)都指责科拉松政府在打击反政府力量时发生的侵犯人权事件比起马科斯政府时期有增无减,而且被捕者遭到了非人道对待。①

科拉松这位"师奶总统"面对的情景是复杂的:作为女性,社会期待她展现出"温柔""和平""非暴力"的形象——当初也正是这种形象让她走上了总统之位;作为总统,民众又希望她具有强势和果断的"强人"风格。这两种角色的矛盾让她进退维谷,并导致政府政策出现反复和矛盾,降低政府和个人威信,最终让其民主主张得不到贯彻,民主改革困难重重。

---

① Joel Rocamora, "Discontent in the Philippines", *World Policy Journal*, Vol. 8, No. 4, 1991, p. 639.

三 难以摆脱的裙带与贪腐

家族政治和贪污腐败是菲律宾政治的毒瘤，严重阻碍了菲律宾的政治、经济、社会发展，也是阿基诺总统需要面对和解决的问题。

1987年宪法虽然确立了民主制度，却被一些学者认为反映了保守派利益并保证了家族政治的继续。① 在国会和地方选举中，当选者又多是科拉松的支持者和亲友，而且大多数都出自大地主家庭或"名门望族"，参议院成员中3/4来自历史悠久的名门望族，众议院200个职位中有130位也来自这些家族，而另外的39位议员则与这些家族有密切关系。② 中央和地方政府实际上再度由大家族把持，此次选举与其说是民主的复兴，倒不如说是菲律宾传统家族政治的复兴。

其实，家族政治和主从关系从来没有退出过菲律宾政坛。马科斯的威权政治虽然打压了旧权贵，却让自己以及密友的家族成了新权贵。"他们刚赶走一个寡头或君主，在原来的地方又冒出一个新的来，财富便落入其家庭成员或朋友手中。"③ 马科斯通过庇护和帮助这些家族而换取他们的忠诚和支持，其方式与主从关系并无二异，只不过在威权统治下马科斯变成了最大的恩主而已。因此，马科斯下台后，大家族依然能够进入政治系统并把握菲律宾政治，这一点并不让人意外。

如前所述，科拉松·阿基诺本人也来自大家族，而且是极具影响力的大家族。的确，在以"尼诺遗孀"的身份参加竞选时，她表现得孤苦可怜；在百万菲律宾人"人民力量"运动的拥簇下她又宛如平民。她强调自己女性"温柔"与"博爱"的一面，与马科斯的粗暴专权形成鲜明对比，但这一形象却掩盖不了这样一个事实：她的当选同样大大得益于菲律宾传统的家族政治文化，得益于那些帮助她推翻马科斯政权的旧贵族与尼诺的密友们。在这种情况下，科拉松不可能有改革家族政治传统

---

① Joel Rocamora, "Discontent in the Philippines", *World Policy Journal*, Vol. 8, No. 4, 1991, p. 639.

② Thomas W. Rokinson ed., *Democracy and Development in East Asia: Taiwan, South Korea, and the Philippines*, Washington D. C.: American Enterprise Institute, 1991, p. 186.

③ [美] 贝丝·戴·罗慕洛著，李延陵、卢保江、温满玉译：《菲律宾政坛回忆》，广西人民出版社1987年版，第218页。

的动力,甚至还要依靠这些权贵与密友的忠诚巩固自己的政权。家族政治和主从关系继续存在并主导菲律宾政治,"宪政民主的正式制度虽然建立,却不是民主的,并经常被用作反民主之途"①。

阿基诺夫人竞选时许诺的社会变革也因此深受影响:即便她本人有意愿要变革,来自大家族的掣肘也会让改革难以实行。在执政初年,科拉松任命人权律师奥古斯都·桑彻(Augusto Sanchez)为劳工部长,并经常强调彻底土地改革的必要性。这些举动给予了工人与农民等下层民众希望,菲律宾社会都相信科拉松政府是"中立"的。但军方和政治家族因为担心变革会影响自身的利益而多次抗议,再加上科拉松本人作为大地主家族成员,对土地改革也顾虑重重,桑彻和其他一些支持变革者只能被迫离开内阁,早期的改革政策几乎全部被抛弃。② 自此,科拉松政府开始右转,社会期望亦渐渐破灭。

同样让人失望的还有科拉松在面对腐败和裙带问题时的表现。科拉松在竞选时强调自己没有欺骗、说谎和盗窃的经验,并表示将实现社会公平和肃清政府腐败。她也确实做出多种努力,树立自己的廉洁形象,但她难以约束家人的贪污腐败行为。1989 年科拉松的女婿曾私下要求政府官员何赛·奥库亚兹(Jose Alcuaz)停止处理菲律宾长途电话公司(科拉松表亲所有)的垄断问题,但遭到拒绝,不久,奥库亚兹便遭到政府解职。③ 政府腐败现象之严重,连一直支持科拉松的天主教主教会议(Catholic Bishops Conference)都不能忍受,公开指责菲律宾的腐败"变得如此普遍,而且大部分都没有受到惩罚"④。

科拉松的任人唯亲现象也非常明显。在 1987 年和 1988 年的国会和地方选举中,科拉松的兄弟何赛·"佩平"·许寰哥、舅舅弗朗西斯科·苏穆隆(Francisco Sumulong)、小叔子布兹·阿基诺、小姑子翠西·阿基诺—欧蕾塔(Tessie Aquino-Oreta)和尼诺伊的叔叔艾米尼奥·阿基诺

---

① Joel Rocamora, "Discontent in the Philippines", *World Policy Journal*, Vol. 8, No. 4, 1991, p. 641.

② Ibid., p. 639.

③ Robert H. Reid and Eileen Guerrero, *Corazon Aquino and the Brushfire Revolution*, Baton Rouge: Louisiana State University Press, 1995, p. 157.

④ Ibid., p. 158.

(Herminio Aquino)都纷纷当选,翠西甚至在当地爆发大规模抗议的情况下依然取得了选举胜利,阿基诺的长女玛莉亚·奥罗拉(Maria Aurora)和次女玛莉亚·吉拉达(Maria Gerarda)也都以非正式的身份参与到政治事务中来。① 佩平和布兹屡次被指政治贪污和商业贿赂。

其实,较之于马科斯时代,菲律宾的腐败和裙带关系在科拉松时代已经受到了一定的限制,媒体和舆论的解禁也对政府起到了监督作用。但是,"家族政治上的成功通常意味着政府管理失败,因为它意味着是政治家的家族通过政治权力和以公共利益的成本为代价建立商业帝国的"②。科·阿基诺上台有家族政治的支持,她掌权后也就难以摆脱家族和裙带关系的困扰。科拉松本人屡次在被问到关于佩平和罗帕问题时反应敏感,表现恼怒,也曾试图控制家人的贪腐行为,可见她对"清廉"形象的重视,但却难以消除腐败和裙带关系。③

阿基诺夫人以纯洁的形象上台,菲律宾人当初对这位"纯洁"女总统的清廉与反腐抱有格外大的期望。阿基诺夫人也发誓要与各种腐败行为做斗争,并在上任之初就采取了多种措施、颁布多项法令,高调反腐。但由于菲律宾家族政治根深蒂固,阿基诺夫人受到家族的牵制,在高调反腐的同时,又落入任人唯亲、家族腐败的窠臼,民众对阿基诺夫人逐渐丧失信心,由期望转变为失望,1987年12月对她的反腐净满意率高达65%,1990年12月下降到-23%,1991年12月下降到-30%,④ 阿基诺夫人上台时所拥有的道德资本荡然无存,民众反对和指责的声音也会变得格外大。

四 不重视妇女权利

"我曾经希望,女总统的出现会让妇女的状况得到改善。"菲律宾妇

---

① Robert H. Reid and Eileen Guerrero, *Corazon Aquino and the Brushfire Revolution*, Baton Rouge: Louisiana State University Press, 1995, pp. 107 – 109.

② Mina Roces, *Woman, Power, and Kinship Politics: Female Power in Post-War Philippines*, Westport, CT: Praeger, 1998, p. 78.

③ Robert H. Reid and Eileen Guerrero, *Corazon Aquino and the Brushfire Revolution*, Baton Rouge: Louisiana State University Press, 1995, p. 178.

④ 菲律宾社会气象站网站: http://www.sws.org.ph/。

女组织 GABRIELA 主席、女性主义者和社会活动家妮莉亚·桑丘（Nelia Sancho）在 1988 年的一次讲话中这样说道。① 桑丘的想法代表了大多数妇女的期望：阿基诺夫人是菲律宾第一位女总统，也是第一位在妇女和妇女团体的拥护下上任的总统，她的政府会更关心妇女权益并致力于提高妇女地位。

的确，在科·阿基诺执政期间，内阁的女性人数有所增加。包括外交部副部长、女性主义者莱迪西雅·拉莫斯（Laticia Ramos），教育部长卢尔德·吉尔新平（Lourdes Quisimbing），后来的菲律宾总统阿罗约（Gloria Arroyo）夫人也曾在科拉松内阁任职；1986 年宪法起草委员会的 46 名成员中有 6 名为女性，委员会的主席是以风格强硬著称的米丽娅姆·桑迭戈（Miriam Santiago）女士。这一时期的宪法和家庭法也强调了男女平等，并规定结婚自愿、离婚自由，男女双方应共同对家庭负责并相互支持，同时废除了马科斯时代带有性别歧视色彩的法律法规。② 此外，由于社会氛围的开放，妇女组织也在这一时期蓬勃发展。到 1988 年，以妇女议题为主的非政府组织已经比马科斯时代增加将近 100 个，其关心的问题也多种多样，从妇女健康权、就业权、家庭地位到参政权和海外移民权利保护，几乎无所不包，这些组织对改善妇女生存状况，提高妇女地位起到了重要作用。③ 政府本身也在 1989 年启动了菲律宾妇女发展计划（Philippine Development Plan for Women），希望借此提高菲律宾妇女在社会发展和政治决策方面的影响力。④

但是，科拉松在提高菲律宾妇女地位和权利方面的作为依然相当有限。综观阿基诺政府中的女性成员，她们都来自大家庭，是菲律宾精英阶层，比如莱迪西亚·拉莫斯就是总参谋长拉莫斯的妹妹，阿罗约夫人是菲律宾前总统马卡帕加尔的女儿，担任总统政务秘书的则是科拉松自己的大女儿。宪法起草委员会中的女性成员同

---

① Debra McNutt, "Women's Leader Speaks", *Off out Backs*, Vol. 18, No. 1, 1988, p. 10.
② Myrna S. Feliciano, "Law, Gender, and the Family in the Philippines", *Law and Society Review*, Vol. 28, No. 3, 1994, pp. 551–560.
③ Debra McNutt, "Women's Leader Speaks", *Off out Backs*, Vol. 18, No. 1, 1988, p. 10.
④ Myrna S. Feliciano, "Law, Gender, and the Family in the Philippines", *Law and Society Review*, Vol. 28, No. 3, 1994, p. 559.

样也是精英妇女。① 这些女性虽然地位高,也能影响国家政策决策,但与占菲律宾大多数的平民妇女并无共通之处,与其说她们属于女性群体,倒不如说她们属于精英阶层。她们所制定的决策维护的依然是自己家族的利益而非妇女利益,自然也难以改善普通菲律宾妇女的状况。科·阿基诺时期普通妇女就业选择狭隘、生活贫困和受到歧视的情况并没有改变。她们只能从事加工厂女工和女佣这类体力工作,工作环境糟糕,薪水被压低,尊严也得不到保障;另一些找不到工作机会的妇女则进入菲律宾性产业,或者通过邮寄新娘的方式到国外寻找机会。② 所以,虽然参政女性数量增加,但妇女组织对科拉松政府漠视普通妇女权益的指责也在增加。

前述科拉松面临的重重质疑与困境也让她将精力越来越集中在巩固政权上,甚至为此不惜损害妇女的利益。为了获得美国的支持,科拉松不顾妇女团体的强烈反对,默许美国军事基地在菲律宾继续存在,导致与女性性工作者利益相关的问题层出不穷;为了获得天主教的支持,她同意关闭菲律宾的家庭计划中心(family planning centers),而不顾及女性希望避孕的意愿;③ 为了获得军方的支持,她在菲律宾外债累累经济状况不佳的情况下依然增加军费开支,导致教育和医疗等福利开支减少,最终让许多妇女失去了享受教育和医疗设施的机会。④

"女性工人、数以千计的农村妇女以及无家可归和贫困妇女的情况并没有改变……我们渐渐发现,拥有一个女总统并不能改善我们妇女的生存状况,也不会让我们得以享受妇女的权利。"⑤ 桑丘对科·阿基诺如是评价,桑丘的失望同样也代表了广大妇女的失望。而仿佛是为了回应这句批评,1988 年 12 月,科拉松以 GABRIELA 参与地下活动为由,禁止了该组织的一切活动。

---

① Dorothy Friesen, "The Women's Movement in the Philippines", *National Women's Studies Association Journal*, Vol. 1, No. 4, 1989, pp. 676 – 688.

② Ibid., p. 679.

③ Greta Ai-Yu Niu, "Wives, Widows, and Workers: Corazon Aquino, Imelda Marcos, and the Filipina 'Other'", *National Women's Studies Association*, Vol. 11, No. 2, 1999, pp. 93 – 94.

④ Debra McNutt, "Women's Leader Speaks", *Off out Backs*, Vol. 18, No. 1, 1988, p. 11.

⑤ Ibid., p. 10.

推翻马科斯政权时，科拉松凭借其对女性特质的强调和对父权制观念的刻意迎合，在菲律宾传统政治文化与第三波民主化浪潮的助力下，成了光明与希望的象征、民主与和平的女神，纯洁与道德的圣母，这让菲律宾人产生了极高的期望，并对她的政府提出了更高的要求。然而菲律宾的政治环境复杂，科拉松身上"女性"与"总统"的角色又相互缠绕，互为矛盾，让她陷入种种质疑与困境当中。是以，她根本不可能完全满足这些高期望和高要求。"菲律宾玛利亚"被拉下神坛后，意味着她的道德资本在逐渐丧失，民众对政府的信心和对科·阿基诺的期望在同步下降。

余 论

1986年，纽约《时代》周刊把科拉松·阿基诺选为年度女性，并下过这样的赞语："如果她能将一些道德品质带到冷峻的政治世界中，历史，如她已经经历过的那些粗暴的历史，终有一天也许会悄悄改变。"[①] 这句充满了社会性别意味的话也许代表了大多数人的期望："家庭主妇"科·阿基诺能将私人领域的美德带到公共领域中，她的女性特质能改变这个充满"三G"（Guns, Goons, Gold）暴力的菲律宾。对于经历了马科斯时代专制独裁、经济萎靡的菲律宾人而言，正是这种"女性特质"带来的期望促使他们将科拉松推上了总统的位置。但是，这种童话式的期望显然并没有实现。菲律宾仍然是劣质民主、家族政治、贪污腐败盛行的国家，而科·阿基诺因为其女性身份，受到的阻碍更多，推行民主的脚步更艰难。期望与现实的巨大落差导致阿基诺夫人下台时的净满意率跌到负值。

我们应该公允地评价科拉松在六年任职中的作为。她虽然没有让菲律宾如其他同时期的东南亚国家一样经历经济腾飞的辉煌，但的确扭转了经济颓势；她虽然没有完全兑现竞选时的民主承诺，但确实重建了宪政民主制度，并且可以通过选举更换政府的事实让许多有政治野心的官员开始关心国家建设而非图谋推翻现有政权；她虽然被斥为"无能"与

---

① "Woman of the Year", *Time*, January 5, 1987, p.15.

"软弱",但经历了七次不成功的政变后,军队开始缓慢地走向职业化,菲共与"摩解"的活动势头也开始有所缓解;家族政治、腐败、贫富差距依然是菲律宾难以根除的毒瘤,也是任何一届总统都难以解决的问题,但在科拉松任内,民众与媒体可以自由地表达他们在这些问题上的不满,可以自觉地监督政府而不必担心受到人身伤害。这一切,都显示出她为建立民主政治、复兴经济和稳定社会做出了贡献。"科拉松·阿基诺为菲律宾结束了一个旧时代,开辟了一个新时代。"①

2009年8月1日,76岁的科拉松·阿基诺去世,菲律宾举行为期10天的官方悼念活动,菲律宾国内各大电视台不间断地进行电视直播,包括前总统拉莫斯在内的众多政界、商界名流在电视直播中对阿基诺夫人的逝世表示哀悼,肯定了阿基诺夫人在政坛所做的贡献。② 时任总统阿罗约夫人以"菲律宾国宝"盛赞阿基诺夫人:"她在国家陷入严重危机时领导革命,重建菲律宾民主和法制,她继承了已故战士(亡夫阿基诺)的遗志,领导我们的国家走向光明的日子。"③ 美国总统奥巴马在其逝世后的声明中表示:"阿基诺夫人在菲律宾历史上扮演着关键角色,20年前她通过非暴力的人民力量运动将国家推向民主。她的勇气、决心和道德感激励了包括我在内的所有人,她代表着菲律宾人民最好的品质。"④ 盖棺论定,阿基诺夫人的历史贡献得到人们充分肯定。

---

① 张锡镇:《当代东南亚政治》,广西人民出版社1995年版,第221页。
② 《曾领导菲律宾的家庭主妇走了》,新浪网,2009年8月2日,http://news.sina.com.cn/c/2009-08-02/031716052273s.shtml。
③ 《菲律宾举国伤情 为阿基诺夫人哀悼10日》,国际在线,2009年8月1日,http://www.china.com.cn/international/txt/2009-08/02/content_18248015_2.htm。
④ 《美国总统奥巴马评价阿基诺夫人》,搜狐网,2009年8月2日,http://women.sohu.com/20090802/n265654940.shtml。

第 二 章

菲律宾铁娘子

阿罗约总统研究

人们为什么喜欢我,有三个最常见的回答是:1. 她是容易接近的、有亲和力的;2. 她的智慧,一个经济学家;3. 她是马卡帕加尔的女儿,他们热爱我的父亲,所以他们也爱我。①

——格洛丽亚·阿罗约

只要一发子弹你们就会倒下。

——格洛丽亚·阿罗约

---

① [菲]尼克·华谨著,施雨、施迪夫译:《走进马拉卡楠宫:菲律宾总统阿罗约夫人传》,海潮摄影艺术出版社2005年版,第181页。

格洛丽亚·阿罗约（Gloria Macapagal Arroyo）是菲律宾第二任女总统，也是菲律宾民主转型后任期最长的总统。作为东南亚众多女政治领袖中的一员，阿罗约夫人与她们有相似之处：都是出身政治家族；饱受军队干政困扰；面对诸多政治、经济、反腐难题。但也有很多不同：她在登上总统大位前已有丰富的从政经历，所以她的执政能力从未被怀疑；她的执政风格以强硬著称，被称为"菲律宾的铁娘子"，从未被批评"软弱"；她自己身陷贪腐丑闻，而不仅仅是家人贪腐。本章主要探讨阿罗约总统的上台路径及执政表现，并分析其备受争议的原因。

第一节 阿罗约的上台路径

一 阿罗约夫人的早期经历

（一）总统的女儿

阿罗约夫人全名格洛丽亚·马卡帕加尔·阿罗约，1947年出生于菲律宾的邦板牙省（Pampanga Province）。其父迪奥斯达多·马卡帕加尔（Diosdado Macapagal）是菲律宾第五任总统（1961—1965），母亲伊娃·马卡帕加尔（Eva Macapagal）则出身菲律宾上流社会。

格洛丽亚的童年是在棉兰老岛的外婆家度过。棉兰老岛是个多种族的社区，这里的欧洲人与印第安人混血儿、宿务岛人和伊洛干诺人都是格洛丽亚小时候的玩伴，所以，她不仅会说英语、西班牙语、他加禄语，还会说"伊洛干诺语、伊蓝沟语、卡帕姆潘根语、宿务语及少许夏娃卡诺语"[①]。她在竞选时发挥了这一长处，人们称她为"可以用当地语言与民众交流的姐姐或慈祥的母亲"。[②] 后来在格洛丽亚掌政期间，即使她被马尼拉的报纸描述成"严厉而傲慢，尤其对下属喜怒无常的上司"时，[③] 她仍然可以获得棉兰老岛民众的支持。

[①] ［菲］尼克·华谨著，施雨、施迪夫译：《走进马拉卡楠宫：菲律宾总统阿罗约夫人传》，海潮摄影艺术出版社2005年版，第12页。

[②] Patricio N. Abinales, "The Philippines: Weak State, Resilient President", *Southeast Asian Affairs*, 2008, p. 298.

[③] Ibid..

格洛丽亚幼时不与父母住在一起，出于对父亲的思念，她经常在报纸杂志中寻找父亲的照片。在外婆的讲解下，格洛丽亚得知父亲代表菲律宾谈判并签署了《旧金山对日和约》和《美菲共同防御条约》等对菲律宾外交具有重大意义的条约，格洛丽亚对父亲充满了崇敬，对外交事务也充满了向往。

格丽洛亚的小学与中学就读于阿桑普申教会学校，该学校由圣母升天教会于1892年创办。圣母升天教会的宗旨是向异教徒宣传天主教，并在世界各地创办了多所学校、医院、孤儿院和修道院。菲律宾是圣母升天教会在亚洲的第一个立足点，经过多年经营，已经在菲律宾建立了多所小学、中学和一所大学，这些学校在菲律宾拥有无可比拟的声望。很多学生都家世显赫，所以即使马卡帕加尔当时已经成为菲律宾的副总统，格洛丽亚在学校也没显得有多特别，"格洛丽亚知道，如果想在这样一所学校中给人留下深刻印象，被人尊重和敬佩，绝对不能只靠外表的魅力和自己的家族声望，而是要依靠自己的才智、能力"①。所以格洛丽亚在学习上非常用功，品学兼优，在小学和中学的毕业典礼上，她都作为优秀毕业生代表致辞。

孩提时代的格洛丽亚就梦想有一天能到美国留学，所以当她高中毕业之后，选择到美国接受高等教育。美国的乔治敦大学创建于1789年，培养出了无数优秀的政治家、企业家和科学家，是美国最古老且声望最高的大学之一。格洛丽亚了解到当时乔治敦大学最优秀的学院是外交事务学院，并且还对女生开放。受父亲影响颇深的格洛丽亚对外交事务很感兴趣，"我父亲就是学外交出身的，我认为这便是我将来的事业了"②，于是她决定到这所学校学习。在乔治敦大学，格洛丽亚与后来成为美国总统的克林顿成了同班同学，37年后，当格洛丽亚当上总统时，克林顿还在第一时间以同窗的名义对她表示祝贺。留学美国的经历无疑拉近了格洛丽亚与美国的关系。

留学期间的格洛丽亚依然刻苦努力，不过她的学习兴趣发生了改变，相比外交事务，她发现自己真正感兴趣的是经济学。遗憾的是，乔治敦

---

① [菲]尼克·华谨著，施雨、施迪夫译：《走进马拉卡楠宫：菲律宾总统阿罗约夫人传》，海潮摄影艺术出版社2005年版，第19页。

② 同上书，第96页。

大学的经济学并不对女生开放，在选择学习经济学碰了钉子后，格洛丽亚决定回国，到阿桑普申大学学习经济学，1968年她拿到经济学学士学位，立即与出身富有家庭的何塞·阿罗约（Jose Miguel Arroyo）结婚。之后格洛丽亚选择一边在大学里执教，一边继续深造，她先后取得了阿坦尼奥大学经济学硕士学位，菲律宾大学经济学硕士和博士学位。

（二）从政经历

1983年，菲律宾政坛掀起了惊涛骇浪，刚回国的菲律宾著名政治人物贝尼尼奥·阿基诺被刺杀。阿基诺之死敲响了马科斯政权的丧钟，以阿基诺夫人为首的反对派发起了大规模的群众示威游行。马卡帕加尔家族一向视马科斯为政敌，此时的阿罗约夫人也加入了这些游行和集会的队伍中。1986年，当阿基诺夫人登上总统宝座时，阿罗约夫人的从政之路也开始了。

阿罗约夫人在新政权诞生之初就开始为阿基诺夫人效力，她接受了阿基诺夫人分配的到各大使馆争取各国承认新政府的任务。任务圆满完成后，阿罗约夫人很快进入内阁。1986年，阿罗约夫人被任命为贸易工业部部长助理，她凭着经济学学识和勤奋的工作作风逐渐在贸易工业部崭露头角。两年之后，她被任命为纺织工业出口局局长，纺织工业出口在菲律宾经济中占据重要地位，但官员热衷钱权交易，走私猖狂，在阿罗约夫人上任之前，已经有三位局长因为打击走私不利而被迫辞职，阿罗约夫人到任后，严厉打击腐败和走私问题，其"雷厉风行的作风开始为菲律宾人所熟知，并贯穿了她政治生涯的始终"①。阿罗约夫人的一系列整顿行为损害了与走私商勾结的官员的利益，于是他们开始集结力量对她进行攻击，但关键时刻阿基诺夫人对她的力挺使其有惊无险地避开了政敌的进攻，而民众和政界对阿罗约夫人的印象也大为改观。由于政绩出色，阿罗约夫人很快升为贸易工业部副部长，此间她频频出现在新闻媒体中，提出自己在执教时思考多年的发展菲律宾经济的方案，经济学博士和贸易工业部副部长的身份使其观点更受重视，多家媒体慕名而来，邀请她担任节目主持人，阿罗约夫人的个人声望渐涨。

有了一定从政经历的阿罗约夫人决定成为一名职业政治家，她分别于1992年和1995年两次竞选为参议员，在1995年的竞选中她获得了一千六

---

① 邢继盛：《阿罗约夫人——才貌双全的东南亚铁娘子》，江苏人民出版社2003年版，第47页。

百万张选票，成为菲律宾历史上得票最高的参议员，阿罗约夫人在任参议员期间是四个重要经济委员会的主席，分别是经济事务委员会、贸易和商业委员会、吕宋岛中部复建委员会和皮细图博灿基金会，此外，她还是金融委员会副主席。在第一任参议员任职期间，她提出194份议案和44份决议案，在第二任期内，她提出101份议案和21份决议案。① 她提倡大刀阔斧地改革，发展自由经济，建议允许国外投资者长期租赁国家土地。

担任参议员的辉煌成绩使阿罗约夫人雄心万丈，她开始谋求向更高的目标迈进——入主马拉卡楠宫。

二 阿罗约夫人成功掌权及原因

（一）从副总统到总统

阿罗约夫人本打算参加1998年的总统竞选，但在菲律宾成功竞选总统除了要有良好的个人声望、得当的竞选策略外，还要有强大的政党支持。当时阿罗约夫人就缺少政党的支持，她所在的民主党党主席艾德·安加拉（Ed Angara）也想参与总统竞选，所以她无法获得党内总统候选人提名，加上当时被认为最有希望竞选成功的是炙手可热的约瑟夫·埃斯特拉达（Joseph Es-

---

① ［菲］尼克·华谨著，施雨、施迪夫译：《走进马拉卡楠宫：菲律宾总统阿罗约夫人传》，海潮摄影艺术出版社2005年版，第145、149、153页。

trada），综合考虑了多种因素后，阿罗约夫人最终退而求其次，改为竞选副总统。事实证明，阿罗约夫人的策略是正确的。埃斯特拉达顺利当上总统，而她也当选为副总统。同时阿罗约夫人也进入了埃斯特拉达的内阁，成为社会福利部部长。虽然副总统的工作大多是礼仪性的，如出席官方会议，接见来访者等，但社会福利部部长的职位却让阿罗约夫人接触到了底层民众，并为他们谋取福利，她的声望又再次高涨，而与此形成对比的是，埃斯特拉达总统由于个人品行不端和政策失误，受到越来越多的批评。

埃斯特拉达总统是一位既无贵族背景又无大学文凭的平民总统。他出生于马尼拉的贫民窟，常常因打架而被学校开除，大学期间由于不能循规蹈矩而被迫退学。然而，这却让埃斯特拉达机缘巧合地走上了演艺之路，他经常扮演绿林好汉，银幕上埃斯特拉达劫富济贫的英雄角色为他赢得了菲律宾众多贫苦百姓的支持，在积累了足够的人气之后，埃斯特拉达走上了"艺术包围政治"的从政之路，在1998年成功当选总统。

但成为总统后的埃斯特拉达却面临种种质疑。他被指毫无治国才能，政府制定的措施经常因不事先与参众两院议长商量而难以执行；他知识面狭窄，在会见各国首脑时闹出笑话；他被指任人唯亲，经常与交好的政客及商人在马拉卡楠宫或豪华酒店的餐桌上酩酊大醉，之后影响全国的政策也就出台了，这个圈子被媒体戏称为"午夜内阁"；他被指生活腐败，至少有5名情妇和11名非婚生子女，而且他们还利用埃斯特拉达的总统特权大肆贪腐。[①]

自2000年5月起，菲律宾国内要求总统埃斯特拉达下台的声音此起彼伏，"人民力量"运动再次走上街头进行抗议。2000年10月9日，与埃斯特拉达闹翻的南伊洛科斯省省长夏维特·辛森（Chavit Singson）在马尼拉召开新闻发布会，向媒体透露了埃斯特拉达收取非法赌博巨额保护费的消息，这一指控成为埃斯特拉达下台的导火索。多名资深的菲律宾政治家站出来指责埃斯特拉达，就连一向受人尊敬的马尼拉大主教海梅·辛也在一次宗教仪式上劝说埃斯特拉达辞职。

阿罗约夫人在确定得到前任总统菲德尔·拉莫斯（Fidel Ramos）、阿

---

① 沈红芳：《埃斯特拉达：菲律宾特色民主的产物和替罪羊》，《南洋问题研究》2001年第2期，第30页。

基诺夫人以及大主教的支持后，辞去内阁部长职务，以示与埃斯特拉达政府决裂，投入到反埃阵营中。2001年1月19日，军方倒戈，内阁超过一半的部长宣布辞职，且大多是埃斯特拉达的亲信。而在马拉卡楠宫外，一批批的示威人群与护卫发生冲突，扬言要冲进马拉卡楠宫，埃斯特拉达陷入了众叛亲离的困境。仍是副总统的阿罗约夫人向他发出最后通牒，埃斯特拉达只能于1月20日黯然离开了马拉卡楠宫，同一天，根据菲律宾宪法，副总统阿罗约夫人在最高法院首席法官希莱奥·戴维德（Hilaiio Davide）的主持下宣誓接任总统。

（二）阿罗约夫人成为总统的原因

1. 政治家族的光环

阿罗约夫人能当上总统，一个重要原因是她来自政治家族，是菲律宾第五任总统马卡帕加尔的女儿。

马卡帕加尔任总统时，他在国内致力于消除贫困，废除佃农制，进行土地改革，菲律宾经济得到高速发展，位居亚洲前列，仅次于日本。[①] 在政治上他严厉打击贪污腐败，抨击选举中的恐吓和舞弊行为，给菲律宾政坛注入了一股正气。在国际上，马卡帕加尔发起了以"亚洲办法解决亚洲问题"的民族主义外交运动，增强了菲律宾人的民族自豪感。[②] 因而，马卡帕加尔普遍被人们认为是个正直而诚实的人，被菲律宾人视为最杰出的、最受人尊敬和怀念的总统之一。在1965年的总统竞选中，马卡帕加尔败给了马科斯，当时人们就很同情他的遭遇，而经历了马科斯二十年的专制统治之后，许多人更怀念马卡帕加尔时代，"那个时代的总统正直、体面，那个时代的菲律宾民主、自由"[③]。进而，民众将这种怀念和热爱转化成了对阿罗约夫人的支持。阿罗约夫人被民众视为马卡帕加尔的继承者，人们将对前总统的热爱、怀念和同情转移到了阿罗约夫人身上，使其拥有了巨大的号召力。

[①] 邢继盛：《阿罗约夫人——才貌双全的东南亚铁娘子》，江苏人民出版社2003年版，第12页。

[②] 张行：《菲美特殊关系与马卡帕加尔民族主义外交》，《东南亚研究》2014年第4期，第41页。

[③] 邢继盛：《阿罗约夫人——才貌双全的东南亚铁娘子》，江苏人民出版社2003年版，第50页。

阿罗约夫人也清楚地知道自己的优势，每次竞选她都借助并强调了自己是父亲继承者的身份。1992年阿罗约夫人初次竞选参议员，其丈夫何塞·阿罗约精明地察觉到了"马卡帕加尔"这个姓氏在老一辈菲律宾人心中非同一般的影响力，于是建议阿罗约夫人使用娘家的姓氏来竞选，为的就是要唤起菲律宾人对马卡帕加尔时代的记忆。阿罗约夫人也时刻向民众和媒体提醒自己是马卡帕加尔的女儿："父亲的回忆录出版后，作为父亲的崇拜者，我非常认真地拜读了他的作品，受到了前所未有的震撼。回想起我婚后的生活，我觉得很惭愧，我决定要追寻父亲的足迹"[1]，"我是我父亲的女儿，我要追随他的事业"[2]。

非但阿罗约夫人本人来自政治家族，其夫何塞·阿罗约也出自菲律宾历史非常悠久的名门望族，该家族在政治和经济领域都有不凡的成绩，何塞·阿罗约的祖父丹·何塞·玛里亚·阿罗约（Don Jose Maria Arroyo）做过曼努埃尔·奎松总统（Manuel Quezon）时代的参议员，家中还有广阔的生产蔗糖的庄园，祖母也是有大片庄园的地主；何塞·阿罗约的母亲洛尔德斯·图阿桑（Lourdes Tuazon）则来自图阿桑家族，该家族拥有大片土地，是非常富有的华人家族。可以说，何塞·阿罗约出生于菲律宾最富有且最有权势的家族之一，这让他有能力支持阿罗约夫人需要大笔经费的参议员竞选与副总统竞选。当阿罗约夫人的母亲问他能不能筹到一千万时，他豪气回答："你什么时候要这笔钱？明天？反正我卖了一些股票和不动产，一周内就筹好了一千万。"[3]

正是由于崇高的家族声望和充沛的家族经济支持，阿罗约夫人的政治生涯才能顺风顺水，最终迈上权力的顶峰。

2. "人民力量"的推动

"人民力量"运动指"发生在马尼拉地区以推翻最高统治者为目的的大规模、非暴力群众示威运动"[4]。当民众对统治者不满，但又无法通过

---

[1] 邢继盛：《阿罗约夫人——才貌双全的东南亚铁娘子》，江苏人民出版社2003年版，第39页。
[2] [菲]尼克·华谨著，施雨、施迪夫译：《走进马拉卡楠宫：菲律宾总统阿罗约夫人传》，海潮摄影艺术出版社2005年版，第191页。
[3] 同上书，第138页。
[4] 赵自勇：《菲律宾非暴力群众运动的根源和后果》，《当代亚太》2006年第8期，第49页。

合法渠道更换总统时，人们选择诉诸街头政治，通过法律框架外的"人民力量"运动实现政权的更替。

菲律宾参议院早在 2000 年 12 月初就开启了对埃斯特拉达总统的弹劾程序，经过一个多月的漫长审判之后，参议院于 2001 年 1 月 16 日对是否打开一个被指控与总统银行户口有关的信封进行表决，但由于支持埃斯特拉达的参议员仍在参议院中稍占优势，"他们把能证明埃斯特拉达贪污的证据变成了一堆废纸"，[①] 这等于是提前宣判埃斯特拉达无罪，这一结果使得参议长和法庭的检控官愤而辞职。弹劾陷入僵局使得反埃阵营不得不采取新的倒埃措施。

马尼拉大主教海梅·辛认为埃斯特拉达私生活不检点，与教会的道德标准不相符，号召群众支持更为"纯洁"[②] 的女性领导人阿罗约，他在这次"人民力量"运动中起到了先锋作用。就在主持弹劾程序的大法官希莱奥·戴维德宣布无限期休庭后，海梅·辛接受电视台采访，号召群众集中到 1986 年"人民力量"运动发生的埃德萨大道上举行祈祷集会，要求埃斯特拉达辞职。

尽管埃斯特拉达能够得到贫苦百姓的支持，但他却未能被大部分中上层人士所接纳，特别是那些在西班牙殖民统治时期就已经进入上流社会的精英家族更是把埃斯特拉达视为"暴发户和二流角色"，[③] 他们对埃斯特拉达腐败的生活作风，较低的文化素质，混乱的决策方式以及他与商界过分的亲密关系深恶痛绝，认为由这样的人统治国家是不合适的。以拉莫斯为首的在野党领袖早已多次在公开场合批评埃斯特拉达，而当海梅·辛号召群众聚集起来进行抗议之后，其他政治人物也纷纷发表讲话，呼吁更多的群众加入到示威队伍中，这些政治精英们成为领导第二次"人民力量"运动的中坚力量。

1 月 19 日，一直按兵不动的军方高级将领在拉莫斯的劝说下也加入支持副总统阿罗约夫人的阵营。时任菲律宾武装部队总参谋长的安格

[①] 邢继盛：《阿罗约夫人——才貌双全的东南亚铁娘子》，江苏人民出版社 2003 年版，第 75 页。

[②] 赵自勇：《菲律宾非暴力群众运动的根源和后果》，《当代亚太》2006 年第 8 期，第 50 页。

[③] 同上。

洛·雷耶斯（Angelo Reyes）宣布将站到"人民"这边。同时雷耶斯还警告埃斯特拉达，为了避免流血事件发生，如果他坚持不下台，军方将发动政变。军方的强硬态度让埃斯特拉达最后一丝幻想也破灭了，被迫结束了自己两年半的总统生涯。军队的倒戈无疑在"人民力量"运动中发挥了关键作用。

这场由大主教海梅·辛发动，由资深政治家领导，得到民众和军队支持的"人民力量"运动直接把阿罗约夫人推上了总统宝座，但这种发生在法律框架外的政权更迭方式也受到质疑，特别是军队的加入为反对派攻击阿罗约政权提供了口实。

3. 精英女性的能力

亚洲的很多女领袖是从政治素人一跃成为国家首脑，民众认为她们之所以能上台不过是靠与男性领导人的亲属关系，这些女领袖的能力经常受到质疑。但阿罗约夫人与她们不同，在成为总统前，她有较长的从政经历，而且政绩卓著。当她是一名部长助理时，她为贸易工业部出谋献策，受到部长的赏识；当她是纺织工业出口局局长时，她突击检查走私商账本，迅速制定严密的规章制度，让走私商闻风丧胆；当她是贸易工业部副部长时，她积极研究出口政策，促进了菲律宾的服装出口，受到商界的欢迎；当她是参议员时，她与拉莫斯总统密切合作，提出多项经济改革议案，数次当选"杰出参议员"；当她是副总统时，她的声望超过埃斯特拉达。她是菲律宾天主教教育协会推举出的"年度妇女"，她还是《亚洲周刊》评选出的"亚洲最有影响力的妇女"。[①] 所以，几乎没有人质疑她的从政能力。

阿罗约夫人在多次竞选中展示其从政能力的同时，还巧妙地运用了女性的魅力。在她竞选参议员时，何塞·阿罗约把她打扮成菲律宾家喻户晓的明星诺拉·奥诺（Nora Aunor）的样子，极其相似的外表让一向喜爱明星的菲律宾人为她疯狂，阿罗约夫人的支持率遥遥领先。在发表竞选演说之后，阿罗约夫人还与丈夫翩翩起舞，让选民不仅为她的竞选演说喝彩，更沉醉在她曼妙的舞姿中。

多年的从政经历让阿罗约夫人既积攒了政治资本，也学会了审时度

[①] 邢继盛：《阿罗约夫人——才貌双全的东南亚铁娘子》，江苏人民出版社2003年版，第53页。

势。在要求埃斯特拉达下台的人民力量运动中,阿罗约夫人策略得当,表现了政治家的智慧和果断。刚听到有示威游行反对埃斯特拉达时,阿罗约夫人选择保持沉默,面对不断游说她加入反埃阵营的组织,阿罗约夫人告诉他们,"我总是在全国巡回,但我并没有看到人们有太大的不满意"①,她甚至坚决地站在埃斯特拉达身后支持他,使得埃斯特拉达对阿罗约夫人维护政府及他本人形象的举动也十分感激。其实,这只是因为阿罗约夫人深知还不到与埃斯特拉达正面对抗的时候,埃斯特拉达曾混迹演艺圈,银幕上他侠义的化身为他赢得了底层百姓的支持;埃斯特拉达在菲律宾政坛苦心经营数十年,政界和商界大亨对他的支持让他掌握了大批资源。阿罗约夫人知道现在反对他的只是小部分人,而沉默的大多数民众依然支持他。当群众不断要求她辞职时,她选择静等时机。在确保得到菲律宾政界人物的有力支持后,她才从内阁中辞职,以示与埃斯特拉达划清界限,但她保留了副总统的职位,这可以使她成为埃斯特拉达下台后的合法继位者。

总之,阿罗约夫人的上台路径深受家族政治的影响,如果没有马卡帕加尔这个姓氏,已过不惑之年的阿罗约夫人将难以从一名教师转型为政治家;如果没有何塞·阿罗约的万贯家财,阿罗约夫人将难以负担起竞选的高额费用;如果没有前总统拉莫斯、阿基诺夫人和大主教海梅·辛的鼎力相助,阿罗约夫人也难以推翻埃斯特拉达而成为总统。但同时,阿罗约夫人作为大学教授,她能在众人面前侃侃而谈;作为经济学博士,她能提出让人信服的观点;作为电视台节目主持人,她在与媒体打交道时游刃有余。阿罗约夫人并不只是作为"政治替代者"上台,她较为丰富的从政经历和出色的政绩都为她能登上总统宝座奠定了坚实基础。

第二节 阿罗约夫人的执政表现

阿罗约夫人上台时,菲律宾经济尚未从亚洲金融危机中复苏,而政

---

① [菲]尼克·华谨著,施雨、施迪夫译:《走进马拉卡楠宫:菲律宾总统阿罗约夫人传》,海潮摄影艺术出版社2005年版,第206页。

府在公众心目中的形象由于埃斯特拉达的严重贪腐行径而被损毁，政权的动荡也为菲律宾带来了不良的国际声誉。在这样的情形下，阿罗约夫人开始了她的总统生涯，她面对的主要难题是促进经济增长，缓和菲南冲突，消除军人干政和抑制腐败。她的执政时间长达十年，有比较充足的时间实现其执政理念。

一 菲南问题·区别对待

菲律宾穆斯林主要聚居于棉兰老岛、苏禄群岛和巴拉望岛等南部地区，摩洛人是那里影响力最大的穆斯林群体。[①] 在西班牙殖民期间，菲律宾南部的社会经济发展程度就与北部和中部存在较大差距。之后尽管美国的殖民政策与西班牙不同，却也未能缩小菲南与其他地区的发展差距。由于历史上的隔阂，加上长期受到北、中部地区在政治上的排挤，宗教上的歧视，经济上的剥削，菲南穆斯林对菲律宾并不认同。菲律宾独立后，政府推行"国家整合政策"，把大批北部、中部地区的天主教徒引入棉兰老地区，进而摩洛穆斯林与天主教徒为争夺土地而引发的冲突愈演愈烈。到了马科斯执政时期，正是菲律宾国家现代化进程加快之时，政府采取的过激政策使得双方长年积累的矛盾以武装斗争的形式表现出来。伴随着国际穆斯林反抗运动的高涨及伊斯兰复兴运动的兴起，菲南的分离运动进入了新阶段，一系列反抗组织建立起来，其中最重要的有三个：摩洛民族解放阵线（简称"摩解"）、摩洛伊斯兰解放阵线（简称"摩伊"）及20世纪90年代新出现的阿布沙耶夫组织。[②]

阿基诺政府和拉莫斯政府致力于解决菲南问题，使得"摩解"的立场已经在很大程度上发生改变，但"摩伊"与阿布沙耶夫组织立场依然强硬。阿罗约夫人上台后，菲南穆斯林分离运动与国际恐怖主义有联合趋势，原本就难以解决的菲南问题变得更错综复杂。尤其是2008年政府与"摩伊"谈判达成的《祖传领地协议备忘录》被最高法院判定为违宪

---

① 陈衍德：《马科斯时期菲律宾的穆斯林问题》，《世界民族》2004年第3期，第23页。
② 彭慧：《菲律宾南部穆斯林分离运动的缘由——反抗组织领导层与普通穆斯林的意识形态错位》，《南洋问题研究》2004年第2期，第85页。

之后，政府与摩洛穆斯林反抗组织的武装冲突达到了空前的规模。

菲南问题是菲律宾政治最重要的议题之一，因而探究阿罗约夫人解决该问题的政策是研究阿罗约夫人不可或缺的方面。

阿罗约夫人针对菲南穆斯林的武装反抗采取了两手策略，一方面，把阿布沙耶夫定性为恐怖主义组织，持强硬态度，联合美国力量对其坚持"查杀"政策；另一方面，向"摩伊"这个相对温和的穆斯林武装组织伸出橄榄枝，但在与其正式展开和谈期间，不时对其进行军事打击。①

"摩伊"是从"摩解"中分离出来的组织，在"摩解"与菲律宾政府和解后，"摩伊"继续坚持与政府对抗，因为其领导人认为"摩解"和菲政府达成的协议根本没有争取到本民族的核心利益，即该协议未明确穆斯林祖传领地所属范围，也未实现民族自决。② 因此，"摩伊"认为"摩解"未能真正解决穆斯林的问题，其与政府签署的协议证明了"摩解"的失败。于是，"摩伊"继续坚持将伊斯兰教作为斗争旗帜，目标是建立一个独立的伊斯兰教国。阿罗约夫人认为在前任政府与"摩解"签订和约之后，"摩伊"是解决菲南问题的最后一位谈判对手。2001年6月，阿罗约政府与"摩伊"达成了《的黎波里和平协议》，确定了三项谈判议程：一是穆斯林祖传领地问题，二是棉兰老地区的安全问题，三是穆斯林聚居区的援助与重建问题。为了实现穆斯林地区的和平与发展，政府与"摩伊"均同意成立国际监督小组以负责监督停火，成立摩洛民族发展机构负责对穆斯林地区的援助与重建。③ 但最为关键的"穆斯林祖传领地问题"双方一直难以达成协议，成为阻碍和谈的最大因素。

在此之后，阿罗约政府与"摩伊"的谈判由于菲律宾国内一系列爆炸与武装袭击事件而一度中断，直到2005年3月，政府才与"摩伊"在国际监督小组的帮助下恢复谈判，4月，双方进行实质性谈判后，对祖传领地的概念、范围和占有资源达成了共识。在9月举行的和谈中，双方

---

① Mark Drarn, "Mindanao: Poverty on the Frontlines", *Open Democracy*, June 4, 2009, p. 2.
② 王欢：《〈祖传领地协议备忘录〉对菲律宾南部和平进程的影响》，硕士学位论文，外交学院，2010年5月，第13页。
③ International Crisis Group, "The Philippines: The Collapse of Peace in Mindanao", *Asia Briefing*, No. 83, 23 October 2008, p. 2.

在最困难的祖传领地的管治方面也获得一些进展。① 2008 年 7 月中旬，阿罗约政府与"摩伊"领导人就解决祖传领地问题达成协议草案，并定于 8 月 5 日正式签署《祖传领地协议备忘录》。② 但该协议被最高法院裁定为违宪而最终被否决，政府与"摩伊"的谈判再次宣告破裂。阿罗约夫人随后宣布与"摩伊"的和谈必须坚持以"裁军、遣员、重整"（DDR）为前提，称这是推动和平进程的"新模式"。③ 阿罗约夫人还重新任命与"摩伊"谈判的小组成员，该小组的主要成员均对"摩伊"持强硬立场。"摩伊"对政府更换谈判小组成员十分不满，双方直到阿罗约夫人任期结束也没有再达成任何实质性的协议。

阿罗约夫人在以谈判解决"摩伊"组织的同时，对阿布沙耶夫组织则是坚决打击。在菲南众多的穆斯林武装叛乱组织中，阿布沙耶夫人数并不多，但却是最为活跃、最为极端的暴力组织。阿罗约夫人上台后不久就将罪行累累的阿布沙耶夫宣布为恐怖组织，命令政府军对其展开猛烈进攻，力求将其铲除。阿布沙耶夫组织决定给刚上台的女总统一个"下马威"，2001 年 5 月 27 日劫持了包括多名外国游客在内的 20 名人质，当阿罗约夫人表示拒绝交赎金并且派出政府军拯救人质后，阿布沙耶夫组织又在一家医院绑架了 200 多名人质。④ 在阿罗约夫人怒不可遏谴责阿布沙耶夫组织的同时，她也痛心地发现一些政府军的高级军官居然和这个恐怖组织狼狈为奸。若要铲除恐怖主义，阿罗约夫人需要的是一支敬业且高效的现代化军队，而目前的菲律宾军队远远达不到她的要求，她希望能借助美国的力量实现其目标。

"9·11"事件在给美国带来重大灾难的同时，也让阿罗约夫人看到了除去阿布沙耶夫的机会。种种情报表明，阿布沙耶夫与基地组织有着千丝万缕的联系，基地组织长期资助和培训阿布沙耶夫的骨干分子。这

---

① 孟庆顺：《菲南和平进程的回顾与思考》，《南洋问题研究》2008 年第 4 期，第 4 页。
② International Crisis Group, "The Philippines: The Collapse of Peace in Mindanao", *Asia Briefing*, No. 83, 23 October 2008, p. 8.
③ International Crisis Group, "The Philippines: The Philippines: Running in Place in Mindanao", *Asia Briefing*, No. 88, 16 February 2009, p. 7.
④ 《菲叛乱武装扬言要把 200 名人质"撕票"》，新华网，2001 年 6 月 3 日，http://www.hn.xinhuanet.com/news/2001-6-2/200162120542.htm。

两个恐怖组织的紧密联系也让美国和菲律宾走得更近。2001年9月24日，美国总统乔治·布什宣布冻结包括阿布沙耶夫在内的27个恐怖组织在美国的资产，① 四天后，太平洋舰队海军上将访问菲律宾，主动与菲方商讨在全球反恐战争中菲律宾的地位问题。②

对于美国的行为，阿罗约夫人给予了迅速的回应，抓住每一个声援美国的机会，菲律宾是第一个公开并且积极支持美国打击恐怖主义的东南亚国家，对此美国则以巨额的经济与军事援助作为回报。③ 2002年5月，两国在南部举行了名为"肩并肩"的联合军事演习，将清剿阿布沙耶夫组织纳入演习的范围。随后双方还签署了《后勤支援互助协定》，仅2002年美对菲的援助总额就达到了31亿美元。④ 2003年5月，菲律宾再次获得由美国提供的1亿美元军事援助，美国还将菲律宾定位为"重要的非北约盟国"，这使菲律宾成为亚洲首个获此地位的发展中国家。⑤

除了与美国合作打击阿布沙耶夫外，阿罗约还于2001年7月下令成立"国家预防犯罪委员会"，并任命总统特别助理赫苏斯·扎勒比（Jesus Zalebe）负责清剿再次绑架人质的阿布沙耶夫组织，并且拒绝向其交付赎金。⑥ 阿罗约认为要吸取前任政府处理人质危机的教训，政府向其交付赎金只会助纣为虐，让这些亡命之徒购买更先进的武器，更猖狂地从事叛乱活动。阿罗约甚至悬赏200万美元，只为获得阿布沙耶夫头目的人头。⑦ 在阿罗约夫人的十年总统任期内，她与阿布沙耶夫的战争从来就没有停止过。

---

① 《美国宣布冻结一些组织和个人资产》，人民网，2001年9月26日，http://www.people.com.cn/GB/paper447/4323/494744.html。
② 《越来越多迹象显示美国暂按兵不动》，中华网，2001年9月28日，http://military.china.com/zh_cn/news2/569/20010928/10117213.html。
③ 曹云华、费昭珣：《同盟理论视角下的菲美同盟构建》，《东南亚纵横》2010年第5期，第42页。
④ 廖小健：《东盟与美国的"反恐蜜月"》，《瞭望新闻周刊》2002年第33期，第58页。
⑤ 曹云华、费昭珣：《同盟理论视角下的菲美同盟构建》，《东南亚纵横》2010年第5期，第42页。
⑥ 长江：《美女总统阿罗约》，中国经济出版社2010年版，第124页。
⑦ 《菲律宾阿布沙耶夫武装：20多年劫持人质杀人如麻》，中华网，2014年4月4日，http://military.china.com/history4/62/20140404/18432674_1.html。

阿罗约夫人上台后兑现竞选诺言,一直试图解决菲南问题,在其任内阿布沙耶夫的势力被大大削弱。但由于菲南问题与菲律宾的历史、宗教、经济问题紧密联系,菲南天主教徒担心穆斯林与政府达成的协议会损害其利益,因而和平进程一直没有得到他们的支持,这使得阿罗约在这方面的成就极其有限。

二 发挥专长·促进经济

阿罗约夫人在大学主修的是经济学,在美国求学期间,她就热衷于研究美国的自由经济,马科斯执政时,政府对经济过度干预,菲律宾经济在经历了一段时间的高速发展后一蹶不振,当时在学校执教的阿罗约夫人最期待的就是能把自己在经济上的设想付诸实践。因而阿罗约上台执政后,大力推行自由经济,减少政府对市场的干预,释放市场的活力。在上台初期,为了让菲律宾尽快从亚洲金融危机的余波中恢复,阿罗约夫人实行宽松货币政策,大幅降低利率,对外资实行空前的优惠政策,取得了不错的成绩。但同时,菲律宾经济仍然存在财政赤字居高不下,棉兰老岛发展滞后,国家能源紧缺等问题。

菲律宾财政恒常处于赤字状态,政府为了弥补财政赤字大行举债,外债的增长导致利息支付额的增加,岁出扩大,于是政府只能继续增加对外借款,这使菲律宾的财政陷入了恶性循环。[①] 2004年8月23日,阿罗约发表声明称菲律宾政府已发生财政危机,呼吁全国人民团结起来,面对现实,共渡难关。解决财政危机最主要就是要增加财政收入,而国家的财政收入来源则主要是税收,阿罗约出台了一系列强化税收的政策,包括扩大税源、提高增值税税率等。她恳请国会尽快通过对燃料、烟酒等商品征收附加税以增加800亿比索(约合14.36亿美元)的财政收入。[②] 直至2004年年底,阿罗约终于签署了经参众两院批准的《提高烟酒消费税法案》,法案中规定:"香烟分为最高档、高档、中档和低

---

① [日]佐佐木辰雄:《阿罗约政权的财政改革能否成功?》,《南洋资料译丛》2008年第3期,第37页。

② 许家康、古小松主编:《中国—东盟年鉴2005》,线装书局2005年版,第40页。

档四个档次,每个档次的消费税分别为 25 比索、10.35 比索、6.35 比索和 2 比索,而且每两年提高 3.6%,酒类产品的消费税则提高 20%至 50%"。①

除了强化税收,阿罗约还支持《菲律宾矿业法》中允许全额外资公司开采菲律宾矿产资源的条款,因为这可以增加矿产品带来的年收入。《菲律宾矿业法》曾在 2004 年初被最高法院裁定为违宪,此举打击了矿产行业外国投资的信心,同时也影响到了其他行业的外国投资,这对已经深陷财政危机深渊的菲律宾政府来说无疑是雪上加霜,经过多番周旋,最高法院于 2004 年年底决定推翻之前的判决,外国投资者可以拥有采矿企业的全部股权,这一方面增加了商界对阿罗约政府的信心,另一方面也使阿罗约政府的矿产年收入增加了至少 8 倍。② 此外,阿罗约在国内创造大量工作机会并鼓励公民到海外就业。由于英语在菲律宾是通用语言,菲律宾人的受教育程度较高,菲律宾人被视为是只要经过短期培训甚至不经培训就可以马上上岗的优秀工人,在国际劳动市场上受到普遍欢迎,因此每年都会有大批的菲律宾人外出谋生,海外劳工是菲律宾获取外汇的生力军。阿罗约夫人鼓励更多的高技能劳工出国寻找工作机会,还将每年的 6 月 7 日定为海外劳工日,以资纪念和表彰,并称这些人为"现代英雄"③。

在控制政府财政赤字之外,阿罗约面对的另一大经济发展难题就是菲律宾存在大量的贫困人口,2001 年菲律宾的贫困率超过 40%,有 3500 万的菲律宾人生活在贫困线以下,而全国最贫困的地区就是棉兰老岛。④ 棉兰老岛有很多大型农业生产基地,满足了整个菲律宾 40%的粮食需求与 30%的粮食贸易,被称为菲律宾的"饭碗"和"菜篮子",但却无法解决当地民众的温饱问题。⑤ 根据联合国开发计划署的人类发展指

---

① 许家康、古小松主编:《中国—东盟年鉴 2005》,线装书局 2005 年版,第 64 页。
② James Hookway, "Save the Country, Lose the Money", *Far Eastern Economic Review*, July 22, 2004, p. 18.
③ 许家康、古小松主编:《中国—东盟年鉴 2006》,线装书局 2006 年版,第 66 页。
④ Mel C. Labrador, "The Philippines in 2001: High Drama, a New President, and Setting the Stage for Recovery", *Asian Survey*, Vol. 42, No. 1, January/February 2005, p. 145.
⑤ Eduardo Climaco Tadem, "Development and Distress in Mindanao—A Political Economy Overview", *Asian Studies*, Vol. 48, No. 1 & 2, 2012, pp. 22 – 24.

数，棉兰老岛各省人民的生活水平远远低于菲律宾其他省份。2003年，棉兰老岛平均的人类发展指数只有0.635，比全国的平均水平0.747低了将近15%。棉兰老岛24个省份中就有17个处于国家平均水平以下。更糟糕的是，全国排名最靠后的10个省份中有9个位于棉兰老岛，而垫底的四个省份都是穆斯林占多数的省。2003年，菲律宾的人均收入是2609美元，而棉兰老岛的人均收入只有1546美元。在菲律宾人均收入最低的14个省中有12个位于棉兰老岛。其中包括4个穆斯林占多数的省份。棉兰老岛中人均收入排名最高的是南哥打巴托，位于第17名，人均收入为2223美元，依然低于全国平均水平。① 生活的贫困迫使棉兰老岛的穆斯林走上武装反抗政府的道路，造成这一地区的持续动荡。对很多加入穆斯林分离组织的人来说，加入这些组织就像获得一份工作，而有些则是为了掠夺财富，这在阿布沙耶夫中体现得最为明显。②

阿罗约夫人认为，除非中央政府能在棉兰老岛人民的生活中发挥应有的作用，将棉兰老岛的未来与整个国家的发展联系在一起，否则，穆斯林分离问题将得不到解决。2003年4月，阿罗约夫人启动了被称为"小马歇尔计划"的棉兰老岛国家计划（Mindanao Natin），这是她履行发展棉兰老岛承诺的一个重要步骤。棉兰老岛国家计划是一个旨在全面调动棉兰老岛当地政府、民间社会和商业团体资源来发展棉兰老岛的蓝图，政府为该发展计划拨款55亿比索，而该计划也得到约13亿美元的官方发展援助③，为重点基础设施项目提供资金。该计划在棉兰老岛的四个地区——棉兰老穆斯林自治区（ARMM）、棉兰老岛中南部、西部以及北部地区的超过5000个村庄推行。

2006年，阿罗约夫人启动了充分发挥各个地区竞争优势的"超级区域发展战略"（Super Regional Development Strategy），菲律宾被划分为五

---

① Eduardo Climaco Tadem, "Development and Distress in Mindanao—A Political Economy Overview", *Asian Studies*, Vol. 48, No. 1 & 2, 2012, pp. 28 – 30.

② 彭慧：《菲律宾南部穆斯林分离运动的缘由——反抗组织领导层与普通穆斯林的意识形态错位》，《南洋问题研究》2004年第2期，第91页。

③ "Mindanao Natin", Official Website of President Gloria Macapagal Arroyo, 2003, http://www.macapagal.com/gma/initiatives/mindanao.php.

个经济大区,棉兰老岛农业经济区就是其中之一,也正如它的名称一样,棉兰老岛重点把农业经济作为它的竞争优势,特别是在培育高产作物方面。2010年1月,国会通过了成立棉兰老岛发展管理局的法案,目的是通过成立一个中央计划机构来加速菲南地区的发展与经济增长。[1] 棉兰老岛发展管理局替换了原先的棉兰老岛经济发展委员会(MEDCO),还增加了一些功能,通过制定一个综合区域发展框架,从而为棉兰老岛的发展提供一个战略方向。为了响应阿罗约夫人的超级区域发展战略,棉兰老岛发展管理局把农业经济作为该区域经济发展的主要领域,如今农业经济已经占据了棉兰老岛经济的中心地位。

制约菲律宾经济发展的另一瓶颈是菲律宾的能源危机。菲律宾的能源状况较为严峻,能源供给不能独立,严重依赖进口石油,如果国际石油价格上涨就会直接导致国内能源价格上涨,从而引发通货膨胀,而菲律宾的能源公司也长期处于亏损状态。2004年,"亚洲开发银行及其他权威机构曾经指出,为了保证能源供应安全,菲律宾必须在今后十年内额外生产和储备更多能源"[2]。为此,阿罗约决定对菲律宾的能源政策进行调整,以实现菲律宾的能源独立,保障经济的持续健康发展,她的政策从总体上说可以分为拓宽能源进口渠道、开发新能源和发起节能运动等方面。首先,阿罗约表示要加强国际合作,即加强与东盟、中国、俄罗斯和中东地区的能源合作,为本国寻找能源进口的新渠道。其次,将国有能源公司特别是电力公司和输电系统私有化,加强对本国石油、天然气及其他新能源的开发。在阿罗约执政期间,菲律宾能源部与多家科研机构、能源公司合作研发的椰子"生物柴油"取得重大突破,石油部长佩雷斯指出,"椰子'生物柴油'的研发将使菲律宾成为世界上首个使用椰油作为动力的国家,它的应用将减少菲律宾对进口能源的依赖,改善环境,还能提高椰子种植户的收入"[3]。最后,阿罗约政府还多次发起"省下每一滴油,换得健康、环保与繁荣"的运动[4],号召政府车辆带头

---

[1] Eduardo Climaco Tadem, "Development and Distress in Mindanao—A Political Economy Overview", *Asian Studies*, Vol. 48, No. 1 & 2, 2012, p. 27.
[2] 方拥华:《阿罗约连任及菲律宾内外政策走向》,《东南亚》2004年第3期,第46页。
[3] 许家康、古小松主编:《中国—东盟年鉴2004》,线装书局2004年版,第70页。
[4] 许家康、古小松主编:《中国—东盟年鉴2005》,线装书局2005年版,第39页。

用椰油代替汽油,并对全民展开节能教育,提供节能建议,如定期对车辆进行预防性保养,车辆载重最小化,避免发动机空转等。

阿罗约夫人通过强化税收缓解了菲律宾政府的财政危机,通过重点发展棉兰老岛经济减少了菲律宾的贫困人口,通过开发新能源的措施进一步扫清了菲律宾经济发展的障碍。与阿基诺夫人时期3.3%、拉莫斯时期3.6%、埃斯特拉达时期3.4%的平均经济增长率相比,在阿罗约夫人执政期间,菲律宾的经济平均增长率为4.8%,国民总收入平均增长率高达6.1%(参见表2—1),菲律宾经济经历了自1970年以来最长的经济增长周期。[①] 在阿罗约夫人执政的最后一年,菲律宾经济增长率为7.6%,是近三十年来的最高值。阿罗约夫人通过促进私人投资,提高各经济领域的生产率,使菲律宾经济摆脱了停滞状态,实现了持续快速的增长。

表2—1　　　　菲律宾国内生产总值(GDP)增长率与国民总收入(GNI)增长率(2000年7月—2010年6月)　　单位:%

时间	GDP增长率	GNI增长率
2000年7月—2001年6月	2.9	3.6
2001年7月—2002年6月	3.6	4.1
2002年7月—2003年6月	5.0	8.5
2003年7月—2004年6月	6.7	7.1
2004年7月—2005年6月	4.8	7.0
2005年7月—2006年6月	5.2	5.0
2006年7月—2007年6月	6.6	6.2
2007年7月—2008年6月	4.2	5.0
2008年7月—2009年6月	1.1	6.1
2009年7月—2010年6月	7.6	8.2
10年平均值	4.8	6.1

资料来源:菲律宾统计协调局网站:http://www.nscb.gov.ph/。

三　临危不乱·化险为夷

阿罗约政权几乎每年都会遭遇重大危机,如2001年埃斯特拉达发起第三次"人民力量"运动,2003年7月,下层军官及士兵占领马尼拉的

[①] 胡振华:《菲律宾经济改革与增长前景分析》,《亚太经济》2009年第3期,第63页。

马卡蒂金融区发起兵变，2005 年 6—7 月的多次大规模示威游行，2006 年 2 月被政府在短时间内挫败的政变阴谋，2007 年 11 月，曾经发动 2003 年兵变的叛变军官再次组织兵变，2008 年，民众由于何塞·阿罗约再次涉嫌收取回扣丑闻而进行游行示威。此外，阿罗约夫人还遭遇了多次弹劾甚至暗杀，但这些事件无一例外地都被她成功化解，体现了她驾驭政治的高超技巧。触发这些危机的原因主要有三点：一是阿罗约政权合法性受到质疑；二是阿罗约涉嫌选举舞弊；三是菲律宾腐败问题严重。解决危机时，阿罗约总是坚持两手策略，一方面立场坚定，坚决不向反对派妥协；另一方面又以女性特有的低调姿态安抚对方。

根据菲律宾宪法，只有总统死亡、辞职、被弹劾或"永久失去能力"（permanent disability）这四种情形中的一种出现时，副总统才能取而代之，但是当时的埃斯特拉达并没有发生上述情况，他在被迫离开马拉卡楠宫时，还发表声明："我对她宣誓成为总统的行为是否符合宪法感到深深地怀疑，如今我离开马拉卡楠宫，离开总统这一职位，是不想成为影响国家团结和破坏国家秩序的因素，是为了实现国家的和解。"① 并且在随后给众议长和参议长的信中指出阿罗约夫人是"代总统"。埃斯特拉达销声匿迹了十几天，当他再次出现在公众面前时，把一纸控告阿罗约政府非法的诉状提交到最高法院。

菲律宾最高法院在 2001 年 2 月 15 日听取了正反双方的辩论，最后一致认为阿罗约夫人是菲律宾唯一的合法总统。但法官们在如何得出这个结论上是有异议的，一些法官认为可以用埃斯特拉达辞职的理由，问题在于"总统应该向谁辞职，谁应该接受总统的辞职"② 是不清楚的，因为菲律宾宪法并没有这方面的规定。更为关键的是，必须是总统出于自愿的辞职才是有效的，埃斯特拉达离开马拉卡楠宫显然并不是出自他的意愿，他是被"人民力量"驱赶出马拉卡楠宫的。一位法官用"永久失去能力"作为埃斯特拉达下台的原因。他认为失去能力包括在外力的作用下无法行使权力，埃斯特拉达当时已经不能履行他作为总统的职责，属

---

① Joaquin G. Bernas, *A Living Constitution*, *the Troubled Arroyo Presidency*, Manila: Ateneo de Manila University Press, 2007, p. 2.

② Ibid., p. 8.

于"功能性残疾"(functional disability),符合第四种情况。① 但这就等于变相承认了埃斯特拉达是受了法律框架外的"人民力量"运动的影响而下台的,而这一点是法官们都不愿意承认的事实。还有一些法官们不同意埃斯特拉达"永久失去能力"的说法,也认为在强制情况下的辞职和被迫辞职并不算真正辞职,埃斯特拉达也不是受法律框架外的"人民力量"运动的影响而下台的,他们认为,阿罗约夫人上台已经成为"一个不可逆转的事实"②,她已经于2001年1月在首席大法官面前宣誓就职,众议院表达了全力支持阿罗约政府的决心,参议院也承认了阿罗约政府并表示支持。此外,阿罗约政府也得到了国际社会的承认。在这种情况下,最高法院不得不把这看作一个既存的事实。

尽管最高法院判决阿罗约夫人是合法总统,但法官们的理由并不能让外界信服,阿罗约政权合法性依然备受质疑,而使阿罗约进一步陷入危机的是菲律宾反贪法庭以侵吞国家财产罪再次下令逮捕埃斯特拉达,为了在5月中期选举前进一步打击埃斯特拉达阵营,阿罗约允许电视台直播埃斯特拉达和他的儿子在家中被捕过程。这种让埃斯特拉达颜面扫地的逮捕方式激怒了依然拥有广泛群众基础的埃斯特拉达阵营,他们于埃斯特拉达被捕当晚就开始组织力量进行反击,埃德萨大道上聚集的示威人群越来越多,人数足以与第二次"人民力量"相匹敌,最终演化成了第三次"人民力量"运动,5月1日凌晨,示威人群围攻了总统府,并与警方发生冲突,导致4人死亡,上百人受伤,成为自结束马科斯统治以来菲律宾最严重的暴乱事件。③

面对来势汹汹的暴动者,阿罗约立即发表电视讲话,宣布马尼拉处于紧急状态,通缉发动第三次"人民力量"的主要策划者霍纳桑与拉克森,命令军警用武力驱散马拉卡楠宫周围的示威人群,并逮捕扰乱公共秩序的"暴民"。在形势逐渐稳定下来之后,阿罗约采取柔性措施,她允许正在被通缉的反对派参议员候选人霍纳桑和拉克森参加即将举行的参

---

① Joaquin G. Bernas, *A Living Constitution, the Troubled Arroyo Presidency*, Manila: Ateneo de Manila University Press, 2007, p. 7.
② Ibid., p. 5.
③ 长江:《美女总统阿罗约》,中国经济出版社2010年版,第98页。

议院选举,还来到羁押埃斯特拉达的监狱,探望埃斯特拉达及其他被捕的叛乱者。阿罗约的突然到访让埃斯特拉达受宠若惊,称阿罗约为"总统女士"①,对阿罗约的探访表示感谢,并与阿罗约一起走出牢房,在记者面前握手表示和解。

"格洛丽亚门"事件是阿罗约第二个任期内的一次重大危机。2004 年是菲律宾的总统大选年,阿罗约以 100 多万张选票的优势赢得了总统选举,当时就有很多言论指责她不恰当地使用公共基金,操纵政府项目,并且篡改选举结果,但最后选举监察小组还是"愉快地宣布选举结果是自由而公平"的。② 然而,到 2005 年 6 月初,事情出现了逆转。一卷磁带录音被公开,内容是在 2004 年 5 月的总统大选数周之后,总统与选举委员会官员维尔吉利奥·加西兰诺(Virgilio Garcillano)讨论如何操纵选票。一个疑似阿罗约夫人的女性声音询问自己的票数能不能保持比对手高 100 万张,另一个疑似加西兰诺的男性声音则表示自己会尽力而为。③ 政府让菲律宾武装部队的情报部门监听与选举有关的对话,是出于担心选举委员会官员可能会为了自身利益而做出对政府不利的举动。情报部门录下了总统与加西兰诺的这些对话后,阿罗约由于得罪了军事情报人员,她与加西兰诺的对话录音就落入了反对派手中,导致"格洛丽亚门"事件的出现。阿罗约卷入选举舞弊引发了社会各界对其政权的极度不信任,再次面临合法性危机。苏珊·罗茜斯(Susan Roces)④ 指责阿罗约为"说谎者","你已经偷了总统职位,不能再有第二次,你背叛了人民的信任,你使菲律宾蒙羞,你无权统治国家!"⑤ 2005 年 7 月 8 日,形成了一

---

① 王子昌:《"橱窗"的色彩:2001 年菲律宾的政治经济形势与菲律宾研究》,《东南亚研究》2002 年第 1 期,第 27 页。

② Paul D. Hutchcroft, "The Arroyo Imbroglio in the Philippines", *Journal of Democracy*, Vol. 19, No. 1, January 2008, p. 145.

③ Ibid..

④ 苏珊·罗茜斯为菲律宾著名演员小费尔南多·波(Fernando Poe Jr.)的遗孀,小费尔南多·波是埃斯特拉达的密友,在 2004 年大选中为阿罗约的最强劲对手,选举失败后于 2004 年 12 月郁郁而终。

⑤ Lourdes Veneracion-Rallonza, "A Spectacle of Masculine and Feminine Images of Political Leadership: A Feminist Reflection on the Current Crisis of Leadership in Philippines", in Aazar Ayaz and Andrea Fleschenberg, eds., *The Gender Face of Asian Politics*, Oxford: Oxford University Press, 2009, p. 108.

股要求阿罗约下台的浪潮。首先是十名部长级官员共同辞职，紧接着阿罗约之前的盟友纷纷要求她辞职，包括自由党的改革分子，有影响力的马卡蒂商业俱乐部以及前总统阿基诺夫人。民意测评显示绝大多数公民要求阿罗约夫人辞职，或弹劾她。

在"格洛丽亚门"事件及由其引发的一系列政治动荡中，阿罗约坚称自己的行为没有影响选举结果，自己不会辞职，她接受十位部长的辞呈，重组经济改革班子。但同时，阿罗约也坦白承认录音带中的女声确实是自己，并为因此事给公众带来了困扰而道歉，她说："我急于保住我的选票，在那期间我与许多人有过谈话，包括一名选举委员会的官员，我的意图不是影响选举结果，不是……我承认我打这个电话是一个判断失误，我很抱歉，我也很遗憾过了这么久才对你们谈论这件事。我为我的行为负全责……我向你们保证，我将加倍努力服务国家，争取你们的信任。"在这里，阿罗约将自己的形象设计成"国母"来呼吁与反对派实现政治和解，她甚至"借用父亲的威严来强调自己是个负责任的女儿，又借用其女儿的乖巧来强调自己是个负责任的母亲"。① 最终，阿罗约母性化自己的行为得到了天主教会的谅解，菲律宾天主教主教会议发表声明称不赞成反对派要求阿罗约辞职的立场，但应成立相关组织对此事进行调查。前总统拉莫斯也表示支持阿罗约，军方也发表声明称忠于总司令，反对阿罗约的全国性联合阵线没有形成。

---

① Lourdes Veneracion-Rallonza, "A Spectacle of Masculine and Feminine Images of Political Leadership: A Feminist Reflection on the Current Crisis of Leadership in Philippines", in Aazar Ayaz and Andrea Fleschenberg, eds., *The Gender Face of Asian Politics*, Oxford: Oxford University Press, 2009, p. 113.

除了合法性受质疑和选举舞弊的丑闻外，阿罗约执政时期多次爆发政变和兵变的另一个原因是菲律宾的腐败，阿罗约及其家庭成员多次涉嫌贪污，另外，军队中下层军官与士兵待遇低下，上层军官腐败也是政变和兵变常态化的重要原因。在阿罗约的反腐行动中，大批腐败的军方官员逐渐浮出水面，其中司法部在2004年下令冻结了一位两星少将的银行账户，这是菲律宾在反腐方面处理的级别最高的一名军方人士。经过菲美两国的联合调查，发现该名负责军方财政预算的官员及其家人在近几年共转移了300多万美元出境，在美国的曼哈顿和俄亥俄州共拥有三套豪华住宅，这些资产与该官员每月600多美元的薪金收入相去甚远。① 相反，菲律宾下层军官和士兵的居住条件极差，工资水平低，常常入不敷出，他们经常私卖弹药，偷窃军用物资，明目张胆地到一些娱乐场所收取保护费，甚至参与绑架、敲诈勒索、贩卖毒品等犯罪活动。实在走投无路的军官与士兵只好铤而走险策划兵变，企图推翻军方高层，改善生存状况。2003年的兵变中，叛变军官声称军队中有严重的腐败现象，要求国防部长与总统下台。面对突如其来的兵变，阿罗约夫人先是派坦克和装甲车部队将政变发生地马卡蒂金融中心团团包围住，向政变军人发出最后通牒，命令他们投降，同时她还邀请叛军首领的母亲到马拉卡楠宫会面，让她帮忙劝说儿子，并派出一支谈判小组与叛军协商。在阿罗约夫人软硬兼施下，叛军在与政府军僵持了19个小时后宣布投降。

四　高调反腐·大肆腐败

菲律宾的腐败风气严重，阿罗约夫人打着反腐的旗号上台，她在就职演说中将反腐与发展经济、消除贫困、打击恐怖主义并列在一起，作为她任期内最重要的工作，她向社会承诺在全国范围内开展反腐运动，严厉打击腐败分子，为国家与社会的发展提供良好的政治、经济环境。②

首先，阿罗约推动反腐的立法工作。2002年菲律宾通过《采购法》，确定在政府采购体系中使用电子采购。2004年菲律宾政府基本建立了电

---

① 许家康、古小松主编：《中国—东盟年鉴2005》，线装书局2005年版，第40页。
② Eiji Oyamada, "President Gloria Macapagal-Arroyo's Anti-Corruption Strategy in the Philippines: An Evaluation", *Asian Journal of Political Science*, Vol. 13, No. 1, June 2005, p. 81.

子采购系统,这直接增强了反腐效果,因为大部分的腐败案件都发生在这个环节中,"该系统通过降低至少30%的成本从而大大提高了政府采购的效率"①。2003年菲律宾国会参众两院联合委员会通过了反洗钱法修正案。根据之前的反洗钱法,调查小组人员只能针对400万比索以上的银行账户展开调查,并且还要获得法院的批准,但根据新的反洗钱法,调查人员可以针对50万比索以上的可疑账户进行调查。②2009年,《反官僚行为法》在菲律宾的各级政府部门、政府控股的公司和政府外派机构中全面执行,该法案旨在把菲律宾的所有政府机构联合成一个整体,打击政府中的腐败行为,提高政府办事效率,增加公众的满意度。

其次,加强现存反腐机构,并成立新的反腐机构。菲律宾申诉专员公署(Office of Ombudsman)成立于1988年,独立监察政府工作,受理公民对政府的投诉,调查政府是否存在不公正、低效或违法行为,对贪腐案件可直接提起公诉。阿罗约上任后不断加强对申诉专员公署的建设,一是增加公署内检察官的人数,并授权申诉专员公署从私营部门中委任律师,使定罪率得以提高;二是授权申诉专员公署监督官员的银行存款;三是增加申诉专员公署的预算,建立对举报人的嘉奖和保护制度。申诉专员公署的响应率③也得到了大幅度的提高,2006年的响应率只有19%,到了2009年已经提高到74%。④

阿罗约夫人在任期间新成立的反腐机构有总统反贪委员会(Presidential Anti-Graft Commission)、有效治理总统委员会(Presidential Committee on Effective Governance)、价值观形成总统委员会(Presidential Commission on Values Formation)和机构间反腐协调委员会(Inter-Agency Anti-Graft Coordinating Council)。⑤ 总统反贪委员会负责调查并审理涉及行政部门个

---

① Eiji Oyamada, "President Gloria Macapagal-Arroyo's Anti-Corruption Strategy in the Philippines: An Evaluation", *Asian Journal of Political Science*, Vol. 13, No. 1, June 2005, p. 84.
② 孙笑天:《菲律宾总统签署反洗钱法修正案》,新华网,2003年3月7日,http://news.xinhuanet.com/world/2003-03/07/content_765291.htm。
③ 响应率指申诉专员公署处理的案件占公众举报的所有案件的比率。
④ 吴金平、鞠海龙:《2009年菲律宾政治、经济与外交形势回顾》,《东南亚研究》2010年第2期,第24页。
⑤ Eiji Oyamada, "President Gloria Macapagal-Arroyo's Anti-Corruption Strategy in the Philippines: An Evaluation", *Asian Journal of Political Science*, Vol. 13, No. 1, June 2005, p. 83.

人的行政案件和投诉，仅 2009 年期间，在总统反贪污委员会的调查下，就有 127 名高级官员被解雇或被暂停职务。① 有效治理总统委员会是一个反腐的监察机构，旨在促进政府的"善治"，即推动政府与公民合作，共同管理公共事务，实现公共利益的最大化，该机构由治理咨询委员会（Governance Advisory Council）私下提供基金支持其开展工作。价值观形成总统委员会成立的宗旨是在政府中传播正确的价值观，以此来改变政府的工作方式和预防腐败。机构间反腐协调委员会是反腐机构间为了提高反腐效率而成立的机构②，旨在促进各反腐机构的交流与合作，协调相互间的工作关系，共同调查和起诉腐败案件。

最后，加强反腐监督。2002 年 10 月开始，阿罗约下令对包括警方与军方在内的各级政府官员进行生活方式检查，该行动的目的是"检查公务员的生活是否奢侈，是否超出其薪资所能维持的水平"③。到阿罗约第一个总统任期结束时，政府官员中总共开展了 159 次生活方式检查，超过 100 起案件被移交到总统反贪委员会和申诉专员公署，3 名国税局的高级官员、1 名海关署官员和公共工程与公路部的副部长由于贪污而被解除了职务。④ 生活方式检查成为阿罗约总统反腐的重头戏，总统发言人伊格纳西奥·布尼耶（Ignacio Bunye）曾说，"生活方式检查与电子采购项目是阿罗约政府反腐至关重要的两项内容"⑤。阿罗约本人也多次强调："生活方式检查对腐败官员来说是致命的武器，政府采购制度的改革则把反腐战争推向高潮"⑥。除了生活方式检查之外，阿罗约实行的另一项反腐监督措施是手机短信举报。手机在菲律宾民众中较早得到普及，根据调查显示，在菲律宾，94% 的手机用户每天都会给朋友和亲人发送短信⑦，为

---

① 吴金平、鞠海龙：《2009 年菲律宾政治、经济与外交形势回顾》，《东南亚研究》2010 年第 2 期，第 24 页。

② 包括审计委员会、公务员委员会、国家调查局、总统反贪污与腐败委员会（总统反贪委员会的前身）和申诉专员公署等机构。

③ 陈红升：《2003 年：盘点菲律宾》，《东南亚纵横》2004 年第 3 期，第 30 页。

④ Eiji Oyamada, "President Gloria Macapagal-Arroyo's Anti-Corruption Strategy in the Philippines: An Evaluation", *Asian Journal of Political Science*, Vol. 13, No. 1, June 2005, p. 102.

⑤ Ibid., p. 101.

⑥ Ibid., p. 84.

⑦ 许家康、古小松主编：《中国—东盟年鉴2004》，线装书局 2004 年版，第 71 页。

了加强反腐效果，必须充分调动公众参与反腐的积极性，而手机短信无疑是大众举报腐败问题绝佳渠道，从此，民众也成为反腐的主力军。

然而，阿罗约虽然采取了多项措施来打击腐败，但这些措施往往只对一些中下层政府官员有效，却根本无法撼动一些极其腐败的高级官员。这主要源于菲律宾根深蒂固的家族政治、形同虚设的政党制度和软弱无力的新闻监督。传统的家族观念使得政治关系私人化，政治家们一切从家族利益出发，对国家的忠诚度不高，各大家族为了扩大自己的势力往往依附某位权贵，贿赂则成为公开的方式。而家族政治下的政党也只不过是一群乌合之众为了赢得选举而成立的组织，很大程度上是为一个或多个家族服务的。政治领袖也很少会忠于自己的政党，而是忠于自己的家族，由于缺乏崇高的精神追求，这些高官更容易陷入腐败、堕落的深渊。后马科斯时代菲律宾的新闻媒体有较大的自由，但新闻工作者很有可能因为言论损害当权者利益而遭到暗杀，由于从业人员待遇不高，受生活所迫的一些记者也会向贪官污吏勒索，这就使得新闻媒体非但起不到监督作用，反而会衍生出新的腐败。加上菲律宾经济发展相对迟缓，民众分享不到经济增长带来的利益，因而虽然阿罗约夫人的反腐工作确实带来了一些成效，但民众还是不能满意。

阿罗约夫人在高调反腐的同时，包括她丈夫、儿子、小叔子在内的家人频频出现腐败丑闻，甚至她自身也深陷其中。

2001年7月20日，何塞·阿罗约被指控收受菲律宾通信公司和另一家无线网络公司的贿赂，而控告人正是前总统办公厅新闻秘书兼阿罗约夫人的儿时好友维罗尼卡，这使得该控告具有极大可信度。这两家公司的老板为华裔商人蔡荣言，是之前埃斯特拉达"午夜内阁"的成员，他向何塞·阿罗约行贿，希望何塞能说动阿罗约夫人给予这两家电信公司特许经营权。不久，事情进一步恶化，马希洛直接提出对阿罗约夫人的指控：阿罗约总统曾经在8月与他的一次会面中公然向他勒索公司的大部分股份，作为批准电信特许经营权的交换条件。① 反对党立即要求对此事展开调查，但当调查进行到一半时，维罗尼卡撤回了之前的控诉，使

---

① 邢继盛：《阿罗约夫人——才貌双全的东南亚铁娘子》，江苏人民出版社2003年版，第131—133页。

得事件最后不了了之。

之后，阿罗约阵营的腐败丑闻愈演愈烈。2001年9月，菲律宾慈善彩票办公室的一名工作人员指控阿罗约夫妇在5月中期选举中指使该机构用公款资助其团队竞选。2003年，反对派参议员拉克森指出何塞·阿罗约开了秘密银行户口，先后存进了350万美元的非法所得。不久，拉克森再次指出，阿罗约夫妇获得了许多贪污而来的款项，大部分用于参加竞选。其中一名为"何塞·皮达尔"的账户曾于2003年2月28日接受了来自菲律宾慈善彩券办事处的135万比索。① 而导致阿罗约政权陷入巨大危机的则是一项指责"第一家庭"收取非法赌博保护费的控告，该事件的严重之处在于前总统埃斯特拉达下台的导火索正是由于受到同样的指控。当菲律宾参议院对此事举行听证会时，又出现阿罗约大选舞弊的录音带，阿罗约政权顿时变得岌岌可危。

由于阿罗约及其家人如此频繁地卷入腐败丑闻，这不仅使其自身形象受损，她采取的反腐举措也因此大打折扣，对她这位以反腐和恢复政府形象为号召的总统来说也是一种莫大的讽刺。

第三节　对阿罗约总统的评价

阿罗约第一个任期的表现尚能让民众满意，但这种情形在第二个任期彻底改变了。根据菲律宾社会气象站（Social Weather Stations）的调查显示，从2004年10月开始至阿罗约任期结束，她的净满意率一直是负数（参见表2—2）。阿罗约成为菲律宾民主转型后最不受欢迎的总统，即使是被"人民力量"运动推翻的埃斯特拉达最低的净满意率也有5%。社会气象站2010年3月的调查显示，民众对阿罗约表现的净满意率为-53%。到了6月满意率提高到了-17%，而评论家却尖酸地指出这是"民众对她即将离任感到满意"，因为"阿罗约即使离任也不能消除公众对她的不信任"。② 根据《亚洲脉搏》在2005年6月到2010年7月期间的每月调

---

① 长江：《美女总统阿罗约》，中国经济出版社2010年版，第141—143页。
② Edilberto C. de Jesús, "The Philippines in 2010: Reclaiming Hope", *Southeast Asian Affairs*, 2011, p. 213.

查显示，67%的公众仍然表示对她不信任。①

表2—2　　　　　　　阿罗约总统的净支持率　　　　　　单位:%

时间	净支持率	时间	净支持率	时间	净支持率
2001年3月	+24	2004年1月	+8	2007年2月	-4
2001年4月	+17	2004年2月	+15	2007年6月	-3
2001年5月	+18	2004年3月	+30	2007年9月	-11
2001年7月	+16	2004年6月	+26	2007年12月	-16
2001年9月	+15	2004年8月	+12	2008年3月	-26
2001年11月	+27	2004年10月	-6	2008年6月	-38
2002年3月	+16	2004年12月	-5	2008年7月	-50
2002年5月	+4	2005年3月	-12	2008年9月	-27
2002年8月	+28	2005年5月	-33	2008年12月	-24
2002年9月	+18	2005年8月	-23	2009年2月	-32
2002年11月	+6	2005年12月	-30	2009年6月	-31
2003年3月	-14	2006年3月	-25	2009年9月	-38
2003年6月	+14	2006年6月	-13	2009年12月	-38
2003年9月	+2	2006年9月	-11	2010年3月	-53
2003年11月	-3	2006年11月	-13	2010年7月	-17

资料来源：菲律宾社会气象站网站：http://www.sws.org.ph/。

那么到底阿罗约夫人的政绩如何？为什么民众对她感到如此不满？民众对阿罗约夫人的评价是否客观？

一　无可质疑的执政能力

阿罗约夫人在任十年间，致力于维护政局稳定，实现国家和解；致力于发展经济，消除贫困；致力于改善民生，提高人民的生活水平；致力于普及教育，提升国民素质，在多方面取得了非常不错的成绩，并不亚于她之前的任何一位总统。

---

① Edilberto C. de Jesús, "The Philippines in 2010: Reclaiming Hope", *Southeast Asian Affairs*, 2011, p. 213.

在政治方面，尽管她执政期间发生了多起政变和数次大规模示威游行要求其下台，但她坚持不辞职的立场，改写了菲律宾通过"人民力量"运动实现政权更迭的历史。阿罗约夫人还重创了菲律宾的恐怖主义势力，经过多年的追捕，参与多起绑架国际人质事件的阿布沙耶夫组织的领导人萨希伦和苏莱曼分别于 2005 年 11 月和 2007 年 1 月落网。同时，阿罗约夫人还削弱了"摩伊"等反对派武装的势力，促使更多的叛乱分子回归社会，这些组织制造的枪击事件有所下降，一定程度上有利于社会稳定。另外，阿罗约夫人还推动菲律宾进行选举改革，自 2010 年 5 月开始，菲律宾实现选举自动化。①

阿罗约夫人更大的成就体现在经济方面。在她执政期间，菲律宾经济取得连续增长，平均经济增长率为 4.8%，还清了国际货币基金组织（IMF）的债务，结束了菲律宾四十多年来使用国际货币基金组织贷款的

---

① 《菲律宾 2010 年大选》，新华网，2010 年 5 月 10 日，http：//news.xinhuanet.com/world/2010－05/10/c_1284331.htm。

历史，这表明阿罗约的财政改革和宏观经济政策对减少菲律宾的财政赤字和债务起到了积极作用。① 2010 年 3 月，穆迪投资者服务公司鉴于菲律宾稳健的财政状况和富有活力的经济体系，把菲律宾的主权信用评级从 B1 级调升三级至 BA3，并称菲律宾是亚太地区少数几个没有因全球金融危机而陷入经济衰退的国家之一，菲律宾的金融体系具有弹性，对外收支状况良好。② 这无疑增强了投资者对菲律宾的信心。

在完善基础设施建设方面，阿罗约夫人也有不错的成绩。她推出了"村村通电项目"，使得菲律宾通电村镇总数达到 41484 个，全国村镇总通电率达到了 98.82%。③ 她还积极改善菲南地区的投资环境，建造了高标准的机场、桥梁、公路和港口。哥达巴托机场、第波罗机场、帕加迪安机场和武端机场均在其任内改建完成，长 882 米、价值 21 亿比索的迪奥斯达多·马卡帕加尔大桥，伊利岗的环城路，价值 5.7 亿比索的卡加廷德奥罗港都在很大程度上改善了棉兰老岛的交通状况。④

阿罗约十分注重菲律宾的教育问题，她加大了对教育的投入，设立更多的奖学金和助学贷款使学生受益，并加强了对教师的培训。根据"功能性识字，教育和大众传媒调查"（Functional Literacy, Education and Mass Media Survey）的结果显示，由于菲律宾义务教育的普及，2008 年菲律宾的基本识字率已经达到了 95.6%，功能性识字率达到 86.4%。⑤ 阿罗约还强调英语在教育中的重要性，2003 年 5 月她颁布第 210 号总统令，将英语确立为教育系统中的主要语言，规定在包括职业技校在内的所有公立和私立学校中，用英语教学的时间不能低于总教学时间的 70%。⑥ 根

---

① 《菲律宾计划提前偿还国际货币基金组织债务》，中国驻菲律宾大使馆经济商务参赞处网站，2007 年 1 月 3 日，http://ph.mofcom.gov.cn/aarticle/jmxw/200701/20070104209047.html。

② 《穆迪对菲律宾主权信用评级展望稳定》，中国商务部网站，2010 年 3 月 30 日，http://www.mofcom.gov.cn/aarticle/i/jyjl/j/201003/20100306845742.html。

③ 吴金平、鞠海龙：《2009 年菲律宾政治、经济与外交形势回顾》，《东南亚研究》2010 年第 2 期，第 25 页。

④ 《菲律宾总统阿罗约 2007 年国情咨文摘译（经贸部分）》，中国—东盟在线网，2009 年 8 月 3 日，http://asean.gxnews.com.cn/staticpages/20090803/newgx4a76636e-2197002.shtml。

⑤ "Education of Women and Men", Philippine Statistics Authority, May 17, 2011, http://web0.psa.gov.ph/content/education-women-and-men。

⑥ 李娅玲：《菲律宾英语教育》，《中外教育研究》2012 年第 6 期，第 46 页。

据英国国际高等教育资讯机构 QS 公司（Quacquarelli Symonds）在 2011 年对全球大学英语语言文学专业的排名，菲律宾大学和马尼拉雅典耀大学分别名列第 34 和第 35，甚至一些英语国家的名校，如英国曼彻斯特大学和美国乔治敦大学的排名均在其后。阿罗约夫人注重教育的举措培育了大批精通英语、熟练掌握现代技术的专业人士，增强了菲律宾人力资源的竞争优势，也使更多的跨国公司选择将亚太总部设在菲律宾。

二　强硬的执政风格

阿罗约夫人执政风格向来以强硬著称。上台后她在处理埃斯特拉达支持者发起的第三次"人民力量"运动时，首次展现了强硬风范。阿罗约使用诸如此类的话语警告反对派："我们将会粉碎你们！"[1]"胆敢现在罢工，我就能压扁你们！"[2] 由此，阿罗约夫人获得"菲律宾铁娘子"称号，这种风格一直延续到她执政结束。

面对屡次绑架人质的阿布沙耶夫，阿罗约拒付赎金并发出强硬信息："只要一发子弹你们就会倒下。"[3] 为了打击恐怖主义的势力，阿罗约夫人罔顾国内的示威抗议浪潮，坚决邀请美军进驻菲律宾，并与美军合作开始了名义上为"实战演习"，实际上是清剿伊斯兰极端势力的战争。阿罗约绕过参众两院，利用总统的职权，以行政手段直接促使美军到来的做法被指责缺乏透明度，反对派甚至认为要对总统的违宪行为进行弹劾。

从阿罗约执政的第二年开始，评论开始认为阿罗约的强硬风格有走向独裁主义的风险，因为阿罗约夫人在当年的国情咨文中提出要把

---

[1] Renato Cruz De Castro, "The 1997 Asian Crisis and the Revival of Populism/Neo-Populism in 21st Century Philippine Politics", *Asian Survey*, Vol. 47, No. 6, November/December 2007, p. 945.

[2] Lourdes Veneracion-Rallonza, "A Spectacle of Masculine and Feminine Images of Political Leadership: A Feminist Reflection on the Current Crisis of Leadership in Philippines", in Aazar Ayaz and Andrea Fleschenberg, eds., *The Gender Face of Asian Politics*, Oxford: Oxford University Press, 2009, p. 112.

[3] Lourdes Veneracion-Rallonza, "A Spectacle of Masculine and Feminine Images of Political Leadership: A Feminist Reflection on the Current Crisis of Leadership in Philippines", in Aazar Ayaz and Andrea Fleschenberg, eds., *The Gender Face of Asian Politics*, Oxford: Oxford University Press, 2009, p. 112.

菲律宾建设成为"强大的共和国",并以此作为她今后制定政策的框架。①然而,"强大的共和国"往往是与有威权主义倾向的男性政治家相联系的。②

而2009年11月发生的马京达瑙大屠杀似乎是阿罗约政权独裁,践踏人权的印证。③虽然策划屠杀的并不是阿罗约,但该案件的主谋却是其政治密友——安帕图安家族。该家族在多次选举中为阿罗约夫人拿下了马京达瑙省几乎全省的选票,而阿罗约夫人也一直向其提供军火,以供其打击当地的摩洛叛乱势力,甚至不惜用这些武器打击异己,因此,阿罗约夫人也被公众视为马京达瑙大屠杀的"帮凶"。

---

① Ben Reid, "Historical Blocs and Democratic Impasse in the Philippines: 20 Years after 'People Power'", *Third World Quarterly*, Vol. 27, No. 6, 2006, p. 1011.

② Lourdes Veneracion-Rallonza, "A Spectacle of Masculine and Feminine Images of Political Leadership: A Feminist Reflection on the Current Crisis of Leadership in Philippines", in Aazar Ayaz and Andrea Fleschenberg, eds., *The Gender Face of Asian Politics*, Oxford: Oxford University Press, 2009, p. 113.

③ 2009年11月23日,在菲南部马京达瑙省安帕图安镇,包括省长候选人曼古达达图家人、律师及32名记者在内共58人遭到选战对手安帕图安家族的私人武装劫持并集体屠杀,震惊世界。这是菲律宾史上最恶劣的选举暴力案件。案发后,涉案的前马京达瑙省省长安达尔·安帕图安及其儿子相继落网,共有197人遭到控告,但无人被定罪,所有被告均宣称无罪。

阿罗约夫人的强硬作风饱受国人诟病，其实，大多数男性政治家一向以"强硬"著称，民众也认可这是政治家的素质之一。阿罗约夫人不过是像大部分男性政治家一样，因为"女性只有让自己看起来像男子才能涉足政治。而有些认为成功女性其实没有必要接受男性特征的观点忽略了这样一个事实：我们的社会早已对'男性'和'女性'特征进行了界定，女性若想在权威角色中获得人们的承认，其唯一可行的战略就是接受男性特征。"[①] 阿罗约夫人通过"人民力量"运动上台，这在民主转型的菲律宾是缺乏合法性的，为了抵挡住反对派的进攻，巩固自己的政权，阿罗约不得不使用铁腕手段。但是，民众对女性的刻板印象是"温柔"，所以对阿罗约夫人的"强硬"更加敏感和不习惯，人们既会以"总统"的身份要求她，又会以女性的标准来评价她。如果她不够强硬，会被视为不能胜任总统职位，正如阿基诺夫人在上任之初采取的温和措施被指责为软弱无能。然而，如果看起来强硬，她又会被视为过于强硬，不符合女性特征。阿罗约夫人在第三次"人民力量"运动中，面对冲击马拉卡楠宫的叛乱者，立即宣布国家处于紧急状态，并下令逮捕埃斯特拉达的主要支持者，民众普遍认为其风格过于强硬。但如果处在这一位置上的是男子，总统职位的要求与男性特征的刻板模式相契合，他的强硬会被视为"果断的"表现。

三 腐败总统

阿罗约夫人与公众预期不符合的地方除了其强硬的风格外，还有她腐败的形象。打着反腐旗号上台的阿罗约一而再再而三地卷入腐败丑闻中，如今她被视为菲律宾最腐败的总统，臭名昭著的马科斯居然还"屈居"第二，因腐败被赶下台的埃斯特拉达则排第三。2011年11月和2012年10月，阿罗约夫人两次在医院中被逮捕，而大部分公众认为阿基诺三世政府此举是正确的。曾经对她满怀期望的菲律宾人如今已经对她感到深深的失望。

[①] V. Spike. Peterson and Anne Sisson Runyan, *Global Gender Issues*, Boulder, CO: Westview Press, 1993, p. 71。转引自转引自李英桃《社会性别视角下的国际政治》，上海人民出版社2003年版，第147页。

在父权制社会，女性被视为"纯洁的""清白的"，在公众的刻板印象中，女性领导人的操守要比男性领导人优越，这是从一般被查出腐败的官员多为男性这一事实中得出的结论，也是公众不能容忍女总统阿罗约严重腐败的原因。但其实一个更重要的事实被忽略了：在政治领域男性本来就远远多于女性，而随着职位越高，女性领导人就越少，因此仅据腐败人数，不能得出男性比女性更容易腐败的结论，只要腐败的条件和机会存在，腐败行为就没有性别上的差异。

阿罗约夫人大搞裙带关系的行为也同样受到公众唾弃，在菲律宾众议院就有四人来自阿罗约家族，他们是阿罗约夫人的两个儿子与何塞·阿罗约的弟弟和妹妹。而阿罗约夫人的丈夫，菲律宾的"第一先生"更是为她的政治生涯制造了不少麻烦，从阿罗约夫人上任伊始，何塞·阿罗约就不断被指控贪污、行贿受贿、洗黑钱、影响政府官员任命。与阿罗约夫人情况类似的还有巴基斯坦总理贝娜齐尔·布托、印度尼西亚总统梅加瓦蒂，她们都因其丈夫的行为不端而使自己陷入政治危机。因而人们会认为，与男性领导人的"第一夫人"相比，女性领导人身边的"第一先生"更容易被权力腐蚀，从而惹是生非，而女性领导人往往更没有能力去约束他们的行为。但事实上容易被权力腐蚀的并不只是"第一先生"，还有"第一夫人"，男性领导人一样没有能力管制"第一夫人"的行为。马科斯夫人伊梅尔达由于挥金如土、穷奢极欲而"闻名于世"，在马科斯下台后，马科斯夫人面临着100多项诉讼。值得注意的是，当女性领导人的伴侣腐败时，人们指责的是女性领导人；

但当男性领导人的伴侣腐败时，人们指责的是其伴侣。

四 漠视妇女权利

阿罗约夫人坦承自己不是女权主义者，尽管她在美国求学时接触到妇女解放思想并受到影响，但没有参加女权运动。① 她担任副总统和总统期间，菲律宾女性的教育、就业、参政继续取得进步，她也比较关注包括女性在内的弱势群体，完善早产儿护理、托儿所中心、每个城镇的药房、受虐妇女治疗中心等机构，但在女性生殖权利方面，她始终附和教会，未能维护女性权利。

天主教会一直在菲律宾政治中发挥举足轻重的作用。天主教是菲律宾的第一大宗教，信徒占了全国总人口的84%②，在菲律宾拥有相当强大的群众基础，往往"在选举时通过发表支持某位候选人的言论就可以影响选民的投票热情和投票意向"③。菲律宾历届政府都非常重视与天主教会的关系，而阿罗约更是在马尼拉大主教海梅·辛的支持下当上总统的，她为了赢得中期选举和连任总统，还要继续倚仗天主教会为其拉票，因此，她一直附和天主教会对堕胎和避孕的观点。天主教认为生命是上帝的恩赐，反对以任何非自然的方式控制生育，包括反对使用现代避孕用品，反对堕胎。天主教的主张不仅让菲律宾成为亚洲人口增长率最高的国家，还使得菲律宾妇女的生殖健康问题越来越严重，这直接限制了菲律宾妇女性权利和生殖健康权利的实现。

女性主义认为妇女应该有掌握自己身体的权利，有权决定自己是否生育、避孕和堕胎，这是妇女的基本权利之一。菲律宾女性主义组织为了维护妇女生殖权利，早在20世纪90年代就提议要通过一项关于生殖保健的法案，《生殖保健法案》的目标是为公众提供高质量的生殖健康服务，其文本由"生殖健康宣传网络"（Reproductive Health Advocacy Net-

---

① ［菲］尼克·华谨著，施雨、施迪夫译：《走进马拉卡楠宫：菲律宾总统阿罗约夫人传》，海潮摄影艺术出版社2005年版，第104页。
② 马燕冰、黄莺：《菲律宾》，社会科学文献出版社2007年版，第42页。
③ 吴杰伟：《菲律宾天主教对政治的介入》，《东南亚研究》2005年第6期，第18页。

work)① 参与撰写，主要内容包括政府保障公众能接触到高质量、低价格、安全有效的生殖保健服务，普及生殖健康知识，推广现代家庭计划生育措施，政府还要向贫困人员免费提供生殖健康服务。② 但拉莫斯政府和埃斯特拉达政府鉴于天主教会的强大势力，对该法案讳莫如深。阿罗约夫人成为菲律宾第二位女总统后，女性主义组织对该法案的通过抱了更大的期望。但女总统并不必然维护妇女权利，阿罗约总统上台和执政都需要教会的支持，自然在这些问题上附和教会。

2002 年 7 月，阿罗约首次公开发表了反对计划生育的声明，拒绝所有的避孕方式，并声明她的政府不会补足由于美国国际开发署逐步停止对现代避孕措施的资助后带来的资金短缺。③ 为了响应天主教主教会议禁止使用避孕药的决议，阿罗约夫人公开反对使用口服避孕药。她承认自己之前确实使用过该类药物，但"她认为正是这些药物使得她在之后的生活中变得脾气暴躁"④。

阿罗约夫人也否定《生殖保健法案》。她给《生殖保健法案》贴上了"堕胎法案"的标签，并郑重宣布即使该法案获得通过也会被禁止执行。⑤ 实际上，《生殖保健法案》根本没有包含要修改当前刑法规定的"堕胎即犯罪"的条款，而是把流产后的护理整合到保健工作中，为由于进行了不安全流产而引起并发症的妇女的护理设立了标准。但该法案直到阿罗约卸任，依然未能通过。

紧急避孕药在菲律宾也没有逃过被禁的命运。2001 年 12 月 7 日，菲律宾卫生部通过第 18 号指示备忘录发表了禁止使用紧急避孕药丸"保士安"（Postinor）的指令。早在 1999 年 4 月，该避孕药已于菲律宾食品药

---

① "生殖健康宣传网络"是菲律宾最大的全国性生殖健康倡导者的联合，有遍布菲律宾的分支机构、办事处、合作伙伴和网络。
② 付志刚：《菲律宾也要计划生育》，《光明日报》2012 年 12 月 23 日。
③ Carolina S. Ruiz Austria, "The Church, the State and Women's Bodies in the Context of Religious Fundamentalism in the Philippines", *Reproductive Health Matters*, Vol. 12, No. 24, November 2004, p. 99.
④ Ibid., p. 100.
⑤ Carolina S. Ruiz Austria, "The Church, the State and Women's Bodies in the Context of Religious Fundamentalism in the Philippines", *Reproductive Health Matters*, Vol. 12, No. 24, November 2004, p. 99.

品局登记，并且经卫生部批准，在政府开办的妇女与儿童保护单位中，可以给遭受性侵犯的女性使用该药。由于该药需要进口，正当政府准备批准进口该药前，一个名为"为家庭保驾护航"（Abayfamilya）的保守天主教团体声称这是一种堕胎药，并援引1987年宪法中"生命始于受精时刻"的规定，强烈要求政府禁用该药，菲律宾食品药品局很快也发表了支持该团体上述言论的决定，卫生部的禁令随之而来。在2002年5月，妇女领导基金会（Womenlead Foundation）向卫生部提交了一份解除保士安禁令的请愿书与意见书，指出使用紧急避孕药是妇女的一种权利，并且妇女的生殖健康由于该禁令而得不到保障，该禁令的实质是天主教保守派人士试图通过重新解释宪法条款，以阻止人工流产在菲律宾合法化。天主教保守派不仅反对紧急避孕药，更是反对所有现代家庭计划生育的措施，包括避孕药、避孕针、宫内避孕器（IUD）直至人工流产，也认为可接受的性关系只能发生在婚姻之内。在听证会期间，即使是卫生部的一位起初错误地把紧急避孕药等同于米非司酮①的医师，也对保守天主教徒的言论感到震惊，因为他们反对现代家庭计划生育中的所有避孕方式，并声称只有"禁欲和把孩子生下来"两种选择。②

阿罗约夫人抛弃上届政府的生殖健康与计划生育政策之后，推出了一项国家自然计划生育战略计划（National Natural Family Planning Strategic Plan），也就是放弃对人口的人工控制。不久之后，卫生部成立了一个自然计划生育委员会（Committee on Natural Family Planning），任命基督夫妇医学传教基金会（Couples for Christ Medical Mission Foundation）董事长为主席。该基金会是一个著名的天主教民间组织。2003年3月8日，在庆祝国际妇女节期间，阿罗约总统宣布她的政府将把工作重心放在自然计划生育上。③ 紧接着菲律宾卫生部宣布把一项超过五千万比索的公共资

---

① 一种在怀孕初期使用的堕胎药。

② Carolina S. Ruiz Austria, "The Church, the State and Women's Bodies in the Context of Religious Fundamentalism in the Philippines", *Reproductive Health Matters*, Vol. 12, No. 24, November 2004, pp. 98 – 99.

③ 《阿罗约呼吁妇女"计划生育"》，新浪新闻网，2003年3月9日，http://news.sina.com.cn/w/2003 – 03 – 09/124467776s.shtml。

金拨给基督夫妇医学传教基金会,用于政府自然计划生育方案的执行。①

在阿罗约执政期间颁布的亲妇女法案有《反拐卖法》《反针对妇女与儿童暴力法》,但这些法案的通过并不是由于阿罗约的推动,而是相关民间组织努力的结果。② 从社会性别视角来看,阿罗约并没有将女性或者性别议题置于其议程的优先位置③,她也无意在其政府治理中显示性别框架,因而遭到女权组织的指责。

父权制社会存在的男性中心主义、二元对立的性别特征及男女有别的性别分工一直深刻影响着人们对男女总统的认知与评价,主要表现为性别刻板印象和双重标准。④ 公众希望女总统更廉洁,用"家庭妇女"式的精神把腐败不堪的政坛清扫干净;公众希望女总统更诚实,尊重人民的意愿,在选举上不耍花招;公众希望女总统不要迷恋权力,把工作的重心放在国家建设而不是争权夺利上;女权主义者希望女总统更能维护妇女权利,而不是附和教会,损害女权。但阿罗约在打击腐败方面乏善可陈,自身还成为最腐败的总统;在选举上玩弄政治手段,舞弊丑闻不断;在对人民的承诺上出尔反尔,曾经宣告不参加 2004 年的总统选举却又违背承诺,即将卸任时还企图修改宪法谋求连任。阿罗约自身的操守不符合人们对女总统更廉洁的期望,其强硬执政风格也不符合女性"温柔"的特质,她的行径与人们对"总统"和"女性"的性别刻板印象不符,因而遭到的指责更多,这是对她的评价如此之低的根本原因。

---

① Carolina S. Ruiz Austria, "The Church, the State and Women's Bodies in the Context of Religious Fundamentalism in the Philippines", *Reproductive Health Matters*, Vol. 12, No. 24, November 2004, p. 99.

② Metro Manila ed. , "Gaining Ground?: Southeast Asian Women in Politics and Decision-making", in *Ten Years after Beijing: A Compilation of Five Country Reports*, Philippines: Friedrich Ebert Stiftung, Philippine Office, 2004, p. 135.

③ Lourdes Veneracion-Rallonza, "A Spectacle of Masculine and Feminine Images of Political Leadership: A Feminist Reflection on the Current Crisis of Leadership in Philippines", in Aazar Ayaz and Andrea Fleschenberg, eds. , *The Gender Face of Asian Politics*, Oxford: Oxford University Press, 2009, p. 104.

④ 范若兰、陈妍:《掌权之后:东南亚女总统与民主转型的性别分析》,《妇女研究论丛》2012 年第 1 期,第 84 页。

余 论

《福布斯》杂志曾连续两年把阿罗约夫人列入"世界百强女性风云榜"中的前 10 名，体现了其对政治、经济的影响力和在全球的知名度。执政期间，她坚决不向恐怖主义妥协，阿布沙耶夫组织基本在她的第二个任期内销声匿迹；她重视教育改革，更大程度上普及了菲律宾的义务教育；她改善了菲律宾的财政状况，促进了菲律宾的经济增长；她增强了与东盟各国的合作，也改善了与中、美两国的关系。

但与此同时，阿罗约夫人还是菲律宾继马科斯之后声望最差的总统。

她大肆腐败，纵容家人贪污弄权；她选举舞弊，不尊重人民意愿；她依附教会，漠视妇女权利；她作风强硬，破坏菲律宾民主进程。对阿罗约夫人的这些批评自然不是空穴来风，阿罗约夫人的政策和个人作风的确存在不当之处，但民众对女总统的要求显然与男总统不一样。从女性主义视角对阿罗约夫人进行分析，可以看到公众在评价阿罗约夫人时的性别刻板印象和双重标准。总统与女性身份在阿罗约身上相互缠绕，最终使其达不到公众的要求和期望，从而招致严厉的批评。

第三章

印度尼西亚的"雌狮"
梅加瓦蒂的多重政治身份

> 我把自己看作梅加瓦蒂,有优点也有缺点。我没有必要把自己等同于"加诺兄",因为他是那个时代的人物。
>
> ——梅加瓦蒂

> 沉默也是一种政治策略或政治行为。面对国内政治中的种种权术、诡计和非议,我选择沉默不语并报以微笑,我也很清楚这一温和而直率的选择所带来的后果。但我相信群众的眼睛是雪亮的,群众见证着我漫长的政治之路,他们知道我对公正和法律的坚持。
>
> ——梅加瓦蒂

梅加瓦蒂（Megawati Soekarnoputri）是印度尼西亚第一位女总统，她与其他东南亚女政治领袖有不少相似之处：出身政治家族，是印尼开国之父苏加诺的长女，上台后也要面对政治、经济、分离主义、反贪、军队等难题。不同的是，梅加瓦蒂并不是在民主运动中步入政治，而是早在苏哈托威权时期就已成为大党领袖，她任职总统的时间不长，在卸任总统后并没有退出政坛，而是一直担任民主斗争党主席，继续对印尼政坛发挥重要影响。梅加瓦蒂具有多重政治身份，其中、政党领袖和总统身份是她最重要的政治标签。本章主要利用印尼文和英文文献，探讨梅加瓦蒂的上台路径，政治思想及实践，并对其进行评价。

第一节　梅加瓦蒂的上台路径

梅加瓦蒂是印尼开国之父苏加诺（Soekarno）总统的长女，也是他与第二任妻子法蒂玛瓦蒂（Fatmawati）所生的第二个孩子。作为总统的女儿，一方面她深受苏加诺的影响与熏陶，见证父亲领导印尼走向独立的斗争，自小直接接触政治与外交，她后来回忆："父亲接待完客人后，他经常就他们刚刚讨论的事宜予以评论，我们有时也讨论。由此，我获益匪浅。每当发生国内外大事时，父亲也常常给我解释。这是双亲在世时我最珍贵的回忆。"① 另一方面，兄弟姐妹众多，父亲再娶和母亲离开独立宫等事件，也使她养成了谨言慎行的性格。

1967年，由于苏加诺政权被苏哈托领导的军人推翻，梅加瓦蒂被迫中断在万隆巴查查兰大学（Universitas Padjadjaran）农学系的学业。据梅加瓦蒂的同学回忆，梅加瓦蒂非常勤奋聪颖，肄业并非能力问题，而是她被迫参与反苏哈托的学生运动，因此愤而退学。② 1968年21岁的梅加

---

① Megawati Soekarnoputri, *Bendera Sudah Saya Kibarkan：Pokok-pokok Pikiran Megawati*（《梅加瓦蒂的主要思想：我已高举旗帜》），Jakarta：Pustaka Sinar Harapan, 1993, hlm. 48.

② Sunariyah, "Pertemuan Mega Dengan Bung Karno Saat Tinggalkan Bangku Kuliah"（《梅加瓦蒂在辍学时与加诺兄的会面》），Liputan 6, 25 Mei 2016, http：//news.liputan6.com/read/2515160/pertemuan-mega-dengan-bung-karno-saat-tinggalkan-bangku-kuliah. Last accessed by 2 Agustus 2017.

瓦蒂离开独立宫。1970 年，梅加瓦蒂第一任丈夫苏林德罗（Surindro Supjarso）罹遇空难，英年早逝，① 1972 年，她与第二任丈夫哈桑（Hassan Gamal A. Hasan）的婚姻由于军方尚未确认苏林德罗业已牺牲而饱受争议，仅维持三个月便被宗教最高法院撤销。双重打击之下，梅加瓦蒂于 1972 年从雅加达印尼大学（Universitas Indonesia）心理学系退学。之后她的主要精力放在经营与第三任丈夫基马斯（Taufiq Kiemas）的婚姻上，她与基马斯育有一女，加上与第一任丈夫生育的两个儿子，共有三个子女。梅加瓦蒂当了 15 年的家庭主妇，在此期间，她的重心就是相夫教子，同时帮助丈夫经营加油站。

一 步入政坛：从家庭主妇到国会议员

1987 年梅加瓦蒂步入政坛，加入民主党参加大选，是偶然与必然的耦合。最初她并非个人主动愿意参政，更多的是被印尼民主党（Partai Demokrasi Indonesia，PDI）推上政治舞台。但随着政坛地位的上升，民意基础日益广泛和坚实，梅加瓦蒂从印尼民主党地区主席到总主席，有其历史必然性。

1965 年印尼发生"9·30"事件，苏哈托（Soeharto）将军乘机推翻苏加诺的"旧秩序"统治，于 1968 年正式就任总统，开始"新秩序"时期，他借助军队建立稳固的威权统治，削弱政党，控制媒体和言论自由，打压非政府组织。② 苏哈托长期的威权统治使得民怨载道，印尼人开始怀念印尼开国总统苏加诺所提倡的"平民主义"。20 世纪 80 年代，这种对苏加诺的崇拜和怀念达到高潮。

为了给 1987 年大选造势，吸引更多的选民和选票，印尼民主党需要借助苏加诺家族的背景。早在该党主席苏亚迪（Soerjadi）与梅加瓦蒂接触前，穆尔达尼（Leonardus Benyamin Moerdani）将军就曾劝说梅加瓦蒂的胞妹拉赫玛瓦蒂（Rahmawati）加入印尼民主党。但此前苏加诺的子女

---

① "Mega Ditinggal Suami"（《梅加瓦蒂丈夫去世》），*Tempo*, 6 Maret 1971, https://majalah.tempo.co/konten/1971/03/06/PT/56803/Mega-Ditinggal-Suami/01/01. Last accessed by 2 Agustus 2017。

② 潘玥、姜柯柯：《印度尼西亚基本国情及投资风险评估》，载范若兰主编《东盟十国基本国情及投资风险评估》，中国社会科学出版社 2016 年版，第 203 页。

们曾达成内部共识，永不参政，不过问政治。拉赫玛瓦蒂恪守家族共识，断然拒绝。后来，印尼民主党党人萨巴姆（Sabam Sirait）和苏亚迪开始游说梅加瓦蒂，同时还与梅加瓦蒂的胞兄古恩杜尔和胞弟古鲁特（Guruh Soekarnoputra）接触，但古恩杜尔无意从政，而古鲁特志在音乐，最后，只有梅加瓦蒂最先被彻底说动并率先参政。① 梅加瓦蒂为什么步入政坛？用她自己的话说，是为了苏加诺家族的荣誉："当我加入印尼民主党时，党内一团糟。如果我不愿意，谁有这个能力怂恿我入党？我将向他们、向人民展现，我们苏加诺家族并非置若罔顾的家族。"② 但外界认为，梅加瓦蒂最先打破禁令，加入印尼民主党，与其说梅加瓦蒂心动，不如说是她的丈夫基马斯心动了，他希望借助苏加诺家族光环，登上政治舞台。

而且，在苏亚迪看来，梅加瓦蒂没有太多主见、附和于丈夫，更容易被"操纵和控制"。③ 这一时期的梅加瓦蒂，真真切切是"梅加瓦蒂·苏加诺普特丽（意为梅加瓦蒂：苏加诺的女儿）"。这从她选择加入民主党可见一斑，当时不仅只有印尼民主党想争取苏加诺家族的支持，据梅加瓦蒂回忆称，专业集团党（Golkar）早在1980年便向她伸出橄榄枝。但她最终选择了民主党，是因为其前身是苏加诺创立和领导的民族党。④ 1987年，在印尼民主党的推举下，梅加瓦蒂成为中雅加达地区分会主席，正式步入政坛。爪哇地区，尤其是东爪哇和中爪哇地区，是印尼民族党（民主党）的大本营。即使在苏加诺逝世后，聚集在中爪哇地区的支持者不减反增。他们手持苏加诺的画像，高呼"加诺兄"（Bung Karno），深

---

① Yvonne de Fretes, *Rita Sri Hastuti*, *Megawati：Anak Putra Sang Fajar*（《梅加瓦蒂：曙光之女》），Jakarta：Gramedia Pustaka Utama，2012，hlm. 23.

② Aryo Bhawono, Ibad Durohman, Irwan Nugroho, "70 Tahun Megawati：PDI dan Debut Politik Megawati"（《70岁的梅加瓦蒂：印尼民主党和梅加瓦蒂的政治首秀》），*Detik*，23 Januari 2017，https：//x. detik. com/detail/intermeso/20170123/Kisah-Debut-Politik-Megawati/index. php. Last accessed by 27 June 2017。

③ Eleanor Hall, "Megawati Takes Reins in Jakarta", *ABC the World Today*, 24 July 2011.

④ 印尼民主党的前身是1927年成立于万隆的印尼民族党（Partai Nasional Indonesia, PNI），苏加诺长期担任印尼民族党的领导人。Aryo Bhawono, Ibad Durohman, Irwan Nugroho, "70 Tahun Megawati：PDI dan Debut Politik Megawati"（《70岁的梅加瓦蒂：印尼民主党和梅加瓦蒂的政治首秀》），*Detik*，23 Januari 2017，https：//x. detik. com/detail/intermeso/20170123/Kisah-Debut-Politik-Megawati/index. php. Last accessed by 27 June 2017.

信梅加瓦蒂能够代表基层民众，带领他们重回苏加诺时代，梅加瓦蒂的出现，给不满现状的人提供了希望。①

在众多民众支持和印尼民主党的有意推动下，梅加瓦蒂的政治地位迅速上升，从中雅加达地区分会主席到国会议员，她只用了短短一年。1987年，梅加瓦蒂作为印尼民主党中爪哇地区候选人参与议会选举。苏亚迪推动"梅加瓦蒂"参选的策略，获得了空前的成功，梅加瓦蒂几乎出席了所有印尼民主党的拉票活动，吸引了大量民众参与。苏亚迪后来回忆："经常是我演讲一小时，梅加瓦蒂讲两分钟，但大部分的选票得益于梅加瓦蒂。"② 梅加瓦蒂顺利当选国会议员，民主党在国会的席位从1982年的24席，飙升至40席。③ 但是，梅加瓦蒂在议会中的表现可谓十分平庸，她鲜少代表分议会发言，也很少接受媒体的采访，她在分议会中也没有任何具体的职务。有人评论说："梅加瓦蒂十分慵懒，时常缺席会议，她不评论时政和政府颁布的政策，也很难抵挡其他人犀利的政治言论。她并不擅长坚持她所代表的人民利益。"④ 总体来说，这段时期梅加瓦蒂的政治表现一如她早前的身份——家庭妇女，安静而温和。

梅加瓦蒂虽然缺乏从政经验和能力，但身为苏加诺的长女，她加入民主党，能够增加民主党的选票，从这个角度看，梅加瓦蒂从政具有一定的必然性，而且参政的程度会越来越深。此时的议会，基本对苏哈托言听计从，民主名存实亡。梅加瓦蒂作为苏加诺的政治继承人，对相当一部分民众具有很强的吸引力，尤其是那些前印尼民族党人。⑤ 他们从四

---

① Giebels, Lambert, *Soekarno: Biografi 1901 – 1950* (《苏加诺：1901—1950年传记》), Jakarta: PT Gramedia Widiasarana Indonesia, 2001。

② Rahadi Zakaria, "Perempuan Indonesia Harus Mandiri" (《印度尼西亚妇女须自立》), Yvonne de Fretes ed., Rita Sri Hastuti, *Megawati: Anak Putra Sang Fajar* (《梅加瓦蒂：曙光之女》), Jakarta: Gramedia Pustaka Utama, 2012, hlm. 14 – 15。

③ Sumarno, *Megawati Soekarnoputri: dari Ibu Rumah Tangga sampai Istana Negara* (《梅加瓦蒂·苏加诺普特丽：从家庭主妇到总统府》), Depok: PT Rumpun Dian Nugraha, 2002, hlm. 12。

④ Hadi Mustafa, "Kepemimpinan Karismatik: Studi Tentang Kepemimpinan Politik Megawati Soekarnoputri Dalam PDIP Partai Demokrasi Indonesia Perjuangan" (《超凡领导力：梅加瓦蒂·苏加诺普特丽在印尼民主斗争党中的政治领导力研究》), Skripsi, Program Studi Ilmu Politik Fakultas Ilmu Sosial Dan Ilmu Politik Universitas Islam Negeri Syarif Hid Ayatullah, 2011, hlm. 24 – 25。

⑤ Magie Ford, "Not Daddy's Little Girl. Indonesia: The Regime's Fear of Megawati", *Newsweek*, 19 Juni 1995。

面八方赶来围观梅加瓦蒂参加的公开活动,对梅加瓦蒂的演讲摇旗呐喊。民主党内部的党人,即便对梅加瓦蒂颇有微词,但都看在民意的份儿上,敬梅加瓦蒂三分。①

梅加瓦蒂因为有坚实的民意基础,虽然政绩平平,但1992年议会选举,印尼民主党还是推举她为候选人,她的丈夫基马斯也顺利当选,夫妻双双进入议会,成为印尼历史上第一对议员夫妻。梅加瓦蒂的拉票作用比较明显,民主党在议会中所占的席位比重越来越大,从1977年仅8%和1982年的6.7%,到1987年10%,1992年达14%。②

二 苏哈托威权政治与民主变革

(一) 苏哈托政权对民主党和梅加瓦蒂的打压

在苏哈托长期专制统治下,印尼的经济虽取得一定的发展,但是腐

---

① Budiman S. Hartoyo, "Apa di Balik Mega" (《梅加瓦蒂的背后是什么》), *Tempo Online*, 11 Desember 1993, http://ip52 - 214. cbn. net. id/id/arsip/1993/12/11/NAS/mbm. 19931211. NAS6427. id. html. Last accessed by 27 June 2017。

② Sumarno, *Megawati Soekarnoputri: Dari Ibu Rumah Tangga Sampai Istana Negara* (《梅加瓦蒂·苏加诺普特丽:从家庭主妇到总统府》), Depok: PT Rumpun Dian Nugraha, 2002, hlm. 14。

败、官商勾结、裙带风盛行，社会矛盾加剧，民怨四起。印尼民主党和建设团结党（Partai Persatuan Pembangunan，PPP）严格意义上来说，都不是一股政治力量，这些政党的发展受到苏哈托的干涉，他们仅仅填充了议会中的席位，没有在政治生活中发挥实质性的作用。① 当民主党在议会中的席位增加，有一定支持度时，苏哈托对印尼民主党进行了三次干预。

第一次是蓄意制造印尼民主党的内部矛盾和分化，阻碍印尼民主党的发展，为专业集团党争取更多的选票。② 早在1986年，苏哈托就有意分化印尼民主党。最初，他在党内安插内线，苏亚迪就是苏哈托在印尼民主党有意扶持的"自己人"。1986年，苏亚迪被任命为印尼民主党主席。苏哈托通过有意策划，挑起党内的矛盾。没想到，苏亚迪却"阳奉阴违"，通过引入梅加瓦蒂，成功为民主党争取了大量的选票，化解了苏哈托打压民主党的阴谋。

第二次是阻止苏亚迪再次出任印尼民主党主席。苏亚迪虽然是苏哈托安插的"自己人"，但他却不甘受苏哈托的控制，他通过娴熟的政治操作，逐渐把印尼民主党从一个小党发展成一个可以跟专业集团党叫板的大党。苏亚迪1992年成功说服苏加诺的小儿子古鲁特加入印尼民主党，并且有意推举古鲁特参加下一届总统大选。③ 苏哈托如坐针毡，决心要除掉苏亚迪。于是，苏哈托趁着印尼民主党无力解决内部矛盾的契机，介入该党1993年7月在棉兰的换届选举。在棉兰代表大会前，苏哈托就曾"劝诫"印尼民主党人，切勿选择一个违法的主席——苏亚迪，因为当时苏亚迪及几位党内要员涉嫌一起绑架反苏亚迪青年的案件。④ 同时，苏哈托政府还在苏亚迪"当选"后，放任印尼民主党党内矛盾和冲突的不断

---

① Usman MS, "Kongres PDI Medan: Refleksi Sebuah Kepentingan"（《印尼民主党棉兰大会：利益的反映》），*Fajar*, 16 Juni 1996。

② Syamsuddin Haris, "PDI dan Pembinaan Politik" （《印尼民主党和政治建设》），Muin Kubais Madzeen ed., *Megawati Soekarno Putri: Menolak Politik Anti Nurani*（《梅加瓦蒂·苏加诺普特丽：反对违心政治》），Yogyakarta: BIGRAF Publishing, 1999, hlm. 39。

③ "Rivalitas Tiga Putri BK"（《加诺兄三个女儿间的敌对》），*Suara Merdeka*, 10 Desember 2003, http://www.suaramerdeka.com/harian/0312/10/nas5.htm。

④ Eep Saefulloh Fatah, "Kepemimpinan Megawati dan Intervensi Negara"（《梅加瓦蒂的领导力和国家干预》），*Republika*, 24 Juni 1995。

扩大。当时,大部分印尼民主党人认为,苏亚迪通过选举再次当选,是印尼民主党的主席。然而,政府随后匆忙发布声明,称此次选举违法,选举结果无效。

由于印尼民主党内部意见不一,几经争论,党主席一职悬而难决,民主党陷入僵局。因此,如何打破僵局,如何减少政府对民主党的干涉,如何推选一位合适的候选人,既能缓和民主党内部的争议和分裂,又能减少政府对民主党发展的过多干涉,成为党内高层亟待解决的问题。在棉兰代表大会后两个月,印尼民主党大部分分会领导认为梅加瓦蒂是最合适的主席候选人,主要基于四大原因,(1)棉兰代表大会加剧了党内的分歧,而梅加瓦蒂长期游离在这些分歧和矛盾之外,从未表态支持或反对任何一派,她的党内立场中性,因此有望能够不偏不倚地处理党内矛盾;(2)梅加瓦蒂绝不是苏哈托政府"安插"的内线,苏哈托对她有所忌惮,因此她的角色有利于民主党的发展,既能寻求政府的庇护,又能独立地发展党务;(3)梅加瓦蒂比较"软弱",她在党内几乎没有具体的政绩,性格内敛柔弱,寡言沉默,不卷入争议的问题,个人能力非常有限,容易操控,能减少了政府对印尼民主党的干涉和介入;(4)由于苏加诺的荫庇,她拥有广泛的民意基础,是政坛潜在的强有力人物,有利于壮大印尼民主党。为了弥补梅加瓦蒂的沉默寡言和政见不足,宣传她的政治思想,为选举造势,梅加瓦蒂在1993年紧急出版了一本专著:《梅加瓦蒂的主要思想:我已高举旗帜》(*Pokok-pokok Pikiran Megawati, Bendera Sudah Saya Kibarkan*)。最终,在印尼民主党逐渐团结、苏哈托的默许下,梅加瓦蒂在1993年12月初临时大会上,当选印尼民主党主席,并且在12月底获得了全国代表大会的确认。梅加瓦蒂正式成为民主党领袖,成为印尼政治中举足轻重的人物。

第三次是将梅加瓦蒂"驱逐"出印尼民主党。把苏亚迪赶下民主党主席之位,却让梅加瓦蒂登上主席之位,出乎了苏哈托的意料。如果说1993年以前苏亚迪对苏哈托"阳奉阴违",那么,1993年后梅加瓦蒂及其背后的支持者就成了苏哈托的"心头大患"。从前那个沉默寡言、从不显山露水的"家庭妇女",在当选印尼民主党主席后,大有从"温顺小猫"变成"咆哮雌狮"的态势,不但公开谈论总统继位和军队职能等敏感问题,还通过苏加诺的政治影响力,不断在民间走访,为印尼民主党争取民众支持。在苏哈托看来，虽然梅加瓦蒂的管理能力远不及苏亚迪，印尼民主党内的矛盾依然严峻，① 但他还是对梅加瓦蒂"看走眼"，他低估了民众对梅加瓦蒂始终如一的支持，这种支持有不断扩大之势。同时，由于大量的民众支持，梅加瓦蒂也开始自信和傲慢，这反映在两个方面：第一，她的工作重心在党外，忽视了必须在党内与各个派别的政治精英建立最基本的联系；第二，她常常言语多于行动，无法对政治变革和极端主义做出正确的回应。因此，在她的领导下，党内矛盾越发严峻，但印尼民主党总体继续壮大，获得了众多的民众支持，尤其是青年学生。

苏哈托认为梅加瓦蒂很有可能参选总统，印尼民主党已经严重威胁到他的政权，必须采取行动，予以打击。于是，苏哈托出钱出力，支持印尼民主党内部的进一步分化，在党内扶持"自己人"，如印尼民主党分部主席法蒂玛·阿奇玛德（Fatimah Achmad），给予他们入主内阁的优渥条件。② 在印尼民主党内部矛盾加剧和苏哈托的授意与操纵下，1996 年 6 月，在临时党代表大会上，印尼民主党爆发"倒梅内讧"，此次大会的由头是迫使梅加瓦蒂改变她过于傲慢且不亲民的领导风格，要她以印尼民主党成员的利益为重。③ 但代表大会并不能缓和与解决党内矛盾，实际上，这些大会成为苏哈托干涉印尼民主党的重要工具，每次会议，都种下仇恨和矛盾的新种子。梅加瓦蒂随即被解除主席职务，前主席苏亚迪再次上台，虽然苏亚迪对苏哈托阳奉阴违，但他没有竞选总统的野心，对苏哈托政权的威胁相对较小。因此，让苏亚迪重新掌控印尼民主党，系两害相权取其轻。

这场闹剧充满了背叛和阴谋。那些此前信誓旦旦忠于梅加瓦蒂的党内人士，在苏哈托政府的威逼利诱和"从众效应"的影响下，逐渐转向苏亚迪集团。④ 苏亚迪的摇摆不定，使得他 1993 年之前在党内外建立的

---

① Eep Saefulloh Fatah, "Mega Tiada Mega Ada"（《梅加瓦蒂没有，梅加瓦蒂有》），*Adil*, 14 – 20 Mei 1997。

② Donald J. Porter, *Managing Politics and Islam in Indonesia*, New York: Routledge Curzon, 2004, p. 170.

③ Cornelis Lay, "KLB PDI"（《印尼民主党的临时大会》），*Gatra*, 8 Juni 1996。

④ Muhammad A. S. Hikam, "Nasib PDI Pasca 27 Juli"（《7 月 27 日后印尼民主党的命运》），*D&R*, 17 Agustus 1996。

正面形象全面崩塌，苏亚迪也只是苏哈托政府的一颗棋子，他在苏哈托的"帮助"下，重回印尼民主党主席之位，却面临着两面夹击，一方面，面对着梅加瓦蒂党内外的支持者持续不断的反对；另一方面，苏哈托集团视其为"弃子"，乐见苏亚迪在印尼民主党内外受到排挤，如此一来，印尼民主党的支持者在失望之下，很有可能在1997年议会大选中将选票投向其他党派，尤其是专业集团党。①

政府的这一做法引发了严重的社会骚乱，1996年7月27日，梅加瓦蒂的支持者坚守在蒂博尼哥罗路58号的民主党总部，拒绝苏亚迪接管，苏亚迪的支持者、印尼警察和印尼国民军冲击总部，他们与梅加瓦蒂的支持者爆发激烈的流血冲突。② 根据印尼司法与人权部（Komnas HAM）的调查报告，事件共造成5人死亡，149人受伤，23人失踪，136人被捕，造成超过1000亿印尼盾的经济损失，是雅加达地区最严重的流血冲突之一，史称"七二七"惨案。③ 这场惨剧为梅加瓦蒂争取了大量政治精英和民众的同情与支持，从舆论到道义，印尼两大伊斯兰组织、前政府官员和退役军官等，公开支持梅加瓦蒂，反对苏哈托的威权统治。对于她的大多数支持者而言，她的政治理念并不重要，她本身就是民主的象征，就值得为之奋斗。这场激烈冲突实际上拓宽了梅加瓦蒂的政治道路，第一，争取了大量非印尼民主党的支持者，夯实了民意基础；第二，促使她带领原印尼民主党的支持者，在数年后成立了民主斗争党（Partai Demokrasi Indonesia Perjuangan，PDIP）。

1996年被赶下民主党主席之位和"七二七"事件，使梅加瓦蒂意识到自己的长处和短处，如果仅靠以往的政治谋略和手段，她无法

---

① Syamsuddin Haris, "Masa Depan PDI Soerjadi"（《苏亚迪领导下的印尼民主党未来》），*Forum Keadilan*, 16 Desember 1996。

② Didit Sidarta, "Kerusuhan 27 Juli 1996: Ketika 'Hantu' Soekarno Melawan Balik"（《1996年7月27日暴乱：苏加诺的"鬼魂"反击》），*Koran Sulindo*, 27 Juli 2017, http://koransulindo.com/kerusuhan-27-juli-1996-ketika-hantu-soekarno-melawan-balik/. Last accessed by 28 July 2017。

③ Kristian Erdianto, "Komnas HAM: Kasus 27 Juli 1996 Belum Pernah Ditangani Sesuai Prosedur"（《国家人权委员会：1996年7月27日案件未曾按程序处理》），*Kompas*, 27 Juli 2016, http://nasional.kompas.com/read/2016/07/27/17302411/komnas.ham.kasus.27.juli.1996.belum.pernah.ditangani.sesuai.prosedur. Last accessed by 2 Juli 2017。

与苏哈托抗衡，她的优势是民意支持、"弱者形象"和"国父之女"，这是她提高自己政治地位的法宝。于是，梅加瓦蒂开始有意加强自己所拥有的道德资本，一是她是"民主的化身"，继承了父亲的政治遗产和政治理想，将致力于提高普通人民的生活水平和社会福利；二是强调自己是苏哈托政权的受害者，一方面她将苏加诺塑造为"九三〇"事件的殉难者，另一方面她自己是"七二七"事件的受害者，从而获得更多的道德资本；三是强调自己是廉洁的，她的支持者认为，对于一个家庭主妇而言，她不可能涉足腐败的交易，当时她和家人不涉足任何精英阶层的商业生意，这与苏哈托的子女形成鲜明对比。而且，苏哈托政权的专制腐败以及普通民众的贫困，都增加了她的道德资本。

在此背景下，瓦希德（Abdurrahman Wahid）、梅加瓦蒂和阿敏·赖斯（Amien Rais）成为反对党联盟三位最重要的人物，并且谋求"AMA"（Amien-Megawati-Abdurrahman）组合，他们是20世纪90年代，印尼公认善用政治谋略的三大人物。① 这里的"政治谋略"有双重含义，一是利用政治地位，二是利用政治策略。他们利用政治谋略的目的大同小异，也拥有广泛的民意基础，但方式方法却有所不同，阿敏长期不与政府合作，瓦希德最初与政府保持距离，尔后亲近政府，梅加瓦蒂则采取相反的策略。② 相对而言，在三人的关系中，梅加瓦蒂与瓦希德的私交较好，但随着1997年总统大选的临近，瓦希德在梅加瓦蒂与苏哈托之间采取"均势"的策略，不偏不倚。由于三人采取不同的政治谋略，联盟最终破产。

（二）民主运动中的梅加瓦蒂

1997年8月金融危机横扫整个印尼，印尼盾暴跌，政府项目暂缓，这使得对外依赖程度较高的印尼经济陷入全面崩溃。苏哈托开始寻求国际货币基金组织（International Monetary Fund）的援助。经过谈判，国际货币基

---

① Geoff Forrester and Ronald James May, *The Fall of Soeharto*, London: C. Hurst & Co. Publishers, 1998, pp. 118 – 119.

② Arbi Sanit, "Manuver Politik Megawati"（《梅加瓦蒂的政治策略》），*Adil*, 23 – 39 April 1997.

金组织最终决定向印尼提供 430 亿美元的贷款，条件是印尼进行金融经济改革，双方最后共同制订了"挽救经济一揽子计划"。然而，在国际货币基金组织第一笔价值 30 亿美元的援助款到账后，苏哈托家族认为改革触及了他们的既得利益，因此，苏哈托出尔反尔，称"援助方案不符合印尼国情，违反了印尼宪法精神"，拒不履行早前缔结的协议。截至 1998 年 1 月，印尼盾贬值达 90%，成为全球跌幅最大的货币。面对经济困局，苏哈托依然不愿交出权力，专业集团党主席哈尔莫科（Harmoko）以"苏哈托深受人民爱戴"为由，第七次提名苏哈托为印尼总统，苏哈托欣然接受。当时一位记者询问梅加瓦蒂对此的反应，梅加瓦蒂说苏加诺在 1963 年被提名为终身总统，但苏拒绝，认为终身总统与潘查希拉原则相背离，她以此质疑苏哈托第七次接受总统提名的合法性，是否与潘查希拉式（Pancasila）的民主相悖，同时，还质疑年事已高的苏哈托是否能继续为人民服务。[1]

1998 年初，经济危机终于引发了印尼的民主运动，民众和学生上街游行，抗议苏哈托政府未能出台挽救经济颓势和改善民生的具体措施，要求苏哈托下台，苏哈托的威权统治岌岌可危。梅加瓦蒂也对苏哈托政权提出批评，在 1998 年 1 月 10 日的一次演讲中，梅加瓦蒂虽然没有指名道姓指责苏哈托应为印尼眼下的政治经济危机负责，但指出新秩序时期"人治"（Machtstaat）凌驾于"法治"（Rechtstaat），是印尼出现各种危机的根本原因，表现在：(1) 国内当权者和企业家的贪婪，导致巨额的外债，贪污盛行，中饱私囊；(2) 民主缺位和社会不透明；(3) 否定独立的自由与理想。[2] 她对苏哈托政权的批评与其他反苏哈托的政治家相比，显得含蓄和温和。

梅加瓦蒂不积极反对苏哈托，不加入抗议的学生队伍，使她遭到其支持者的批评。之后，她与阿敏·赖斯和瓦希德共同于 1998 年 5 月创建了印尼劳工论坛（Forum Kerja Indonesia），[3] 该组织旨在向苏哈托施加压

---

[1] Angus McIntyre, *The Indonesian Presidency: The Shift from Personal toward Constitutional Rule*, Lanham: Rowman & Littlefield Publishers, 2005, p. 181.

[2] Megawati Soekarnoputri, "*Pidato Ketua Umum DPP PDI: Menyambut HUT KE XXV PDI*"（《印尼民主党中央委员会主席演讲：庆祝印尼民主党成立二十五周年》），Diperbanyak Oleh: S. Purwanto/K. Manurung, Januari 10, 1998, Jakarta。

[3] Edward Aspinall, *Opposing Suharto: Compromise, Resistance, and Regime Change in Indonesia*, California: Stanford University Press, 2005, p. 233.

力，推动进行一系列改革。① 1998年5月是印尼历史上风云变幻的一个月，12日，发生"特里萨提惨剧"（Tragedi Trisakti），印尼警察和军人在特里萨提大学校园内射杀参与游行示威的学生，事件造成4名大学生殒命，数十人受伤。② "特里萨提惨剧"使得民众对苏哈托政府的不满情绪达到顶峰，也成为13—15日"五月惨案"的导火索。"五月惨案"是苏哈托针对华人有意制造的事端，他希望借机让军方临时接管国家，待事态平息后，自己再收回统治权，以保全自己的统治地位。然而，"五月惨案"事态的严重性超出苏哈托的控制，事件导致数百名华人女性被奸杀，数千家华人商店和公司被打砸抢烧，大量印尼华人逃离印尼。迫于各方压力，苏哈托不得不下台，政权由他的"干儿子"、副总统哈比比（B. J. Habibie）接管，印尼进入民主改革时期。1998年10月，梅加瓦蒂自立门户，正式组建印尼民主斗争党。

1998年11月10日，成千上万的学生聚集在一起要求哈比比辞职，因为他们看不到哈比比做出任何抛弃苏哈托旧政权的努力，他们提议由梅加瓦蒂、瓦希德、阿敏·赖斯和苏丹哈孟古布沃诺十世（SultanHamengkubuwono X）组成一个过渡时期政府。11月11日，四位"改革家"签署了《展玉宣言》（Ciganjur），达成八大共识，包括维护国家的团结与统一；重建人民主权；根据地方自治实施分权；根据国家利益进行改革；举行公平公正的选举，以结束过渡政府；逐步消除印尼国民军的双重职能；开始调查并起诉苏哈托及其亲信的腐败案；敦促社区安全自愿部队（Pam Swakarsa）的所有成员解散。③《展玉宣言》支持改革，但也保留了新秩序（New Order）的一些基础，不立即对军队进行改革。④ 因此，学生认为《展玉宣言》过于温和，倍感失望。

---

① B. Singh, *Succession Politics in Indonesia: The 1998 Presidential Elections and the Fall of Suharto*, Berlin: Springer, 2016, p. 86.

② "Tragedi Trisakti"（《特里萨提惨剧》），*Semanggi Peduli*，http://semanggipeduli.com/Sejarah/frame/trisakti.html. Last accessed by 2 Juli 2017。

③ "8 Kesepakatan Tokoh Reformasi di Ciganjur"（《改革者在展玉达成八大共识》），*Sejarah Negara*，http://www.sejarah-negara.com/2014/09/8-kesepakatan-tokoh-reformasi-di.html. Last accessed by 30 September 2017。

④ Claudia Derichs & Mark R. Thompson, eds., *Dynasties and Female Political Leaders in Asia: Gender, Power and Pedigree*, Berlin: LIT VERLAG Dr. W. Hopf, 2013, pp. 268-269.

梅加瓦蒂在民主运动中的表现，与瓦希德和阿敏·赖斯相比，比较内敛和被动。每次学生示威，苏哈托及其亲信有任何动作，瓦希德和阿敏·赖斯都及时迅速地发表主张，做出回应。但梅加瓦蒂总是严重滞后于二人，多在被记者围追堵截的情况下，才不得不简单回应，表明立场。梅加瓦蒂不对事态主动及时地发表演讲，言辞简单，处事被动，然而，阿敏·赖斯和瓦希德言多善变，人们认为这两人发表的演讲，多有自相矛盾之处，并未经过深思熟虑，朝令夕改，极不负责，两人因"饶舌而受谴责"。[①] 相反，谨言慎行的梅加瓦蒂却因"沉默而受表扬"，受到民众支持。

三 登上总统之位

(一) 屈居副总统

苏哈托政权倒台后，党禁放开，梅加瓦蒂抓住时机，成立了民主斗争党。在1999年的议会选举中，凤凰涅槃的民主斗争党获得33.74%的选票，在议会中获得153个席位，成为议会第一大党。[②] 随后党内推举主席梅加瓦蒂为总统候选人。梅加瓦蒂获得大量民众支持，成为下任总统的热门候选人。政治合法性理论认为，政治权威的合法性主要来自公众的认同，如果按照这个推论，那么梅加瓦蒂胜券在握。但是，若干因素大大削弱了梅加瓦蒂当选的可能性。(1) 印尼大选采取比例代表制，在人民协商会议（MPR）内进行总统选举。因此，赢得议会选举的第一大党领袖，不一定就能赢得总统大选，社会声望的高低也不能直接决定选举的胜负。(2) 印尼拥有世界上最大的穆斯林人口，伊斯兰社会对女总统的接受程度，尤其是传统穆斯林，也影响了梅加瓦蒂当选的可能性。(3) 政治对手纷纷指责梅加瓦蒂就是"家庭妇女"，缺乏政治敏感度和政治能力，她的很多"政治思想"，仅仅只是口号，没有具体措施，比如梅加瓦蒂在政治上反复提"印尼要民主"，但鲜少提及如何实现民主；在经

[①] Margo Cohen, "First Choice", *Far Eastern Economic Review*, 1999-6-3, p.21.

[②] Anas Hasyimi Dll, "Konteks Politik Pemilu Tahun 1999 di Indonesia"（《1999年印尼大选的政治背景》）, Tugas Kelompok, *Mata Kuliah Politik Pemilihan Tingkat Nasional dan Daerah*, Universitas Brawijaya, 2015。

济上提出"亲民、亲商",但未见具体的阐释。

现实政治中的变量和不定因素更多,远比政治理论复杂。就在梅加瓦蒂自信满满,准备出任印尼第四任总统时,瓦希德以"黑马"的形象突然出现。当时,哈比比作为苏哈托的亲信,当选的呼声虽然比梅加瓦蒂小,但比瓦希德要大得多。因此,瓦希德最后能够当选,实在是出乎很多人的意料。

瓦希德罹患中风、糖尿病和心脏病,双目几近失明,只能靠轮椅行走,身体状况欠佳,但偏偏是这样一个"病夫"登上了总统之位。为什么?有一种说法称,哈比比代表了苏哈托的威权统治,人们并不乐见他当选总统,而梅加瓦蒂是一个没什么主见的"家族主妇",她如果当选总统,也不利于印尼实质性的政治经济改革。因此,瓦希德当总统就成为"中间道路",一如他代表的"中间势力"(Poros Tengah),是一个妥协的产物,他的当选既在意料之外,又在情理之中。① 还有一种说法,认为瓦希德的上台是文武关系间的斗争与妥协,瓦希德能够击败稳操胜券的梅加瓦蒂,是文官集团之间、文官与军队之间斗争与妥协的产物。瓦希德与苏哈托时期的三军总司令维兰托(Wiranto)达成协议,甚至以维兰托当选副总统和保证军队的利益为交换条件,换得军队的支持。但对军队支持的依赖以及在议会中的弱势地位,决定了瓦希德后来对军队的激进改革必然会以失败收场。②

如果说梅加瓦蒂依靠的是民族主义的力量,那么,瓦希德则依靠印尼传统伊斯兰的力量。他出身东爪哇伊斯兰望族,他的曾祖父阿斯亚利(K. H. Hasyim Asyari)是伊斯兰教师联合会(Nahdlatul Ulama,NU)的创始人,外曾祖父桑苏力(K. H. Bisri Syansuri)是第一个伊斯兰教女子学校的教员,他的父亲哈斯伊姆(K. H. Wahid Hasyim)曾在1949年出任宗教部长。在这样的家庭影响下,瓦希德成为印尼最大伊斯兰组织——伊斯兰教师联合会的主席,并于1999年成立了民族复兴党(Partai Ke-

---

① "Permainan Poros Tengah Menaikturunkan Gus Dur"(《瓦希德"中间道路"把戏的浮沉》), Nusantara Review, 27 Mei 2015, http://nusantarareview.blogspot.com/2015/05/permainan-poros-tengah-menaikturunkan.html. Last accessed by 1 Oktober 2017。

② 陈波:《文武关系与民主转型——印度尼西亚个案研究(1998—2014)》,《东南亚研究》2016年第4期,第28页。

bangkitan Bangsa, PKB)。在印尼伊斯兰社会中，伊斯兰非政府组织扮演着重要的角色，如穆罕默迪亚（Muhammadiyah）和伊斯兰教师联合会。"在印尼现代社会中，二者又发挥着非政府组织的独特作用，是印尼市民社会中的稳固的、建设性的力量。"①

按照新的选举法，只有38个党具备参选的资格，几个体量较大的政党之间实力相当，达不到一党独大的程度，所以直到人民协商会议进行总统选举的当天早晨，都没有正式公布确定的总统候选人名单。代表们经过一整天的磋商，直到接近黄昏时，才商量出各方都能接受的两位候选人：民族复兴党主席瓦希德和民主斗争党主席梅加瓦蒂。当晚进行投票，结果瓦希德以373票击败了313票的梅加瓦蒂，当选总统。梅加瓦蒂在民族复兴党的举荐下力挫对手，成为副总统。

梅加瓦蒂虽然失望，但总体还能接受瓦希德成为总统。除了因为瓦希德是各方力量博弈和妥协后，大家都能接受的总统外，②还因为梅加瓦蒂与瓦希德私交甚笃。瓦希德非常敬仰苏加诺的为人和争取民族独立对国家的贡献，他与梅加瓦蒂甚至以兄妹相称。③ 1999年大选前，两人虽各自组建政党参选，但瓦希德一直在幕后为梅加瓦蒂出谋划策，也以伊斯兰教师联合会主席的名义，公开支持梅加瓦蒂成为印尼的女总统，认为那些否定女性成为领袖的人是愚蠢的。④ 外界一般认为，瓦希德是梅加瓦蒂最亲密的幕僚和最忠实的朋友。在很多方面，梅加瓦蒂对兄长瓦希德非常顺从。然而，当大选进入白热化时，瓦希德却出人意料地反戈一击，在总统大选中爆出冷门，令人咂舌。瓦希德虽然身患疾病，但博闻强识，记忆力超群，行事果断，创改革之风，与梅加瓦蒂不善于提出自己的政治主张，但却代表了民主的形象，大有互补之意，所以有人评论这样的

---

① 许利平：《东南亚伊斯兰非政府组织的产生、发展及其作用》，《当代亚太》2008年第5期，第136页。

② Wimar Witoelar, *No Regrets: Reflections of a Presidential Spokesman*, Jakarta: Equinox Publishing, 2002, p. 88.

③ A. Malik Haramain, *Gus Dur, Militer, dan Politik*（《瓦希德、军事和政治》），Yogyakarta: PTLKIS Pelangi Aksara, 2004, hlm. 151-152。

④ 唐昀：《在民主的浪潮中成长——印尼民主斗争党领袖梅加瓦蒂》，《国际展望》1999年第15期，第14页。

结果是"戏剧性的变数，最理想的组合"。① 瓦希德并没有给副总统梅加瓦蒂太多权力，梅加瓦蒂很少接受采访，从未就印尼国家政策问题发表过公众演说，很多时候，她只是瓦希德的"眼睛"，替瓦希德总统宣读讲稿。

瓦希德刚当总统时曾穿着拖鞋接见外宾，梅加瓦蒂利用出国访问的机会特地为瓦希德买了6双皮鞋，其情之真令瓦希德感激不已，逢人便夸梅加瓦蒂买的鞋很合脚。② 每逢周三早上，瓦希德都会带上军政要员赴梅加瓦蒂的官邸与她共进早餐，而梅加瓦蒂每次也都会精心准备食物，还常常亲自下厨为瓦希德做东爪哇的特色菜。③ 但权力场上不可能有真情，实际上，两人的相处并不总是很融洽，所谓的"兄妹政治"只停留在表面上，背地里两人却各怀鬼胎。

（二）接替总统之位

被印尼民众亲切地称为"Gus Dur"的瓦希德，一向以特立独行著称。他担任总统后面对许多挑战："摆在我面前的，是一堆前政府留下来的破碎残骸，外债高筑、经济混乱、社会萧条、派系纷争，还有不断的

---

① 薛晨:《戏剧性的变数 最理想的组合——印尼总统选举评析》,《国际展望》1999 年第 20 期,第 3—5 页。

② Fathoni, "Sepatu di Balik Kursi Presiden Gus Dur"（《瓦希德总统座位后面的鞋子》）, *Jalur 9*, July 20, 2017, http://jalur9.com/sepatu-di-balik-kursi-presiden-gus-dur/. Last accessed by 27 Juli 2017。

③ "Wakil Presiden Hentikan Rapat Terbatas Polsoskam untuk Makan Siang Bersama Presiden"（《副总统中止与政治、社会和安全部门的会议，以与总统共进午餐》）, *Kompas*, 19 April 2001, http://www.kompas.com/kompas-cetak/0104/19/nasional/waki06.htm. Last accessed by 27 Juli 2017。

分离运动。"① 乐观诙谐的瓦希德上台后厚积薄发，他快刀斩乱麻，频出奇招。他秉承建立多元化社会的理念，主张消除历史积怨，坚决推行民主政治，维护弱势族群利益，致力于建立和谐社会。瓦希德英文流利，与外部世界有较多的接触，使他具备国际视野并了解什么是真正的伊斯兰教义，其温和的宗教观对印尼宗教、种族和谐推动作用巨大。瓦希德也要面对来自军队的强大挑战，印尼武装部队一向有干预政治的传统。为改变这种情况，瓦希德将军方的领导权转移到文官，果断革除某些军队强人的职务，加强政府管理，实现军队国家化。

民众普遍认为，瓦希德是结束专制的民主改革功臣，就连远在国外的左派、无神论者，都罕见地称其为"被压迫者的保护者"。瓦希德对外改善与中国等亚洲国家的关系，对内改善人权状况，敢于挑战旧思维，在其执政的 21 个月期间，他频频出国访问，以平易近人的姿态出现，屡屡对各国抛出橄榄枝。他向遭受暴行的东帝汶道歉，并拓宽了和以色列的贸易关系。

尽管开局不错，但瓦希德的执政蜜月期也转瞬即逝。由于过于频繁出国访问，足迹遍及五大洲，很多人指责他只顾外交而疏于治理国家内部问题。瓦希德在消除歧视、推进民族和解和种族宗教平等、改革选举制度以及整治腐败等方面发表了不少主张，愿望很好，但未能得到贯彻实施，给人以"说大话"和"反复无常"的感觉。内阁里常常发生意见不一和掣肘的现象，瓦希德的解决办法是不断换人，他在位 20 个月，7 次撤换或改组内阁，先后换了 35 位部长，怨声载道。他刻意命名的"国家团结"内阁，不久就被他自己频繁的撤换和改组变得四分五裂，10 个月后彻底改组。瓦希德因此得罪了议会中的一些政党，包括政治盟友。

而他却并不在乎，最后甚至与他的好妹妹梅加瓦蒂反目成仇。2000 年初，在军队和伊斯兰政党的支持下，梅加瓦蒂通过印尼国会向瓦希德发出两份备忘录，要求瓦希德就性丑闻问题和两起贪污案（后来均未得到证实）作出答复。② 尽管国会的指责并没有得到最高检察院的确认，但

---

① 胡中乐：《对华族友善的瓦希德总统》，载刘一斌主编《中国和印度尼西亚的故事》，五洲传播出版社 2016 年版，第 124 页。

② "Indonesia's Leadership Crisis: Would Megawati Do Better than Wahid?" *Strategic Comments*, 2001.7.3, p.1.

国会仍不肯罢休，先后两次向瓦希德发出警告备忘录，为弹劾总统铺垫道路。2001年1月，3000名学生在雅加达国会大厦外举着海报和瓦希德的讽刺性肖像，要求瓦希德下台。苏哈托在军队和专业集团党里的残余势力小动作不断，他们出钱鼓动地方骚乱，雇人组织反对瓦希德的游行，致使政局动荡，危机四伏。2月，国会开始对他进行调查。4月30日，国会投票决定对他进行第二次调查。

在一片"反瓦"声中，梅加瓦蒂开始疏远"兄长"。早在2000年人民协商会议上，瓦希德虽迫于压力同意与梅加瓦蒂分权，但过后他又出尔反尔，不予兑现，两人的嫌隙日益明显。瓦希德曾表示："梅加瓦蒂作为我的副手，愿支持我直至任期结束。"但梅加瓦蒂的助手班邦（Bambang Wuryanto）随后否认了这一说法："梅加瓦蒂从来没有说过这样的话。她只是在周三同瓦希德谈话时表示，国会对瓦希德提出调查案违背宪法。"① 而对于弹劾瓦希德的各种听证会和调查案，梅加瓦蒂采取的策略是不支持，也不阻止。当面临弹劾的瓦希德再次提出与梅加瓦蒂分权的建议时，梅加瓦蒂严词拒绝，坚持一切问题必须经过人民协商会议解决。

2001年5月14日，梅加瓦蒂与一位伊斯兰组织领导人进行会谈，她说："不能阻止（弹劾总统）特别会议的程序。"梅加瓦蒂还说："所有的国家问题，都应在这个特别会议上进行讨论。"② 至此，梅加瓦蒂与瓦希德彻底公开反目。恼羞成怒的瓦希德则说梅加瓦蒂没有治理国家的能力，甚至直接指责她"愚蠢"。③ 梅加瓦蒂要求瓦希德辞职，把总统权力让给她；而瓦希德声称梅加瓦蒂无力治理国家，他也不会辞去总统职务。④ 与此同时，梅加瓦蒂积极游走于各大军官将领间，外界认为，梅加

---

① 《梅加瓦蒂在是否支持瓦希德的问题上态度暧昧》，新浪网，2001年4月20日，http://news.sina.com.cn/w/236466.html。

② 《梅加瓦蒂不欲阻止谈和瓦希德的听证会》，东方新闻，2001年5月14日，http://news.eastday.com/epublish/big5/paper148/20010514/class014800004/hwz384339.htm。

③ Damien Kingsbury, *The Presidency of Abdurrahman Wahid: An Assessment after the First Year*, Melbourne: Monash University, 2001, p.9.

④ Mohammad Shoelhi, "Pasang Surut Hubungan Presiden Gus Dur dan Wapres Megawati"（《瓦希德总统和梅加瓦蒂副总统关系的起起落落》），*Indonesia Cerdas Menulis*, March 17, 2016, http://indonesiacerdasmenulis.com/pasang-surut-hubungan-presiden-gus-dur-dan-wapres-megawati-oleh-mohammad-shoelhi/. Last accessed by 27 Juli 2017。

瓦蒂虽然在弹劾瓦希德的事件上没有出面，但私底下做了大量工作，至少与反对瓦希德的军方达成了某种协议。

此后，瓦希德与国会进行了两个月的拉锯战，印尼人民协商会议5月31日决定于8月1日召开人民协商特别大会，讨论是否弹劾总统，瓦希德多次发出恫言，表示要颁布政令，实施国家紧急状态法，解散国会和人民协商会议，以及举行闪电大选。6月，在印尼召开的15国集团会议开幕式上，梅加瓦蒂拒绝为瓦希德代读欢迎词。此后，梅加瓦蒂多次缺席重要内阁会议和新内阁部长宣誓仪式。7月2日，瓦希德首次承认难逃被弹劾的厄运，但并不甘心，他猛烈抨击政敌，再次扬言宣布紧急状态，提前举行大选。7月中旬瓦希德声称，他将与梅加瓦蒂共进退。他说，他与梅加瓦蒂同属一套班底，当初两人一起来，今后两人一起走。2000年7月23日总统宣布国家进入紧急状态，中止国会和人民协商会议，但无人响应。人民协商仍然开会通过弹劾总统的决定，印尼人民协商会议以591票赞成0票反对，投票同意罢免总统瓦希德，同时任命梅加瓦蒂为第五任总统。副总统梅加瓦蒂随后宣誓就任印尼第五任总统，任期至2004年10月。[①] 梅加瓦蒂成为印尼历史上第一位，也是至今唯一一位女总统。

四 梅加瓦蒂成功上位的原因：光环与质疑

时至今日，还有很多人质疑梅加瓦蒂的从政能力，认为她不过是一只"民主花瓶"，承托父荫，才能一步步位列总统。既无真才实学，又无政治思想，只是时势造英雄，非常幸运地当上国家最高领导人。回顾梅加瓦蒂的上台之路，对她的评价两极化，充满了支持与质疑。

（一）苏加诺的"庇护"：民主的象征还是家族政治的复兴？

在梅加瓦蒂登上政治舞台的最初几年，作为一个不谙世事的家庭主妇，如果没有父亲苏加诺的"庇护"，的确很难完成华丽转身。当时，苏亚迪看中的也正是梅加瓦蒂作为苏加诺的长女，本身就是民主的象征，在厌恶苏哈托威权统治声渐起的背景下，具有强大的号召力和凝聚力，

---

① "Stop Press MPR, DPR Tolak Maklumat"（《最新消息：人民协商会议和议会拒绝透露消息》），*Kompas*, 23 Juli 2001, hlm. 1。

符合印尼民主党的需要。因此，梅加瓦蒂的上台路径的确是"政治继承者"，她继承了苏加诺的政治遗产，利用苏加诺的政治影响力和号召力，逐渐在政治舞台上崭露头角。

然而，在梅加瓦蒂个人对政治的理解逐渐深入后，尤其是她自立门户，成立了民主斗争党后，她也清晰地意识到，要取得更高的政治地位，就要树立自身的政治影响力，而非仅仅依靠父亲的影响力。她希望民众不仅肯定她的政治家族，也肯定她的个人能力，她并不希望把自己的成果完全归结于父亲的影响力。她说："我把自己看作梅加瓦蒂。有优点也有缺点。我没有必要把自己等同于'加诺兄'，因为他是那个时代的人物。"在她随后的政治生涯里，她一直谨慎地在维护父亲的政治理念和在现实政治树立威信中取得平衡。① 如果希望树立个人威信，必须要与父亲的政治理念和手腕有所区别，甚至更胜一筹，需要一定程度上"去苏加

---

① Sir V. S. Naipaul, "Keeping Sukarno's Promise? Megawati's Indonesia", *The Brown Journal of World Affairs*, Spring 2002 – Volume IX, Issue 1, p. 14.

诺",才能实现。然而,任何否定或修改父亲过往政治理想的行为,又会引致梅加瓦蒂"忘本"的批评声音,如其妹拉赫玛瓦蒂曾表示,"梅加瓦蒂只在血缘上是父亲的女儿,在政治理念上则并非他的女儿,因为她已经背叛了普通大众的利益。"在弹劾瓦希德总统时,拉赫玛瓦蒂公开痛斥梅加瓦蒂滥用父亲的影响力,甚至要求长姐辞职。①

当梅加瓦蒂就任总统后,许多人怀疑她将为苏加诺遭苏哈托迫害的事件而平反,清算苏哈托威权统治时期的罪行。梅加瓦蒂对苏哈托家族充满了恨意,但她却从不轻易流露。在谈起当年苏哈托的专制统治时,她只说了一句话:"我发誓,在印尼再也不会发生这种情况,永远不会再发生。"②梅加瓦蒂将"隐忍"发挥到极致,这主要源于她的父亲,苏加诺和她都非常笃信前定(taqdir)和"因果业报"(karma)。这是一种典型的爪哇族思想,面对悲喜,坦然接受,不轻易作恶,因为担心报应。苏加诺在遗书中写道:"我的孩子,将你所知道的一切深埋心中。切勿将我的苦难告诉人民,只要印尼统一,就让我成为唯一的受害者。"③梅加瓦蒂谨遵父亲遗训,尊重印尼的法律,也很明确当下继续推进民主改革和经济复苏才是重中之重。她从未涉及任何清算苏哈托政权的活动,也原谅了苏哈托对其家族的迫害。④

(二) 女性特质:优势还是劣势?

在印尼,女性较少参与政治生活,政治舞台大多被男性充斥,他们独立、自主且充满进攻性,而以细腻和温和著称的印尼女性,似乎与这三个名词绝缘。在印尼,许多人所理解的"政治",广义上来说就是夺取政权的方式。因此,参与政治必须要奸诈、苛刻、肮脏、操纵且狠心,

---

① "Rachmawati Sebut Megawati Pernah Ciderai Ajaran Bung Karno"(《拉赫玛瓦蒂称梅加瓦蒂曾违背加诺兄的教诲》),*Panjimas*,7 Jun 2017,http://www.panjimas.com/news/2017/06/07/rachmawati-sebut-megawati-pernah-ciderai-ajaran-bung-karno/. Last accessed by 28 Juli 2017。

② 《对决:苏希洛与梅加瓦蒂》,《世界知识》2004年第19期,第19页。

③ Dibyo Soemantri Priambodo, "Monolog Kang Sastro: Sebuah Renungan Tentang Berbagai Peristiwa dan Perilaku Anak Manusia"(《萨斯特罗的独白:对各种事件和人类行为的反思》),Yogyakarta: Media Pressindo, 2004, hlm. 20。

④ Iskandar Rumi, "Mengenal Lebih Dekat Sosok Presiden Kelima RI, Siapa Itu Megawati Soekarnoputri"(《进一步了解印尼第五任总统:梅加瓦蒂·苏加诺普特丽》),*Seru Ni*, January 12, 2017, http://www.seruni.id/siapa-itu-megawati/#。

这是一般女性缺乏的特质。如果女性想成为政治领袖，就必须舍弃其女性特质，像男性一样。但是，在社会动荡的特殊时期，人民更推崇女性的"温和""审慎隐忍"和"清廉形象"等特质，这也是女性进入政坛最主要的优势。

梅加瓦蒂从登上政治舞台起，便和"伊斯兰社会的女性角色"这一话题紧密联系在一起。梅加瓦蒂在1999年总统选举中败给瓦希德，很大一部分原因是以穆斯林为主的印尼社会无法接受一位女性作为他们国家的最高领导。粮食国务部长赛义夫丁（Saifuddin）认为："我们反对梅加瓦蒂出任印尼总统，根据《古兰经》，女人领导国家将导致灾难"。[1] 印尼最大的伊斯兰政党建设团结党主席哈姆扎·哈兹（Hamzah Haz）也认为："根据伊斯兰教义，总统必须由穆斯林最优秀的儿子担任。"[2] 梅加瓦蒂反击这些说辞，指出："不允许女性成为总统是对女性尊严的侮辱。在安拉看来，男性和女性是平等的……应该根据人民是否爱戴来对一个领导人做出判断。"[3] 在当上总统后，为了减少伊斯兰势力的反对，梅加瓦蒂选择了之前公开反对女性当总统、高傲拒绝进入女总统内阁、最大的伊斯兰政党建设团结党主席哈姆扎·哈兹为副总统，这体现了她的政治手腕和政治智慧，善于协调各方的利益，逐一削弱针对自己的反对声音。[4]

梅加瓦蒂参与政治，不断拷问着印尼社会：妇女究竟应该安于家庭，还是应该进入社会，甚至参政议政？一直以来，印尼女性的角色，更多地被赋予的是生活的、非政治的角色，即承担家庭责任的贤妻良母。这种倾向在苏哈托的"新秩序"时期达到了顶峰，1984年苏哈托在"母亲节"演说中谈道，"妇女是世代相传的文化道德和国家社会准则的守护

---

[1] Tio, M., *Megawati Dimata Politisi: 25 Dalil Menolak Mega Jadi Presiden*（《政客眼中的梅加瓦蒂：拒绝梅加瓦蒂当总统的25个理由》），Jakarta: Garuda Ijo, 2001, hlm. 49。

[2] 唐昀：《在民主的浪潮中成长——印尼民主斗争党领袖梅加瓦蒂》，《国际展望》1999年第15期，第14页。

[3] Susan Blackburn, *Pemilu: The 1999 Indonesian Election*, Monash Papers AILS No. 22, Clayton: Monash Asia Institute, 1999, p. 89.

[4] Syamsu Hadi, "Mengakhiri Silang Sengketa"（《结束争议》），*Presiden Megawati, Liku-liku Kehidupan VIII: Menyelamatkan Kapal Yang Nyaris Karam*（《梅加瓦蒂总统人生的变幻第8册：拯救危难之中的国家》），Jakarta: Pustaka Simponi, 2004, hlm. 5。

者。防止已经侵入印尼的其他文化的影响、加强自我修养、防止她们的孩子出现自负和空虚这样毁灭性的恶习，是印尼妇女的主要职责"。① 他强调妇女应是贤妻良母，是家庭责任的主要承担者。为人母，要照顾子女；为人妻，要传宗接代和料理家务，并且从事一些手工劳作以增加家庭的收入。一如学者格雷厄姆（Graham）所言，"对于妇女来说，角色是清晰而明确的：作为公民就是做贤妻良母。诚然，只有在家庭结构中的妇女才是完整的公民，甚至她们的公共参与权也不被鼓励。妇女作为贤妻良母，明确划定了界限，不能违规和跨界；在此之外，没有适合于妇女的合法公务身份。"②

梅加瓦蒂符合女性特质和角色，她"温和、细腻、耐心、韧性和清廉"，有爱心，喜欢小动物，总是面带亲和的笑容，生活清贫而简朴，因此她同苏哈托家族成员骄横奢侈形成了强烈的对比。在众人眼里，梅加瓦蒂是非暴力、清白、没有丝毫劣迹的领导人。据她的朋友介绍，她们的朋友聚餐，所有的食品就是炒饭加冰激凌，没有任何可以被称为美味佳肴的东西。梅加瓦蒂待人接物非常有礼，说话语速很慢，几乎谈不上抑扬顿挫，给人一种距离感。③

"母亲"也是梅加瓦蒂重要的女性身份之一。在民主斗争党的游行示威队伍中，支持者举着的标语上写着"我爱梅加妈妈"，"母亲梅加将拯救我们的国家"。梅加瓦蒂的母亲形象容易被普通民众理解，当时正是金融危机、族群、宗教冲突愈演愈烈之时，母亲的形象能帮助、抚慰、安慰或保护"哭泣的"国家，梅加瓦蒂的母亲形象有助于她获得支持。④ 当民主斗争党赢得议会选举，但梅加瓦蒂却未能当选总统，她的支持者涌向街头抗议，打出口号"要么梅加瓦蒂，要么革命"。最终，梅加瓦蒂被任命为副总统，她的责任是平息不满，约束她的支持者，于是，她再一

---

① J. Berninghausen and B. Kerstan, "Forging New Paths: Feminist Social Methodology and Rural Women in Java", *Journal of Anthropological Research*, 1992, 50 (1), p. 311.

② Graham, S., "Negotiating Gender: Calalai'in Bugis Society", *Intersections: Gender, History, and Culture in the Asian Context*, Issue 6, August 2001, p. 6.

③ 李海：《梅加瓦蒂：从乖乖女到铁面总统》，人民网，2004 年，http://www.people.com.cn/GB/paper2086/11107/1005811.html。

④ Sonja van Wichelen, *Religion, Politics and Gender in Indonesia: Disputing the Muslim Body*, New York: Routledge, 2010, p. 35.

次运用母亲身份,"我对我的孩子们说,我要求你们返回工作岗位,不要感情用事,因为就像你们亲眼看到的,你们的母亲现在站在指挥台上。"①此时的母亲形象已不同于其在总统选举时强硬的"男性形象"。

女性身份对梅加瓦蒂竞争总统有不利的一面,也有有利的一面,她善于将不利化为有利,放大女性的温柔、宽容、清廉、细腻等特质,加强"母亲"形象,既符合了印尼社会对女性的角色规范,又迎合了民众对苏哈托专制统治不满,因为梅加瓦蒂的形象与专制暴力的苏哈托形成鲜明对比。

(三)个人能力:沉默内敛的非传统政治精英

显然,梅加瓦蒂并不属于传统意义上的政治精英,她虽出身显赫,但大学没有毕业,也没有海外留学经历,担任了很长时间的家庭主妇。因此,在她随后的政治生涯中,常常被贴上不学无术、没有主见、没有治国策略的"家庭妇女"标签。与她共事的人士曾抱怨说,她了解情况缺乏耐心,理解政治、经济和安全问题的能力有限。

的确,谈到个人能力,梅加瓦蒂从小就不算拔尖。即使在苏加诺与第二任妻子法玛瓦蒂生的五个子女中,梅加瓦蒂的个人资质据说也"非常平庸"。②被苏加诺寄予厚望的是她的两个胞妹,即苏加诺教育基金会主席、先锋党主席(Partai Pelopor)拉赫玛瓦蒂(Rahmawati)和印尼平民主义国家党(Partai Nasional Indonesia Marhaenism)主席苏赫玛瓦蒂(Sukmawati)。当年苏亚迪没有考虑梅加瓦蒂两位才智更出众的两位胞妹,原因有三:(1)当年两位胞妹都由于年龄原因,略显青涩,不够稳重;(2)两位胞妹当时严格遵守不参政的共识;(3)两位胞妹伶牙俐齿,有主见有想法,显然不易于苏亚迪操控。毕竟当时苏亚迪只要一个"苏加诺家族的民主人偶"而已。③

---

① Sonja van Wichelen, *Religion, Politics and Gender in Indonesia: Disputing the Muslim Body*, New York: Routledge, 2010, p. 36.

② Syamsuddin Haris, "Megawati"(《梅加瓦蒂》), Muin Kubais Madzeen ed., *Megawati Soekarno Putri: Menolak Politik Anti Nurani*(《梅加瓦蒂·苏加诺普特丽:反对违心政治》), Yogyakarta: BIGRAF Publishing, 1999, hlm. 21。

③ Seth Mydans, "Megawati Outlines a Cure for Indonesia's Ills", *New York Times*, 17 August 2001.

第三章 印度尼西亚的"雌狮":梅加瓦蒂的多重政治身份

梅加瓦蒂不习惯在众人面前发表长篇宏论,公开讲话从不超过 10 分钟。她行事内敛,是个极难流露自己感情的人,在政治上也几乎没有任何花哨的手腕和技巧。她的慎言与其家庭变故相关,身为国父苏加诺长女,自幼生活在尔虞我诈的独立宫中,从小便学会了以沉默来自保。她的沉默内敛,常常被认为过于保守、缺乏政治主见和政治敏感度。但梅加瓦蒂自己则认为,"沉默也是一种政治策略或政治行为。面对国内政治中的种种权术、诡计和非议,我选择沉默不语并报以微笑,我也很清楚这一温和而直率的选择所带来的后果。但我相信群众的眼睛是雪亮的,群众见证着我漫长的政治之路,他们知道我对公正和法律的坚持。"[1] 适时的沉默和慎言,也是一种自我保护,暂缓回应一些事情,而后经过细细研究再表态,能够保持"言行如一"的形象。

相比起瓦希德的朝令夕改,梅加瓦蒂总是先不对热点事件表态,谋而后动。采访过她的主持人非常赞同梅加瓦蒂的慎言,认为:"梅加瓦蒂就像一本未打开的书本,伴随着沉默与语焉不详。她越晚发言,她的演讲表达的内涵就越清晰。人们赞同的是她的态度,远胜于她的辞令与修辞。"[2] 实际上,领导人的能力并不完全取决于咄咄逼人和事必躬亲,还有知人善任,亲近梅加瓦蒂的人士说:"她不需要特别精明,只要比瓦希德好就行了。治理政务将取决于她的内阁和她周围的一批人。"[3]

在梅加瓦蒂从政之路上,"苏加诺女儿""家庭主妇""民主花瓶""女性"几个标签一直伴随着她,对她登上总统大位形成正面和负面影响,总的来看,这些标签都被转化为道德资本,弥补了她政治能力的不足,苏加诺的光环、民主对抗专制、家庭主妇的无害和纯洁、女性的温柔、善良与母性,为梅加瓦蒂赢得大量民众支持。

---

[1] Megawati Soekarnoputri, "Pidato Politik Ketua Umum PDI Perjuangan", Sumarno ed., *Megawati Soekarnoputri: Dari Ibu Rumah Tangga Sampai Istana Negara*(《梅加瓦蒂・苏加诺普特丽:从家庭主妇到总统府》), Depok: PT Rumpun Dian Nugraha, 2002, hlm. 181 – 183。

[2] Najwa Shihab, "Akhir Bincang-bincang Dengan Megawati Soekarnoputri"(《与梅加瓦蒂・苏加诺普特丽谈话的结束语》), Acara Mata Najwa di Metro TV, Rabu, 22 Januari 2014。

[3] 黄山:《印菲女总统大对碰》,人民网,2001 年 7 月 25 日,http://www.people.com.cn/GB/guoji/25/96/20010725/519920.html。

第二节　梅加瓦蒂的政治思想

梅加瓦蒂的慎言，不能及时对热点事件和关键问题表态，让人认为梅加瓦蒂不够果敢，总是欲言又止，犹犹豫豫。因此，她的政治思想总是被贴上"神秘"的标签，[①] 甚至有人将她比作"斯芬克斯"（Sphinx），即谜一样的人。[②] "从进入政坛开始，梅加瓦蒂女士的思想充满神秘感。我们这些干部时常对她的决定感到震惊。即使是她的丈夫基马斯，也并不总能揣度出她的心意。"[③] 因此，解读她的政治思想非常困难，现有的研究成果也未见较全面的论述。这主要基于两大原因。第一，梅加瓦蒂鲜少系统全面地表达自己的政治思想，除了必须要表态和发言的场合，她对于公开演讲和学术会议缺乏兴致，即使在她1993年用印尼语书写的《梅加瓦蒂的主要思想：我已高举旗帜》和1997年用英语书写的《重塑印尼的民主、正义与秩序：改革纲领》（未出版）两本书中，"梅加瓦蒂的政治思想"更多的是"苏加诺的政治主张"；第二，她的各种演讲和发言高度精练，很多观点只有只言片语，并未展开，上述两本书也分别只有47页和40页，篇幅非常有限，《重塑印尼的民主、正义与秩序：改革纲领》的许多内容，主要从《梅加瓦蒂的主要思想：我已高举旗帜》翻译而来。总体而言，两本书表达的政治思想含混不清，缺乏个人特色和辨识度，给人的印象不深。

一　梅加瓦蒂政治思想的来源

难道真的无法归纳梅加瓦蒂的政治思想吗？经过分析，其实不然。梅加瓦蒂的政治思想主要源于父亲苏加诺的思想。苏加诺的政治思想，

[①] Sabrina Asril, "Pikiran Politik Megawati Yang Penuh Misteri"（《梅加瓦蒂充满神秘色彩的政治思想》），*Kompas*, 10 Juli 2013, http://nasional.kompas.com/read/2013/07/10/1704576/Pikiran.Politik.Megawati.yang.Penuh.Misteri。

[②] Rosihan Anwar, "DKI Jakarta Gus Dur High Noon, Megawati The Sphinx", Sejarah Kecil "Petite Histoire" Indonesia, Jakarta: Penerbit Buku Kompas, 2004, hlm. 239–241.

[③] Sabrina Asril, "Pikiran Politik Megawati Yang Penuh Misteri"（《梅加瓦蒂充满神秘色彩的政治思想》），*Kompas*, 10 Juli 2013, http://nasional.kompas.com/read/2013/07/10/1704576/Pikiran.Politik.Megawati.yang.Penuh.Misteri。

应该是贯穿梅加瓦蒂一生最重要的思想，深深嵌入梅加瓦蒂日后的政治生涯中。梅加瓦蒂自己也承认，她从父亲身上学到很多东西：学会如何在困难时保持耐心；学会面对政治对手时要坚强，也体会到坚持法律的重要性，等等。她说："我跟随'加诺兄'不仅因为他是总统，而且他还是民族领袖。"①"苏加诺不仅是梅加瓦蒂的生父，还是梅加瓦蒂的政治思想之父。"② 因此，在梅加瓦蒂初入政坛的几年内，她几乎照搬了父亲苏加诺的大部分政治思想。

梅加瓦蒂的丈夫基马斯对她的政治思想也有较大影响。③ 基马斯自青年时代就表现出极大的政治天赋和政治抱负，在读大学之前，他就饱览苏加诺的著作，在大学期间，他是"印尼国家大学生运动"的活跃分子，也与古恩杜尔深交，随后主动加入印尼民主党。在基马斯的影响下，梅加瓦蒂加入"印尼国家大学生运动（GMNI）"，大大锻炼了她在政治和社会运动方面的能力。正是在基马斯的带动和鼓励下，梅加瓦蒂才突破家族内部不参政的共识，加入印尼民主党。随着梅加瓦蒂在政坛上越走越高，基马斯的政治道路也越走越顺，不仅在梅加瓦蒂创立的民主斗争党中身居要职，而且在政府、议会和人民协商会议中也扮演越来越重要的角色。2009—2014年是他政治生涯的巅峰，他不但是印尼民主党西爪哇第二选区的议会代表，还是人民协商会议的主席。2011年，他在《一个印尼的四大支柱：陶菲克·基马斯民族与多元主义的愿景》一书中，首次总结他的政治思想。基马斯认为，印尼国家的统一与团结离不开四大原则，即潘查希拉、《1945年宪法》、印尼国家主权与统一（NKRI）和"求同存异"（Bhinneka Tunggal Ika）。④ 其中，潘查希拉的意义和作用最

---

① 麦棠源：《梅加瓦蒂会成为印尼总统吗》，《瞭望新闻周刊》1999年第31期，第57页。
② Yvonne de Fretes ed., "Megawati dan Pikiran-pikiran Bung Karno"（《梅加瓦蒂与苏加诺思想》），Rita Sri Hastuti, Megawati: Anak Putra Sang Fajar（《梅加瓦蒂：曙光之女》），Jakarta: Gramedia Pustaka Utama, 2012, hlm. 317。
③ Ibid..
④ Imran Hasibuan, Muhammad Yamin, *Empat Pilar Untuk Satu Indonesia: Visi Kebangsaan Dan Pluralisme Taufiq Kiemas*（《一个印尼的四大支柱：陶菲克·基马斯民族与多元主义的愿景》），Jakarta: Q-Communication, 2011。

为巨大,"潘查希拉将印尼人的推动力转化到社会政治层面。"① 梅加瓦蒂在国家统一和团结方面的思考与实践,深受他的影响。

二 政治思想内容

(一)平民主义与人民利益为重

梅加瓦蒂的"人民利益为重"思想,主要来源于苏加诺20岁时提出的平民主义,核心是保护底层民众的权益和消除社会不公。② 梅加瓦蒂认为,"人民利益为重"不能只是一个口号,而是我们的思维方式和行动方式,都以"人民利益为重"为指向。而每一次"人民利益为重"的斗争行为,都必须遵循潘查希拉和《1945年宪法》。梅加瓦蒂在1988年人民协商会议上称:"以人民利益为重或建设印尼必须在宪法许可的基础上进行。"③

梅加瓦蒂接受"平民主义",认为不仅需要关注农民、工人、渔民和经济收入较低的人群,还需要关注朝九晚五的私营企业雇员,收入尚可的公务员和军人。她认为提高民众的生活水平,不仅仅需要振兴经济,解决他们的温饱问题,还需要解决"精神饥荒"问题。梅加瓦蒂指出:"肉体上的饥饿困顿,可以通过食物和住所来满足;而精神上的饥饿,则需要通过保证和维护人民的人权来实现,其中包括提高受教育的水平、增强法律意识和保护宗教信仰等。"④ 而提高就业率,维护人民的人权和民主权利,是实现"人民利益为重"和提高人民生活水平的必由之路。

梅加瓦蒂认为,在现实生活中,为实现"人民利益为重"而采取的

---

① Rinaldo, "4 Pilar Kebangsaan, Buah Pikiran Taufiq Kiemas"(《陶菲克·基马斯思想的成果:民族四大支柱》), Liputan 6, 8 Jun 2013, http://news.liputan6.com/read/607766/4-pilar-kebangsaan-buah-pikiran-taufiq-kiemas。

② Hadi Mustafa, "*Kepemimpinan Karismatik*: *Studi Tentang Kepemimpinan Politik Megawati Soekarnoputri Dalam PDIP Partai Demokrasi Perjuangan*"(《超凡领导力:梅加瓦蒂·苏加诺普特丽在印尼民主斗争党中的政治领导力研究》), Skripsi, Program Studi Ilmu Politik Fakultas Ilmu Sosial Dan Ilmu Politik Universitas Islam Negeri Syarif Hid Ayatullah, 2011, hlm. 23。

③ Megawati Soekarnoputri, *Bendera Sudah Saya Kibarkan*: *Pokok-pokok Pikiran Megawati*(《梅加瓦蒂的主要思想:我已高举旗帜》), Jakarta: Pustaka Sinar Harapan, 1993, hlm. 42。

④ Megawati Soekarnoputri, *Bendera Sudah Saya Kibarkan*: *Pokok-pokok Pikiran Megawati*(《梅加瓦蒂的主要思想:我已高举旗帜》), Jakarta: Pustaka Sinar Harapan, 1993, hlm. 17。

举措，成绩一般。相当大一部分民众的收入水平，无法负担日常的开支。那些没有土地的农民，生活依然非常困苦。即使拥有土地的农民，也无法掌握农作物的定价权。更何况印尼现在土地所有权不明，极有可能由于商业开发（如建设住宅区或高尔夫球场）等原因，随时被赶走。征地补偿款的确是"补偿款"，但农民失去田地，从此失去生计，补偿款总有消耗殆尽之时。很多穷人家的孩子，迫于生计，早早辍学，成为廉价、没有保障也没有技术的童工。女性劳工的权益也常常被忽视。虽然印尼海洋资源丰富，但渔民的生活却非常捉襟见肘。由于监管不力，外国渔民常利用先进的船舶和捕捞设备，在印尼境内大量捕捞，从中获利。而印尼的渔民常使用传统的工具和方法，渔获量较低。因此，现实中人民的生活水平并未切实提高。

除此之外，梅加瓦蒂还认为，贪污腐败也是阻碍"人民利益为重"的毒瘤。要实现"人民利益为重"，我们的政府必须廉洁透明。《1945年宪法》第33条明确规定："印尼境内的自然资源归国家所有，用以实现民族繁荣与富强。"为了更节约和高效地使用自然资源，必须使用高新技术。但切勿使高新技术成为"纸老虎"，一方面人民付出大价钱采购新技术；但另一方面，技术产出却与高昂采购费不匹配。高新技术只是建设印尼的工具，采购技术的过程必须开放，并且进行公示，广泛倾听人民的意见与建议。必须将那些以人民和国家利益名义，破坏国家经济正常运行、贪污腐败的人绳之以法。

以"人民利益为重"的另一个方面是缩小贫富差距。梅加瓦蒂认为，印尼现阶段的贫富差距越来越悬殊，由此导致的社会矛盾越来越突出。就业问题越来越突出，失业率居高不下，甚至是那些大学毕业生，也非常忧虑自己的就业问题。一方面，很多富人生活奢靡，毫无节制；另一方面，一大部分人民生活在贫困线以下，温饱问题尚未解决。一些官员与商人联系过密，宁愿在高级会所打高尔夫球，也不愿倾听人民迫切希望脱离贫困的心声。如果放任贫富差距问题继续发展，那么，这是一颗深埋印尼社会的定时炸弹，随时可能引发严重的社会暴乱。因此，要关注民生问题，严密控制社会的贫富差距，努力缩小差距，最终实现社会公平。

（二）捍卫民主与人权

在这里，民主很大程度上指的是苏加诺创造的"潘查希拉"，简称

"建国五基",即信仰神道、人道主义、民族主义、民主和社会公正。① 梅加瓦蒂指出:"潘查希拉的民主,不能为外界的压力甚至胁迫所动摇,而且不仅仅是政治民主,在经济、社会和文化等方面也多有体现。"② 民主的要义需要接受异见,甚至是批评。她还认为,潘查希拉式民主有自己的特点,适合印尼国情,"苦涩的殖民历史和艰难取得独立的历程表明,潘查希拉就是印尼式的民主,适合印尼的国情。印尼不能全盘接受资本主义、社会主义、封建主义和殖民主义的体系与秩序。"③ 上述这些"主义",都存在不同程度压制和剥削人民的情况,这也是社会不安定的根源。梅加瓦蒂认为,在印尼语中,"民主"(Demokrasi)一词来源于"人民"(Demos)一词,因此,民主的本意是从人民中来,到人民中去,以及一切为了人民。我们的职责和任务是将民主落到实处,而非像口红一般,仅停留在口头上的夸夸其谈。这种"口红式民主"不是"潘查希拉式民主"。④

要实现"潘查希拉式民主",就必须保护好人权。在这里,人权是指"人,因其为人而应享有的权利"。它主要的含义是:每个人都应该受到合乎人权的对待。在梅加瓦蒂看来,"人权是真主赐予最纯洁的福泽,不应因为宗教、部族和背景的不同而有所差别。在法律和宪法面前,应一视同仁。因此,权贵与平民、人民与政府的利益对抗,不应成为践踏人权的理由,尤其是当权的一方或少数人不应利用权职之便践踏平民或多数人的人权,制造人权事端,造成恶劣的社会和国际影响。为了民族的和谐,应尊重、保护与捍卫人权,这也是潘查希拉的要求之一。"⑤ 同时梅加瓦蒂也认为,应在宪法的基础上保护人权,不能被一些打着保护人

---

① "信仰神道"指的是要信仰最高真主,或必须有宗教信仰;"人道主义"指的是要坚持正义和文明的人道主义;"民族主义"指的是要坚持印尼的团结统一;"民主"指的是在代议制和协商的明智思想指导下的民主;"社会公正"指的是为全体印尼人民实现社会正义。
② Ikrar Nusa Bhakti, "Membaca Pikiran Megawati"(《解读梅加瓦蒂思想》), *Kompas*, 5 Februari 2014, http://nasional.kompas.com/read/2014/02/05/1015523/Membaca.Pikiran.Megawati。
③ Megawati Soekarnoputri, *Bendera Sudah Saya Kibarkan: Pokok-pokok Pikiran Megawati*(《梅加瓦蒂的主要思想:我已高举旗帜》), Jakarta: Pustaka Sinar Harapan, 1993, hlm. 21。
④ Megawati Soekarnoputri, *Bendera Sudah Saya Kibarkan: Pokok-pokok Pikiran Megawati*(《梅加瓦蒂的主要思想:我已高举旗帜》), Jakarta: Pustaka Sinar Harapan, 1993, hlm. 23。
⑤ Megawati Soekarnoputri, *Bendera Sudah Saya Kibarkan: Pokok-pokok Pikiran Megawati*(《梅加瓦蒂的主要思想:我已高举旗帜》), Jakarta: Pustaka Sinar Harapan, 1993, hlm. 29。

权旗号的人士，影响潘查希拉和宪法，保护人权也不意味着各阶层民众间的观点冲突和争端。

梅加瓦蒂指出，坚持民主应该广开言路，接受不同的声音，甚至批评，解除媒体禁令，鼓励民众在合法的前提下发表对政府的建议与意见，广泛收集民意和民智，为民主改革添砖加瓦。她认为健康、自由和高质量的媒体，是民众和政府间积极有效的沟通桥梁。也希望民众成为监督者，打击政府中滥用职权的现象。[1] 因此，梅加瓦蒂非常不认同"庇护文化"，即一个人要想成为领袖，必须征得某些方面的庇护和批准。她认为，一个人能否成为领袖，应该与他在民众中的威望有关。"庇护文化"一定程度上影响了人民选举投票的自由，这与潘查希拉式的民主相悖。[2]

（三）团结与统一

梅加瓦蒂认为，我们需要长期维护印尼国家的团结与统一，并且在这一问题上应寸步不让。"许多历史事实告诉我们，比如苏联，如果一个国家不能团结统一，因外来势力影响而受到分离主义的威胁，如果听之任之，国家则有分崩离析的可能。"[3] 除了由于外来势力导致的国家分裂外，内战某种程度上比国家间的战争更严重。这些年来，我们看到印尼内部的分离主义给人民造成的深重灾难，稚子成为孤儿，妇女成为寡妇，如所谓的南马鲁古共和国（Negara Boneka Republik Maluku Selatan）、巴巽旦邦（Negara Pasundan）[4] 和东印尼国（Negara Indonesia Timur）。[5] 这些苦涩的历史让我们倍感维护国家团结与统一的责任感，我们必须时刻警

---

[1] Sumarno, *Megawati Soekarnoputri: Dari Ibu Rumah Tangga Sampai Istana Negara*（《梅加瓦蒂·苏加诺普特丽：从家庭主妇到总统府》），Depok：PT Rumpun Dian Nugraha, 2002, hlm. 54。

[2] Megawati Soekarnoputri, *Bendera Sudah Saya Kibarkan: Pokok-pokok Pikiran Megawati*（《梅加瓦蒂的主要思想：我已高举旗帜》），Jakarta：Pustaka Sinar Harapan, 1993, hlm. 23。

[3] Ibid., hlm. 25.

[4] 1948年4月24日，荷兰成立巴巽旦邦，这是印尼联邦共和国（RIS）的组成部分。位于爪哇岛西部，即现在的雅加达首都特区省、西爪哇省和万丹省，首都是万隆市。头目是苏丹阿密二世、阿纳克阿贡·格德阿贡，此政制遭到统一共和国极力反对。1950年1月30日，巴巽旦邦解散。

[5] 东印尼国（Negara Indonesia Timur）成立于1946年，也是印尼联邦共和国的组成部分，包括苏拉威西岛、小巽他岛（巴厘岛和努珊登加拉岛）和马鲁古岛，首都位于望加锡。1950年8月17日宣布解散，国土并入印度尼西亚共和国。

惕国家分裂的负面影响。①

在应对地区分离主义威胁上，梅加瓦蒂认为应该以国家统一为先，先经过协商谈判，予以部分地区高度的自治权，再依靠军队的力量，打击分离势力，驱赶那些有意策动地区分裂的外来势力。她认为，地区分离主义由内外部原因耦合而成，内部原因是印尼遭受前所未有的政治经济危机，外部原因是全球化带来的负面影响，国际舆论死死揪着印尼军队侵犯东帝汶人权的事件，在全球引起了广泛的关注。一个坚定和坚毅的领导人，在民族统一问题上任何时候都不应该妥协，这是"实价"，不能再讨价还价了。②

而维护国家团结与统一并不是被动的，而是需要积极主动去准备。为什么将"团结"（persatuan）置于"统一"（kesatuan）之前？因为在印尼语中"团结"一词的前缀是"per-"，带有主动为之奋斗和努力的意思，不是一蹴而就的，也不是听之任之的。而且维护国家团结与统一也意味着牺牲，面对这样的情况，应提高人民的民族主义情感，坚持潘查希拉的理念，端正态度和树立自信，方能切实维护国家的团结与统一。③

三 政治思想的特点

特点之一，无个人特色和原创的成分。

梅加瓦蒂的思想，主要来源于父亲苏加诺和丈夫基马斯，基本没有个人特色，照搬居多，没有太多原创的内容。虽然梅加瓦蒂的政治经历日益丰富，但是她却没有不断补充和丰富自己的政治思想。从1997年以后，她没有再出版任何关于自己政治思想的论著。在任总统和副总统期间，也没有提出任何原创的政治思想。④ 因此，"梅加瓦蒂的政治思想"更多的是"苏加诺的政治主张"，缺乏足够的个人辨识度。

---

① Megawati Soekarnoputri, *Bendera Sudah Saya Kibarkan: Pokok-pokok Pikiran Megawati*（《梅加瓦蒂的主要思想：我已高举旗帜》），Jakarta: Pustaka Sinar Harapan, 1993, hlm. 27。

② Tjahjo Kumolo, dkk, *Megawati Soekarnoputri: Presiden Pilihan Rakyat*（《梅加瓦蒂·苏加诺普特丽：人民选择的总统》），Jakarta: Global Publika Bekerja Sama Dengan Yayasan Kawula Alit Nusantara, 2004, hlm. 56–57。

③ Megawati Soekarnoputri, *Bendera Sudah Saya Kibarkan: Pokok-pokok Pikiran Megawati*（《梅加瓦蒂的主要思想：我已高举旗帜》），Jakarta: Pustaka Sinar Harapan, 1993, hlm. 27。

④ "Indonesia's Leadership Crisis: Would Megawati Do Better than Wahid?" *Strategic Comments*, 2001. 7. 3, p. 2.

特点之二，含混不清，语焉不详，阐释较少。

梅加瓦蒂在阐述自己政治思想时，很多观点语焉不详，表达含混不清，更没有展开阐释。《梅加瓦蒂的主要思想：我已高举旗帜》只有47页，《重塑印尼的民主、正义与秩序：改革纲领》（未出版）则更短，只有40页，图文混排。《重塑印尼的民主、正义与秩序：改革纲领》的许多内容，更是从《梅加瓦蒂的主要思想：我已高举旗帜》翻译而来。

特点之三，逻辑性较弱，缺乏理论支撑。

虽然梅加瓦蒂自述她的政治思想有七大方面，即"以人民利益为重""坚持民主""以团结统一为先""捍卫人权""解决军队的双重职能""社会福利"和"建设印尼"。但是各点之间缺乏内在联系，甚至某一点之间论述时缺乏逻辑，没有相关理论的支撑，因此，梅加瓦蒂的政治思想显得散乱而且不系统。

梅加瓦蒂虽然有政治思想，但单薄且不成系统，令人认为她缺乏政治思想，缺乏政见，更加坐实了她只是一个"家庭主妇"。

第三节　梅加瓦蒂的执政表现

在瓦希德颓然下台，梅加瓦蒂接替他成为总统时，她面临重重问题和考验，包括棘手的经济问题，民主建构与廉政问题，军队去"双重职能"，协调与伊斯兰政党派系的关系，处理印尼各岛的分离运动，缓和安汶和马鲁古地区伊斯兰教与基督教冲突，亚齐问题和东帝汶问题。根据2001年7月底的一项民意调查，民众认为梅加瓦蒂亟待解决的问题包括：经济（34%）、政治（27%）、治安（11%）、道德危机（8%）、族群（6%）、失业（5%）、公平（4%）、贫困（3%）、贪污腐败（2%）、物价上升（2%）和其他（1%）。[①]

人们纷纷猜测，面对充满"多维度危机"的印尼，梅加瓦蒂能否胜任，她的执政能力能否应对，她将如何组建内阁，采取何种维护政治稳定、振

---

① Syamsu Hadi, "Mengakhiri Silang Sengketa"（《结束争议》），*Presiden Megawati, Liku-liku Kehidupan VIII: Menyelamatkan Kapal Yang Nyaris Karam*（《梅加瓦蒂总统人生的变幻第8册：拯救危难之中的国家》），Jakarta：Pustaka Simponi, 2004, hlm. 6。

兴经济和改革司法的政策，如何削弱军队在政治经济中的职能，如何制定行之有效的外交政策，等等。梅加瓦蒂政府的主要目标是维护印尼国家的稳定。自接任总统后，她制定了一个符合印尼实际和印尼人民普遍愿望的施政纲领：求稳定、谋发展，逐步消除旧时代积弊，重塑印尼国际形象。①

一 民主建设与治理

对于梅加瓦蒂大部分的支持者来说，梅加瓦蒂本身就是民主的象征。如果1999年是人民直选总统，那么，梅加瓦蒂的胜算也许更大。但她却深受有缺陷的选举制度之苦，未能当上第四任总统。

在民主建构方面，梅加瓦蒂最大贡献是改革了选举制度，第一个阶段是直接选举议员，第二个阶段是直接选举总统和副总统。"梅加瓦蒂此举为印尼创造了良好的政治氛围，也为印尼的民主改革和司法改革奠定了坚实的基础，乃是榜样，值得推崇。"② 她一直坚持民主与人权，指出："保护人权是民主的核心，因此，必须通过法律法规的制定与完善，实现捍卫人权的目标。理应尊重人权委员会的存在，使之发挥职能，捍卫国家的人权。"③ 为了保障人权，梅加瓦蒂着意两件事，一是修订《1945年宪法》，二是提交与讨论《国家安全法草案》，军队在安汶和亚齐等地都有侵犯人权的行为，已引起国内的民愤和外国的关注，因此，《国家安全法》的通过，将使得尊重和保护人权有法可依。

印尼贪污腐败严重，梅加瓦蒂致力于廉政建设。她在第一次国会讲演中誓言打击腐败和裙带关系，承诺约束家人，不搞贪污、官商勾结和裙带关系："封建社会不认为腐败—官商勾结—裙带关系（KKN）是大问题，但是民主社会认为它是一个严重问题。不管可能是多么的微不足道，腐败—官商勾结—裙带关系行为都会违背公众信任和违反官员个人的就

---

① 庄礼伟：《"弱国家"现状下梅加瓦蒂的选择》，《领导科学》2003年第15期，第46页。
② Sudhamek AWS, "Megawati: Negarawan yang Pluralis"（《梅加瓦蒂：多元主义政治家》），Yvonne de Fretes ed., *Rita Sri Hastuti*, *Megawati*: *Anak Putra Sang Fajar*（《梅加瓦蒂：曙光之女》），Jakarta: Gramedia Pustaka Utama, 2012, hlm. 447。
③ Megawati Soekarnoputri, "Pidato Politik Ketua Umum PDI Perjuangan"（《印尼民主斗争党总主席的政治演讲》），Sumarno ed., *Megawati Soekarnoputri*: *dari Ibu Rumah Tangga sampai Istana Negara*（《梅加瓦蒂·苏加诺普特丽：从家庭主妇到总统府》），Depok: PT Rumpun Dian Nugraha, 2002, hlm. 192 – 193。

职宣誓。在这样的环境下，请允许我谦逊地报告……我已经私下召集我所有的直系家庭成员，并要求他们严肃地承诺不会在我的家庭里为腐败—官商勾结—裙带关系行为提供一丝机会。他们已经庄严地向我保证，我也希望他们能够抵制住周围的各种诱惑。"① 梅加瓦蒂还要求内阁部长们也做出同样的承诺。她的讲话赢得民众和媒体的一片好评，因为贪污指责与印尼的每一位总统如影相随，而梅加瓦蒂第一次向公众承诺她自己家庭会抵制住贪污诱惑，承诺不利用其权势牟取私利，不参与任何政府合同的投标。梅加瓦蒂任内的2001年和2002年通过了两部重要的反腐法律，加上1999年的一部，即《1999年第31号关于打击贪污犯罪的法律》《2001年第20号关于修改〈1999年第31号关于打击贪污犯罪的法律〉的法律》和《2002年30号关于反贪委员会的法律》，初步通过法制建设，构建起反贪反腐的制度体系。在反贪机构方面，在瓦希德组建的反贪联合工作组的基础上，根据《2002年30号关于反贪委员会的法律》，梅加瓦蒂于2003年正式依法成立了反贪委员会（KPK）。反贪委员会的主要职责是："与权力机关协调开展反贪工作；与权力机关规划反贪工作；对贪污行为开展研究、调查和起诉工作；开展预防腐败工作；对政府行为进行监督。"② 反贪委员会调查和逮捕了苏哈托的裙带关系，包括其子汤米·苏哈托（Tommy Soeharto）、鲍勃·哈森（Bob Hasan）和普罗伯苏特佐（Probosutedjo），以及抓捕了一些涉贪的大财阀，如纳丁·哈立德（Nurdin Halid）等。

二 经济恢复与发展

重整印尼的经济，是梅加瓦蒂面临的最大难题之一。她个人主张实行开放的市场经济，但是一定要有公正的司法制度相配套。她称："我特别强调的是法制。投资者最关心的就是法律制度是否可靠。"而投资者，尤其是外国投资者的信心，是恢复印度尼西亚经济的关键。为了解决印

---

① Kathryn Robinson and Sharon Bessell, eds., *Women in Indonesia: Gender, Equity and Development*, Singapore: ISEAS, 2002, p.22.
② "Visi KPK 2015—2019"（《2015-2019年反贪委员会愿景》），Komisi Pemberantasan Korupsi, http://www.kpk.go.id/id/tentang-kpk/visi-misi。

尼的经济困局，梅加瓦蒂出台了一些政策：

• 积极加强同世界银行和国际货币基金组织的合作，争取欧美的援助；

• 改革和健全金融制度和市场经济体制，大力促进出口；

• 扶助中小企业和合作社经济，增强"人民经济"实力；

• 制订短、中、长期计划，缓解社会萧条状况，扶助并摆脱贫困；

• 重整国家银行系统，解决外债，为了缓解总额为1508亿美元巨额外债带来的压力，梅加瓦蒂出台了延迟偿还58亿美元债务的政策，因此外债缩减到346.6亿美元；

• 加强经济机构，增加商业和投资方面的透明度，鼓励商业竞争等；

• 为了解决货币危机，梅加瓦蒂成功增加了930美元的人均收入；

• 印尼盾汇率降到1美元兑8500000印尼盾。①

梅加瓦蒂的上述政策稳定了宏观经济基础，包括通货膨胀、印尼银行利率、印尼盾对美元汇率等。② 2003年，印尼已成功退出国际货币基金组织（IMF），印尼经济更加独立；为了促进经济发展和减少通货膨胀，出台了国有企业私有化的政策，出售印尼两大国有通讯公司 Indosat 和 Telkomsel 的股份，出售天然气等自然资源，以减少外债；根据2004年国家银行健康机构（BPPN）的评估，梅加瓦蒂成功改善了1997年金融危机后崩溃的国家银行，银行的运营现状相对良好。从梅加瓦蒂接任总统之位以来，印尼 GDP 增长率稳步上升，从2001年的3.64%，升至2002年的4.50%，增幅为23.63%，虽然2002年至2004年增幅放缓，但在离任之时，印尼的 GDP 增长率已突破5%，国民经济基本恢复到1998年民主改革之前，详见图3—1。

梅加瓦蒂的这些举措，虽然在短期内起到稳定印尼经济，营造良好投资环境的作用，但长期来看，却在一定程度上损害印尼人民的利益。比如向新加坡出售 Telkomsel 和 Indosat 公司、向中国出售低价的天然气，

---

① Iskandar Rumi, "Mengenal Lebih Dekat Sosok Presiden Kelima RI, Siapa Itu Megawati Soekarnoputri"（《进一步了解印尼第五任总统：梅加瓦蒂·苏加诺普特丽》），*Seru Ni*, January 12, 2017, http://www.seruni.id/siapa-itu-megawati/#. Last accessed by 27 Juli 2017。

② Eleanor Hall, "Megawati Takes Reins in Jakarta", *ABC the World Today*, 24 July 2011.

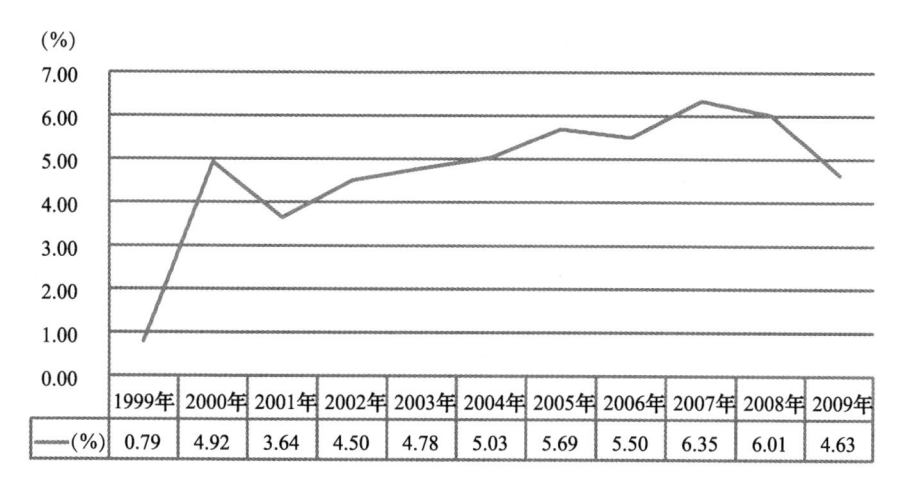

图 3—1　1999—2009 年印尼 GDP 增长率

	1999年	2000年	2001年	2002年	2003年	2004年	2005年	2006年	2007年	2008年	2009年
(%)	0.79	4.92	3.64	4.50	4.78	5.03	5.69	5.50	6.35	6.01	4.63

数据来源：世界银行数据库，2017 年 9 月，http：//databank.worldbank.org/data/reports.aspx?source = world-development-indicators#。

出售印尼亚洲中央银行（Bank Central Asia）、印尼国家石油公司（Pertamina）的油轮等国家战略资产等，被认为导致了高通信费和高油价，以牺牲民众的切身利益，换取减少外债的效果。她的经济改革，被认为对经济缺乏了解，采取不以人民为重的政策，在其政权背后有家族或财团的经济和政治需求。总体而言，梅加瓦蒂的经济改革是失败的，也没能运用经济手段解决地方分离的问题，进一步加剧中央与地方的分权。

三　坚持国家统一　解决分离运动

民主转型时期，印尼的地方分离运动甚嚣尘上，包括东帝汶、亚齐、伊里安查亚、西巴丹岛（Sipadan）和利吉丹岛（Ligitan）等，梅加瓦蒂面临分离运动严峻的考验。2001 年 8 月 16 日，梅加瓦蒂在议会发表演讲，坚持"一个印尼"的原则，不希望亚齐独立，她说："领土完整，不仅是一个国家的属性，还是世界和平与稳定的标志之一。无论以何种理由，都不得轻易变更一国的边界。"① 她指出，当下，困扰印尼最大的问

---

① Syamsu Hadi, "Menjaja Keutuhan Negara Kesatuan"（《维护国家统一与领土完整》），*Presiden Megawati, Liku-liku Kehidupan VIII: Menyelamatkan Kapal Yang Nyaris Karam*（《梅加瓦蒂总统人生的变幻第 8 册：拯救危难之中的国家》），Jakarta：Pustaka Simponi, 2004, hlm. 15。

题便是民族分离主义的威胁，其中主要包括东帝汶、亚齐、伊里安查亚；其次是宗教冲突，比如安汶和马鲁古地区旷日持久的伊斯兰教与基督教冲突。梅加瓦蒂非常不认可哈比比和瓦希德对东帝汶问题的处理方式，而这也成为激化梅加瓦蒂与瓦希德矛盾的关键事件。哈比比迫于国际压力，权衡再三，于1999年1月宣布同意东帝汶进行公民投票，选择自治或脱离印尼。梅加瓦蒂则认为，根据《1945年宪法》，哈比比无权批准东帝汶的公投，这无异于违宪。而东帝汶全民公决于1999年8月30日举行，结果87.5%的选民选择脱离印尼。在哈比比卸任前一天，印尼国会通过决议，正式批准东帝汶脱离印尼。而瓦希德也一直尊重东帝汶的选择，配合撤军、成立过渡政府等各种事宜，甚至向公开遭受印尼军队暴行的东帝汶人民道歉。事已至此，梅加瓦蒂只能尊重东帝汶要求独立的公投结果，称"我们应该尊重葡萄牙就东帝汶问题与印尼签署的协议，尤其是这一协议经过联合国的确认"①。

　　梅加瓦蒂上任后，致力于解决伊利安、安汶和亚齐的地区分离主义。她采取"刚柔并济""标本兼治"的策略，目标是为"一个印尼"服务。她先"通过民主机制、按照宪法和采用非暴力手段的原则来解决国家面临的问题"，甚至为亚齐省和伊里安查亚省所受到的不公正待遇公开道歉。② 她认为伊利安查亚、安汶和亚齐的社会动乱，是威权统治和地方分权背景下社会与民族关系不平等、不公正的恶果。苏哈托非常重视爪哇岛政治、经济和社会文化的发展，忽视了外岛的发展，使得外岛与爪哇岛的差距越来越大，贫富差距悬殊，外岛人民无法享受印尼经济发展带来的红利，最终引发了地区分离运动。因此，她着力提高外岛地区的自治权，加强基础设施的建设，减少外岛边远地区的税负，加强教育的投入等。她认为："地方自治问题也需非常谨慎，否则只是将问题从中央转

---

① Megawati Soekarnoputri, "Pidato Politik Ketua Umum PDI Perjuangan"（《印尼民主斗争党总主席的政治演讲》）, Sumarno ed., *Megawati Soekarnoputri: Dari Ibu Rumah Tangga Sampai Istana Negara*（《梅加瓦蒂·苏加诺普特丽：从家庭主妇到总统府》）, Depok: PT Rumpun Dian Nugraha, 2002, hlm. 188 – 189。

② 葛怀宇：《梅加瓦蒂——千岛之国的名门女杰》，江苏人民出版社2003年版，第156页。

移到地方，不仅不能解决现有的问题，还将问题复杂化。"①

2002年，在梅加瓦蒂政府的多次协调下，安汶和马鲁古地区伊斯兰教与基督教的武装冲突基本结束，伊斯兰圣战民兵司令贾法尔（JAFAR）被捕，局势逐步稳定。梅加瓦蒂还制定了推动亚齐和巴布亚自治特区法与改善地方自治法的方针，以解决分裂主义的威胁，2002年12月，政府与"自由亚齐运动"（GAM，也称为"亚齐独立运动"）在国际各方的斡旋下签订"停止敌对行动和平协议"，亚齐问题出现解决的曙光。国内外舆论评价"这是梅加瓦蒂上任以来的最大政绩"。总体而言，梅加瓦蒂政府在国家统一和民族团结方面取得显著成效，民族与宗教冲突明显缓和。

但亚齐分离运动尚未解决。由于协议在很多关键问题上处理模糊，印尼政府与"自由亚齐运动"对协议的执行相互指责，2003年5月政府与"自由亚齐运动"谈判破裂。梅加瓦蒂开始用军事手段解决这一问题，她对亚齐展开了印尼近30年来最大规模的军事行动，宣布在亚齐实行为期6个月的军事紧急状态法，向亚齐派出34154名军人，清剿亚独分子。② 此后，梅加瓦蒂依靠军队的力量，基本收复了亚齐的基层政权，恢复了政府的行政控制，并严重削弱了"自由亚齐运动"的武装力量。

虽然梅加瓦蒂任内并未彻底解决亚齐问题，但是她成功平息了亚齐的战火，维护了亚齐地区暂时的和平，为进一步的谈判营造了条件。2004年印度洋大地震在亚齐引发大海啸后，双方再度展开谈判，并取得进展。2005年8月16日，自由亚齐运动与苏希洛政府达成协议，和平协议涵盖政治参与、人权、特赦、重新融入社会、安全安排以及纷争解决等问题。根据协议，"自由亚齐运动"不再从事独立活动，并解除武装；放弃亚齐独立的诉求，转而接受高度自治安排；而印尼政府撤除编制需要以外的军队和警察；特赦没有刑事罪行的"自由亚齐运动"成员，释放亚齐政治犯；允许他们成立地方政党，加入国家的政治进程；向前反叛武装人员分配农田，帮助他们重新融入民间社会。2006年7月11日，印尼国会通过了《亚齐自治法》，正式成立亚齐特区省，赋予亚齐地方政

---

① Andi Setiono Dll, *Tragedi Megawati: Revisi Politik Massa di Indonesia*（《梅加瓦蒂的悲剧：回顾印尼的大众政治》），Yogyakarta: Tarawang Press, 2000, hlm. 32。

② 武文侠：《亚齐独立运动的历史背景及其前景展望》，《国际论坛》2004年第4期，第59页。

府更大的自治权。由此困扰印尼数十年的亚齐分离运动终获解决，梅加瓦蒂在解决亚齐问题上发挥了一定作用。

四　解决军队的双重职能

印尼军队不仅是军事力量，更是具备"双重职能"的政治经济力量。[①] 而且这种"双重职能"得到了《1945年宪法》的确认，但与其说它的合法性来源于宪法，倒不如说来源于军队的历史和政治角色。[②] 在每一次政治动荡中，军队都有"一锤定音"的作用，如"9·30"事件中，苏哈托就是靠着军队的支持才最终成功夺取政权。1978年后，苏哈托完全控制了军队，并使得大量军官入主政府，参与印尼政治和经济。在瓦希德执政后期，梅加瓦蒂频繁与印尼国民军的高层接触，以争取军方在弹劾瓦希德问题上的支持，军方也非常不满瓦希德改革军队的激进，因此，某种程度上说，梅加瓦蒂能继任印尼第五任总统，离不开军队的支持。

然而，在印尼民主转型中，逐渐改革和弱化印尼军队的"双重职能"，是梅加瓦蒂总统无法避免的难题。在关键时刻靠着军方支持掌权的梅加瓦蒂如何对待军方，令人关注，一方面，民众强烈要求推进民主进程和削弱军队的"双重职能"；另一方面，军方尝试维护既得利益、保存实力并待日后重整旗鼓。如何让两大群体满意，极大考验着梅加瓦蒂的政治智慧。同时，民主改革必须彻底清算军人滥用职权、贪污腐败和践踏人权的行为，此乃民心所向，也是梅加瓦蒂建立廉洁政府的庄严承诺。但残酷的现实表明，哈比比和瓦希德政府倒台的重要因素之一，恰恰是触动了军方的既得利益。因此，梅加瓦蒂采取的是"审慎渐进"的改革策略，逐步解决军队的双重职能问题，点到即止，不能大刀阔斧，否则政权不稳。

第一，在组建内阁时，梅加瓦蒂有意减少军官的比例。她自知个人能力不足，但她博采众议，坚持她的"互助内阁"（Kabinet Gotong

---

[①] 陈波：《文武关系与民主转型——印度尼西亚个案研究（1998—2014）》，《东南亚研究》2016年第4期，第25页。

[②] Jusuf Wanandi, "Challenge of the TNI and Its Role in Indonesia's Future", in Hadi Soesastro, Anthony L. Smith and Han Mui Ling eds., *Governance in Indonesia: Challenges Facing the Megawati Presidency*, Singapore: Institute of Southeast Asian Studies, 2003, p. 93.

Royong）应以"专业人士"为主。其中，13 名部长来自政党，15 名来自非政党，3 名来自军方，非政党的专业人士比例占内阁部长的48%。而瓦希德时期的内阁，18 名部长来自政党，13 名来自非政党，5 名来自军方，非政党部长的比例为36%，远低于"互助内阁"。① 第二，她继续推行军队职业化，逐步与政治拉开距离。梅加瓦蒂认为，一支职业化的军队，是维护民主和国家稳定的核心。第三，她积极推动宪法修订，明确以人民为先，规定军人不得以候选人的身份，参加议会选举和总统大选，从立法上消除军队的"双重职能"。

梅加瓦蒂基本上没有触及军方的既得利益集团，在力主军队去政治化的同时，她也对军队采取"怀柔"政策。梅加瓦蒂的当选和其后镇压亚齐分离运动都借助了印尼军方力量，为避免因丧失军方支持而重蹈瓦希德覆辙，梅加瓦蒂没有对军方的侵犯人权及暗杀行为进行调查。② 而且军官不得参与议会和总统大选的规定，也不会实际阻碍军人参政，大批已经进入或即将进入政坛的军官纷纷从军队退役，利用退役军官的身份和"军事强人"的形象参选。马鲁古动乱和巴厘岛爆炸案，军队正式接替警察，接管了上述地区，同时，军队打击地区分离主义和恐怖主义的强势与坚决，也得到了梅加瓦蒂政府与议会的大力支持。因此，在梅加瓦蒂执政期间，军队的双重职能实际上并未减弱，被认为是"印尼民主化军队改革的停滞"。

2004 年梅加瓦蒂总统任期届满，她谋求连任，与苏希洛（Susilo Bambang Yudhoyono）竞争总统一职，但败选。2009 年梅加瓦蒂再次竞选总统，又一次败给老对手苏希洛。她的两次败选，与民众对其执政表现和政治能力的评价有较大关联。

2001 年 7 月上台至 2004 年 10 月卸任，梅加瓦蒂任职总统只有短短的三年时间，印尼人对她的执政表现评价较为"两极化"，一方面，不少印尼人认为印尼民主改革初期的混乱并不是一人能扭转的，这是苏哈托长期独裁所留下的后遗症。梅加瓦蒂能在印尼面临经济危机和国内族群

---

① Haryo Damardono,"'Kemeriahan'di era Gus Dur"（《瓦希德时期的喧哗》），*Kompas*, https://interaktif.kompas.id/kisah_menteri。

② 葛怀宇：《梅加瓦蒂：千岛之国的名门女杰》，江苏人民出版社2003年版，第141页。

矛盾的巨大困局下力挽狂澜，已属不易。她坚持审慎渐进的改革措施，致力于缓和党派矛盾，平息地方分离运动和宗教种族冲突，有步骤地推行地方自治。在她的统治下，印尼局势逐渐走向稳定，为印尼在东盟及亚太区域的快速复兴和崛起打下坚实基础。① 但另一方面，许多印尼人对她的执政成效并不满意，认为国家状况与她上任前没有太大区别，生活必需品的价格甚至大幅飙升，未改善底层民众的生活。他们指责她执政能力不足，听命于他人，尤其是丈夫基马斯。

第四节　对梅加瓦蒂的评价

一　梅加瓦蒂的政治能力

（一）执政能力

印尼许多人认为，梅加瓦蒂执政能力极为有限，如果她不是开国总统苏加诺的女儿，"她就不可能踏入政坛，也无法赢得任何选票。"② 她遇到的最多质疑就是缺乏政治经验，能力有限。政治观察家和受人尊敬的知识分子阿里夫·布迪曼（Arief Budiman）发表文章《如果梅加成为总统可能带来危险》，批评她领导能力有限，认为她的支持者是凭感性而不是理性支持她。如果她当上总统，"因为她的能力有限，所以她无法清楚明智地采纳建议，更有可能做出一种直觉的而非理性的决定。"③

从梅加瓦蒂执政三年的政绩来看，大部分民众对其执政能力不满意，认为她表现非常保守、低效，民主改革迟缓，经济复苏乏力，腐败问题加剧。④ 根据《罗盘报》（*Kompas*）2003 年公布的一项调查结果，梅加瓦蒂任职 3 个月时在"改善经济""政治安全""伸张法治"和"提高民生"四个方面的民众满意度分别是 73.7%、72.2%、67.2% 和 73.5%，而在执

---

① Rokhmin Dahuri, "At Least, Try the Best", Zainun Ahmadi, ed., *Rahadi Zakaria, Mereka Bicara Mega*, Jakarta: Yayasan Paragraf, 2008, hlm. 215 – 221.

② 《360 名女候选人争夺 560 议席》，联合早报网，2009 年 3 月 17 日，http://www.zaobao.com/yx/yx090317_503.shtml。

③ Kathryn Robinson and Sharon Bessell eds., *Women in Indonesia: Gender, Equity and Development*, Singapore: ISEAS, 2002, pp. 14 – 15.

④ Steven Drakeley, *The History of Indonesia*, Westport: Greenwood Press, 2005, pp. 161 – 163.

政第 21 个月时却只有 28.6%、26.8%、27.8% 和 31.8%，达到历史最低点，其中"政治安全"满意度最低，"伸张法治"次之。在她执政第 24 个月时满意度有所回升，但也只有 40.4%、35.7%、34.7% 和 38.1%。①

公允地说，梅加瓦蒂就任总统时，印尼的政治经济状况已到了崩溃边缘，深陷 1997 年金融危机和苏哈托倒台后的乱局无法自拔，国家沦为"弱国家"，处于失序状态。哈比比、瓦希德都无法扭转这个"烂摊子"而相继倒台，梅加瓦蒂深知任内最重要的任务是实现政治、经济与社会的稳定，加强法制，她执政期间在民主建设、打击地区分离主义和振兴经济等问题上，都取得了一定成果。她在任内通过了全民直选总统的立法，总统不再由印尼人民协商会议选出；相继平息了安汶、伊利安查亚和亚齐的分离主义运动。梅加瓦蒂的执政对于印尼的民主转型具有承上启下的作用，正如她自己所说："21 世纪对于我们来说是一个改革和前进的时期，而我也有幸能够在这个时期的开始和进行以及将来的进程中，贡献出我自己的一分力量，当然在这一过程中还有很多需要改进的地方。"② 总体来看，她的执政表现虽然强于哈比比和瓦希德，但成绩有限，她就像救火队员，"头痛医头脚痛医脚"，在印尼层出不穷的问题中疲于奔命，借此希望能"稳住印尼"。

民众对苏加诺光环照耀下的梅加瓦蒂曾寄予厚望，但她不可能扭转印尼"百废待兴"的局面，人们对梅加瓦蒂执政能力的怀疑得到"验证"，对她的期望转变为失望，进而演变成绝望和不满。在 2004 年总统选举中，退役军官苏希洛所具有的军人出身、留学海外的精英背景、坚毅果断与领袖魅力，能满足民众对其能力的预期，认为苏希洛能以强硬手腕打击恐怖主义和分离主义，采取果断措施促进经济发展。相比之下，民众认为梅加瓦蒂的沉默寡言、隐忍审慎、无为而治以及温和母性，表明其执政能力不足，是造成改革停滞和经济复苏缓慢的主因，人们呼唤强人政治，苏希洛顺势而上。2009 年梅加瓦蒂再次与苏希洛竞选总统，又再败给苏希洛。主要原因是苏希洛的执政能力、在任绩效和个人魅力的确强于梅加瓦蒂，在

---

① 张冬青：《梅加瓦蒂执政的女性主义合法性认知》，硕士学位论文，厦门大学南洋研究院，2010 年，第 28 页。

② 《梅加瓦蒂：我将为我所热爱的祖国和人民继续奋斗》，中华人民共和国驻泗水总领事馆，2010 年 10 月 5 日，http://surabaya.china-consulate.org/chn/zt/zyngx/t758681.htm。

其执政期间，印尼政局稳定，金融等主要行业落实改革，增强了印尼的外资吸引能力，促进了经济增长。印尼走出"弱国家"的泥淖，民主转型取得初步成功。民众普遍对苏希洛执政表现表示满意，投票给他而不是梅加瓦蒂。

（二）与现任总统的关系

梅加瓦蒂是前任总统，又是大党领袖，在印尼政坛举足轻重，如何处理与现任总统的关系，发挥更大的政治作用，考验其政治能力和智慧。

梅加瓦蒂与苏希洛曾是挚友和合作伙伴。早在"七二七"惨案时就相识，有人称梅加瓦蒂早已从印尼"情报将军"穆尔达尼（Leonardus Benyamin Moerdani）处得知1996年7月27日军方将进攻印尼民主党的总部，但仍听之任之，甚至与当时任雅加达军区总参谋长的苏希洛准将和总指挥的苏迪约索（Sutiyoso）中将联系。① 梅加瓦蒂希望借此博取民众的同情。而苏希洛和苏迪约索则是为了执行苏哈托的命令，阻止梅加瓦蒂再次成为印尼民主党主席。苏希洛和苏迪约索与梅加瓦蒂"通气"，也换得了政治回报，他们在瓦希德和梅加瓦蒂的内阁中都居高位，苏希洛是瓦希德执政时期的政治与安全统筹部部长，梅加瓦蒂接任总统后，仍任命苏希洛为政治与安全统筹部部长。那时候，苏希洛作为首席部长（政治与安全统筹部部长在印尼内阁各部长中排名居首），梅加瓦蒂与苏希洛的关系曾经非常亲密。但苏希洛决定参加2004年总统竞选，梅加瓦蒂认为苏希洛"背叛"了她，从此两人关系交恶。梅加瓦蒂在内部会议中称："如果阿敏·赖斯、维兰托当上总统，我都会出席。但唯独苏希洛我不去，因为他背叛了我！"②

2004年10月苏希洛邀请梅加瓦蒂出席总统就职典礼，遭到梅的拒绝。2006年苏希洛试图与她和解，梅加瓦蒂当时托人给苏希洛送去五个问题，请苏希洛回答，即（1）苏希洛是否对梅加瓦蒂和其他人说过："我其实已被废弃，是梅加瓦蒂给予我信任和重用。梅加瓦蒂是我的恩人。"（2）苏希

---

① Robert Strong, "Megawati Dalang Kerusuhan 27 Juli 1996"（《梅加瓦蒂导演了1996年7月27日暴乱》），*Kompas*, 24 Juni 2015, http：//www.kompasiana.com/robert99/megawati-dalang-kerusuhan-27-juli-1996_54f7ca96a33311b71f8b49a3。

② Tjipta Lesmana, *Dari Soekarno Sampai SBY: Intrik & Lobi Politik Para Penguasa*（《从苏加诺到苏希洛·班邦·尤多约诺：各统治者的阴谋和政治游说》），Jakarta：Gramedia Pustaka Utama, 2009, hlm. 305。

洛任政治与安全统筹部部长期间，梅加瓦蒂曾经问过苏希洛是否从事诸如筹建政党的政治活动，苏希洛如何回答。（3）苏希洛曾经对媒体说，他曾经向梅加瓦蒂表达过愿意成为她竞选的搭档，但是被梅加瓦蒂拒绝，是否有此事？（4）2004年1月，梅加瓦蒂曾经在内阁会议上公开询问内阁成员，何人准备参加总统选举，苏希洛当时回答不会参选。是否有此事？（5）外界传言苏希洛被梅加瓦蒂和内阁排挤，是否属实？①

梅加瓦蒂纠缠于"背叛"，显得意气用事，缺乏政治家的格局。相比之下，苏希洛能够为了政治利益最大化，放低姿态，区分个人恩怨和政治行为。在处理两人矛盾中，梅加瓦蒂显然棋差一招，苏希洛姿态越低，人们就越同情苏希洛，就越认为苏希洛深受梅加瓦蒂的排挤和迫害。苏希洛也许从梅加瓦蒂处学来"示弱"和扮演"受害者"这一"妙计"，但他运用得比梅加瓦蒂更好。②

印尼新一任总统佐科出身平民，是民主斗争党成员，担任过雅加达市长，政绩卓著。2014年总统选举，梅加瓦蒂原计划再次竞选总统，但横空出世的"黑马"佐科得到党内和社会的一致认可，经过再三考虑，最终她决定放弃参选，一心推举佐科为总统候选人，经常在佐科的竞选活动中卖力声援。佐科能在短短十年内完成从贫民窟到总统府的"华丽转身"，与梅加瓦蒂的支持密不可分。佐科当选无疑证明梅加瓦蒂的正确决策。印尼政界流传一种说法，在佐科就任总统前，两人的关系堪比"母子"，佐科成为印尼新总统后，他们的关系自然就变成"小皇帝"与"皇太后"了。③ 如果梅加瓦蒂不甘退居二线，这位"垂帘听政"的党主席将成为佐科展示独立执政能力的巨大挑战。所幸，佐科正在领导印尼步入正轨，总统府并未进入"梅加时代"。佐科作为民主斗争党的成员，有义务积极推动民主斗争党的发展，以及提升该党在议会中的影响力。

---

① Clara Maria Tjandra Dewi H., "Ingin Ketemu Mega, SBY Harus Jawab Lima Pertanyaan", *Tempo*, 2 Mei 2014, https：//nasional.tempo.co/read/574780/ingin-ketemu-mega-sby-harus-jawab-lima-pertanyaan#ixLsGiShjX7uiduo. 99.

② Dwi Afrilianti, "SBY Pegang Kartu AS Megawati di Tragedi 27 Juli"（《苏希洛·班邦·尤多约诺在"七二七"惨剧中紧握梅加瓦蒂的要害》），*Okezone*, 27 Juli 2011, https：//news.Okezone.com/read/2011/07/27/339/484936/sby-pegang-kartu-as-megawati-di-tragedi－27－juli.

③ Warjio, Ph. D., *Politik Belah Bambu Jokowi：Dari Mafia Politik Sampai Islamfobia*（《佐科维的分而治之政治：从政治黑手党到伊斯兰恐惧症》），Medan：Puspantara, 2015, hlm. 3.

而梅加瓦蒂作为民主斗争党的党魁，有义务监督总统的一举一动，不得超过既定的纲领和违反法律法规。①

这就决定了两人的关系错综复杂，既有合作，又有对抗；既有情义，又有利益。一方面，佐科要回报"皇太后"梅加瓦蒂的"养育之恩"，不仅在民主斗争党内推举梅加瓦蒂再次成为党魁，还默许梅加瓦蒂将她的亲信安插到自己的内阁和政府高层中，比如梅加瓦蒂的女儿布安担任部长，甚至还计划提名梅加瓦蒂推荐的、涉嫌贪污的古纳万（Budi Gunawan）成为国家警察局局长。另一方面，佐科也意识到梅加瓦蒂"垂帘听政"，处处掣肘，将影响他改革与施政的独立性与有效性。因此，佐科也不断引入其他力量，如专业集团党（Golkar），与梅加瓦蒂和民主斗争党抗衡，减少传统政治精英与政治巨头对政府执政的影响，达到一种动态平衡。

佐科执政两年多，政绩卓著，仍保持着较高的民意支持，根据塞弗尔·穆查尼研究咨询公司（Saiful Mujani Research and Consulting）最新的民调结果显示，67%的受访者满意佐科的执政表现，69%的受访者认为佐科是一个好领袖。② 在模拟2019年大选投票的调查中，佐科的得票率为34.1%，其最大竞争对手普拉博沃的支持率仅为17.2%，不能望其项背。③ 从民意基础来说，佐科很有希望连任，但肯定会受到传统政治精英阶层和军队势力的"围追堵截"。佐科清楚地意识到梅加瓦蒂在印尼政坛中的影响力，需要她的支持。而梅加瓦蒂也意识到如果协助佐科成功连任，将有利于民主斗争党的发展，有利于扶持她的一子一女继续走上政治高位。在这样的互相需求下，两人的关系有所转圜，频频共同出席大型活动。

---

① "Antara Jokowi dan Megawati"（《佐科维和梅加瓦蒂》），*Koran Sindo*，18 Desember 2015，https：//nasional. sindonews. com/read/1070479/16/antara-jokowi-dan-megawati-1450425832。

② "Jokowi's Electability Remains Strong, Unaffected by Ahok's Blasphemy Scandal：Survey"，*Coconuts Jakarta*，9 June 2017，https：//coconuts. co/jakarta/news/jokowis-electability-remains-strong-unaffected-ahoks-blasphemy-scandal-survey/.

③ Estu Suryowati，"Usai Pilkada DKI, Survei SMRC Sebut Jokowi Masih Unggul dari Prabowo"（《雅加达首都特区省地区选举结束后，赛夫姆贾尼研究与咨询机构民调结果称佐科尚领先与普拉博沃》），*Kompas*，8 Jun 2017，http：//nasional. kompas. com/read/2017/06/08/20045561/usai. pilkada. dki. survei. smrc. sebut. jokowi. masih. unggul. dari. prabowo。

二 柔中带刚的执政风格

梅加瓦蒂在竞选时突出自己的母性、关爱、非暴力，加上她沉默寡言，缺乏政治敏锐，人们认为她会是一个"软弱"的总统，一位著名评论员塔卡斯（Takashi Shiraishi）强调："印度尼西亚的政治体系已经发生了转变……一个强有力的总统体制已经不复存在，取而代之的是一个相当弱的总统体制。"① 意指梅加瓦蒂是一个软弱的总统。

梅加瓦蒂的"无为而治"、谋而后动，鲜少发表意见，被认为是"软弱"。她对民族分离主义者采取谈判方式，也被认为是"软弱"。

但梅加瓦蒂的执政风格并不是一味"软弱"，当与自由亚齐运动谈判破裂时，她采取"强硬"措施，以海陆空部队"先发制人"，宣布对亚齐实行戒严，强化军事管制，对亚齐展开了"近30年以来最大规模的军事行动"②。在巴厘爆炸案发生后，面对恐怖主义的威胁，梅加瓦蒂立即颁布两项紧急政令，以强硬手腕对付恐怖主义活动。③

梅加瓦蒂软硬兼施的执政风格并没有为她带来多少赞扬。一些人认为她就像个家庭妇女，执政软弱。当她出兵对付亚齐分离运动时，另一些人又认为她背离了女性的温柔、非暴力形象和关注人权的承诺。早前梅加瓦蒂呼吁马上停止一切形式的暴力事件，"让亚齐人民有尊严、自由和公平地生活在印尼这片独立的土地上，将属于他们的人权还给他们！"④ 然而，在亚齐军事管制期间，军人滥杀无辜，根据35个印尼非政府组织向联合国人权理事会递交的控诉材料称，仅在印尼国民军进入亚齐6个月间，出现166起暴力事件，43人被绑架，54人失踪，145人遭谋杀，还有22起针对记者的暴力事件。⑤ 梅加瓦蒂政府和军队遭到国内外非政

---

① *Jakata Post*，2001.8.3.
② 温北炎、郑一省：《后苏哈托时代的印度尼西亚》，世界知识出版社2006年版，第41页。
③ 《印尼颁布两紧急政令 反恐慌任务由警方执行》，《联合早报》2002年10月20日。
④ Andi Setiono Dll, *Tragedi Megawati: Revisi Politik Massa di Indonesia*（《梅加瓦蒂的悲剧：回顾印尼的大众政治》），Yogyakarta: Tarawang Press, 2000, hlm. 34.
⑤ Sapto Pradityo, "Selama Pemerintahan Megawati, Penegakan HAM Mandek"（《梅加瓦蒂执政期间人权方面的立法工作中断》），*Tempo*, 15 Maret 2004, https://m.tempo.co/read/news/2004/03/15/05540684/selama-pemerintahan-megawati-penegakan-ham-mandek。

府组织批评，指他们犯下侵犯人权的罪行。

梅加瓦蒂的母性、关爱形象，加上她一再强调保护人民的利益，令民众对她能提高民生有较大期待，但事实上她不顾民众反对，以强硬方式提高油价，目的是确保经济稳定。甚至她"还以法律的形式扩大了社会不公"，在修订宪法问题上，尤其是修订后的第33条，将印尼经济的性质改为自由资本主义，淡化国家在调控经济中的作用，梅加瓦蒂被批评非但没有保护底层民众利益，反而加剧了社会不公。①

从梅加瓦蒂的执政风格来看，她并不是一个"软弱"的总统，而是柔中有刚，软硬兼施，但这并不符合人民对她的预期，人们预期她以母性的关爱实现其保护人民利益的承诺，但她的"强硬"举措损害了人权和民生，没有做到这一点；人们预期她应该果断、强硬解决经济难题、贪污腐败和军队双重职能，但她的被动、"软弱"也没有做到这点。人们的期望将变为失望，进而演变成绝望和不满，这就不难理解为何外界对梅加瓦蒂执政的评价多以负面为主。

三　贪腐问题与裙带关系

印尼贪污腐败盛行，人民对此深恶痛绝，梅加瓦蒂作为女总统，承载了人们对女性"纯洁"有利于清廉政治的想象，对其治理贪腐有较大期待。

梅加瓦蒂也确实着意打击贪污腐败现象。她在第一次议会述职演讲中表示，她个人、家庭成员及互助内阁的成员，都将与腐败—官商勾结—裙带关系（KKN）划清界限。她承诺，无论多么困难，她都将坚持打击腐败—官商勾结—裙带关系问题。② 梅加瓦蒂在上任之初还要求合作内阁的所有成员汇报各自资产，并尽快提交给国家官员资产审核委员会

---

① Robertus Belarminus, "Rachmawati Sebut Megawati Terkait Keinginannya Kembali ke UUD 1945"（《拉赫玛瓦蒂称梅加瓦蒂欲重回〈1945年宪法〉》），*Kompas*，7 Desember 2016，http：//megapolitan.kompas.com/read/2016/12/07/19350421/rachmawati.sebut.megawati.terkait.keinginannya.kembali.ke.uud.1945。

② A. Umar Said, "Perspektif Pemberantasan Korupsi di Bawah Pemerintahan Megawati"（《梅加瓦蒂执政下的反贪前景》），*Hukum Online*，20 Agustus 2001，http：//www.hukumonline.com/berita/baca/hol3476/perspektif-pemberantasan-korupsi-di-bawah-pemerintahan-megawati。

(KPKPN)。

但是，梅加瓦蒂并未切实履行就任初期许下打击贪污腐败的承诺。在对苏哈托家族贪污腐败问题上宽大处理，暂缓审判。苏哈托家族涉嫌多项严重的贪污罪，本应严惩，但梅加瓦蒂却害怕遭到苏哈托家族和军队的打击报复，对苏哈托案件进行"冷处理"，致使该案不了了之，民众大失所望。此外，梅加瓦蒂对政府官员的贪污腐败案不严加惩处，如对专业集团党总主席、国会议长阿克巴尔·丹戎挪用公款案和最高检察长拉赫曼巨额财产来历不明案未加以追究，丹戎贪污400万美元，被法院判处有期徒刑3年，但他仍然可以出任议长和出席国际会议，在查处涉嫌受贿的最高检察长拉赫曼时，梅加瓦蒂直接解散了反贪委员会。因此，印尼舆论认为她是在"袒护贪污"。更严重的是，梅加瓦蒂的家人陷入贪污腐败，她的丈夫基马斯和长子普拉达玛（Mohammad Rizki Pratama）被指直接涉嫌贪污。

梅加瓦蒂任内，贪污腐败问题不仅没有减弱，反而有愈演愈烈之势。印尼许多专家指出，在苏哈托统治下，腐败已经形成一个"有固定规矩的体系"，一个人只要付了钱，那就一定能享受一定的服务。而在梅加瓦蒂任总统期间，腐败势头没有得到遏制，反而更加难以控制，① 印尼各系统、部门、地区不同程度地存在腐败现象。根据透明国际（Transparency International）公布的"全球清廉指数"，2001—2004年印尼的得分分别为1.9、1.9、1.9和2，排名分别为88/91、96/102、122/133和133/146名，属于贪污腐败最严重的国家。② 本来民众对梅加瓦蒂最初的反腐败决心和豪言壮语抱很大的期望，但现在大为失望，《罗盘报》2003年公布的一项调查结果，在民众对梅加瓦蒂执政的满意度中，"伸张法治"的得分最低。

裙带关系也是印尼政治的弊端之一，苏哈托家族横行印尼数十年，引发民众反感，相比之下，苏加诺家族不涉及贪污，这是梅加瓦蒂受到拥戴的原因之一。

---

① Claudia Derichs & Mark R. Thompson, eds., *Dynasties and Female Political Leaders in Asia: Gender, Power and Pedigree*, Berlin: LIT VERLAG Dr. W. Hopf, 2013, p. 280.

② 数据来源：国际组织"透明国际"官网，http://www.transparency.org/。

一般来说，凭家族的名气登上政治舞台，并不等同于家族政治的复兴，但凭借家族背景赢得政权后，也必然会以各种政经资源犒赏家族中人，久而久之就会重蹈裙带腐败之覆辙。① 梅加瓦蒂也不可能免俗，她的丈夫、子女都参与政党和政府，裙带关系越来越牢固。

梅加瓦蒂的丈夫、"总统先生"基马斯是裙带关系中的关键人物。基马斯是一个非常有政治抱负和政治野心的人，他说服梅加瓦蒂进入政坛，为她出谋划策，在梅加瓦蒂从政之路上立下汗马功劳，为了能让妻子顺利坐上总统的位置，基马斯曾经亲自前往美国公关游说。梅加瓦蒂任职总统后，基马斯继续出谋划策，比如梅加瓦蒂乐于深入民间进行走访，了解民众的实际需求，实际上就是接受基马斯的多次提点，他提醒梅加瓦蒂要将重心放在基层民众处。梅加瓦蒂任总统后期，他甚至直接干涉军队许多高级军官的任命与升职。此外，基马斯还在公共场合挖苦时任政治与安全统筹部部长的苏希洛"幼稚无知"，这是苏希洛与梅加瓦蒂分道扬镳的导火线。由于基马斯积极参与政府事务，外界对梅加瓦蒂的批评之一是放任"总统先生"比总统本人更积极参与政治生活，甚至可以说"反客为主"，领导着梅加瓦蒂进行施政。② 基马斯对此加以否认，"虽然我经常被邀请参加讨论，我也提供一些建议，但她的决定是建立在我的建议之上吗？不是的。"③ 其实，"总统先生"参与政治事务是正常的事，许多国家总统夫人也积极介入丈夫的政治活动，尤其是美国总统克林顿夫人希拉里，参与政府的许多事务。问题的关键在于，总统夫人参政并不会掩盖总统的能干，没人指责克林顿依赖希拉里。而在印尼，"总统先生"的干政一方面招致裙带关系和贪污腐败的指责，另一方面则加固了梅加瓦蒂没有执政能力的形象，要依赖丈夫辅政。

梅加瓦蒂的子女也进入裙带关系网。她将次子布拉那达（Muhammad Prananda Prabowo）和女儿布安安插进民主斗争党，并致力于将布安培养

---

① 欧阳晨雨：《后苏希洛时代转身"明星政治"》，《南风窗》2014 年 5 月 8 日，http://www.nfcmag.com/article/4726.html。

② "Taufik Kiemas, Sang Mr. President"（《陶菲克·基马斯：总统先生》），*Forum Detik*, 26 Desember 2007, http://forum.detik.com/showthread.php?t=10308。

③ Christovita Wiloto, *The Power of Public Relations*, Yogyakarta: BPK Gunung Mulia, 2006, p. 84.

成民主斗争党主席的继承人。2009 年，在苏希洛选情一片大好的背景下，梅加瓦蒂坚持再次参选总统，除了有一定的贪恋权力和与苏希洛赌气的成分外，还有把自己的子女护送上从政之路的考虑。2014 年，民主斗争党在国会大选中成为国会第一大党。2015 年，梅加瓦蒂再次当选民主斗争党主席，并将她的一子一女推选为党内分会的主席，幼女布安是政治与安全分会主席，次子布拉那达则是创意经济分会主席。① 梅加瓦蒂的许多演讲稿多出自布拉那达之手，而布安也在党内居要职。② 布安能在佐科（Joko Widodo）执政时期担任印尼人类发展与文化统筹部长，与梅加瓦蒂的大力举荐不无关系。

梅加瓦蒂长居民主斗争党主席之位，加之着力培养儿女接班，使得民主斗争党俨然成了梅加瓦蒂的家族政党，饱受人们诟病。

四 妇女权益问题

梅加瓦蒂能在 1999 年成为印尼第一位女副总统，2001 年成为印尼第一位女总统，被人们视为是印尼妇女地位提高的标志。这在一个

---

① "Dua Anak Mega Jadi Ketua, Tokoh Penyerang Samad KPK Jadi Sekjen"（《梅加瓦蒂的两个孩子成为主席，袭击反贪委员会萨马德的人成为秘书长》，*BBC Indonesia*，10 April 2015，http：//www.bbc.com/indonesia/berita_indonesia/2015/04/150410_pengurus_pdip。

② "Jejak Politik Putra-putri Megawati"（《梅加瓦蒂子女的政治足迹》），*Detik News*，11 Juni 2013，https：//news.detik.com/berita/2270453/jejak-politik-putra-putri-megawati。

以穆斯林为主的国度，非常难得。女性主义理论认为，如果女性能进入社会政治中心，摆脱客体化和从属者的地位，必定会致力于提升妇女权益。梅加瓦蒂总统也较关注印尼妇女权利。首先，在组建内阁时，任命了两位女部长，分别是国有企业部部长、贸易与工业部部长莉妮（Rini Soemarno）和妇女赋权部部长室莉（Sri Redjeki Sumarjoto）。其次，在立法层面，梅加瓦蒂于2004年10月签署通过《2004年第39号关于印尼海外劳工安置和保护的印度尼西亚共和国法律》，旨在保护印尼海外劳工的合法权益，尤其是占多数的海外印尼女佣群体。① 梅加瓦蒂也曾公开表示，希望马来西亚等印尼劳工海外务工的聚居国，能够切实保护印尼劳工的合法权益，打击暴力和歧视行为。② 再次，虽然最初她反对设立促进女性参政的配额制，认为这实际上贬低了女性群体，女性应努力提高能力，而非"占制度的便宜"，③ 但最后她还是同意并支持立法设立30%的配额制。④

梅加瓦蒂认为，女性和男性一样，拥有同等的权利。因此，"需要拓宽女性进入各种领域、发挥作用的机会，而非设置障碍。在社会的各行各业，在政治领域，都应该有女性的身影。但前提是这些女性个人足够努力，能力与职位相当。"⑤ 梅加瓦蒂希望女性是独立和坚强的，不要总在抱怨，她并不认为女性应受到"特殊关爱"，这是她最初反对女性配额制的出发点。但女性主义认为，妇女既是长期被忽略而需要关怀的被关

---

① Ana Sabhana Azmy, *Negara dan Buruh Migran Perempuan: Menelaah Kebijakan Perlindungan Masa Pemerintahan Susilo Bambang Yudhoyono 2004 – 2010* (《国家和女性移民劳工：2004—2010年苏希洛·班邦·尤多约诺执政期间的保护政策研究》), Jakarta: Yayasan Pustaka Obor Indonesia, 2012, hlm. 93 – 94。

② Ihsanuddin, "Pidato di Malaysia, Megawati Minta Kekerasan Terhadap TKI Dihapuskan" (《梅加瓦蒂在马来西亚演讲，要求消除对印尼劳工的暴力行为》), Kompas, 14 March 2017, http://nasional.kompas.com/read/2017/03/14/21003071/pidato.di.malaysia.megawati.minta.kekerasan.terhadap.tki.dihapuskan。

③ Ani Widyani Soetjipto, *Politik Perempuan Bukan Gerhana: Esai-Esai Pilihan* (《精选论文：女性政治不是困境》), Jakarta: Penerbit Buku Kompas, 2005, hlm. 7。

④ Yvonne de Fretes, *Rita Sri Hastuti*, *Megawati: Anak Putra Sang Fajar* (《梅加瓦蒂：曙光之女》), Jakarta: Gramedia Pustaka Utama, 2012, hlm. 93。

⑤ Megawati, *Pidato Sambutan di Pondok Pesantren Darussalam Gontor* (《在滚多尔伊斯兰学校的欢迎辞》), Jawa Timur, 2002。

怀者，也是实施关怀的关怀者。妇女长期被排斥在政治领域之外，其权利被漠视、忽略，妇女的利益和诉求未能得到很好的表达，这是非正义的表现。女性主义者认为采取30%的配额制才能快速提升女性的政治参与，才能切实保证妇女权益，因为研究表明，只有当女性在决策机构中的比例达到30%的"临界量"时，涉及女性切身利益的问题才可能被提上议事日程并获得立法。①

女性主义批评，梅加瓦蒂缺少性别意识，没有切实关注妇女权益。她反对配额制，对副总统的一夫多妻行为置若罔闻，对民族冲突中妇女所遭受的性暴力漠不关心，没有多任命一些女部长，反而任命了非女权活动家室莉取代著名女性主义活动家歌菲法（Khofifah Indar Parawansa）为妇女赋权部部长。她自己圈子里的女性也是屈指可数，在民主斗争党的中央委员会中除了她，只有一名女性。② 可见梅加瓦蒂并未带来妇女进步的曙光。在2004年大选中，占总人口51%、选民57%的印尼女性纷纷将手中的选票投给苏希洛，而非梅加瓦蒂。大选第二轮竞选前的调查显示，支持梅加瓦蒂和苏希洛的女性选民分别为39.7%和60.3%。③ 从梅加瓦蒂这个案例，不少女性主义者开始呼吁，必须对基层民众和领导阶层，甚至包括总统，进行女性主义培训。④ 因为梅加瓦蒂"来自一个不支持妇女的环境"⑤，她的精英家庭背景和政治生涯充满着特权和男性话语，因而缺乏性别敏感。

可见，在妇女权利问题上梅加瓦蒂也深受"双重困扰"。因为她是女总统，妇女组织认为她应多保护女性权益，因此女性主义者乐见梅加瓦蒂出任总统，并对她寄予厚望。但梅加瓦蒂总统对妇女权利并没有特别地，哪怕是平等地给予重视，甚至妇女的地位在某些方面不但没有得到

---

① 李英桃：《社会性别视角下的国际政治》，上海人民出版社2003年版，第61页。

② Susan Blackburn, *Love, Sex and Power: Women in Southeast Asia*, Clayton: Monash Asia Institute, 2001, p. 22.

③ Leo Suryadinata, *Elections and Politics in Indonesia*, Singapore: Institute of Southeast Asian Studies, 2002, p. 28.

④ Mikaela Nyman, *Democratising Indonesia: The Challenges of Civil Society in the Era of Reformasi*, Singapore: NIAS Press, 2006, p. 74.

⑤ Susan Blackburn, *Love, Sex and Power: Women in Southeast Asia*, Clayton: Monash Asia Institute, 2001, p. 32.

提高与改善，反而有所下降或恶化，令印尼女性主义者大失所望，随后展开对她的批评。但另一方面，梅加瓦蒂作为总统，做决策时还需要权衡各方的需求。比如，当初为了消除伊斯兰保守势力对她作为女性出任总统的反对，她推举印尼最大的伊斯兰政党建设团结党主席哈姆扎·哈兹为副总统，所以对于涉及伊斯兰的一些问题，如一夫多妻制，避而不谈。作为总统，如果她过多关注妇女权利，无疑是政治自杀行为，会遭到另一群体，尤其是保守人士的反对。

余 论

在印尼这样一个伊斯兰社会，女总统或女领袖出现，需要"天时地利人和"。在目前的选举制度和宗教背景下，印尼短期内很难再出现女总统。2001年梅加瓦蒂能出任总统，建立在瓦希德政权合法性丧失的基础之上，她没有经过全民直选，是由人民协商会议选出，因此她的当选更多反映的是精英民主。印尼政治精英对女性的态度，与普通民众（尤其是虔诚穆斯林）具有较大的差别，政治精英对女性的认同度和包容度较高，对女领袖当选的心理障碍较小。2004年和2009年总统由全民直选，梅加瓦蒂之所以败选，除了执政能力以外，她的女性身份也是其当选总统的重要障碍。

梅加瓦蒂如其他女总统一样，饱受"双重困扰"，社会对女性角色和"总统"的要求、期待与评价不同，这使得女性当选总统难，即使当选以后，也很难满足各方高标准的要求。梅加瓦蒂一方面要像男性领导人一样面对风云突变的国内局势并促进国家发展；另一方面还因为女性身份、过于"内敛软弱""沉默寡言"、执政能力欠佳而备受指责，同时又因为"强硬"、纵容家人贪腐、裙带关系、损害人权、不关注妇女权利而遭受批评。如何能排除女总统的"双重困扰"，给梅加瓦蒂总统一个公允的评价，是一个难题。

第 四 章

泰国的红玫瑰
政治怪圈与英拉的困境

> 我是他信的小妹,如果你们爱我的哥哥,你们会给他的妹妹一个机会吗?
>
> ——英拉

> 有两种领导方式。第一种是很擅长演讲但不知道如何把工作做好;另外一种是全身心集中在工作上但不擅长演讲。
>
> ——英拉

英拉·西那瓦（Yingluck Shinawatra）是泰国历史上第一位女总理，她从一个政治素人到登上总理宝座只用了85天，创造了一个政坛神话，她在总理宝座上只待了两年多，就被弹劾下台。她的火速上台又迅速下台，都与她的兄长——泰国前总理他信密切相关。与前述东南亚女政治领袖的替代对象已去世多年不同的是，英拉的替代对象他信流亡海外，但仍处于泰国政治的中心，且是各种矛盾和势力斗争的焦点，英拉能够登上政治舞台，得益于他信和泰国政治，她的下台，也受累于他信和泰国政治。实际上，英拉的政治生涯深刻受制于泰国的家族政治、民主政治和性别政治，她深陷于各种困境之中。本章主要探讨英拉的执政表现及泰国政治对她政治生涯的影响。

第一节　英拉的上台路径和执政表现

英拉·西那瓦，1967年6月21日出生于泰国东北部清迈省一个富裕家庭。其父叻·西那瓦是第三代华人，因经商发迹，在20世纪60、70年代曾当选议会议员，英拉是他的第九个孩子，也是最小的一个，深受宠爱。她在清迈接受中学教育，1988年获得清迈大学政治与公共管理学学士学位，1991年进入美国肯塔基州立大学攻读政治学和工商管理硕士学位。英拉家族是泰国有名的政治家族，其兄他信和姐夫颂猜都曾出任泰国总理，但英拉本人并不关心政治，尽管她读的是政治学。回国后英拉主要从事商业经营，她开始在家族企业工作，2002年英拉成为西那瓦家族旗下AIS电信公司的执行总裁，2006年在其母公司出售给新加坡的淡马锡公司后，英拉离职，加入另一家族企业SC房地产公司任总经理，均取得相当不错的成绩，尤其是在2006年他信被军事政变赶下台后，英拉沉着应对西那瓦家族企业面临的不利政治环境，所经营的公司股票上涨101%，展现出很强的经商才能和领导能力。那么，作为一个对政治不感兴趣的、成功的CEO，为什么英拉2011年要踏入政坛？

一　从商界CEO到泰国总理

在2011年大选之前，泰国社会仍处于自2006年军事政变开始的撕裂之中，支持他信的红衫军和反对他信的黄衫军分庭抗礼，街头示威不断，暴力冲突时有发生。2010年4月更是爆发了红衫军大规模示威活动，遭到军队的血腥镇压，导致91人丧命，1400人受伤，伤亡人数惨重，国家机器基本陷入瘫痪。迫于紧张的社会局势，再加上执政的民主党对新一轮大选有信心，总理阿披实在2011年2月宣布解散议会，举行新一轮大选。但支持他信的为泰党面临无人可当大任的不利局势：他信流亡海外不能参加选举，大多数党内主干力量又在2008年被判处五年内不得从政，现有的候选人民意支持度不高，他信家族中很多成员因为涉嫌腐败案而被禁止从政，只有他信的前妻和妹妹英拉未背负罪名。"民主党甚至预测能够领先为泰党65到67个席位"①，不少记者和独立民意机构也预测为泰党不大可能赢得此次选举。

在这样的形势下，为吸引支持他信的选民，赢得选举，2011年5月16日，为泰党推出他信的妹妹英拉为总理候选人展开竞选活动，使得大选的局势发生了根本的逆转。英拉踏入政坛是不得已的，其实早在2010年底，为泰党就有意让英拉出任党主席，但英拉反复表示无意涉足政坛，更想专心在商业领域发展，拒绝了为泰党的提议。之后在他信的大力劝说下，英拉才最终决定以总理候选人身份，代表为泰党角逐2011年大选，由此正式步入政坛。英拉并不是为泰党主席或中央执行委员，此举旨在确保英拉当选总理后，不会因为其个人涉及弊案而使为泰党遭受被解散、失去政权的厄运。②

2011年大选十分激烈，民主党和为泰党提出竞选纲领和一系列诱人的承诺。为泰党提出了"他信思考，为泰党行动"（Thaksin Thinks, the Party Acts）的竞选口号。英拉代表为泰党提出一系列惠民主张，包括：工人最低工资提高36%—89%，大学毕业生月薪不低于1.5万泰铢；为减轻雇主负担，2012年起将公司税税率从30%下调至23%，2013年起进一步降至20%；上调大米收购价格，从每吨不足1万泰铢提高至1.5万泰铢；在全国修建高速铁路、降低曼谷城铁票价、向学生发放平

---

① Pasuk Phongpaichit and Chris Baker Source, "Reviving Democracy at Thailand's 2011 Election", *Asian Survey*, Vol. 53, No. 4, 2013, p. 613.
② 张锡镇、宋清润：《泰国民主政治论》，中国书籍出版社2013年版，第137页。

板电脑,等。① 英拉还承诺,将授权给独立运作的真相与和解委员会调查 2010 年军方与"红衫军"示威者冲突的真相,惩治凶手。

民主党的竞选纲领也大打民生牌:以现行最低工资为基准,两年提高 25%;划拨部分国有土地,分发给 25 万贫困农民并给予地契;扩大社保范围,使 2500 万工人和农民遭遇疾病、伤残或死亡时能得到更高补偿;全民免费医疗;18 岁前完全免费教育,向 23 万大学生提供教育贷款;增加政府对柴油和天然气补贴;向低收入家庭免费供电;等等。②

两个主要政党的竞选纲领都是大打民生牌,尤其是英拉的竞选承诺以拉拢选民、低收入群体为目的,显现"民粹主义"特征。但如何实现上述承诺,英拉并没有细说,许多经济分析师预测,为泰党的大幅提高最低工资、上调大米收购价格、增加公共项目等承诺,哪怕只是部分兑现,都会加剧通胀,继而迫使中央银行提高利率,阻碍经济增长。③ 但下层选民不管这些,他们将对他信的支持转移到英拉身上,加上英拉美丽、温婉的女性特质,使得 1 个月前还不为人知的英拉很快成为大选中的"领跑者"。在 6 月公布的多项民意调查显示,英拉所在的为泰党有望赢得 500 个下议院席位中的相当大一部分,而且还有可能会超过半数,从而获得单独组阁权。④ 2011 年 7 月 3 日大选投票,7 月 5 日公布大选结果,为泰党赢得了 500 个议席中的 265 个,其中甚至包括曼谷的 10 个议席,成为泰国历史上第二个赢得议会绝对多数议席的政党(第一个是 2005 年他信所领导的泰爱泰党),英拉以压倒性的优势击败看守总理阿披实。8 月 5 日泰国议会举行投票,正式选举英拉为总理,8 月 8 日经泰王御准,英拉正式出任泰国第 28 任总理。在不到 90 天里,英拉从一个商界 CEO 华丽转身,成为泰国的首位女总理,同时也是最年轻的总理。

---

① 《英拉勾勒泰国经济政策》,新华网,2011 年 7 月 8 日,http://news.xinhuanet.com/world/2011-07/08/c_121638929.htm。
② 张锡镇、宋清润:《泰国民主政治论》,中国书籍出版社 2013 年版,第 137 页。
③ 《英拉勾勒泰国经济政策》,新华网,2011 年 7 月 8 日,http://news.xinhuanet.com/world/2011-07/08/c_121638929.htm。
④ 《英禄·西那瓦选情看好 阿披实"慌忙"发警告》,《星暹日报》2011 年 6 月 29 日。

二 英拉总理的执政表现

（一）英拉面对的严峻挑战

英拉面对的最大挑战是如何弥合已经撕裂的泰国社会，实现社会和解。他信统治时期的惠民政策使草根阶层受益良多，这一阶层成为他信的坚决支持力量，而中产阶级则反对他信，使得泰国早就存在的城乡二元结构更加壁垒分明。不同阶层民众之间的对立又加深了政治分裂，泰国政坛形成了红衫军和黄衫军两派势力，彼此势不两立，无论哪一方上台执政，都会遭到另一方的坚决反对，街头政治和社会冲突成为泰国政治的常态。英拉政权如果想长治久安，必须争取黄衫军支持，实现社会和解，但英拉身为他信的妹妹和替代者，黄衫军对她的政府虎视眈眈，"只是在等着英拉行差踏错后发难"[①]。

如何处理与他信的关系，也是英拉政府面临的一大挑战。在选举中，他信在海外号召支持者拥护英拉，称英拉是他的"克隆人"，英拉以他信妹妹身份，获得他信支持者的拥戴，从一个政治素人一跃而为总理。他信在海外遥控英拉组阁和制定政策，遭到黄衫军的批评。如果英拉要想在政坛上留得久一点，她必须与他信有所切割，对于泰国民众来说，"政坛新秀"比起"政坛傀儡"更容易接受。在泰国孔敬大学任教的一位美籍学者施特雷克富斯（David Streckfuss）指出："民众对英拉的接受程度，取决于她摆脱（他信的）支配的程度。"[②] 因此，如何与他信适当切割，何时、何种方式让他信回国又不引起政治冲突，是英拉面临的难题。

如何推动经济发展，落实她在竞选中提出的惠民政策，亦是英拉政府面对的一大挑战。泰国的经济增长率在 2010 年一度高达 7.8%，但 2011 年由于政治骚乱，工业、农业、旅游业等主要部门损失严重，经济增长率下降到 0.1%，2011 年 5 月泰国通胀率升至 4.2%，[③] 如何制定合理的经济政策促进泰国经济发展，是英拉面临的又一个难题。

---

① 李月霞：《泰国首位女首相 英叻要完成"不可能的任务"》，《联合早报》2011 年 8 月 7 日。
② 同上。
③ 《英拉勾勒泰国经济政策》，新华网，2011 年 7 月 8 日，http：//news.xinhuanet.com/world/2011-07/08/c_121638929.htm。

作为一个政治新人,英拉完全没有从政经验,她所面对的上述难题,即使是一个政治老手也难以解决,何况,她还要面对没有执政能力的质疑。

(二)英拉的政治与外交

2011年大选为泰党获得过半数席位,可以单独组阁,但为了巩固扩大支持力量,英拉还是选择与国家发展党等其他四个小政党组成了联合政府,这样就使执政联盟议席占众议院总席位的60%,与其他政党分享权力,扩大了英拉政府的统治基础。而且在首届内阁中,英拉并没有任用红衫军的领袖,以减轻反对派对内阁的敌意,这得到泰国民众的普遍好评。同时,政府中的关键职位,如内政、外交、国防等部门把持在为泰党手中,五位副总理中的三位出自为泰党,保持了为泰党对政府的控制力。但2012年原泰爱泰党被当局禁止五年内参政的党员禁止令期满后,英拉在2012年10月和2013年6月两次改组内阁,他信的多名亲信以及红衫军核心成员被延揽入阁,此举被视为安抚他信派势力和红衫军。① 2013年6月英拉担任国防部长,成为泰国第一位女防长,意在加强英拉与军方的直接沟通,防止军方发动政变。

在处理与王室和军方有关的事务时,英拉更是态度恭敬、行事谨慎,避免冲突与矛盾,与这两大政治力量维持了稳定、平和的关系。她上台后认真办好泰王84岁生日庆典,表示对国王的恭敬。同时表示愿为军方做任何事情,批准军方采购30架直升机,并任命他信政府时期的国防部长、军方温和派将军育他萨出任国防部长,以利于政府与军方的协调。

泰南地区因存在民族分离运动,长期处于落后和不安全状态,零星袭击频发。英拉表示政府一直遵照国王的理念行事,坚持以"理解、接触、发展"等理念作为解决泰南问题的指导方针。2012年4月英拉率副总理育他萨上将、陆军总司令巴育上将等赴北大年府腊廊县考都区视察,听取当地首领和民众对解决泰南问题的建议及呼声,增进中央政府与地方的了解,让政府的各项政策能符合当地的实际情况。她还表示,政府在解决问题的同时,更注重当地的发展,致力增加泰南居民收入,提高

---

① 张锡镇、宋清润:《泰国民主政治论》,中国书籍出版社2013年版,第140—141页。

生活水平，以及提高当地的教育质量。①

在外交方面，英拉取得的成绩和受到的赞扬更多。据泰国总理府统计，从英拉上任至 2013 年 8 月底，她共出国访问 42 次，其中包括对 26 个国家的正式访问以及 19 次参加国际会议，② 她以美丽和温婉的形象出现在男性占绝对多数的国际舞台上，成为一道亮丽的风景。她的最大外交成就是缓和泰柬关系，在对柬埔寨的首次出访中，她就与洪森总理达成两国从柏威夏寺争议地区撤军的初步协议，缓解了长期困扰两国的边境纠纷，之后多次磋商，洪森表示柬埔寨与泰国关系紧张的"噩梦"已经结束，将与泰国紧密合作，解决柏威夏寺纠纷。③ 同时，英拉致力于与中国、美国等大国维持良好关系，缓解了泰国与美国自 2006 年政变以来的冷淡关系，与中国的关系也由此前的战略性合作关系提升至全面战略合作伙伴关系，基本确立了政治安全依靠美国，经济发展依赖中国的大国平衡外交模式。这些外交活动，加深了泰国与其他国家的互信与合作，重塑了泰国在国际社会中的形象，有利于提高泰国的国际地位，增强投资者对泰国的信心，促进泰国经济的恢复与发展。而对于英拉个人来说，其出访时的美丽形象与得体装扮，成为泰国"微笑之国"的最佳宣传。

弥合撕裂的社会和实现社会和解是英拉面对的最大难题，正如张锡镇、宋清润指出的："英拉未来执政似乎面临难以完成的政治任务，既要成功劝压他信阵营内部人士勿在他信参政、修宪等敏感议题上谋求'翻案'或'复仇'，又要安抚反他信势力不要'闹事'，以免两派矛盾激化。英拉一旦在他信问题上处理失当，便可能引爆政治斗争。"④ 为化解社会撕裂，英拉上台之后没有寻求政治报复，制裁 2010 年采取暴力手段镇压红衫军集会并造成 90 多人死亡的政府官员与军人。为了避免刺激国内政局，英拉表示会继续支持阿披实执政期间所成立的真相和解委员会（Truth for Reconciliation Commission）的调查工作，并努力促成黄衫军与

---

① 《总理英拉率育塔萨、巴育等赴南疆巡视》，《星暹日报》2012 年 4 月 29 日。
② 常天童、刘洪、潘阳：《英拉为什么能：微笑总理的婉约功夫》，搜狐新闻，2013 年 10 月 10 日，http://news.sohu.com/20131010/n387888527_1.shtml。
③ 《英叻访柬与洪森会谈　泰柬同意从古寺撤军》，《联合早报》2011 年 9 月 16 日。
④ 张锡镇、宋清润：《泰国民主政治论》，中国书籍出版社 2013 年版，第 144 页。

红衫军双方的和解。

英拉致力于社会和解,她强调,要使泰国向前发展,必须实现民族和解,而实现和解首先需从宽容开始。她在其每周例行的《英拉政府与民众面对面》广播电视节目中说,民族和解必须基于平等、公平的原则且须符合法律规范,而所有各方都必须从宽容和团结的愿望出发,才能成功地做到这一点。① 2012年颂提将军和部分为泰党议员向议会提交和解法案,主要内容包括:凡2005年9月15日—2011年5月10日,与政治有关的违法犯罪均可获得特赦,包括正在法庭审理的相关案件应全部停审或撤诉;对于2006年9月19日军事政变中受影响的被起诉者,均可脱罪或平反。② 英拉认同这一提案,5月底泰国议会开始审议。但此提案遭到黄衫军的坚决反对,认为"和解法案"是为了特赦他信,他们包围议会,迫使议会主席宣布无限期推迟和解法案。

英拉的和解努力收到一定成效,直到2013年8月以前,困扰泰国多年的两个阵营之间的斗争暂时止息,无论黄衫军还是红衫军,都没有组织任何大型的引起社会动荡的行动。但2013年8月,为泰党在议会再次提出特赦法案,要赦免自2006年政变以来,参与政治游行、暴力示威的民众,以及政治家,这大大刺激了黄衫军,游行示威随即爆发。随后泰国又一次陷入政治动乱,最终导致英拉下台(详见下文)。

(三)致力于经济发展和民生保障

促进经济发展是英拉政府面临的主要任务之一。上台伊始,英拉政府公布经济政策蓝图,认为在目前全球经济不景气的背景下,为泰党政府经济政策主要是通过促进国内消费,改变过去主要依靠出口来拉动经济增长的不平衡模式;同时通过适当和配套的政策措施提高大米价格,大米收购价从每吨不足1万泰铢提高至1.5万泰铢,以增加农民收入;大幅提升就业人员每天的最低工资标准,2012年1月首先在首都曼谷和其余7个府实行,然后逐步推广到其他地区,曼谷上调幅度为40%,即增至每天300泰铢;为减轻雇主负担,定于2012年将

---

① 《总理英拉称实现民族和解需从宽容开始》,《星暹日报》2012年3月27日。
② 张锡镇、宋清润:《泰国民主政治论》,中国书籍出版社2013年版,第143页。

公司税税率从30%下调至23%，2013年进一步降至20%。①为扶助中小企业，对于年销售额不超过5000万泰铢的中小企业，政府将所缴纳的预扣税率由3%降低至2%，免征所得税企业年销售额的上限也由15万泰铢上调至30万泰铢。②副总理兼商业部长基提拉认为，如果新政府的平衡经济政策取得成功，每年将给泰国增加2500亿泰铢的收入，这一增幅将占泰整个国内生产总值的2.5%，数字相当可观。③

为了争取农民支持，实现竞选时的承诺，英拉大力推行"大米补贴计划"（Rice-Pledging Scheme），对米农进行政策性补贴，最低价由每吨约8000铢提高到每吨1.5万铢，茉莉香米的最低价格提高至每吨2万铢，增幅约40%，远高于市场价。为了争取城市平民支持，英拉政府在全国中小学实行"一人一平板电脑"政策，让每一个小学生能够掌握电脑技能和获取信息；为首次买车的人提供相当可观的税收优惠。

学者对英拉的经济和民生政策褒贬不一。许多人认为这些"民粹主义政策"会加重政府财政负担，扩大赤字，阻碍经济增长。独立学者尼迪（Nidhi Eoseewong）认为明显的社会不平等和以生产为基础的社会是施行民粹主义政策的根本原因："民粹主义政策，如每日最低工资300泰铢有利于改善收入分配和产品购买，所以政府有责任执行。"④经济学家认为，大米补贴、提高最低工资等政策会导致泰国政府今后5年额外增加支出1.85万亿泰铢，不利于实现预算平衡，国际信用评级机构标准普尔公司指出，泰国政府的经济政策可能"负面影响财政状况"。⑤泰国大米商人认为大米补贴计划会使得泰国大米在国际市场上的价格涨高，从而失去传统的大米出口优势。泰国企业主反对增加最低工资，因为这会

---

① 《英拉勾勒泰国经济政策》，新华网，2011年7月8日，http://news.xinhuanet.com/world/2011-07/08/c_121638929.htm。

② 常天童、刘洪、潘阳：《英拉为什么能：微笑总理的婉约功夫》，搜狐新闻，2013年10月10日，http://news.sohu.com/20131010/n387888527_1.shtml。

③ 《英拉干得不错》，《星暹日报》2011年10月19日。

④ Jon Fernquest, "Populist Policies: Yingluck's Worse than Thaksin", *Bangkok Post*, 31 May 2013, http://www.bangkokpost.com/learning/learning-from-news/352847/populist-policies-yingluck-worse-than-thaksin。

⑤ 《英拉勾勒泰国经济政策》，新华网，2011年7月8日，http://news.xinhuanet.com/world/2011-07/08/c_121638929.htm。

提高劳动力价格,削弱泰国产品在全球的竞争力。泰国发展研究院院长颂开(Somkiat Tangkitvanich)认为,英拉政府的首辆汽车退税计划或充满争议的大米补贴计划都只对特定群体有利,他指出:"正在进行的民粹主义政策并不适合持续性的社会经济发展,因为这些政策只能够提供解决大众需求的短期方法,而无法提供长期的答案"①。

英拉政府通过推行一系列政策和项目,使泰国经济在短时间内得到了恢复和发展。2012年泰国开始实施第十一个社会经济发展五年规划,尤其在灾后基础设施重建及防洪投资的刺激下,经济增长率快速恢复到6.5%,"在当年亚洲主要经济体GDP增长率排名第三,仅次于中国的7.8%和菲律宾的6.8%"②。曾经因为内乱一度低迷的旅游业,也得益于政局稳定迅速恢复并繁荣起来。2013年初随着国内政治经济局势进一步稳定,英拉政府将工作重心转移到"制定和促进中长期计划的实施,投资中长期治水项目,推动国内大型交通运输基础设施建设项目等"③,第一季度增长率仍能保持在5.4%。但从下半年开始,外需疲软,内需也由于各项经济刺激计划的到期增长缓慢,再加上受到国内愈演愈烈的政治动乱影响,民间投资、生产、消费停滞,经济濒临衰退,增长率在第四季度跌至0.6%,2014年第一季度更是跌落至-0.5%,经济出现负增长。④

英拉执政期间泰国平均经济增长率超过3%,考虑到执政初期的特大洪水灾难和后期的政治动乱,这一经济增长值得肯定。当政局稳定时,也就是英拉执政的前两年,经济增长速度较快,而一旦发生政治骚乱,经济增速就难以避免地出现下滑。此外,英拉政府主要通过基础设施投资来拉动经济增长,诸如民众购买首辆汽车退返消费税等一系列刺激政

---

① Jon Fernquest, "Populist Policies: Yingluck's Worse than Thaksin", *Bangkok Post*, 31 May 2013, http://www.bangkokpost.com/learning/learning-from-news/352847/populist-policies-yingluck-worse-than-thaksin.

② 泰国经济与产业趋势报告(2013年10月),开泰研究中心,http://images.mofcom.gov.cn/th/201310/20131018203735799.pdf。

③ 泰国英拉总理描绘泰国2013年经济蓝图(一),驻泰国经商参处,2013年3月14日,http://th.mofcom.gov.cn/article/jmxw/201303/20130300054137.shtml。

④ 数据来源于泰国社会与经济发展委员会发布的2009—2014年泰国宏观经济数据,张志文编译,中华人民共和国驻泰王国大使馆经济商务参赞处,http://search.mofcom.gov.cn/swb/searchList.jsp#。

策在短时间内能够促进消费，但难以使内需得到持久的增长。经济发展缺少内生动力，并产生了不少问题，如大米收购补贴造成的赤字、通货膨胀、家庭负债加重。相比于他信时期，英拉并没有在经济建设上取得很突出的成就，更多的是沿用他信的经济政策，实行惠民政策，以维持民众对政府的支持。

三 英拉被迫下台

英拉上任后致力于振兴经济，致力于和解，解决南部问题，改善与柬埔寨的关系，被媒体认为"干得不错"[1]，在她执政一年多的一次民意调查中，68.8%的受访者表示，他们对英拉总理有信心，这次民调范围是曼谷、北柳、清迈、清莱、宋干、陶公等17个地区，受访者有1231人。[2] 在已被阶级、城乡、意识形态撕裂的泰国社会，能得到69%的受访

---

[1] 《英拉干得不错》，《星暹日报》2011年10月19日，http://bbs.thaicn.com/viewthread.php?tid=45975&highlight=%E8%8B%B1%E6%8B%89。

[2] 《英叻 不信任动议》，《联合早报》2012年11月29日。

者赞扬是十分难得的，是对英拉执政能力的肯定。

但英拉政府的软肋是与他信切割不了的关系，黄衫军对英拉政府始终持反对态度，时刻"等着英拉行差踏错后发难"。而英拉政府的一些政策和做法确实授人以柄，最终导致她的倒台：（1）滥用职权提拔亲信问题。2011 年 9 月英拉将他汶（Thawil Pliensri）从国家安全委员会秘书长调任总理顾问，由原来的国家警察局长威谦（Pol. Gen. Wichean Potephosree）接下了秘书长的职务，从而抽调警察总监飘潘·达玛蓬警察上将（Pol. Gen. Priewpan Damapong）担任国家警察局长一职，此人是他信前妻的哥哥，黄衫军攻击英拉滥用职权提拔亲信。（2）大米补贴政策。英拉政府的大米补贴政策延续了他信时期对农民的扶持政策，但造成巨额亏损，根据泰国商业部的报告，大米收购项目在 2011 年至 2012 年间，即计划实施的头一年里，蒙受高达 1360 亿泰铢的亏损。反对派对此大加攻击，迫于大米收购政策导致亏损带来的舆论压力，英拉政府宣布，从 2013 年 8 月 1 日起，将大米收购价调低 20%。① 但这又引来农民的不满，只好作罢。据泰国肃贪委员会 2014 年 1 月中旬公布的数据显示，这个政策令政府累计花费了 4250 亿泰铢。② （3）提出和通过特赦法案。英拉政府的目标之一是让他信回国，不顾黄衫军的激烈反对，2013 年 8 月，为泰党在议会再次提出特赦法草案，寻求赦免自 2006 年政变至 2013 年 8 月 8 日之间，参与政治游行、暴力示威的罪犯，这意味着他信也在赦免名单之列，此举揭开了黄衫军新一轮街头抗争的序幕。

2013 年 10 月泰国众议院通过备受争议的特赦法案。大部分泰国民众反对特赦法案，据泰国权威民调机构宣律实民调显示，有 57.6% 的受访者认为，涉及 2006 年军事政变及政治集会的罪犯都不应获得特赦，19.8% 的人认为只有参与集会的民众应获特赦，但不应赦免率领示威活动的政治领袖及于 2010 年下令镇压示威的人；只有 11.3% 的受访者认为应无条件赦免所有这些人。③ 民众最担心的是，反特赦法的抗争活动会演变成暴力冲突，进一步分化泰国社会。泰国知识界精英也反对该法，指

---

① 《泰内阁大改组　英叻兼任防长》，《联合早报》2013 年 7 月 1 日。
② 《泰反贪委裁决英叻渎职罪成　可能五年不得参政》，《联合早报》2014 年 5 月 9 日。
③ 《民调显示　泰国人多数反对特赦法》，《联合早报》2013 年 11 月 4 日。

出,法案一旦在两院获得通过成为法律,将为泰国立下错误的社会准则,因为这将使犯罪者获得赦免,导致民众以为贪污并非严重的罪行。部分红衫军也反对该法,认为,这将让那些下令血腥镇压示威者的凶手逍遥法外,对在镇压行动中牺牲的红衫军成员不公平。①

当然,黄衫军更是不会放过任何攻击英拉政府的机会,特赦法出台后,大约3000人参与民主党发起的抗争集会,示威群众挥舞旗帜并高喊"政府滚蛋"等口号。之后,有超过10万人从曼谷一火车站游行到大王宫,示威集会活动也扩大到曼谷以外的府如普吉岛与万伦府。随后,民主党领袖素贴带领民主党议员从议会集体辞职,组建人民民主改革委员会(People's Democratic Reform Committee),发起公民民主运动(Civil Movement for Democracy),进行示威游行。

英拉呼吁全体上议员以全国和解为大前提,全力支持特赦法案。她说,"现任政府上台之后致力于促进全国和解,特赦法案不是要忘记我们过去的惨痛经验,而是吸取教训,避免类似情况发生在下一代身上。如果人民懂得宽恕,国家就能够向前迈进。"政府提出特赦法案是为了缓和持续多年的政治抗争,重新团结全国人民。她也表示,如果上议院否决特赦法案,执政党将会放弃这个立法提案。②

随后,特赦法案在上议院被驳回。但是反对派的游行示威并没有停止,其诉求由最初的废止特赦法案演变为终止他信体制,敦促英拉立即下台,由好人组成的"人民议会"管理国家。随着国内形势进一步紧张,英拉在12月9日宣布解散议会重新举行大选。2014年2月2日大选如期举行,但选举遭到民主党抵制,大部分省份中只有为泰党候选人参选,民主党成员还在投票站设置障碍阻挠选民,号召民众放弃投票,导致南部的九个省份完全没有投票,选民投票率只有47%③。选举委员会宣布选举结果无效,英拉组成看守政府。

2014年5月7日,泰国宪法法院判决英拉在原国家安全委员会秘书

---

① 《泰国学术界与红衫军 同声加入反对特赦法案》,《联合早报》2013年11月5日。
② 《如果泰国上议院否决 英叻:将放弃特赦法案》,《联合早报》2013年11月6日。
③ William Case, *Routledge Handbook of Southeast Asian Democratization*, London: Routledge, 2014, p.113.

长的调任上滥用权力罪名成立，是"违法、违宪且不合乎道德"的行为，终结英拉的看守总理职务。英拉表示接受法院的判决，但坚称自己没有滥用职权。她在电视直播的新闻发布会上说："在我担任总理期间，我尽了一切的努力为人民服务……我从来没有犯下我被指控的罪名。"①

英拉1000天的总理任职终结，但泰国混乱局势依旧，2014年5月22日，军方发动政变接管政权，由陆军司令巴育·占奥差出任代总理，8月巴育正式出任泰国新一届总理。

下台后的英拉面临一系列的起诉。2015年1月23日，由军方任命的国家立法议会（National Legislative Assembly）通过弹劾正式撤销英拉的总理职位，罪名是其实施的大米收购政策存在渎职失责，英拉成为泰国历史上首位被成功弹劾的总理，在五年之内禁止从政，失去了参加下次大选的资格。2015年2月，泰国检察机构以渎职罪向泰国最高法院对英拉提起刑事诉讼，3月19日，最高法院宣布受理对英拉的刑事诉讼案，如果罪名成立，英拉将面临最高十年的监禁。经过两年多的审理，2017

---

① 《泰国首相英叻被解职》，《联合早报》2014年5月8日。

年8月27日法庭宣判,英拉有罪,判入监狱五年。

但英拉在宣判之前逃离泰国,据说前往迪拜与他信相聚。英拉的出逃,对泰国政治产生一定影响。有人认为,军政府故意让英拉逃走,因为如果宣判英拉监禁,将引发红衫军新一轮抗争,泰国会重陷动乱。还有人认为,英拉出逃是对他信家族及其政治势力的一个沉重打击,"随着两名成员成为逃犯,他信家族丧失了政治合法性。"① 因此英拉的出逃,最高兴的会是军人政府,他信家族已经很难再有人继续领导为泰党。

从英拉的出逃行为来看,英拉不属于坚定的、有自己理念的政治家,本来,她可以像昂山素季那样坚持理想,不畏软禁,将自己上升为"民主女神"和"殉难者"。她曾声称大米渎职案审判含有政治动机,指出"我是这场政治游戏的受害者……我没有涉及贪污,也不赞成贪污。我没有做错任何事。"② 这种"受害者"形象深得民众同情。她也曾呼吁军方尽快还政于民,"将基本权利和自由还给人民,让人民再次当家做主"③,这种反对军人政治,有助于她的"民主"形象的塑造。如果她宁愿坐牢,而不是出逃,就会上升为"民主女神",摆脱他信"替代者"的形象,为她以后的从政之路奠定更坚实的基础。但是,英拉最终选择逃亡以躲避牢狱之灾,是因为她是被动从政的,又深受他信支配,不是一个真正意义上的斗士和政治家。

从2011年8月正式履职,到2014年5月被撤职为止,英拉共执政两年零九个月。与泰国大多数民选总理一样,英拉没能顺利完成四年的任期,短期内也不可能重回政坛。回顾其不到三年的执政,英拉治下的泰国经济稳步发展、政治初步稳定、社会基本安定,自2006年以来困扰泰国许久的动荡局面得到了初步控制。但最终英拉还是没有逃脱因社会撕裂、政治动荡而被迫下台的命运。那么,作为泰国第一位女总理和他信的替代者,在民主转型时代,家族、民主和性别政治对英拉执政有何制约因素?使其面临何种困境?

---

① 《宣判日缺席遭通缉 英叻可能已逃离泰国》,《联合早报》2017年8月26日。
② 《指大米收购案受政治迫害 英叻坚称无罪吁公义伸张》,《联合早报》2017年8月2日。
③ 《泰政变两周年 英叻吁军方还政于民》,《联合早报》2016年5月23日。

第二节　家族政治之困：成也他信，败也他信

英拉在仅仅 3 个月内一跃成为泰国的总理，又在一片争议声中被赶下台，这一切都与其兄长他信息息相关：前总理他信在泰国拥有巨大的影响力与号召力，他对妹妹英拉的支持，让英拉得以迅速聚拢民心赢得大选；而反他信集团难以容忍英拉这个替代者，竭尽全力要推翻英拉政府，对特赦法案、大米补贴计划等穷追猛打，最终将英拉赶下总理宝座。因此，要深刻了解英拉所面临的困境，就要了解充满争议的前总理他信，及其所确立的他信体制对泰国政治社会所造成的深刻影响。

一　他信体制特点及其对泰国的影响

2001 年泰国大选，他信大打经济牌和民生牌，领导泰爱泰党获得大选胜利，出任第 23 任政府总理，随后创造多项纪录：泰国历史上唯一一位做完四年任期的民选总理，唯一一位组建一党政府的民选总理，唯一一位成功连选连任的民选总理。执政期间，他信全力推进包括政治、社会、经济等各方面改革，诸多大刀阔斧的改革直指泰国积弊已久的问题，改变了传统的权力和利益格局，资源和政策向底层民众倾斜，引发精英阶层和中产阶级的普遍不满。

在政治层面，他信通过行政体改革与反贪腐调查，简化了效率低下的公务员体系和冗杂的办事流程，委任自己的亲信担任中央部门和地方政府官职，大大增强了对行政体系的领导和掌控，提高民众对政府的认同与支持；他信通过不断缩减国家财政和军费开支，强行干预军方人事调动，着力推动"军队国家化"进程，试图削弱军队的政治势力，提高政府的权威和稳定；他信政府还利用雄厚资金与行政权力，限制批评政府的媒体和非政府组织的发展，利用他信所控制的媒体公司为自己的政策主张做宣传，塑造民众对政府和总理的积极看法。这一系列改革有效地解决了泰国公务体制中长期存在的问题，提高了政府处理问题的效率和执行力，并挑战了泰国王室、军队、政府的三元权力格局，试图构建以民选政府为核心的权力结构，从而确立起自己的完全统治。他信独断

专行、控制媒体,损害了泰国的民主政治。他无视民主规则,民主被宣传成"只是一个工具,而不是我们的目标",泰爱泰党的目标是"一种更好的生活方式、幸福和国家进步"。① 在 2005 年大选中,他信甚至公然请求民众为他投足够多的票,从而使他"能够无视那个在以前并没有为人民做了多少事情的民主机制"。② 对民主的漠视和独裁统治的倾向,对君主立宪制政体的威胁,这些都成为反对派攻击他信的理由。

在社会民生层面,他信推行一系列照顾城市底层民众和农民的草根惠民政策(反对派称之为"民粹政策"),将资源向不发达地区和社会底层倾斜,致力于缩小贫富差距,提高底层民众生活质量,这是他信体制的关键特征。以前的政府主要服务于城市精英阶层和中产阶级,施行的政策很少照顾到贫困地区的农村人口,扶贫济困没有受到重视,仅仅被视为泰王的慈善项目。针对民众的生存困境,他信先后推出一系列社会保障项目和计划,主要有:暂缓农民偿债三年及降低债务负担计划、一乡村一特色产品计划、30 铢医疗计划、百万铢乡村基金计划、人民银行计划、化资产为资金计划等,③ 切实地解决了广大农民的问题,在扩大其收入同时加强基本社会生活保障。上述措施促进了农村经济的发展,改善了农民的生活状况,这一时期农村贫困率从 2000 年的 26.49% 降至 2006 年的 12.04%④,城乡差距有所缩小,因贫富悬殊所造成的社会矛盾与问题得到缓和。同时,他信积极塑造其平民主义者形象,2001 年初,他信到东北部农村与农民共同生活一周,说他们的方言,有时开拖拉机帮农民耕地,有时与农民讨论致富经验,电视台进行 24 小时直播。⑤ 他还首开《总理与民众谈话》广播节目,成为数百万穷人选民眼中的平民英雄,获得他们的衷心支持,为数众多的农民和穷人选票保证了他信的政党自 2001 年以来的每次大选中都能获胜。但是,他信的这些民生保障

---

① Björn Dressel, "When Notions of Legitimacy Conflict: The Case of Thailand", *Politics & Policy*, Vol. 38, No. 3, 2010, p. 461.

② Pasuk Phongpaichit and Chris Baker, "Thailand: Fighting over Democracy", *Economic and Political Weekly*, Vol. 43, No. 50, Dec. 2008, p. 19.

③ 刘志杰编:《泰国总理塔信传奇》,世界知识出版社 2005 年版,第 20 页。

④ 转引自周方冶《泰国政治权力结构调整的动力、路径与困境》,《东南亚研究》2011 年第 2 期,第 73 页。

⑤ 麦楠等:《他信的 24 小时》,明报出版社有限公司 2007 年版,第 147—148 页。

政策在赢得底层民众拥戴的同时，消解了泰王在农村的传统权威，再加上他信种种冒犯泰王的行为，引发泰王不满，"无论是公共还是私人场合，泰王不停地指责他信及其政府"。① 对国王的不敬与冒犯，成为反他信集团指责他信的一大理由。

而在经济方面，与以泰王为代表的精英阶层所推行的"充足经济"强调自力更生安于现状不同，他信力推其"CEO"管理模式，主张用一种现代化的、商业化的方式来治理泰国，强调高风险、高收益的策略。他信执政期间，泰国"从东南亚金融危机最严重受灾国变为受灾国中首个经济强劲增长的国家……年均经济增长率恢复到5%—6%"②，国内外市场都得到强劲的增长，失业率有所降低，民众收入显著增加，还提前三年还清了国际货币基金组织的贷款。然而，他信在推动农村经济发展、新资本集团壮大的同时，也使得城市中产阶级、地方政客和行政官僚的传统利益受损，这些不同的利益群体逐渐在反他信的共同立场下团结起来。此外，他信在促进泰国经济快速发展的同时，也利用职务之便为他自己和家族牟取巨额财富，"在2001—2005年期间，他信政府通过修改法律法规让其商业帝国得以获利，其市场价值在4年内增长了3倍。"③这就是反对派经常口诛笔伐的"政策腐败"，引发民众不满。

2006年1月，他信在外资对电信行业持股比例放宽的法案出台后，立刻将其电信公司49.6%的股份以近20亿美元出售给新加坡淡马锡控股公司，利用政策优惠无须缴纳任何税费，引起舆论一片哗然。这次出售丑闻成为他信下台的导火线，点燃城市中产阶级久已积蓄的愤怒，他信的反对者们组成了一个松散的联合：人民民主联盟（People's Alliance for Democracy），也就是人们常说的"黄衫军"，他们展开了旷日持久的街头示威活动。随着局势进一步恶化，他信被迫解散议会重新进行选举，虽然选举遭到反对派的联合抵制宣告无效，但他信作为看守总理仍把持着国家政权。2006年9月，泰国军方趁他信赴联合国开会之际，发动军事

---

① Kevin Hewison, "Considerations on Inequality and Politics in Thailand", *Democratization*, 27 Mar 2014, p. 857, http://dx.doi.org/10.1080/13510347.2014.882910.
② 张锡镇、宋清润：《泰国民主政治论》，中国书籍出版社2013年版，第110页。
③ Pasuk Phongpaichit and Chris Baker, "Thailand: Fighting over Democracy", *Economic and Political Weekly*, Vol. 43, No. 50, Dec. 2008, p. 18.

政变，推翻他信政府，他信被迫流亡海外。2008年，法院在他信缺席诉讼的情况下，以腐败罪判处他信两年有期刑期，只要他信回到泰国，就会遭到监禁，从而在法律上阻断了其回国之路。他信虽然流亡海外，但仍然是泰国政治中的一个重要影响因素，他操控为泰党，积极谋求重新回到泰国，经常发表演说支持国内红衫军的运动，使得反对派大为恼火。

他信的贪污腐败和专制独裁是他遭到中产阶级反对一个原因，但更重要的是"他信所倡导的国家发展道路及其所谋求的政治权力结构并不符合各派政治力量的既得利益"[①]。他信所施行的政策改变了传统"重城市轻农村"的利益格局，打开农村市场，提高农民收入，增强社会保障，改善农民生活，这使得原本用于城市建设、市民发展的财政资金都流向了农村，城市工业也失去了资金支持，既得利益群体由此产生了被剥夺感和危机感，因此他们坚决反对他信。

此外，他信体制唤醒了民众对社会不公的厌恶以及对人民主权的渴望，选民政治、议会政治取代传统的军方专政和精英阶层统治，一人一票所象征的"主权在民"在政治场域中成为主导话语。大众政治和市民社会逐渐壮大，无论是哪一个政党上台执政，都必须重视贫穷阶层和地区的诉求。2007年宪法修订的一个重要目的是阻止像泰爱泰党这样的超大型政党出现，但是其修订只能是对选区的设置、议席的分配等细节的调整，不可能也不敢改变"一人一票"的基本选举方式，因而无法撼动数量庞大的底层民众在选举政治中的重要地位，也就使得为泰党能够在2011年大选中继续取得压倒性胜利。从这个意义上来说，他信体制唤醒了泰国君主立宪制中本应有的"人民主权"思想，让广大长期被忽略和遗忘的底层民众获得了与既得利益集团抗争的武器。

对于底层民众来说，他信仍旧是他们寄托希望的对象，只有他信这样的政治家为民众带来切实的好处，所以，只要是投票，他们一定投给他信或他信的代理人。而对于反对者来说，他信意味着腐败贪污、专制、剥削中产阶级来救济底层民众，他们一定要千方百计阻止他信回国，也

[①] 周方冶：《王权·威权·金权——泰国政治现代化进程》，社会科学文献出版社2011年版，第242页。

反对他信的代理人。因此，他信成为双方冲突的焦点，成为泰国政治中一个异常敏感的话题。

二　他信因素对英拉的正负影响

英拉能从一个政治素人一跃而为总理，得益于与前总理他信之间的兄妹关系，他信是英拉最大的政治资产，民众把对他信的支持和拥戴转移到英拉身上。

在2011年大选中，为泰党提出了"他信思考，为泰党行动"的竞选口号，直接打出他信的旗号，为泰党竞选活动的形式、内容和宣传方式都仿效他信早期的竞选活动方案，并承诺要通过一项特赦法案来迎接他信回国，以吸引他信的支持者们。英拉本人也大打"他信牌"，强调自己与他信的密切联系，声称他信是自己在商业上和政治上的导师，她赞成并学习他信在政治、社会和经济上的观点。这是为了让民众相信，一旦他们选举英拉为总理，她就能够恢复他们所渴望的他信时期的各项惠民富民政策。英拉沿袭他信的亲民风格，深入农村与底层民众积极互动。在大部分选区参加竞选活动时，英拉经常向选民呼吁"如果你们爱我的哥哥，你们会给他的妹妹一个机会吗？"① 英拉强调自己与其他追逐权力的政治家不同，她原本无心涉足政坛，只是为了继承兄长他信的事业，努力促成泰国的民主和普遍富裕才参加竞选，将自己塑造成与他信一样的捍卫民主、自由、人民主权的平民英雄。他信也经常在海外通过电视媒体的方式呼吁其拥护者们支持英拉，并多次在公开场合称英拉为他的"克隆人"，能够代表他的观点和想法，能够继续像他信本人执政时那样造福群众。而为泰党和红衫军中的政坛老将也组成智囊团，为英拉出谋划策。据称，在竞选时，"素达拉、尼洼旦龙、明旺、奥兰等'四大护法'每个星期一都会与英拉坐在一起，与在海外流亡的他信召开视讯会议，商讨竞选战略，使英拉扬长避短，最大限度赢得支持。"② 他信在接受采访时也坦言："我给他们提建议，为他们制定竞选政策，因为我比为

---

① 高永泽：《和解：泰国的难题》，《中国新闻周刊》2011年7月，第58页。
② 林宁：《泰国公布国会下议院选举正式计票结果：为泰党获265席》，新华网，2011年7月5日，http://news.xinhuanet.com/2011-07/05/c_13967303_7.htm。

泰党中的任何人都有经验。"① 英拉作为他信的替代者，凝聚了为泰党的各派力量，让原本群龙无首的为泰党重新找到方向，齐心协力支持英拉坐上总理宝座。

同时，英拉也深知他信对于以黄衫军为主的精英阶层来说是个极为敏感的话题，因此在曼谷等选区竞选时，她谨慎用词，避免提及他信，注重宣传为泰党的施政方针和政策纲领，提出增加公务员工资等有利于中产阶级的方案，并一再表示"不会把推动特赦作为为泰党和新政府的首要目标，而会专注于改善民生和为泰国服务"②。

他信是英拉和为泰党赢取选票的有力筹码，同时，英拉也就成为反对派不能接受的候选人。反对派首先攻击英拉的参选资格，认为她与他信的腐败案件密切相关，涉嫌帮助其兄长隐藏股份，因此没有角逐议员的资格。在选举委员会承认英拉的参选资格后，反对派转而攻击英拉的政治经验与能力，讥讽她是"政治菜鸟"，没有任何能力却想借助民众对他信的支持上位。英拉在很多政治场合都是静静地聆听，很少主动发表意见，有时还会出现言语失误。反对派认为英拉毫无政治经验，更谈不上有领导国家的能力，只能通过组建顾问小组来为其出谋划策。

英拉胜选后进行组阁，据说他信全程参与确定内阁人选，还经常通过互联网参与有关会议，谈论政府提高每日最低工资以及米价等计划的细节。他信对英拉及其政府的远程遥控对英拉造成负面影响，批评者指出英拉只是他信的代理人、传声筒、傀儡，只会鹦鹉学舌，没有自己的治国理念与想法，民众不能因为喜欢他信就让这样一个无法胜任总理职位的女性上台执政。民主党领导人阿披实嘲讽道："通过电话来统治一个国家是不切实际的。"③ 还有人开玩笑说："为泰党的幕后主人是他信，为泰党获胜，即使一条狗也有可能担任总理。"④ 泰国易三仓大学 2013 年所

---

① 《英禄·西那瓦选情看好 阿披实"慌忙"发警告》，《星暹日报》2011 年 6 月 29 日。

② 陶短房：《泰国大选：他信会回国吗》，中国日报网，2011 年 7 月 5 日，http://news.xinhuanet.com/world/2011-07/05/c_121625205.html。

③ Online Reporter, "Yingluck to Top the List?" Bangkok Post, 12 May 2011, http://www.bangkokpost.com/learning/easy/236620/yingluck-to-top-the-list.

④ 孙广勇：《美女总理英拉的危急时刻：昔日最具权力女领袖今朝恐被赶下台》，《世界博览》2013 年第 24 期，第 40 页。

做的民调显示，62.4%的受访者认为他信是泰国真正的领导人，只有37.6%认为该国政府的决策人是英拉。①

反对派不仅认为他信操纵英拉政府，而且一直认为英拉政府自执政之日起，就致力于让他信免除刑罚平安回国，因此对任何有可能的迹象都针锋相对地加以攻击。英拉政府在2011年推出的首份特赦法案就已经遭到民主党的反对，认为这是英拉政府为他信平安回国所做的铺垫，因为该特赦方案并没有像2010年那样把涉嫌贪污腐败的政治犯人排除在外，也不需要罪犯先服刑一段时间。因此，尽管这一特赦法案中并没有明确出现他信的名字，仍旧被反对派解读为是为了他信回国做好铺垫。2013年8月，英拉政府再次推出特赦法案。此次的特赦法案初稿仅仅包括群众反对者，而把领袖和政府官员排除在外。但是"当这份法案到了核查委员会的时候，它被修改了，并以一个包括所有政治犯的一揽子特赦法案发回议会讨论。最后版本直到10月1号早上4点25分才确定，当民主党议员走出议会的时候，法案就被政府的议员通过了。"② 众议院通过特赦法案被视为英拉谋求他信回国的确凿证据，反对派紧紧抓住这一法案，鼓动民众上街游行，从最初要求英拉政府撤销特赦法案，到后来演变成要求推翻英拉政府，导致泰国再次出现政治动荡、社会骚乱的局面，导致英拉最终仓皇下台。

---

① 《民调：六成泰国人认为 前首相达信才是真正领袖》，《联合早报》2013年9月23日。
② James Ockey, "Thailand in 2013: The Politics of Reconciliation", *Asian Survey*, Vol. 54, No. 1, January/February 2014, p. 44.

可以设想，如果没有提出和通过特赦法案，凭借英拉执政期间在发展经济与促成政治和解方面所取得的成绩，大部分人相信英拉能够做完四年的总理任期。但是他信急于回国，为泰党和英拉在时机还未成熟之际，试图利用特赦法案让他信平安回国，导致了激烈的反对。从这个意义上说，英拉的问题就是他信的问题。由于与他信有着密不可分的关系，英拉注定要承受他信加在其身上的负担，黄衫军像反对他信一样反对英拉。

尽管他信自己认为："我不应该成为问题的一部分，而应该为解决问题的方案做贡献。"① 但事实上他信是各种矛盾和冲突的焦点，因而成为英拉最大的政治负担，泰国的既得利益集团，包括王室、军队、行政官僚、中产阶级都不喜欢他信，一直在谋求把亲他信政权赶下台，因此不可能认可或支持英拉政府。英拉在风光上台后，最终难逃被罢免的下场，真可谓成也他信，败也他信。

第三节　民主怪圈之困：泰国的劣质民主与权力政治

泰国从1932年开始走上政治现代化，经历了近半个世纪的军人威权统治后，90年代进入民主转型，袭扰泰国多年的军事政变曾经一度远离民众的视线，政治逐渐转变为代表泰国两大阶层的政党之间的斗争。但政党和议会运作不良引发连绵的街头政治，导致军队2006年和2014年两次发动军事政变，推翻民选政府。事实证明，泰国的政治并没有走出军人政权——短时期的民选政府——再回到军人统治的之字形发展道路，也就是人们常说的民主怪圈。泰国在20世纪90年代一度被视为东南亚最有可能成功实现民主制的国家，但之后却一再陷入难以解脱的困境，民选政府不稳定，军事政变、司法干政频发，街头运动和暴力冲突此起彼伏，呈现劣质民主的特征。

---

① 《专访泰国前总理——他信·西那瓦》，《风云对话》节目，2011年12月4日，http://blog.ifeng.com/article/15107321.html。

一 泰国民主政治的缺陷

（一）权力分散和失衡

泰国是一个君主立宪制国家，从法理上来说，国王是国家元首，不掌握实际权力，而议会、政府、法院分别承担国家的立法、行政和司法权力。但泰国长期存在军人政权，严重阻碍民主政治的发展，破坏三权分立原则，削弱政党的力量。实际上，泰国的权力中心是王室和军队，还存在多个次权力，政治权力分散，不同政治利益主体之间力量对比悬殊，难以实现有效的制衡。

泰王拉玛九世是泰国政治的"定海神针"。拉玛九世国王普密蓬·阿杜德于1946年登基，是泰国也是世界上统治时间最长的君主。泰王因勤政爱民、多才多艺而受到民众的爱戴，因能加强军人统治的合法性而受到军方推崇，成为泰国政治中的关键力量之一，享有极高的地位和权威，他多次在政局混乱之时出面调停解决争端，享有超越于宪法的超然地位，被称为泰国政治的"定海神针"。21世纪以来，王室仍在泰国政治体制中发挥极为重要的作用，无论是通过军事政变还是大选上台的政府，都必须得到国王的认可和支持，才能顺利执政。

军队长期占据着泰国政治的主导地位。1932年革命将军人推向政治前台，军人集团从此成为泰国政治生活中的主导力量。90年代泰国民主转型以来，军队失去统治的合法性，不得不退出政坛的主导地位，但仍保持着强大的影响力。军队拥护国王的统治并受到王室的庇护，直接听命于泰王而不是总理，追求在政治中的独立地位，对军队预算和武装部队内的升迁有很高的自主性。政变一直是军方干预政治的方式，泰国是世界上军事政变最多的国家之一，政权更替大部分通过军人政变来实现，且大多数都是不流血的"和平"政变，民众也逐渐适应这种夺权方式。2006年军人政变推翻他信政府，标志着军人重返政治主导地位。泰国民选政府即使拥有广泛的民意支持，却无法控制军队，在强大的军方面前不堪一击。但军政府保守、腐败，缺乏治理国家尤其是发展经济的能力，使得它虽然能轻易地夺权却无法维持统治，只能在短暂的过渡后将政权还给民选政府。

政党和文人政府在泰国政治中力量弱小。在现代政治中，政党通常是权力的中心，但在泰国，由于政治文化中的庇护特点和军人政变实行党禁，导致泰国政党政治发展极不成熟，政党制度化程度较低，表现一是政党组织结构松散，缺乏基层组织；二是没有鲜明的意识形态和系统的政治纲领；三是政党主要向党首个人效忠，通常为参加选举而聚合起来，政党分化组合非常频繁。由于政党力量松散而弱小，难以发挥权力制衡作用，由多个政党组织的联合政府更是不稳，民选政府缺乏管理国家的能力和权威，而社会阶层的两极分化，使得泰国很难通过民主选举的方式选出让整个泰国社会满意的执政党，往往导致政局动荡，且常常伴随着腐败和贪污的丑闻，文人政府难以应对复杂的局势，从而为军人介入提供了机会，很容易被军人政变推翻。

议会作为代议制民主最基本的运作机制，在泰国政治结构中作用有限，且长期为精英阶层所控制。一旦发生军事政变，议会轻易就被解散。90年代民主转型后，泰国的政治文化和执政合法性来源才发生根本性转变，通过议会选举上台执政成为真正受认可的方式，这使得议会的作用逐渐增强，但仍难以对抗军人权力，2006年和2014年两次军事政变中，议会都被轻易解散，可见其力量之薄弱并没有发生根本改变。

总的来说，泰国的民主政治很不成熟，国王和军队能够主导政治权力，而政党、政府和议会相对软弱。泰国政治权力分散化且偏向于既得利益集团，使得政党和政府基本无力抗衡王权和军队，阻碍泰国政治民主发展。这种权力的分散和不均衡，使得泰国的民主发展举步维艰，政治和社会一次次陷入动荡之中。

（二）阶层对立与社会撕裂

泰国社会的财富分配严重失衡，大部分财富流向曼谷和南方的精英阶层，而占人口大多数的北部和东北部农民获益甚少，城乡二元经济结构以及政府长期以来对农村的漠视导致贫富差距越来越大。精英阶层与草根阶层在权力利益分配上的矛盾和冲突，表现在对国家民主发展道路的不同选择。精英阶层作为既得利益群体把持大部分权力组织，捍卫基于国王道德权威的精英式民主，主张应该由"好人"——不论他们是否由民选产生——来管理这个国家。农村和城市底层民众虽然在人口数量上占优势，但长期以来被政府所忽略和遗忘。他信执政时期，实施"商业平民主义"，一方面大力促进经济发展融入全球化进程，另一方面提高底层民众生活质量,宣扬主权在民,在新资本集团的财力支撑和底层民众的选票支持下成为泰国政治的主导力量。草根阶层坚持人民主权论的参与式民主,认为只有通过议会选举上台执政才具有合法性,并用选票支持民粹政府上台,重新分配国家资源,力图改变原有的权力利益格局。

经济利益上的冲突、政治权力结构上的不相制衡,使得这一结构矛盾越发激烈。如果按照民主程序通过投票选出总理,草根阶层必然取得胜利,但是精英阶层却不服从通过民主机制选出来的总理,而采取游行示威的方式来反抗合法政府,并与军队、司法机构合谋推翻民选政府重新举行大选。但是两派所代表的泰国民众数量之间的悬殊,又决定了无论如何选举,草根阶层还是会取得胜利,从而再次引发政治动荡,陷入民主怪圈。

民主是建立在一定的经济、文化基础之上的,需要全体民众至少有共享的意识形态,同时社会阶层不能过于分裂,而这正是泰国目前所缺乏的。泰国的政治与社会乱局,包括政体之争、红黄之争、城乡矛盾、南北矛盾,贫富差距,背后隐藏的是泰国社会两大对立阶层之间势如水火的权力和利益斗争。这种结构性的矛盾不解决,泰国社会永远也不可能实现稳定、平和的发展。

(三) 法治观念缺失与街头政治

"未成熟民主国家缺的不是自由和民主,而是法治。法治内涵最难培养。上面需要依法办事的政府,下面需要建设公民社会。"[①] 虽然泰国早在1932年就实现了从专制君主制到立宪君主制的转型,但是作为宪政体制基础与核心的宪法却在很长一段时间内沦为执政者的工具,泰国自1932年以来通过了19部宪法。基本上每一届新政府上台执政后,都会依据自己的政治利益和理念推出新宪法,泰国宪法的废立极为随便,以执政当局的意志为转移,只是用来解释掌权者政治行为合法性的工具。宪法权威的缺失直接导致泰国社会中法治思维不足,大到政党、军队,小到民众都漠视法律,导致了从不停歇的军事政变、政治动荡、政党倾轧和街头对抗。

从2006年开始,以前总理他信为斗争焦点,泰国民众参政热情高涨,

---

① 甄鹏:《政变引起恶性循环》,《联合早报》2014年2月25日。

积极投身政治运动之中,通过街头政治而不是议会政治的方式表达诉求。反对派虽然将他信赶出泰国,但是却无法消除他信对泰国政治社会所产生的深刻影响,他信本人已经不在泰国,但是他信体制却顽强地留存下来。他信挑战了泰国社会中根深蒂固的权力平衡,通过一系列经济、民生改革政策,"引起了社会的变迁,在社会变迁过程中泰国的草根阶层和精英集团之间的矛盾不断尖锐化"①,并催生了泰国民主的一大困局:严重对立的红衫军与黄衫军,以及由二者所产生的街头政治。是否支持他信成为区分红、黄衫军的最大标志,基本上所有泰国民众都或多或少地卷入了这场政治纷争之中,选择红衫军或黄衫军队伍,"泰国突然变成了一个政治社会"②。随着这两大组织的发展壮大,泰国社会中原本沉睡的阶层对立与不满集中爆发,社会分裂加剧,并愈发演变成为不可收拾的形势,两派谁也不服谁,一方上台执政,另一方马上通过大规模示威游行要求其下台,从2006年开始周而复始地出现,将泰国拖入街头政治泥潭。但街头政治很容易就转变为街头暴力,是一种无秩序的、不遵守既定规则的民主,损害了民主的内涵。

综上所述,泰国民主政治发展仍很不成熟,呈现劣质民主的特质。军队权力极大,不断干预政治,政党政治发展缓慢,政府治理能力不强,而逐渐发展的市民社会又陷入黄衫军与红衫军的社会撕裂,导致泰国不断陷入"大选—文官政府—不稳定—军事政变—大选"的民主怪圈之中,而劣质民主正是英拉遭受困境的根源。

二 各种政治势力对英拉执政的制约

2011年大选为泰党赢得大选,英拉上台执政,她在得到草根阶层支持的同时,面对的是泰王、军队、中产和精英阶层的敌意。英拉需要保持谨慎的态度,应对复杂的政治格局,并在各种势力间达到微妙的平衡,协调选民主体愿望和政界利益之间的矛盾。这是一件异常艰难的任务,最终英拉受制于各种政治势力,被迫下台。

---

① 王庆忠:《泰国街头政治运动的政治社会学分析》,《国际展望》2011年第2期,第54页。
② Pasuk Phongpaichit and Chris Baker Source, "Reviving Democracy at Thailand's 2011 Election", *Asian Survey*, Vol. 53, No. 4, July/August 2013, p. 612.

(一) 泰王：静观其变

21世纪以来，泰王与军方关系密切，是精英阶层和黄衫军的支持者。他信执政期间频频被传蔑视泰王，导致泰王多次公开指责与训斥他信，成为反对派攻击他信的一大理由。英拉汲取教训，从就任总理之日起就对泰王态度恭敬，并多次公开表示会拥护泰王的权威，"在议会发表就职演讲时将很大一部分篇幅用来保证政府会尊敬和保护君主政体。"① 2012年5月泰王视察大城府时，英拉更是提出要代表西那瓦家族将价值2亿泰铢的土地献给泰王，② 以表示对泰王的尊敬与热爱。

随着国王年事渐高，身体状态不佳，相比于他信时期，泰王减少了公开讨论政治、干预政治的频率。在英拉执政期间，泰王没有直接对政局发表意见，维持了表面上的中立。2013年11月开始的示威游行基本使曼谷瘫痪，但泰王在12月生日时所发表的全国演讲中，并没有对政局进行任何评论或指导，也没有呼吁叫停街头示威，助长了素贴领导的反对集团进一步扩大示威的规模，从而错失了解决此次问题的最佳时机。这让人不禁联想到泰王在2006年到2008年期间，对沙马总理、颂猜总理接连下台都不置一词，但却在阿披实当选总理后发言对其表示认可和支持，清楚表明泰王实际上是支持反他信集团的。在反英拉的危机中，泰王同样是在巴育最终接管政权后，发表声明御准其出任第29任总理，实际上，泰王对英拉执政后期动荡局势的沉默不语恰好表达了对反他信集团的默许与支持。

英拉沿袭他信的振兴农村经济的草根政策方针，仍与普密蓬国王所倡导的安于现状的"充足经济"理念相抵触，泰王作为加强王室在泰国传统地位的坚定维护者，不可能与追求主权在民的英拉政府建立良好的关系。因此普密蓬国王不可能支持作为他信替代者的英拉，充其量就是不公开反对的态度。而缺乏泰王的支持，英拉政府就难以经受住反抗的危机。

(二) 军队：面和神离

军队在2006年通过政变赶走了英拉的兄长——他信总理，又曾经在

---

① Pasuk Phongpaichit and Chris Baker Source, "Reviving Democracy at Thailand's 2011 Election", *Asian Survey*, Vol. 53, No. 4, July/August 2013, p. 627.

② Sunthon Pongpao, "Yingluck Will Donate Paddy Land to the King", *Bangkok Post*, 24 May 2012, http://www.bangkokpost.com/news/politics/294774/yingluck-will-donate-paddy-land-to-the-king.

2010年武力清除了红衫军的街头抗争。英拉上台后,军队对他信有可能卷土重来十分不安,军方所追求的独立地位和权力,与他信阵营所倡导的国家发展道路根本相悖,因此,英拉与军队的关系注定是脆弱的。为了避免重蹈他信的覆辙,英拉态度谨慎,努力维持与军方的友好关系,希望军队领袖能够支持其政府。早在大选前,为泰党就明确表示当选后不会撤换陆军司令巴育将军,英拉在当选总理后也表示,"支持军方采购30架直升机,愿为支持军方做任何事情。"① 组建首任内阁时,英拉更是有意选择育他沙上将(Gen. Yuthasak Susiprapa)担任国防部长,希望借助他在军队中的地位和人脉与军方维持友善关系。此外,2012年英拉政府重新组阁时,巴育的亲信都得到了提拔,甚至包括那些参与过镇压群众示威的官员。英拉不惜得罪与惹恼对军队恨之入骨的红衫军,只是为了争取巴育及军队对其政府的认可与支持。

但英拉政府与军队存在根本性矛盾,不可能得到军队的支持,双方的关系是貌合神离。英拉政府在诸如军队将领升迁等问题上对军方加以掣肘,制约其势力过度发展。例如,在2012年10月的军方高级将领人事调整上,"英拉政府的国防部长素坤蓬·素旺那达发挥较大作用,据传素坤蓬与英拉兄长他信曾进行过事前磋商。此次军官调动人数创历史新高,达881名。"② 这一调动可能增强为泰党控制军队的能力,引起军方的不满,随之有传闻说政变正在酝酿,英拉立即安抚军方,平息紧张局势,承诺军方首领不会被撤换。

2014年5月22日,军方在冲突各方僵持不下、国家接近无政府状态、经济面临全面衰退的情况下,再一次政变,接管政府。按照国家维护和平秩序委员会制定的恢复民主路线图,巴育将通过三个阶段来恢复国内秩序与民主:第一阶段将用三个月左右时间基本实现和解;第二阶段将实施临时宪法,组建临时政府、立法议会和改革委员会,用一年左右时间全面深化改革,制定新宪法和相关法律;如果和解、改革进展顺

---

① 张锡镇、宋清润:《泰国民主政治论》,中国书籍出版社2013年版,第196页。
② Kathleen Rustici and Alexandra Sander, "The 2012 Thai Military Reshuffle", *Center for Strategic and International Studies*, October 12, 2012, http://csis.org/publication/2012-thai-military-reshuffle, p. 201.

利，第三阶段将实施新宪法，举行全国大选，产生民选政府。① 泰国又一次陷入民主怪圈。

军方对已下台的英拉穷追猛打，由军政府任命产生的国家立法议会（National Legislative Assembly）在 2015 年 1 月就大米补贴计划弹劾英拉，罢免其总理职位，并判决其在未来五年内不得从政。这一弹劾使得英拉无法在下一次大选中卷土重来，意味着军方又消解了他信阵营的一位政治人物，专家学者指出，"英拉面对弹劾和刑事指控是保皇派精英及其军方支持者为削弱他信家族政治影响力而采取的步骤之一。"② 但是，此次弹劾存在着太多的程序漏洞：一是弹劾指的是罢免现任总理、部长或法院院长的一个程序，而英拉 2014 年 5 月已被宪法法院免职，她怎么能够被再次罢免呢？二是弹劾她的法律基础是所谓的违反宪法，但是宪法在政变时已被军方废除，使得这次弹劾缺乏法理依据。因此，这次弹劾普遍被认为是军方用来阻挠英拉参与下次大选的手段。英拉更是在其社交媒体主页上写道："泰国的民主和法律规则已经死亡"③。

（三）民主党（黄衫军）：针锋相对

民主党是议会中的反对党，由于英拉的执政联盟在议会中占据绝对优势，民主党在议会中处于少数，无力影响立法过程，也很难制约政府决策，但仍在各个议题上与为泰党针锋相对，包括"质疑政府的预算草案，反对政府扩大财政赤字以发展基础建设，反对各种承诺好的宪法修正案、以及特赦参与自 2006 年政变以来所发生的政治动乱的相关人员。"④ 甚至英拉的多次出国访问，也被民主党指责她是为了避免在国会面对质询。⑤

---

① 2014 年泰国经济形势回顾与展望，2014 年 6 月 11 日，开泰研究中心，驻泰国经商参处，http://th.mofcom.gov.cn/article/jmxw/201406/20140600639939.shtml。

② 《遭弹劾又面对刑事控诉 泰前首相英叻或面临牢狱之灾》，《联合早报》2015 年 1 月 24 日。

③ Online Reporter, "Yingluck Vows to Fight on for Justice, Democracy", *Bangkok Post*, 23 Jan 2015, http://www.bangkokpost.com/news/politics/459586/yingluck-vows-to-fight-on-for-justice-democracy。

④ James Ockey, "Thailand in 2013: The Politics of Reconciliation", *Asian Survey*, Vol. 54, No. 1, 2014, p. 40.

⑤ 《泰相英叻频出国被批》，《联合早报》2012 年 11 月 12 日。

民主党还通过与议会外反对力量合作，以街头政治的方式屡屡给执政党造成了不容忽视的压力。早在2013年1月13日，素贴组建的人民民主改革委员会（People's Democratic Reform Committee）就发起了关闭曼谷行动，旨在瘫痪英拉政府并迫使其下台。2013年8月英拉政府推出的特赦法案（草案），被反对派视作为前总理他信摆脱罪名和安全回国铺路，导致了精英阶层的反对和抗议。素贴以及民主党的其余153名议会成员纷纷辞职，领导针对英拉所推出的特赦法案的示威游行，占领政府办公地点、堵塞交通乃至引发零星的暴力活动，造成了泰国政治社会又一次持续的骚乱。虽然特赦法案因未能在参议院通过而失效，但是素贴并不肯善罢甘休，游行的目标转向要求英拉政府立刻下台，建立一个任命产生的"人民议会"来取代现有的政治组织。而在英拉被迫解散议会并在2014年2月重新举行大选时，民主党又抵制此次大选，通过种种手段阻挠投票的顺利进行，支持民主党的9个南方省份均没有投票，使得大选以无效告终。这一次街头骚乱直到5月22日军事政变才宣告结束。黄衫军拖垮英拉政府的街头政治可以称得上是野蛮而无秩序的，与红衫军在2010年通过大规模示威游行迫使阿披实政府提前解散议会类似。

泰国民主政治的吊诡之处就在于，只有执政党才宣扬要遵守法律规则，一旦政党沦为在野党，同样会像红衫军或黄衫军一样，寻求通过街头政治来表达自己的政治诉求。

（四）司法机构：伺机而动

1997年宪法建立了强有力的司法体制。司法机构被赋予更多的独立性和权力，包括反腐委员会、宪法法院、选举委员会、人权委员会和国家审计长等，① 这些机构的成员普遍由任命产生，掌握在传统精英阶层手中，成为他们操控和改变政局的有力工具。尤其2007年宪法"将议会的部分权力移交给在监察机构中的法官和技术专家"②，赋予司法机构对政府更大的监督权力。例如，一旦某个议员被裁定违反选举法，宪法法院不仅能够禁止其从政，若其是党内领导阶层，还能够据此解散整个政党。但在泰国劣质民主的环境下，司法机构并不能做到独立和中立，其掌握在精英阶层手中，基本属于反他信阵营，2006年后屡次发动"司法政变"将多个亲他信的政府赶下台。

英拉政府上台以来，最担心的还不是军方力量，而是司法机构。因为军队并不敢随便推翻一个民选政府，但司法机构已经证明它有能力针对为泰党或者个人成员发起司法攻击。一旦被定罪为选举违法，政党就会被解散，相关人员也会被禁止从政5年。

实际上，司法机构与英拉的第一次交锋，在英拉还未正式成为总理之前就开始了。2011年大选结束后不久，选举委员会就投诉包括英拉在内的142名参选人"存在贿选或违法嫌疑"，证据是英拉被投诉在呵叻省拉票时，当街炒制米粉并向民众分发，③ 以此拖延通过英拉的议员资格。这一尝试最终以失败告终，表明司法机构在当时庞大的民意基础面前，在未获得决定性的证据之前，尚不敢做出极有可能激化国内矛盾的判决。在英拉执政期间，民主党等反对派也经常借助司法机构来拖延甚至阻碍英拉政府的相关政策决定。例如，英拉政府在2013年曾提出一项宪法修正案，即参议院选举方式由原来的一半选举一半任命向完全由选举产生的模式转变。当这一修正案在议会通过时，"民主党就向法院起诉，要求解散执政党，因为这些修正案会破坏君主制和国家安全，而且这些修正

---

① Björn Dressel, "Thailand's Elusive Quest for a Workable Constitution, 1997 – 2007", *Contemporary Southeast Asia*, Vol. 31, No. 2, August 2009, p. 308.
② Ibid., p. 304.
③ 高永泽：《和解：泰国的难题》，《中国新闻周刊》2011年7月，第58页。

案通过的程序也不恰当。"① 宪法法院认可了民主党关于修正案的相关说法，裁定修正案违宪，但拒绝解散为泰党。这一裁决使得反对派在修正案问题上获胜，但还是无法使政府下台。

司法机构对英拉的致命一击是2014年5月7日，宪法法院判决英拉滥用职权罪名成立，免除了英拉的看守总理职务，最终终结了英拉的总理职位。宪法法院认为，他汶的调任违反公务员考核制度，是出于个人原因和利益，英拉政府没能证明他汶的工作能力不足而将其从国安委秘书长这么重要的职位上调离，调任过程仓促而不透明。英拉作为民选总理，轻易地就被由任命产生的司法机构所罢免，而不是通过议会表决的方式，这在一个民主国家是难以想象的。

司法机构在泰国政治领域发挥重要作用，但是其表现出来的党派偏见却使得它的独立性和合法性备受质疑。司法机构沦为政治工具，致力于"寻找证人和证据来指控旧政府渎职，而不是对行政制度加以改革，以使民众能够更方便地监督政府"②，这损害了司法机构的独立性、专业性和公信力，加剧了泰国的民主怪圈。

综上，英拉在短短两年零九个月的执政期间，需要面对来自王室、军方、反对党和司法机构等多个权力主体的挑战和压力，现有的权力格局明显有利于反他信集团：泰王出于维护王室权威的目的，不支持英拉所代表的民粹政府，无意调停反对派瘫痪政府的示威游行；军队关心自己在泰国政治中的独立地位和自主权力，对有削弱军队力量"前科"的亲他信政府心怀戒备，在抗洪救灾、维持社会秩序等问题上不配合政府；议会内的民主党和议会外的黄衫军紧密配合，为了反对而反对，寻找各种机会和借口对英拉政府发动攻击，竭力把他信势力拉下台；司法机构具有明显的党派偏向，对民主党政府及黄衫军所犯下的罪行视若无睹，但对亲他信政府却锱铢必较、吹毛求疵，对英拉政府所推行的政策进行多次质询和诉讼。这些权力主体是泰国的既得利益集团，支配着主要国

---

① James Ockey, "Thailand in 2013: The Politics of Reconciliation", *Asian Survey*, Vol. 54, No. 1, 2014, p. 44.
② ［泰］匿惕·姚西翁著，黎道纲译：《没有答案的提问——泰国政变的深层次分析》，《东南亚研究》2007年第2期，第25页。

家机器，拥有强大的传统势力和影响力，联合起来共同对抗民选政府，而英拉所代表的议会和政府的力量远弱于上述反对集团，在不断的妥协与斗争中终究败下阵来。英拉的困境源于泰国不成熟的民主机制，国王和军队这两个超越宪法的强大权力中心，拥有影响乃至直接改变政治局势的能力，立法、行政、司法三权不能相互制衡，司法机构能够轻易罢免民选政府，使得英拉难以从体制内获得对抗反对集团的足够力量。

英拉自上台之日起，就时刻面对着一心要推翻她的反他信集团，无论做出何种决策都会受到反对派的掣肘、攻击。反对派直接间接地得到泰王和军队的支持，力量强大，已经通过军事政变、游行示威、司法审判等手段推翻了他信、沙马、颂猜三位总理，但他们又无法彻底战胜拥有广大底层民众支持的他信阵营政党，不可能通过大选正式上台执政，只能一次次地推翻民选政府，从而导致泰国从 2006 年开始陷入政治僵局之中。英拉政府所掌握的权力与他们相较而言非常弱小，双方实力悬殊，英拉注定要在这场不公平的民主游戏中败下阵来，这既是英拉个人的困境，也是泰国民主政治的困境。

第四节　女总理之困：女性执政所遭受的双重困扰

英拉作为泰国第一位女总理，进入一向由男人控制的政治领域，她的女性身份对其竞选和执政造成一定影响，也造成一定困扰。在此主要分析当代泰国性别秩序、性别观念和政治文化对英拉从政的影响。

一 泰国性别秩序的变化

随着政治、经济和社会发展,泰国目前处于松动的父权制社会,表现在传统的性别规范受到冲击,性别平等取得明显进步。① 妇女在泰国经济、社会、政治等各方面发挥着越来越重要的作用。

在经济上,泰国女性自古以来就在社会和经济领域中扮演着相当积极的角色。妇女一直是农业的主要生产者,除了照料家务,也从事商业、种田、饲养家畜等工作。随着农业经济向工业经济转型,女性不断参与到现代经济领域当中,并逐步成为劳动力的主体力量。2012年泰国15岁以上女性就业率高达63.8%,② 从事管理职业的女性较多,据致同会计师事务所(Grant Thornton)2011年的一份调查显示,泰国高级管理职位中女性所占比例为世界最高,大约有45%的私有企业由女性担任高级职位,30%由女性出任首席执行官(CEO),而在美国这一比例仅有15%③。由此可见,泰国妇女广泛地参与经济建设,其能力也得到社会的普遍认可。

在教育上,女性的受教育水平不断提高,1980年泰国女性识字率为82.7%,2001年上升到94.1%,④ 从20世纪90年代开始,女性的受教育水平尤其是高等教育超过男性,"1993年,公立大学中的女性学生人数首次超过了男性学生。1996年,公立大学中毕业生的人数,女性更是占57%。"⑤ 受过高等教育的妇女,更有自主意识和能力,积极参与社会,能够打破阶层壁垒,通过社会流动逐渐成为各行各业的主力。

在政治上,女性的政治参与有所提高。泰国妇女早在1932年就获得选举权,但女性政治参与长期处于低迷状态,50、60年代议会中女议员的比例处于4%以下。90年代中期泰国进入民主转型时期,当以选举和民

---

① 范若兰:《父权制松动和性别秩序变化对女性政治参与的影响——以东南亚国家为中心》,《东南亚研究》2014年第5期。
② 联合国开发计划署:《2013年人类发展报告》,http://hdr.undp.org/en/content/human-development-report-2013。
③ Tania Branigan, Yingluck Shinawatra: Thailand's New PM Steps out of Her Brother's Shadow, 5 July 2011, http://www.theguardian.com/world/2011/jul/05/yingluck-shinawatra-thailand-female-pm.
④ 范若兰:《东南亚女性的政治参与》,社会科学文献出版社2015年版,第375页。
⑤ 唐敏莉:《从女性教育管窥泰国妇女的解放历程》,《理论探索》2014年1月刊,总第374期,第98页。

意支持为合法性来源的政治体系，取代以军队和官僚统治为基础的威权体系时，占选民一半的女性自然受到了关注和重视。1997年"人民宪法"给予了女性更多更平等的参政机会，女性参与政治的热情和意识很高，据2011年大选的官方数据统计，在投票者中，女选民要比男选民多150万人，① 女议员的比例也较前有所提高，2001年女议员比例上升到9.2%，2011年上升到13.6%。②

在婚姻家庭方面，女性的地位也有较大变化。女性受传统道德观念束缚有所减轻，不婚、晚婚的现象越来越多，泰国国家统计局2013年调查指出，泰国15岁以上的女性有21%为单身，调查显示，都市妇女倾向维持单身，曼谷有30%的妇女单身，越来越多的夫妻也不想生小孩。泰国在1970年以前平均每个妇女生育超过6胎，现在只生育1.6胎。③ 泰国学者普拉莫（Pramote Prasarkul）表示，女性社会地位提高，经济独立，教育程度高，她们就不想对婚姻做出承诺。尤其是不少富有的泰国女性，都选择不婚或事实婚姻，与伴侣生活在一起但没有正式登记结婚，以保护双方的个人财产。英拉也是如此，她未婚有子，虽然与丈夫阿努索·安莫查同居多年，但并没有正式结婚，只是维持着事实婚姻的状态，英拉也一直保持着西那瓦家族的姓氏。此外，她有好几次被拍到与前男友共处，但都没有在主流媒体上引起太多的争论。④ 因为这种情况在泰国精英阶层女性中并不少见，社会舆论对这一现象基本持默认的态度，没有过多地关注或谴责。因此，英拉的婚恋状况不会成为攻击的目标，也不会被认为是不可接受的。

随着父权制松动和性别秩序变化，人们对政治家角色的期望也在改变，"过去，只有强有力的、果断的强人才能成为成功的政治领袖，而近几年成功的领袖往往是那些善于妥协与合作的人。"⑤ 这一变化意味着越

---

① Kaewmala, "The First Thai Female Prime Miinister and Thai Feminists", *Asian Correspondent*, August 14 2011, http://asiancorrespondent.com/62359/thailands-first-female-prime-minister-and-thai-feminists/.

② 各国议会联盟网站，泰国议会基本信息，http://www.ipu.org/parline-e/reports/2387_A.htm。

③ 《泰国生育率创历史新低》，《星暹日报》2013年9月30日。

④ 笔者对泰国留学生谢金凤的访谈。

⑤ James Ockey, *Making Democracy: Leadership, Class, Gender, and Political Participation in Thailand*, Hawaii: University of Hawaii Press, 2004, p.64.

来越多的人能接受女政治领袖。据泰国留学生介绍,"泰国社会中普遍流传着一位得道高僧的预言:泰国会诞生一位女性领袖,届时泰国经济社会将实现高度发展。"① 当然,在很长一段时间内,民众并没有认为这位女性领袖就是总理,而是其他领域的成功者,比如深受民众爱戴的诗琳通公主。普密蓬国王是曼谷王朝历史上第一位赋予公主继承权的君主,品行端正、亲民和善、多才多艺的诗琳通公主被广大民众默认为有可能是接任国王的人选之一。2011年英拉作为总理候选人参与竞选,提升了民众对女政治领袖的期待,宣律实民调机构(Suan Dusit Poll)在大选前对1574个泰国人所做的一份调查显示,78%的男性、60%的女性支持泰国产生一位女性总理,63%的男性、37%的女性认为英拉能够成为泰国的首位女性总理。② 民意报(Matichon)在英拉当选后进行的一项调查显示,超过70%的人觉得女性总理的当选意义重大,能够引领泰国更好地发展,同时也是性别平等的标志。③

二 女性身份对英拉从政的影响

(一)女性身份

为泰党和他信在2011年大选时推出英拉作为总理候选人,可以说是兵行险招,但又敏锐地抓住了当时选民的心理:民众在经历了数十年的军方独裁统治后,好不容易迎来了较为民主、自由的文官政府,却又因他信问题再次陷入政治动荡、社会骚乱之中,对政治已经没有多少好感,只希望能尽快摆脱这一困境,女性象征着非暴力、廉洁、和解,这正契合了泰国民众所期望看到的新型领袖形象。为泰党也有针对性地宣传这一点,淡化英拉从政的不足与短板。再加上英拉并不是普通的女性,而是深受广大底层民众拥戴的前总理他信的胞妹,她在政治上的不足可以

---

① 笔者对泰国留学生谢金凤的访谈。
② Kaewmala, "The First Thai Female Prime Minister and Thai Feminists", *Asian Correspondent*, August 14 2011, http://asiancorrespondent.com/62359/thailands-first-female-prime-minister-and-thai-feminists/.
③ Tania Branigan, "Yingluck Shinawatra: Thailand's New PM Steps out of Her Brother's Shadow", 5 July 2011, http://www.theguardian.com/world/2011/jul/05/yingluck-shinawatra-thailand-female-pm.

由他信来指导,他信可以通过她继续为底层民众争取福利,从而强化了英拉的竞选优势。英拉的女性身份被有效地分离,好的一面被大力宣传,不足的一面被淡化处理,再加上他信这个坚强的后盾,造就了英拉在2011年大选时的巨大成功。

英拉也强调自己身为女性总理,能有不同于男性的优势:"作为一名女性总理,在政府制定许多政策时,我认为自己能提供一些新鲜的观点,这同样体现在政府管理方面。此外,我相信,女性领导人能给整个国家的女性带来鼓舞。与此同时,我们不能忽视的是,成功的领导并不在于性别,而是在于领导者拥有果断的性格、坚定的信念和发挥团队优势的能力,这些能力与性别无关。女性在总体上更耐心,更善于在协调各方意见中取得一致,也更加敏感和富于同情心。也因此,在有些时候,在女性领导人带领下,国家能避免冲突,克服困难。"①

此外,在性别平等成为主流的泰国社会,任何直接以女性身份为由对女候选人进行攻击都属于政治不正确,是不明智的。在竞选时,民主党不敢轻易攻击英拉的女性身份,因为这不符合性别平等理念,有性别歧视之嫌。正如一位民主党议员索发(Surichoke Sopha)所说:"英拉的女性身份恰恰是她的优势,使得民主党处于守势,任何试图直接攻击其女性身份的举动都是不明智的,民主党通过讨论决定不会直接攻击英拉的女性身份。"② 这使得英拉相较于他信、沙马、颂猜等男性总理,并没有承受太多针对其本人进行的人身攻击和谩骂。

(二) 女性特质

英拉温柔美丽,符合人们对女性特质的所有想象。

英拉的温柔为她赢得不少选民的好感。一方面,加强了她的亲民形象,在竞选时,她总是"微笑着双手合十,俯身向农民行礼;温柔地拥抱白发苍苍的老妇。"③ 她的亲善和蔼,谦虚温柔,与男性领导人咄咄逼

---

① 邹娅妮:《困境中的英拉政府与泰国的"民主政治"》,《人民公仆》2014年第3期,第79页。

② Tania Branigan, "Yingluck Shinawatra: Thailand's New PM Steps out of Her Brother's Shadow", 5 July 2011, http://www.theguardian.com/world/2011/jul/05/yingluck-shinawatra-thailand-female-pm.

③ 宋清润:《英拉:泰国首位女总理》,《联合早报》2011年7月14日。

人的硬朗作风截然不同，相比于从牛津大学毕业的阿披实所表现出的精英形象，英拉的温柔使她更容易受到底层民众的欢迎，正如一位泰国专家所说："英拉总是能够在人群中表现得自然亲民，这是阿披实无论如何都做不到的。"① 另一方面，饱受政治动荡、社会骚乱之苦的泰国民众对男性领导人的贪污腐败、独断专制、暴力野蛮已经感到难以忍受，民众希望能有一位更有道德的、更纯洁的、善于妥协与合作的领袖来领导泰国，英拉的温柔似乎可以与善解人意、协商、合作、非暴力等同起来，她自己在竞选时也刻意标榜："女性是非暴力的象征，善于妥协，能和任何人对话协商，我会利用女性特质来全心全意地为国家服务。"②

英拉出众的美貌也为她加分不少。在信仰佛教的泰国，美丽的容貌被认为是有功德的体现，是富贵和福气的标志，英拉姣好的面容为她赢得了很多民众的支持。英拉本人也意识到这一点，更多地展示其女性特质，用甜美的声音、精致的妆容、合适的服饰为自己加分。从竞选开始，英拉的穿衣风格就有所变化，她很少再穿过去做总裁时出席时尚聚会时的衣服，取而代之的是更干练和更专业的西装、衬衣，意在既要让选民注意到她的美貌，又要显示出自己的干练政治家形象。一位泰国外交官

---

① Online reporter, "Yingluck to be 'Clone' of ex-PM brother", *China Post*, July 4, 2011, http://www.chinapost.com.tw/asia/thailand/2011/07/04/308536/Yingluck-to.htm.

② Kaewmala, "The First Thai Female Prime Minister and Thai Feminists", *Asian Correspondent*, August 14 2011, http://asiancorrespondent.com/62359/thailands-first-female-prime-minister-and-thai-feminists/.

说："英拉给我的印象是性格温和，从不主动树敌或与人争执。她形象很好，再加上服装、发型、饰品，每一样都有专业设计团队和专业造型师为她精心打理，塑造出的形象不管怎么看，都是正面的。每一次出现在公共场合，她都像明星一样光彩夺目，而且是从早漂亮到晚，只要会被公众看到的地方，她就让自己光彩夺目。"① 从前述民调来看，泰国男性要比女性更加认可和支持英拉出任总理，可能与英拉的美貌有很大关系。

在反对派看来，英拉的美貌就是她除了他信之外的第二大资产，她能够按照他信团队的竞选策略在民众面前作秀，但这并不能用来管理一个国家。英拉被反对派说成是成毫无主见的"政治花瓶"，没有政治经验和从政能力，不敢与从牛津大学毕业的阿披实进行辩论，只会听从他信的指示行事，"用她上镜的好看的样子、令人宽慰的语调和宽泛的诉求，来获得选民的支持"②，无力承担起独立领导国家的重任。

英拉的温柔也被反对派指责为软弱无能，在处理复杂的国内事务时缺乏必要的魄力和决断。2011年特大洪水席卷大半个泰国时，由于政出多门，各种政治势力掣肘，英拉疲于奔命却救灾无效，她在记者会眼眶泛泪表示："今天本人将坦然以告，虽然我已想尽所有办法，但无法独力解决这场危机。我需要各方共同合作。"③ 英拉前往灾区探望民众、处理灾情时也频频流泪。反对派认为这不是一个有能力总理应有的表现，欠缺冷静和自控，显示了英拉的无能和软弱，并嘲讽"我们怎么能将国家大事交给一个哭哭啼啼的总理？"④ 此外，英拉在处理2013年末开始的黄衫军街头政治时，总是"柔情"以对，强调"泰国政府不会对人民动用武力，安全力量将根据法律及国际惯例执行任务。"⑤ 被批评者认为过于软弱，非但无助于问题的解决，反倒加剧了国内的紧张局势。

---

① 《泰国女总理英拉：从早漂亮到晚》，人民网—环球人物，2012年5月13日。

② Andrew Higgins, "Thaksin Shinawatra's Sister is Front-runner to Become Thai Leader", *Washington Post*, June 13, 2011, http：//www.washingtonpost.com/world/thaksins-sister-is-front-runner-to-become-thai-prime-minister/2011/06/05/AGAALATH_story.html.

③ 《被批抗洪不力 英拉含泪呼吁朝野携手合作抗洪》，《星暹日报》2011年10月20日。

④ 彭慧琳：《从女高管到女总理——英拉给女人的8堂成功课》，中国华侨出版社2012年版，第3页。

⑤ 《泰国国内安全法在曼谷和一些邻近省份实施》，（东盟）新闻网，2013年11月30日，http：//www.news-com.cn/news/a/20131130/001867490.shtml。

在泰国，政治领域仍为男性所主导，政治家被认为应该做到坚毅、强硬和果敢。英拉的女性特质有利于她在大选时赢得民众的支持，但执政时又被认为不能像男性领导人那样高效、果断地处理国家事务尤其是紧急情况，不符合人们对政治家的普遍预期，从而遭受更多批判。

(三) 女性权利

作为女总理，很多妇女组织对英拉抱有期待，希望她能够维护和提升妇女权利，尤其是关注家庭暴力和强奸等针对女性的暴力，为提升妇女权益、促进性别平等做出贡献。

英拉执政后，始终把经济发展和政治和解作为首要事务。但也关注到女性议题，她在讲话中表达了对女性权利的尊重和重视，主张提高女性的性别意识和能力。在一次访谈中，英拉就明确表示："作为女性我们在各个领域都很有竞争力，我们有强大的心态和能力。因此我希望所有泰国的女性能够更具创造力，从而有助于社会。"[1] 2012年9月，英拉在出席联合国大会时也明确表示支持联合国的"每一个妇女，每一个小孩"（Every Women Every Child）项目[2]，希望借此改善泰国妇女与儿童的健康情况。

在政策层面，英拉也为保护女性权益、解决性别不平等问题做出了一定的努力。英拉政府在泰国的每个府都建立了女性发展基金会（The Women's Development Fund），金额约为1亿泰铢[3]，为那些希望提升自己教育、工作和健康水平的女性提供资金支持。2012年英拉政府又建立了泰国女性赋权基金会（The Thai Women Empowerment Fund），旨在提升女性在国家发展中的角色和地位，并推动相关法律的修订，以更好地维护女性权利。虽然基金会的资金和规模还很小，能够办成的事情有限，但至少是启动了保护女性权益的进一步尝试和探索。此外，英拉政府在政府部门、私人企业和社区建立了儿童看护中心，以解决职业妇女的后顾之忧，促进女性就业。联合国妇女组织（UN Women，创立于2010年7月）的东亚东南亚地区办公室设在曼谷，英拉将其视为泰国政府和联合

---

[1] Lu Hui, "Thai Women on Grand March to Protest Against Pregnancy Discrimination", Xinhua Net, 2012-3-8, http://news.xinhuanet.com/english/world/2012-03/08/c_131455367.htm.

[2] Tang Danlu, "Thailand Supports UN's Every Women Every Child Project", Xinhua Net, 2012-9-26, http://news.xinhuanet.com/english/world/2012-09/26/c_131874572.htm.

[3] 《颖拉主持启用发展女权基金》，《星暹日报》2012年2月18日。

国共同促进和提升泰国及本地区女性作用的好机会，部署了不少提高女性权利的项目，如泰国—东盟女性网络行动（Thai-ASEAN e-Home Workers and e-Women）。此外，英拉政府的信息通信技术部还在全国建立了超过1800个社区学习中心专门为女性提供职业培训，为女性，特别是住在偏远地区的农村妇女，提供了获取知识、信息、政府服务的机会，也为她们提供了工作和收入。① 上述政策，除了社区学习中心外，以往的男性总理也多多少少有所实施。

女性主义者并不满意英拉的上述努力，因为"今天泰国的优先任务还是真相、公正和经济"②。认为英拉作为女总理，并没有更多关注女性权益，虽然英拉政府推行了不少提升女性权益的政策项目，但大多数项目以往的男总理也有实施，英拉并没有比他们显示出对女性事务更多的关注和支持，③ 也没有积极促进女性参政，她的内阁只有两位女部长，即文化部长素谷蒙·坤本和国务部长娜丽妮·塔威信。英拉对女性权益关注不够，遭到不少女性主义者的批评，清迈大学女性研究中心的学者阿帕蓬（Arpaporn Sumit）指出："虽然英拉有着女性的外表，但是她像男性一样思考，不大可能会为了女性问题额外做些什么。"④

综上所述，女性身份是英拉备受关注的一个重要因素，也使其遭受了很多男性领导人所不必面对的困境，面临双重困扰：她的温柔被视为有助于和解、宽容，也引来软弱的指责；她的美貌能吸引选民，也招来"花瓶"和无能的讥讽；女总理身份被期望能提高女性权利，但也被批不关注女性权利。但在泰国撕裂的社会环境下，这些双重困扰并没有对其

---

① H. E. Mr. Woravat Auapinyakul, "Women and Girls in ICT, World Telecommunication and Information Society Day (WTISD) 2012", *Bangkok Celebration*, 17 May 2012, http://www.unescap.org/sites/default/files/Thailand_speech.pdf.

② Kaewmala, "The First Thai Female Prime Minister and Thai Feminists", *Asian Correspondent*, August 18 2011, http://thaiwomantalks.com/2011/08/18/the-first-thai-female-prime-minister-and-thai-feminists/.

③ 前任总理阿披实在任时，反倒经常在各种场合谈论女性工作者的权利，但是他承诺的许多女性政策都没有得到落实。

④ Onravee Tangmeesang, "Thailand 7th Most Dangerous Nation for Women", *The Nation*, December 6, 2012, http://www.nationmultimedia.com/life/Thailand-7th-most-dangerous-nation-for-women-30195730.html.

造成实质性的影响,很多言论被认为是反对派鸡蛋里挑骨头,反而引起民众的反感,例如她在处理洪灾时的亲民怜民举动,在很大程度上缓解了民众对英拉政府治洪不力的不满。泰国民众斥责反对派无理取闹,普遍赞赏英拉的真情表达,称赞其为有感情的政治家。在英拉的执政后期,基本上不再存在针对其女性身份的攻击言论。

可以说,女性身份给英拉执政带来的困扰较少,反而是家族身份和民主政治对英拉的困扰更大。

余 论

英拉的上台与下台都伴随着巨大的争议,而其短短的执政生涯又面对着重重挑战。作为泰国历史上首位女总理,她的身上刻着前总理他信的印记,又深陷泰国的民主困局,注定要承受更多的困境。

英拉政府面对的挑战主要是社会和解、经济发展、保障民生。她在上述三方面都做出一定成绩,被认为"过去两年英拉的政绩可圈可点,政治相对稳定,经济稳步增长,为泰党政府已经建立起了一定的主流民意基础。"① 但英拉深陷他信体制和劣质民主的困境,在他信回国问题上,她的所有和解努力都付诸东流,最终逃不过泰国的民主怪圈而被迫下台。

---

① 《分析人士:英助政府回旋余地越来越小》,《联合早报》2013年11月28日。

第五章

永远的替代者
旺阿兹莎的从政之路分析

> 我首先是一位母亲，其次是妻子，第三是公民。作为一名公民，我关心我的国家。
>
> ——旺阿兹莎

> 我不是一个普通的政治人物。我认为我有那种形象能够团结全部人。
>
> ——旺阿兹莎

旺阿兹莎（Wan Azizah Ismail）是马来西亚人民公正党领袖，她创造了马来西亚政治史上的几个第一：马来西亚第一位任期最长的女政党领袖，第一位反对党联盟女领袖，第一位女副总理。她被视为东南亚日益增多的众多女政治领袖中的一位，这些女领袖因为父兄丈夫的去世、囚禁而走上政治舞台，因为追求民主、行为廉洁、团结能力而受到反对派和民众的拥戴，成为政党领袖、总统、总理、国务资政，走向权力顶峰。但旺阿兹莎与她们不同的是：（1）旺阿兹莎的替代对象——她的丈夫安瓦尔——尚活在人世，并积极参与政治，旺阿兹莎只是在他入狱期间，替夫出征，竞选议员、出任公正党领袖和反对党领袖，一旦丈夫出狱能够参加选举，旺阿兹莎立即让贤，辞去国会议员和反对党联盟领袖职位，让丈夫"上位"；（2）即使安瓦尔在狱中，他也被视为公正党的实际领袖，为公正党出谋划策，而党主席旺阿兹莎只是执行者。

因为替代对象的"在场"，旺阿兹莎被视为一个标准的"替代者"，甚至是一个"傀儡"。那么，旺阿兹莎作为一个"替代者"，如何走上从政之路？她有自己的理念和从政能力吗？她走上政治舞台的优势和劣势是什么？这是本章所要解决的问题。

第一节　代夫出征：旺阿兹莎的从政之路

旺阿兹莎出生于1952年，是五个孩子中的老二，父母皆在英国的大学攻读过心理学并担任国家福利卫生部的高级官员。她的小学和中学就读于圣尼可拉斯修院学校，其后进入芙蓉东姑古昔亚学院就读先修班，之后考入马来亚大学，但旺阿兹莎只在马大学习三个月，之后她进入爱尔兰皇家外科医学院深造，1978年毕业回国在吉隆坡中央医院实习，后成为眼科医生。1980年她与热衷于政治活动的安瓦尔结婚，先后生育六个孩子，她从不参与政治活动，只满足于当好眼科医生和贤妻良母。[①]1993年安瓦尔成为马来西亚副总理，为了配合安瓦尔的职位，她不得不辞去眼科医生的工作，一心当好贤内助。但1998年安瓦尔的被解职和随后而来的被捕，打破了旺阿兹莎平静的生活，她为狱中的丈夫奔走，参

---

① 《旺阿兹莎·风雨不悔》，[马]《光明日报》2011年5月29日。

与"烈火莫熄"运动,组建公正党并担任党主席,最终走上政治舞台。

一 "烈火莫熄"运动与旺阿兹莎步入政治

1997年爆发的亚洲金融危机引发了马来西亚的"烈火莫熄"运动。金融危机首先从泰国开始,很快波及马来西亚,导致股市暴跌,林吉特大幅贬值,恶化了企业经营和贸易条件,同时,银行陷入危机,不少银行破产或面临破产。金融危机不仅引发马来西亚经济衰退,也引发了马来西亚的政治危机。总理马哈蒂尔与副总理兼财政部长安瓦尔矛盾激化,并最终导致后者下台。

马哈蒂尔与安瓦尔在如何复苏经济上存在政策和策略分歧。马哈蒂尔坚持外因是金融危机的主要原因,主张加强行政干预,扩大基础建设以带动经济复苏。而安瓦尔认为马来西亚经济发展存在问题,不能只归咎于外因,他主张接纳国际货币基金组织的建议,采取紧缩经济措施,包括减少财政支出,停建缓建基建项目,实施银行加息等。因此,两人的经济主张许多时候是对立的,如安瓦尔主张银行加息,马哈蒂尔认为应降低利息;安瓦尔认为应停建大部分基础建设项目,马哈蒂尔却认为应扩大基础项目来拉动经济。① 马哈蒂尔强势实行自己的经济主张,需要大量资金扩大基础建设,刺激经济,但马来西亚拒绝国际货币基金组织的援助,只能靠国内采取一系列财政措施,如降低银行利率和准备金率、外汇资金管制、停止股市交易、固定汇率等,可是安瓦尔不支持这些激进措施。

马哈蒂尔和安瓦尔的政治权力斗争也日益激烈。马哈蒂尔只是致力于复苏经济,既不愿进行政治改革,也不愿像原来预计的那样在1999年交出权力,由安瓦尔接班。如此,马哈蒂尔与接班人安瓦尔的关系由原来的亲如"父子",到后来的日益恶化,马哈蒂尔怀疑安瓦尔要"抢班夺权"。于是,在经济政策分歧和政治权力斗争恶化之下,1998年9月2日安瓦尔被突然革除副总理和财政部长职务,第二天被撤销巫统署理主席职位,并被开除出巫统。9月21日安瓦尔被捕,9月29日被控上法庭,罪名主要是贪污和不道德性行为,包括五项贪污罪,五项"鸡奸罪"。

---

① 廖小健:《世纪之交的马来西亚》,世界知识出版社2002年版,第108—109页。

第五章 永远的替代者:旺阿兹莎的从政之路分析

安瓦尔的被捕,对于旺阿兹莎是晴天霹雳,她永远记得这一天,"我清楚记得 1998 年 9 月 21 日,安瓦尔被捕这一天,当时我快崩溃了。这是最艰难的日子,突然间我丈夫被当成恐怖分子对待。那些人冲进来,就这样把他带走了,我听到所有针对他的指控,说他贪污、渎职,甚至……跟性有关的东西……"① 她陷入艰难的处境,一方面要到处奔走,为丈夫寻求公道;另一方面要照顾六个孩子,尽量使他们不受伤害。

安瓦尔案件审理长达两年多,被称为"世纪大审判",引起国民、媒体、外国的极大关注。最终,1999 年 4 月判决安瓦尔四项贪污罪成立,刑期六年。2000 年 8 月判决安瓦尔"鸡奸罪"成立,刑期 9 年,两者合并,安瓦尔须坐牢 15 年。控方以贪污和"鸡奸罪"名起诉安瓦尔,是想利用马来西亚人对贪污腐败深恶痛绝的心理,更想利用伊斯兰教禁止同性恋的教规,以引起马来人对安瓦尔的厌恶。但情况恰恰相反,因为控方罗织罪名,监狱虐待安瓦尔,他被打得昏迷,左眼瘀黑,这些都激起他的支持者极大愤怒,他们从人权和民主角度抗议马哈蒂尔的专制、铲除异己、不符合司法程序、虐待犯人的做法,他们也从伊斯兰教角度抗议对安瓦尔的鸡奸和通奸指控是不成立的,因为伊斯兰刑法规定控人通奸要有四个证人。

安瓦尔事件引发了"烈火莫熄"(Reformasi,意为改革)运动,亦称为政治改革运动(简称政改运动)。安瓦尔是政改运动的发起者。他在被罢黜第二天就召开记者会,否认对他的一切指控,宣称"我国需要改革,使马来西亚有更大的民主和透明度,确保我国今后的民主能茁壮成长。"② 他随后在全马各地向支持者讲演,为自己辩护,进行抗争,呼吁政改,9 月 12 日他提出《七点宣言》,系统阐述了他的政改主张:法律公正,每个人应禁止被剥削、羞辱或囚禁;社会公正,倡廉反贪;推动民主,人民主权;经济公正,反对贫富分化;文化包容,接受一切优质外来文

---

① 《专访旺阿兹莎:10 年奇异旅程——从平凡妻子到国会反对党领袖》,《星洲日报》2008 年 4 月 23 日。

② 《南洋商报》1998 年 9 月 4 日。

化。① 宣言主题是民主和公正，成为指导政改运动的纲领，为后来蓬勃发展的政改运动奠定了最初的基础。

马来西亚社会久已积蓄的对政府专权、贪污腐败、裙带关系、社会不公、压制民主的不满，由安瓦尔事件引爆。在安瓦尔事件的刺激下，"烈火莫熄运动"轰轰烈烈展开，开始的参加者是安瓦尔的政界支持者，很快扩大到马来民众、反对党，再扩大到其他族群，最初他们聚集在安瓦尔住宅周围，聆听安瓦尔的讲演，随他到各地讲演，要求"还安瓦尔公道"。在安瓦尔被捕后，他们参加游行和集会，要求公正、民主、廉洁，还要求"释放安瓦尔"、"废除内安法"、"撤查和严惩凶手"。每次示威游行和集会都有成千上万的人参加，安瓦尔的妻子旺阿兹莎经常出现在游行集会中，呼吁还安瓦尔以公道。她的柔弱、她的眼泪赢得民众极大的同情，一位老婆婆在她讲演结束后来到她面前，将手中紧握的50马币交给她，以示支持，这一幕感动了旺阿兹莎，也感动了无数人。多年后她每次忆及，还不禁泪流满面。②

1998 年 12 月，旺阿兹莎建立非政府组织"社会公正运动组织"（简称公正运动），宗旨是争取社会公正和民主与人权。1999 年 4 月 4 日旺阿

---

① 《南洋商报》1998 年 9 月 14 日。
② 《旺阿兹莎·风雨不悔》，[马]《光明日报》2011 年 5 月 29 日。

兹莎成立国民公正党，并担任主席，她是马来西亚第二位女政党领袖，[①]也是东南亚民主化浪潮中涌现的又一位女领袖，由此正式步入政治舞台。公正党的宗旨是争取社会公正，要求释放安瓦尔是重要目标之一，也是追求公正的一部分。而安瓦尔是公正党的精神领袖，遥控该党的活动，旺阿兹莎则是他的喉舌，代替他进行政治活动，并使公众保持对他的记忆。

二　当选议员与反对党领袖

乘着"烈火莫熄"运动的东风，1999年10月公正党与其他反对党（民主行动党、伊斯兰党和人民党）组成替代阵线（Barisan Alternatif，BA，简称替阵），并发表《迈向公正的马来西亚》的竞选宣言，提出公正、正义、反贪污、废除内安法、降低贫困率、保障各族群学习母语的权利等主张。旺阿兹莎第一次参加1999年国会选举，在安瓦尔过去的选区峇东埔参选，以23820张选票大胜，此次大选公正党共赢得5个国会议席。反对党中的伊斯兰党成为最大赢家，获得27席，这是伊斯兰党与以往历次大选相比最好的成绩，不仅保住吉兰丹州，还在登嘉楼州取得执政权。而民主行动党失利，只获10席，失去议会第一大反对党的地位，甚至党领导人林吉祥也在选举中落败。行动党之所以失利，主要是因为华人不支持他，华人对行动党与伊斯兰党结盟大惑不解，如果支持行动党，就是支持伊斯兰党，也就是支持伊斯兰教国，这是华人所不愿意的。为争取华人支持，2001年行动党退出替代阵线。

安瓦尔2003年8月3日出狱，同日马来西亚人民党和公正党合并，称为人民公正党，旺阿兹莎任党主席，安瓦尔仍被禁止参与选举和担任社团领导，但他是人民公正党的实权领袖，为该党出谋划策，以求该党更大发展。但在2004年大选中，执政党国民阵线因新总理巴达维的"新气象"而大胜，人民公正党遭遇重大挫折，只赢得一个国会议席，即旺阿兹莎以590票微弱多数蝉联峇东埔国会选区议员，她在国会的意义几乎只剩下为了证明公正党的存在，以及等待安瓦尔重返政坛。正如她自己

[①] 马来西亚第一位女政党主席是印度人Ganga Nayar，她创立工人党并担任主席，但该党存在时间很短。

所说:"我是公正党唯一的国会议员,我在国会,至少证明公正党还存在。"① 人们担忧这个新政党未来的命运,许多人认为该党已"名存实亡",随着"安瓦尔效应"的消失,旺阿兹莎只是靠同情票才能险胜。② 随后几年,安瓦尔仍处于被社团注册法令禁止竞选政党职位的时期,旺阿兹莎一直担任人民公正党主席。

2008年3月8日马来西亚举行第十二届大选,安瓦尔仍处于禁选期限,旺阿兹莎第三度竞争峇东埔区国会议席,顺利以13388张多数票击败巫统候选人。这次大选执政党国民阵线惨胜,仅夺得议会140席,国阵第一次失去控制议会2/3议席的能力。反对党夺得82席,这是马来西亚有史以来反对党赢得的最好战绩,三个主要反对党都表现出色,人民公正党赢得31席,成为国会中第一大反对党,行动党赢得26席,伊斯兰党赢得23席。在州政权上,反对党夺得吉兰丹州、吉打州、霹雳州、雪兰莪州和槟城的执政权,其中伊斯兰党夺得吉兰丹和吉打州,行动党夺得槟城,霹雳和雪兰莪则由三个反对党联合执政。这次大选被称为一次政治"大海啸",国阵的惨胜和反对党的崛起,标志着国阵一党独大、议会一言堂的局面被扭转,评论家普遍认为这有利于两党制的形成,有利于马来西亚政治民主化。③

人民公正党取代民主行动党一跃成为国会最大反对党。3月19日民主行动党和伊斯兰党一致声明推举旺阿兹莎为国会反对党领袖,直到安瓦尔恢复参政权为止。④ 旺阿兹莎成为马来西亚有史以来第一位女性国会反对党领袖。她在接受专访时说:"这是一个挑战,我很高兴能够成为大马历史上,第一位女性国会在野党领袖,我把它看成是大马女性的成就。"⑤

在安瓦尔的斡旋下,三个反对党——行动党、伊斯兰党和公正党于

---

① 《专访旺阿兹莎:10年奇异旅程——从平凡妻子到国会反对党领袖》,《星洲日报》2008年4月23日。
② 詹运豪:《历史的终结?回到80年代》,《南洋商报》2004年3月24日。
③ 范若兰等:《伊斯兰教与东南亚现代化进程》,中国社会科学出版社2009年版,第255页。
④ 《推荐旺阿兹莎任在野党领袖 三党:直到安华恢复参政权》,《当今大马》2008年3月19日,https://www.malaysiakini.com/news/80078。
⑤ 《专访旺阿兹莎:10年奇异旅程——从平凡妻子到国会反对党领袖》,《星洲日报》2008年4月23日。

2008年4月1日组成"人民联盟",以进一步推动两党制,推翻国阵政权。

三 辞任议员与重新代夫出征

旺阿兹莎的国会反对党领袖职位只是过渡性质的,任期不长。2008年4月14日安瓦尔的禁选令解除,他可以合法参与选举。7月31日旺阿兹莎宣布辞任议员,以制造补选机会,让安瓦尔竞选议员,为反对党夺取政权铺路。8月26日安瓦尔在峇东埔选区补选胜利,成为国会议员,28日接任旺阿兹莎的国会反对党领袖职位,正式启动"916变天计划",期望拉拢足够多的国阵议员跳槽人民联盟,好让人民联盟执政,安瓦尔担任总理,可惜计划未能成功。旺阿兹莎虽然辞去议员职位,但并未辞去公正党主席职位,安瓦尔与旺阿兹莎形成了"男主外女主内"的模式,丈夫负责人民联盟,妻子专注人民公正党。①

但安瓦尔的反对党领袖政治生涯始终伴随着"鸡奸罪"的指控。2008年安瓦尔被助理指控遭其鸡奸,安瓦尔否认指控,认为这是当局迫害他的又一个政治游戏,大部分民众也不相信,认为这一指控有政治动机。2010年2月鸡奸案审理,2012年高等法庭判决安瓦尔"鸡奸罪"名不成立,但2014年3月马来西亚上诉法庭推翻高等法庭的判决,裁定安瓦尔鸡奸罪名成立,监禁五年。②

---

① 《政坛夫妻分工"男主外女主内 安华专注民联,妻续掌公正党"》,《当今大马》2008年11月26日,https://www.malaysiakini.com/news/93805。
② 《安华鸡奸罪成 失去加影补选资格》,《联合早报》2014年3月8日。

安瓦尔是反对党的核心人物，在民众中拥有巨大的号召力，对国民阵线造成极大挑战，因此当局用"鸡奸案"来抹黑安瓦尔，中止其政治生涯。鉴于"鸡奸案"对安瓦尔政治生命的威胁，旺阿兹莎一直担任公正党主席职位，随时做好接替他的准备，她在政治舞台上的活跃度与安瓦尔的鸡奸罪判决紧密相连。2011年5月11日法庭宣布安瓦尔鸡奸控罪立案，已淡出政坛的旺阿兹莎表示愿意重新活跃政坛，"继续推动马来西亚政治改革，如果需要我出力，我肯定会这么做，因为我多年前就已经这么做。"① 2012年1月法庭判决安瓦尔的鸡奸罪名不成立，此后一段时间，旺阿兹莎减少了露面的次数，也鲜少发表文告，只是专注于党务。

2013年5月马来西亚第13届大选，反对党人民联盟的目标是打败国阵，上台执政，实现政权轮替。大选结果，执政党国阵获得国会133席，虽然保住执政权，但没有实现取得2/3多数议席的目标，所得议席比上届大选还少了7席，只能称得上是惨胜。反对党民联获89席，其中行动党最为辉煌，得到38个国会议席，95个州议席，公正党得到30个国会议席，伊斯兰党获得21席。② 人民联盟保住雪兰莪、槟城和吉兰丹州政权，但身为公正党主席的旺阿兹莎并没有参加第十三届国会议员的角逐，而是全力支持丈夫和女儿参选。

2014年1月雪兰莪州加影区议员辞职，以便由安瓦尔补选州议员，好出任雪兰莪州大臣。外界纷纷认为安瓦尔要取代妻子担任人民公正党主席，这样一来他就能够拥有人民公正党主席、雪州大臣、国会议员、反对党联盟领袖四重身份，为他最终担任马来西亚总理奠定基础。但2014年3月马来西亚上诉法庭推翻高等法庭判决，裁决安瓦尔鸡奸罪成立，监禁5年，10月28日安瓦尔上诉失败，将于2015年2月入狱。这使得安瓦尔丧失了加影议员补选和槟州峇东埔国会议员资格，并将让他错失第14届大选。

丈夫的不幸重新焕发了旺阿兹莎的政治生命，她重披战袍，再次代夫出征。2014年3月旺阿兹莎与马华公会副会长周美芬竞争雪兰莪州加影区议员，最终，旺阿兹莎以4000多张多数票赢得胜利。③ 2015年初因

---

① 《安华若入狱　旺阿兹莎愿重新活跃政坛》，《联合早报》2011年8月7日。
② 《国阵以简单多数议席执政　巫统大胜独大　马华民政惨败》，《联合早报》2013年5月7日。
③ 《旺阿兹莎加影补选胜出》，《联合早报》2014年3月24日。

安瓦尔入狱而要进行峇东埔国会议员补选，旺阿兹莎代夫出征，第四次参与竞选这一国会议席，并获胜。

2015年5月18日，旺阿兹莎被反对党推举为国会中的反对党联盟领袖，这是她第二次出任反对党领袖。至此，她身兼公正党主席、反对党领袖、峇东埔区国会议员、加影区州议员，达到她从政之路的高峰。

四　希望联盟主席与女副总理

由于伊斯兰党重新谋求实行伊斯兰刑法，招致行动党的激烈反对，导致人民联盟解体。从伊斯兰党分裂出来的开明派组成国家诚信党，2016年1月行动党与公正党和诚信党正式组成新的联盟——希望联盟，旺阿兹莎仍为新联盟的领袖。2017年马哈蒂尔领导的土团党为了推翻国民阵线的共同目标，加入希望联盟。但由谁来出任希盟主席，成为争议的焦点，最终，各方达成协议：由安瓦尔担任希盟的"共同领袖"，旺阿兹莎任希盟主席，马哈蒂尔任总主席。为了迎接即将到来的马来西亚第14届大选，2018年1月希望联盟各政党达成共识，一旦获得执政权，将由马哈蒂尔担任总理，旺阿兹莎担任副总理，两年后由安瓦尔接任总理职务。

2018年5月9日马来西亚第14届大选投票，执政60多年的国民阵线出人意料地落败，只获得国会79席，而希望联盟赢得国会113席，获得执政权，马来西亚首次实现了政权"轮替"。前总理马哈蒂尔以92岁高龄再次出任总理，旺阿兹莎担任副总理，成为马来西亚历史上第一位女性副总理。

但是，旺阿兹莎能在副总理位置上坐多久？希盟获胜后，马来西亚国家元首已应马哈蒂尔的请求，全面赦免安瓦尔，他出狱后马上恢复政治权利。按照之前希盟的协议，安瓦尔将在两年后接任马哈蒂尔，出任总理一职。在此之前，他将补选国会议员，可能先出任副总理。那么按旺阿兹莎以前的一贯做法，她可能很快辞去副总理职务，甚至可能再次辞去国会议员位子，以制造补选机会，让安瓦尔上位。目前来看，安瓦尔并不想担任副总理，而是想两年后接任总理，他声称届时旺阿兹莎将辞去副总理职务，以避免"政治家族王朝"的指责。因此，如不出意外，旺阿兹莎能担任两年副总理。

第二节　旺阿兹莎的理念与实践

旺阿兹莎的从政之路与安瓦尔如影相随，她是他的替代者，要么安居幕后，要么代夫出征。那么，作为一个政党领袖和女政治家，旺阿兹莎的政治理念是什么？她对于马来西亚的威权政治、民主政治、族群政治和伊斯兰教政治化，以及妇女权利议题持何种态度和立场？尽管她没有著书立说，但从其言论和行动，我们可以总结出她的基本理念。

一　反对威权与追求民主和公正

马来西亚是威权统治，又加上民主政治的外衣，威权政治与族群政治完美结合，确保了国民阵线的一党独大和在选举中立于不败之地。执政党能够干预司法，控制媒体和言论、打压反对党，在一定程度上操控选举。一党独大的威权统治导致绝对的腐败，表现在官商勾结、裙带关系、滥用公款、主从庇护等，而官员以职位谋利和收取贿赂更是司空见惯。

安瓦尔发起的"烈火莫熄"运动倡导民主、公正、自由等理念，要求人民主权、言论和新闻自由、反对贪腐、反对朋党等，这都是旺阿兹莎深以为然的，她结合安瓦尔的遭遇，认识到"安瓦尔在毫无根据的指控下被政敌诬蔑，诬蔑的新闻铺天盖地地在电视与报章宣传时我才醒觉，马来西亚的政治是多么肮脏"[1]。

因此，旺阿兹莎主张废除内安法令、官方机密法令、警察法令、出版与印刷法令、大专法令、紧急法令与其他打压民主与自由的法律。比如马来西亚的大专法令，禁止大学生参政，旺阿兹莎认为"大专生作为国家未来的栋梁，更应以本身的学识专长在大学时期积极参与社会发展，并对政府的政策提出尖锐的看法，以督促政府实施有利于全民的政策"。她强调，一个奉行民主制度的国家，民选的政府必须对人民负责任，而人民也应享有民主制度中的基本权利，即言论自由、行动自由和集会自

---

[1]《旺阿兹莎分享当年母兼父职经历　强调安华所面对指控属诬蔑非事实》，《当今雪兰莪》2013年1月20日，http://cn.selangorku.com/19020。

由，通过问政、参政来建设和发展国家。她促请修改该法，彻底地删除大专法令内不民主的条文，恢复校园民主，归还学生自主权，以鼓励多元与开放的社会文化。①

对于新闻自由，旺阿兹莎指出，媒体必须拥有足够的自由空间，才能有效地监督各层级政府的施政，为民谋利。她批评马来西亚政府对新闻自由的损害，指出马来西亚在全球新闻自由度排行榜中名列第141，与非洲的喀麦隆和利比里亚"齐名"，同属不自由国度。②

反对贪腐也是旺阿兹莎的主要议题。2015年马来西亚爆出"一马公司"丑闻，有超过26亿林吉特的政治献金进入纳吉布总理的个人账户，马来西亚民众要求彻查一马公司以及政治献金。旺阿兹莎先是呼吁国会召开紧急会议，让纳吉布交代"一马公司"丑闻与26亿林吉特政治献金问题。③ 2015年11月，旺阿兹莎代表反对党，在国会正式提出针对纳吉布总理的"不信任动议"，但未能通过。

二 支持族群平等

马来西亚是多元族群社会，马来人作为主体民族，在政治、经济、文化等方面都占有优势地位，马来人自视为国家主人，强调"马来人主权"，引起华人和印度人对自己处于二等公民地位的不满。因此，马来西亚是"马来人的马来西亚"还是"马来西亚人的马来西亚"一直是争议的核心议题，与之相应，是"马来人优先"与"族群平等"的对立，"马来国语地位"与"多种官立语言"的争议，"国民教育"与"母语教育"的冲突。

旺阿兹莎的族群理念的基础是公正和平等，强调公正党是多元族群政党，奉行的是多元族群路线。

旺阿兹莎反对巫统强调的"马来人主权"，认为安瓦尔所主张的"人

---

① 《大专法令不松绑大专生参政权　阿兹莎：政府畏惧政权受威胁》，《当今大马》2006年8月9日，https：//www.malaysiakini.com/news/55115。
② 《大马新闻自由仍停滞不前　旺阿兹莎促推动媒体改革》，《当今大马》2008年5月2日，https：//www.malaysiakini.com/news/82262。
③ 《关注外国反贪领袖挑26亿门　旺阿兹莎疾呼召开紧急国会》，《当今大马》2015年9月6日，https：//www.malaysiakini.com/news/311261。

民主权"应取代"马来人主权"。她强调,马来人应抛弃"马来人主权",因为那是出于私利的少数马来权贵用来控制大多数马来人的口号,她提出以"有尊严的马来人"来取代"马来人主权"。① 旺阿兹莎也不赞成新经济政策,认为该政策初期惠及马来人,但也使得一些马来人养成依赖思想,如今更被严重滥用。她认为现在应该落实由公正党所提倡的马来西亚经济议程,以取代新经济政策,确保马来人和所有马来西亚人民都能够受益。②

旺阿兹莎支持尊重母语教育。她尊重宪赋所规定的马来文作为国语的地位,但强调不得利用宪法来打压其他语言,反而应该提供足够的扶持来发展其他语言。她指出,公正党是支持各族群母语教育和多源流教育的,认为接受母语教育是每个人的权利。③

三 主张所有宗教和谐共处和温和伊斯兰

马来西亚以伊斯兰为国教,穆斯林人口占60%。随着20世纪70年代以来伊斯兰复兴运动的深入发展,伊斯兰已成为马来西亚政治合法性标志,以马来人为基础的政党——巫统和伊斯兰党竞争自己是"真正的"伊斯兰政党。伊斯兰党要将马来西亚建成真正的伊斯兰教国,实行沙里阿法和"伊斯兰刑法",而巫统宣称马来西亚已经是伊斯兰教国,可以说,伊斯兰议题已成为马来西亚政治的中心议题之一,国会和报纸上充斥着有关伊斯兰教国、"伊斯兰刑法"、伊斯兰与公正的争论。非马来人对日益增强的伊斯兰政治化十分担忧,坚决反对建立伊斯兰教国和实行"伊斯兰刑法",支持马来西亚是世俗国家。

旺阿兹莎不主张在多元族群和宗教的马来西亚建立伊斯兰教国,"我们必须承认,伊斯兰教是国家的官方宗教,但在多元族群和宗教的大马社会,要建立伊斯兰教国是不切实际的事,一切都必须以联邦宪法为依据。"④ 她指出,虽然人民联盟里的伊斯兰党是以建立伊斯兰教国为理念,

---

① 《旺阿兹莎抨击"马来人主权"推荐"有尊严的马来人"》,《南洋商报》2010年11月27日。
② 《专访旺阿兹莎:不喊马来主权·民盟主张人民主权》,《星洲日报》2008年4月23日。
③ 同上。
④ 同上。

但这个理念只可能在以穆斯林占绝大多数的吉兰丹州推行,而在全国范围内,不可能推行伊斯兰教国理念。

旺阿兹莎主张温和和包容的伊斯兰,针对马来西亚一些穆斯林反对基督教徒用"安拉"字眼称呼上帝,并因此而攻击基督教堂,旺阿兹莎指出世界穆斯林协会主席昔尤索夫认为非穆斯林可以使用"安拉",因此,马来西亚的非穆斯林使用"安拉"字眼,不应该成为课题。[1] 2015年少数穆斯林抗议基督教会在一处建筑物上安置十字架标志,要求教会负责人拆除十字架。旺阿兹莎对此发表声明,指出"伊斯兰教义从未教育信徒去强行拆除其他宗教的标志,这有违宗教之间尊重的原则"[2]。

四 维护和支持妇女权利

随着社会进步和经济发展,马来西亚妇女在教育和就业上取得长足进展,妇女组织也比较活跃,性别平等已成为社会主流。但妇女权利提升还存在一些问题,如女性权力参与水平较低,1999年以来国会中女议员的比例长期只有10%;[3] 妇女面临家庭暴力、性暴力、性骚扰等各种暴力。

身为女政治家,旺阿兹莎积极维护妇女权利。她指出:"女性占地球上一半的人口,因此,无论是在个人、家庭、社会还是公共领域的决策中,都应该考虑到女性,并使女性参与其中。女性的政治、社会和经济权利是她们人权中不可或缺、不可分割的一部分。"[4]

旺阿兹莎支持提高妇女政治参与。她认为,"像其他国家一样,马来西亚需要平衡男性和女性在公共领域,包括政治领域的参与,只有这样,女性才能参与到高层次的政策决策中。这不仅意味着在一些议题的表达上能加入女性视角,还能保证占人类一半人口的女性的利益和需求能够被权衡和考虑。除此之外,这还意味着在走向更公正、开放、公平、平

---

[1] 《阿兹莎:世界回教徒协会不反对·非回教徒应准用"阿拉"》,《星洲日报》2010年1月18日。

[2] 《干扰他人宗教标志 旺阿兹莎:违反伊斯兰教义》,《当今雪兰莪》2015年4月21日,http://cn.selangorku.com/。

[3] 范若兰:《东南亚女性的政治参与》,社会科学文献出版社2015年版,第197页。

[4] Wan Azizah, "Women in Politics: Reflections from Malaysia", *International IDEA*, 2002, Women in Parliament, Stockholm, http://www.idea.int, p. 1.

等的社会中，女性的声音能更容易地被听到，并在国家决策中被高度重视。"① 她指出马来西亚女性政治参与较低，没有实行配额制来促进女议员比例的增加，因此她推动公正党修改党章，2009年率先实行30%女性配额制，规定该党的各级领导层保留30%的女性配额，以提高女性的权力参与。② 公正党是马来西亚各政党中最先规定30%女性配额制的政党，但具体实践并不乐观，2013年大选，公正党派出的女候选人只占11.1%，远远低于30%。③

旺阿兹莎保持性别敏感，对歧视女性的言论进行谴责。2015年公正党红土坎国会议员英然说运动员服装紧身，过于性感，男女运动员混在一起，"之后会发生通奸案"④。此言论引来各界批评，党主席旺阿兹莎也加以谴责，指出伊斯兰教主张着装得体，将通奸归咎于服装是不公平的。女性遭受侵害并不是因为服装暴露。

旺阿兹莎身为女性、马来人、穆斯林、公正党主席和反对党领袖，她的多重身份决定了她的基本理念，那就是反对国民阵线的威权统治，反对贪污腐败，追求公正、民主、自由；主张族群平等、关注弱势群体；反对宗教极端主义，主张温和伊斯兰；维护妇女权利，主张性别平等。正如她自己所说："我们应该充满激情地将正义的事业一直追求下去，这样才能最终建立一个不仅仅是公正，更是为人民提供尊严的政府和社会……我的事业是追求公正，特别是为社会中的女性、被剥夺政治权利的人和一些被边缘化的群体追求公正。"⑤ 作为马来人，她虽然反对"马来人主权"和新经济政策，但也强调要关照弱势马来人；作为穆斯林，她反对在马来西亚这样的多元族群国家实行沙里阿法，尤其是伊斯兰刑

---

① Wan Azizah, "Women in Politics: Reflections from Malaysia", *International IDEA*, 2002, Women in Parliament, Stockholm, http://www.idea.int, p. 3.

② 《公正党修党章要成我国最民主政党 直选高职、限主席任期及女性固打》，《当今大马》2009年6月10日，https://www.malaysiakini.com/news/106158。

③ Lynda Lim, *Malaysian Women's Entry into Politics*, Centre for Public Policy Studies, Malaysia, 2013.

④ 《阿兹莎批评英然"通奸论"太肤浅》，《当今大马》2015年11月18日，https://www.malaysiakini.com/news/320089。

⑤ Wan Azizah, "Women in Politics: Reflections from Malaysia", *International IDEA*, 2002, Women in Parliament, Stockholm, http://www.idea.int, p. 5.

法，但不反对在马来人社会实行该法。

旺阿兹莎的思想和理念与其丈夫安瓦尔基本相同，但表述更温和、更中庸、更四平八稳，即使在女性议题上，她的主张和表述也比较中庸。她不是一个思想家，也不属于革命型领袖。

第三节　旺阿兹莎从政之路的优势与劣势

从旺阿兹莎的从政之路以及其理念来看，她是一个标准的政治替代者，她所做的一切，似乎都是围绕安瓦尔，她的理念，也几乎是安瓦尔的翻版。安瓦尔被捕，旺阿兹莎走上政治舞台，组建并担任公正党领袖，但安瓦尔是实际领袖；当安瓦尔恢复参选资格，旺阿兹莎立刻辞任议员和反对党领袖，制造补选机会，让他当选议员和反对党领袖；当安瓦尔再次因鸡奸罪被捕，旺阿兹莎也再次代夫出征，补选议员和担任反对党领袖。那么，作为一个政治替代者，旺阿兹莎从政的优势与劣势是什么？对马来西亚女性参政有何影响？

一　旺阿兹莎从政之路的优势

（一）旺阿兹莎最大的优势是她有拥有道德资本

旺阿兹莎登上政坛，就是以安瓦尔的代替者出现的，安瓦尔被视为反对专制、追求民主和公正的象征。许多人过去并不是安瓦尔的支持者，因为安瓦尔是体制内的一员，本身也是威权、贪腐问题的制造者。但是安瓦尔的被捕，他与马哈蒂尔的斗争，他所遭受的虐待，使得人们不再在意他曾经是体制的一员，安瓦尔成为专制、不公正的受害者，"安瓦尔宁可面对逆境，也不愿以逃避的方式，安享财多望重之余生的壮举，让他赎回了自己。安瓦尔已经付出远逾其罪行的赎罪代价。……安瓦尔成了只要你反对马哈蒂尔，就会如何遭殃的象征。安瓦尔更是反抗精神的化身。"[①] 旺阿兹莎作为安瓦尔的替代者，也拥有了民主、公正的光环，

---

① Petra Kamarudin, When Time Stood Still, 2000, pp. 94-95. 转引自［马］邱武德著，王国璋、孙和声、黄进发、陈文煌合译《超越马哈迪：大马政治及其不平之鸣》，燧人氏事业有限公司2004年版，第102页。

她的支持者认为，旺阿兹莎为了民主、公正付出了家庭的幸福和生活的安逸，"如果斗争能换来民主自由，对她而言，牺牲不算什么"①。民众将对安瓦尔的支持转移到她身上，使没有政治经验的旺阿兹莎成为公正党主席，当选国会议员。

旺阿兹莎的质朴、廉洁形象，也是她拥有的道德资本。旺阿兹莎过去是眼科医生，成为副总理夫人后一直是家庭主妇，朴素无华，为人低调。从政之后，她仍然保持朴素、廉洁的形象，没有贪腐传闻。她自己一再表白："我打从心底的希望自己可以当一个好人，尽我可能地做到最好，我认为做人要谦卑，不要忘记我们来自何处，当我们掌权时，不要忘记不幸的一群，我常这样鞭策自己。"② 相比之下，纳吉布总理的夫人罗斯玛热衷于购买珠宝、名牌鞋子及衣服，总是珠光宝气的形象，令马来西亚人反感。据美国《华尔街日报》报道，罗斯玛于 2008 年至 2015 年花费至少 600 万美元，在欧洲和美国等地，购买名牌衣服、鞋子及珠宝。此外，澳大利亚广播公司 2016 年 3 月 29 日也曾引述银行文件声称，纳吉布户头的开销记录包括花费 320 万林吉特购买珠宝首饰、39 多万林吉特酒店住宿、36 万林吉特购买布料、17 多万林吉特度假等。③ 马来西亚政府本来就面对贪污腐败的质疑，罗斯玛的超高消费似乎坐实了这一指控。而旺阿兹莎的质朴、廉洁形象，加强了她的道德资本。她的支持者一再强调："一个国家常因贪污领袖而腐败，但即使安瓦尔官拜副总理时，旺阿兹莎的作风依然纯朴，反观罗斯玛的生活方式遭到前总理马哈蒂尔的抨击。"④

（二）旺阿兹莎善于运用贤妻良母形象，也是她从政的一大优势

1998 年安瓦尔被捕入狱，旺阿兹莎获得人们的极大同情，马来人文化传统是"君不辱臣，臣不叛君"，处事温和，不羞辱他人，但政府对安

---

① 《获孙子上台献花不禁掉泪　阿兹莎：我是奶奶又如何？》，《当今大马》2015 年 5 月 6 日，https：//www.malaysiakini.com/news/297402。
② 《专访旺阿兹莎：10 年奇异旅程·从平凡妻子到国会反对党领袖》，《星洲日报》2008 年 4 月 23 日。
③ 《华尔街日报：购珠宝衣物　纳吉夫人七年刷卡 820 万》，《联合早报》2016 年 9 月 13 日。
④ 《阿兹莎反击批评：我不孤单　攻最大华裔票仓稳住基本盘》，《当今大马》2015 年 4 月 30 日，https：//www.malaysiakini.com/news/296850。

瓦尔的逮捕、虐待、羞辱，庭审和报纸上连篇累牍的鸡奸、肛交、精液等令人难堪的字眼，彻底击穿了马来人的心，很多马来人同情被羞辱的安瓦尔，同情他的妻子和儿女，"抛开政治不谈，就算安瓦尔有再多的不是，他还是六个无辜孩子的父亲，是丈夫。"① 安瓦尔所受的羞辱因他的家人也跟着蒙羞而被放大，旺阿兹莎在集会上的眼泪，她的柔弱的、受辱的妻子形象，保护六个弱小孩子的无助母亲形象，尤其赢得了马来妇女的同情，她们在1999年大选中投票给公正党和旺阿兹莎，导致巫统得票率降低。②

即使担任了公正党主席和反对党领袖，旺阿兹莎自我定位的排序仍然是："我首先是一位母亲，其次是妻子，第三是公民。作为一名公民，我关心我的国家。"③ 将母亲和妻子身份摆在优先位置。作为母亲，她是关爱和坚强的母亲，面对安瓦尔被捕和家庭剧变，她要呵护孩子，当一个坚强母亲："这个家已经少了一家之主，在面对人生刮起的狂风、下起的暴雨，孩子们更需要妈妈强而有力的臂弯，撑起一支坚不可摧的雨伞，为孩子遮风挡雨。"④ 作为妻子，她是忠贞而服从的贤妻，一方面，面对安瓦尔的鸡奸和通奸指控，她不是猜忌，而是坚信丈夫，"我与他同居在一个屋檐下，拥有共同的生活、共同的孩子，我们无时无刻不一起分享彼此的人生价值观。"她相信他的为人，"他是一个很有爱心的丈夫与父亲。"⑤ 另一方面，她强调"安瓦尔是一家之主，通常都会由他作决定；至于在我管辖的范围内，孩子们必须听取我的意见……碰上重大事件，夫妻俩都会经过一番讨论，才由安瓦尔作最终决定。"⑥ 这种贤妻良母的形象符合人们对女性角色的认知，尤其是对穆斯林女性角色的认知。

实际上，旺阿兹莎在强调自己的母亲、妻子身份的同时，已经策略

---

① 转引自［马］邱武德著，王国璋、孙和声、黄进发、陈文煌合译《超越马哈迪：大马政治及其不平之鸣》，燧人氏事业有限公司2004年版，第111—112页。
② Cecilia Ng, Maznah Mohamad and Tan Beng Hui, *Feminism and the Women's Movement in Malaysia*, London: Routledge, 2006, p. 75.
③ Claudia Derichs & Mark R. Thompson, eds., *Dynasties and Female Political Leaders in Asia: Gender, Power and Pedigree*, Berlin: LIT VERLAG Dr. W. Hopf, 2013, p. 316.
④ 《旺阿兹莎：风雨不悔》，［马］《光明日报》2011年5月29日。
⑤ 同上。
⑥ 同上。

性地将安瓦尔作为父亲、丈夫、受害者、民主斗士的形象捆绑在一起。公正党的目标之一是营救安瓦尔，2014 年安瓦尔又被判有罪，公正党发动第二次"烈火莫熄"运动，核心目标仍是营救安瓦尔，并将其定性为追求"公正"。旺阿兹莎在为安瓦尔的身体和安危担忧的同时，也强调，"我觉得身为公正党主席、反对党领袖，我有责任站出来对抗这种不公和不义。"① 2015 年安瓦尔再次入狱，人民公正党发动"安瓦尔你好吗？"运动，希望这场运动能提醒人民，勿忘监狱中还有一名政治斗士在受苦。② 旺阿兹莎一再提醒，安瓦尔被判入狱的原因是"为了人民"。③ 2016 年反对党联合发起"拯救马来西亚"运动，旺阿兹莎提出释放安瓦尔应是该运动的首要议程。④ 由此，营救安瓦尔，既是妻子营救丈夫，公正党营救自己的领袖，人民营救民主斗士，也是拯救马来西亚的"公正"。

（三）旺阿兹莎为人温和，包容，是团结反对党的最佳人选之一

马来西亚的反对党主要是民主行动党、伊斯兰党和人民公正党，为了推翻国阵的长期统治，反对党必须联合起来。但反对党的意识形态差异巨大，行动党的终极目标是建立一个世俗、多元和民主的马来西亚，伊斯兰党的终极目标是建立一个以《古兰经》和圣训为基础，实行伊斯兰教法的伊斯兰教国。如何使这两个意识形态对立的政党能够联合起来，持中庸立场的公正党发挥了积极作用，反对党在追求自由、公正、廉洁、民主、平等、挑战国阵霸权的共识下几次联合起来，即 1999 年的替代阵线，2008 年的人民联盟，2016 年的希望联盟。

安瓦尔是促成反对党联盟的核心人物，在他缺位期间，旺阿兹莎发挥重要作用。旺阿兹莎为人温和、富有耐心、注重细节、善于平衡，她能够聆听、包容任何观点，这使她成为团结反对党的最佳人选，她自己对此很有自信："我不是一个普通的政治人物。我认为我有那种形象能够

---

① 《旺阿兹莎：我不是安华的候选人》，《联合早报》2014 年 3 月 22 日。
② 《安华你好吗？》，《当今大马》2015 年 7 月 3 日，https：//www.malaysiakini.com/news/303898。
③ 《万人挤爆民联投票前夕讲座　卡巴星遗孀吁送旺姐入国会》，《当今大马》2015 年 5 月 6 日，https：//www.malaysiakini.com/news/297466。
④ 《旺阿兹莎：拯救马来西亚运动　释放安华是首要议程》，《联合早报》2016 年 3 月 8 日。

团结全部人。"① 公正党副主席拉菲兹表示,作为一名领导在野党联盟的领袖,旺阿兹莎时刻需要接洽行动党及诚信党等强硬领袖,② 她的中庸、温和、耐心、包容更适合团结反对党。笔者访谈的行动党干部也持同样观点。

由于行动党和伊斯兰党的意识形态差异巨大,导致反对党联盟多次分裂,先是 2001 年行动党因不赞同伊斯兰党的伊斯兰教国追求而退出替代阵线,后有 2015 年因伊斯兰党执意要实行《伊斯兰刑法》而导致人民联盟解体。2016 年 1 月行动党与公正党和从伊斯兰党中分裂出来的诚信党正式组成新的联盟——希望联盟,旺阿兹莎仍为新联盟的领袖,希望联盟摒弃过往"异中求同"原则,要求所有决定都必须建立在共识之上。2017 年马哈蒂尔领导的土团党加入希望联盟,由谁出任希盟主席,成为各方争议的焦点,最终,各方还是接受由旺阿兹莎任希盟主席,马哈蒂尔任名誉主席。

二 旺阿兹莎从政之路的劣势

旺阿兹莎的政治替代者身份,在成就她从政优势的同时,也成为她最大的劣势,对她最多的质疑,就是"傀儡"和没有能力。

安瓦尔是公正党的真正领袖,这是众所周知的事实,旺阿兹莎也一再强调这一点。她的理念几乎是安瓦尔思想的简写版,尽管后来有所变化并有自己明确的政治论证。绝大多数人都认为安瓦尔是真正的领袖,"缺席"时遥控她,"在场"时自己上阵。"安瓦尔对旺阿兹莎的'远程遥控'使旺阿兹莎丧失了相当多政治领袖应有的可靠度和可信度。"③ 甚至公正党的干部也认为,公正党应纠正独尊党顾问安瓦尔,却轻视党主席旺阿兹莎的做法。"我们不能够让一些人将党主席视为只是个象征。我已太多次听见耳语,说旺阿兹莎不是真正的领袖。有人甚至

---

① 《安华若入狱 旺阿兹莎愿重新活跃政坛》,《联合早报》2011 年 8 月 7 日。
② 《形容旺阿兹莎温柔但果断 拉菲兹:难道要像罗斯玛?》,《当今大马》2015 年 12 月 13 日,https://www.malaysiakini.com/news/323251。
③ Claudia Derichs & Mark R. Thompson, eds., *Dynasties and Female Political Leaders in Asia: Gender, Power and Pedigree*, Berlin: LIT VERLAG Dr. W. Hopf, 2013, p. 309.

说她没有权力。"① 在 2014 年加影选区补选时，尽管旺阿兹莎一再表明"我是民联的候选人，不是安瓦尔的候选人。"说她是基于"国家责任及国民义务"而决定再次上阵，她强调自己是代表整个反对党联盟——人民联盟参与加影补选，而不是代表安瓦尔竞选，更不是安瓦尔的傀儡。② 但她的声明没有多少说服力，她就是安瓦尔的替代者，支持她的人因此而投票给她，反对她的人也因此而不投票给她。

既然是"傀儡"，是安瓦尔的代替者，就意味着没有能力和没有自己的思想。尽管人们认可旺阿兹莎的个人形象是温和、廉洁、朴素、贤妻良母，但对于一个政治家来说，从政能力才是最重要的。当旺阿兹莎再次替夫出征补选获胜后，她没有公开发言，反而是公正党副主席阿兹敏首先呼吁反对党必须团结。许多人就认为在公正党基层实力强大的阿兹敏，其实更像反对派领袖。③ 尤其在反对旺阿兹莎的人看来，公正党领袖是安瓦尔，她只是传声筒；旺阿兹莎担任过国会议员和州议员，只是忙着辞任或补选，没有很好地解决水灾、骨痛热症、地方民生问题；她所做的一切，只是为了安瓦尔。

人民公正党追求"公正"和"民主"，但看起来更像是安瓦尔家族的政党，公正党主席是旺阿兹莎，实际领袖是安瓦尔，党主席职位的选举是走过场，旺阿兹莎一直连任，甚至 2014 年还出现安瓦尔和旺阿兹莎一起提名竞争党主席的"怪事"，这只是为了预防安瓦尔因鸡奸罪成立不能担任党主席。旺阿兹莎辞任和补选议员，是为了安瓦尔，其他议员辞任州议员，也是为了安瓦尔，他们的大女儿努鲁依莎是公正党副主席，也多次成功竞选国会议员。因此，国民阵线一直攻击公正党的"安瓦尔家族"政治模式。马华公会副主席周美芬针对旺阿兹莎 2015 年再一次代夫出征补选国会议员，指出："人民现在应意识到，当他们遴选一个代表，

---

① 《纠正尊安华轻阿兹莎现象　再益矢言捍卫党主席威严》，《当今大马》2010 年 9 月 20 日，https://www.malaysiakini.com/news/143088。
② 《旺阿兹莎：我不是安华的候选人》，《联合早报》2014 年 3 月 22 日。
③ 《分析：砂州选举及双补选惨败后　马国反对党整合前景不乐观》，《联合早报》2016 年 6 月 21 日。

她应该代表其人民，而非其丈夫或任何家庭成员。"① 马华公会的陈清凉也指责，旺阿兹莎被选为公正党主席，但是公正党却以一种非民主的方式，让安瓦尔成为所谓实权领袖，地位和权力竟然凌驾于通过民主程序选出的主席。② 这种"家族政治"模式和"替代者"身份，削弱了旺阿兹莎作为公正党主席和反对党领袖的政治形象。

实际上，政治替代者身份对旺阿兹莎从政的最大负面影响是，她被人们视为温和的、关爱的、团结的教母型人物，却未被视为真正的、有影响力的政治领袖。在一项关于资深政治家是否应该让位的民调中，列入目前马来西亚资深政治家的人物是安瓦尔、林吉祥、哈迪阿旺、纳吉布、慕尤丁等人。这项在安瓦尔入狱后的调查，旺阿兹莎甚至榜上无名。③ 也就是说，人们并不认为旺阿兹莎是资深政治家，尽管她是反对党领袖。

因为她的政治替代者身份，也影响到她被任命为雪兰莪州大臣。2014年雪兰莪州发生换大臣风波，人民联盟提名获多数州议员支持的旺阿兹莎为大臣人选，并报呈雪兰莪苏丹，但被苏丹驳回，只好再多报一个阿兹敏（公正党副主席）为候选人。按照常规，应该是旺阿兹莎获任州务大臣，但最终苏丹任命阿兹敏为大臣。人们认为，雪兰莪苏丹反对旺阿兹莎当大臣，是因为她是女性，但苏丹的说辞是："我没有反对女性担任州务大臣，不过我的基准是她必须像国家银行总裁（洁蒂）那样。无论男或女，我要看到领袖可以为雪州做出自身决定。"④ 笔者认为，雪兰莪苏丹之所以不任命旺阿兹莎当大臣，主要原因有两个，一是她的女性身份，雪兰莪苏丹并不排斥女性参政，但对于女性担任州务大臣，苏丹还是有所顾忌，尽管他口头上说不反对女性担任州务大臣；二是旺阿兹莎的替代者身份，被苏丹认为她没有能力，会成为其夫安瓦尔的傀儡。

---

① 《周美芬嘲讽仅懂代夫上阵　旺阿兹莎反批不支持女性》，《当今大马》2015年4月27日，https：//www.malaysiakini.com/news/296510。
② 《一再当丈夫代理非彰显女权　周美芬斥旺姐以性别掩无能》，《当今大马》2015年4月27日，https：//www.malaysiakini.com/news/296578。
③ 《民调：对于资深政治领袖　最多人希望安华退位让贤》，《联合早报》2015年3月13日。
④ 《雪州苏丹首次表态　不反对女性当大臣》，《联合早报》2014年12月12日。

现在旺阿兹莎出任副总理，仍有人质疑，她作为替代者，是否能够胜任副总理职位，对此安瓦尔替她辩解，说旺阿兹莎作为公正党主席，是凭自身的能力担任副总理，"她在我被监禁时领导党，这意味她必须处理一切事务和自行决定，因为她其实很少见到我。就算有，也有警卫在场，她无法（跟我）讨论任何实质要务，她必须自行处理。"① 实际上，现在人们并不关注旺阿兹莎的执政能力，目光都聚焦于马哈蒂尔和安瓦尔，因为他们才是新政府的真正操盘手。

政治替代者身份也限制了旺阿兹莎在推动马来西亚女性参政方面起更大的作用。旺阿兹莎作为马来西亚第一位女反对党领袖，对女性参政有一定的推动作用，但作用有限。一方面，她的女领袖身份成为一种象征或符号，表明女性也可以成为政治领袖，为更多女性投身政治树立了榜样，也使人们更关注女性的政治参与。正如玛兹娜（Maznah）观察到的，"国家最近一次大选（1999年大选）的显著特征是妇女问题政治化。旺阿兹沙作为一个反对派的领导偶像……满足了公众对于女性将起极大作用的想象。"② 另一方面，旺阿兹莎作为一个政治替代者，对推动女性参政作用有限。她总是强调自己的贤妻良母身份和替代身份，以及为了安瓦尔而多次辞任或补选议员，令人质疑她的自主性和能力。马来西亚的女性主义者评论："从烈火莫熄到现在雪州大臣风波，旺阿兹莎都不被视为一个主体……由始至终她只被视为安瓦尔的附属品。……虽然政党和女性权益组织都分别发文告欢迎旺阿兹莎成为第一位女性大臣，但没有突破目前的众人观感下，即使她成为第一位女性大臣，也无助于提高女性自主权益，而且还加深了女性作为从属的刻板印象，这才是国内性别运动的一大挫败。"③ 来自她的竞争对手的批评更加激烈，周美芬指出，旺阿兹莎一再扮演丈夫的替代者，是对女性争取决策权努力的一大打击。"旺阿兹莎可以为自己身为国会第一位女性反对党领袖而感到自豪。但必

---

① 《驳斥"政治家族王朝"，安华称任首相后，夫人将辞官女儿不入阁》，《联合早报》2018年5月19日。

② Mohamad Maznah eds., *Muslim Women and Access to Justice: Historical, Legal and Social Experience of Women in Malaysia*, Penang: Women's Crisis Centre, 2000, p.14.

③ 《旺姐与性别运动的进退》，《当今大马》2014年8月21日，https://www.malaysiakini.com/columns/272318。

须提醒的是，真正的男女平等，是中选的女议员必须独立自主，扮演人民代议士的角色，而非一再扮演丈夫代理的角色。"① 陈清凉也认为，性别并非是否合适从政的问题，重点在于从政者，尤其是立法者必须拥有独立自主的原则和立场，而非成为"某些人"的傀儡。"旺阿兹莎自甘成为其丈夫的政治傀儡，这是在打击女性从政的尊严"。②

余　论

旺阿兹莎是一个典型的政治替代者，她走上政治舞台，是因为丈夫安瓦尔被捕入狱；她辞任国会议员和国会反对党领袖，是为丈夫安瓦尔"重出江湖"让位；当安瓦尔再次入狱，她也再次"代夫出征"，重新当选国会议员和反对党领袖。尽管她有自己的政治理念和从政能力，但都被笼罩在安瓦尔的光环下，她只是他的"替代者"，被认为缺乏从政能力和政治见解。

这种"替代者"身份因两个因素而被加强，一是替代对象安瓦尔还活着，即使是在监狱中，他也能遥控政治，因此，旺阿兹莎被视为他的"傀儡"，所作所为都是按照安瓦尔的指示；二是旺阿兹莎的政治抱负止于扮演辅助者、替代者角色，她一再强调公正党真正的领导人是安瓦尔，安瓦尔不仅是一家之主，也是一党之主，还是反对党领袖，在他入狱（不在家）时，她代替他守护家庭（公正党），当他有选举资格，她立即让位，退居幕后，"我会把这份工作让给做得更好的人，安瓦尔就是那个更好的人选。按伊斯兰教导，我们说公正就是各安其职"③。

旺阿兹莎遵守父权制的男外女内、男主女从的性别规范，遵守"马来穆斯林女性"的行为准则，强调自己的贤妻良母角色，不逾越父权制的角色定位，她只是在他"缺席"时，扮演"替代者"角色，替他守好政治地盘，她的政治表现更像一个代表专一利益的政治家，她的政治活动是为他而进行。因而，旺阿兹莎是永远的政治替代者。

---

① 《一再当丈夫代理非彰显女权　周美芬斥旺姐以性别掩无能》，《当今大马》2015年4月27日，https://www.malaysiakini.com/news/296578。

② 同上。

③ Claudia Derichs & Mark R. Thompson, eds., *Dynasties and Female Political Leaders in Asia: Gender, Power and Pedigree*, Berlin: LIT VERLAG Dr. W. Hopf, 2013, p. 316.

第六章

东南亚女政治领袖比较研究

> 女性领导人相比她们的男同事来说，会更容易受到批评。在这种情况下……你唯一的选择便是努力做给他们看。①
>
> ——布伦特兰

> 我一向认为，一个人想成为领袖，必须有担任三个重要职位之一的经历……这些职位能够给你自信，同时也会让别人对你有信心。②
>
> ——撒切尔夫人

"关于政治领导人的研究最终必须是比较研究。"③ 对女政治领袖的研究同样如此。由于民主政治发展和父权制社会发展程度处于相似的等级，东南亚女政治领袖的上台路径和执政表现具有许多共性，但在共性中又存在差异。同样，将东南亚女政治领袖与世界其他国家和地区女领袖进行比较研究，也是非常有意义的，可以深入分析不同类型民主政治和父权制社会对女领袖上台路径和从政表现的影响。

---

① Gro Harlem Brundtland, *Madame Prime Minister: A Life in Power and Politics*, New York: Farrar, Straus and Giroux, 2002, p. 153.
② ［英］玛格丽特·撒切尔著，李宏强译：《通往权力之路——撒切尔夫人》，国际文化出版公司2005年版，第220页。
③ Michael A. Genovese and Janie S. Steckenrider, *Women as Political Leaders: Studies in Gender and Governing*, New York: Routledge, 2013, p. 8.

第一节　东南亚女政治领袖上台路径与道德资本

20世纪80年代中期以来，东南亚一些国家开始了民主化浪潮，在这一从威权政治向民主转型的过程中，涌现出众多女领袖：1986年菲律宾科拉松·阿基诺在民主运动的推动下当选菲律宾历史上第一位女总统；1988年缅甸爆发民主运动，昂山素季成为缅甸民主联盟领导人，经过漫长的民主斗争，终于在2016年通过大选上台执政，成为缅甸首位女国务资政；1998年印尼爆发群众运动，梅加瓦蒂是反对派领袖之一，她领导的民主斗争党在1999年全国大选中获胜，她也在2001年成为印尼第一位女总统；1998年马来西亚爆发民主运动——"烈火莫息"运动，旺阿兹莎组建正义党并任主席，后来成为反对党联盟领袖；2001年菲律宾爆发反对埃斯特拉达总统贪污腐败的"人民力量"运动，副总统格洛丽亚·马卡帕加尔·阿罗约成为菲律宾第二位女总统，并连任两届；2011年英拉·西那瓦在大选中获胜成为泰国首位女总理；2017年哈莉玛"不战而胜"，成为新加坡首位女总统，她是虚位总统，上台路径和权力与东南亚其他女首脑完全不同，可以说是特例。

上述东南亚国家是父权制国家，长期是威权统治军人统治，为什么会涌现出这么多女领袖？事实上，女性之所以能成为政治领袖，与她们所具有的多重身份和道德资本密切相关。

一　政治家族的继承者和替代者

东南亚女领袖最大的共性之一，是她们都来自政治家族，是著名男政治家的直系亲戚。科拉松·阿基诺出生于打拉省传统大家族许寰哥家族，她的丈夫是菲律宾著名政治家贝尼尼奥·阿基诺。阿罗约夫人来自另一个政治家族马卡帕加尔家族，她的父亲是第五任菲律宾总统。梅加瓦蒂出生于印尼曾经的第一家庭，是苏加诺总统的长女。昂山素季出生于缅甸民族英雄和国父昂山之家，是昂山将军的女儿。英拉则出生于泰国清迈的华裔商人世家，其兄他信是泰国总理。旺阿兹莎的丈夫是马来西亚副总理安瓦尔，后来是反对派领袖。

东南亚女领袖因为出自政治家族，而拥有优势明显的政治资源，使她们步入政坛相对容易，起点很高。科拉松·阿基诺用不到一年时间从家庭主妇一跃而为反对派领袖，进而当选总统，昂山素季一进入政坛就成为民主联盟领导人，梅加瓦蒂进入政坛后很快成为民主党主席，旺阿兹莎进入政坛后立即成为公正党主席。英拉更创造了政坛奇迹，进入政坛不足 100 天就当选泰国总理。

东南亚女领袖的迅速崛起都得益于她们的父兄丈夫，这些著名男政治家具有巨大的声望和光环，女领袖作为他们的继承者和替代者，天然拥有优势，民众将对他们的热爱、怀念、同情转移到她们身上，使得女领袖也拥有了亮眼的光环。许多男政治家都是"殉难者"，或被刺杀或被囚禁或被驱逐，男性领导人的"殉难"使他们成了完美无缺的英雄，代表着民主和自由。① 昂山将军在 32 岁时遇刺身亡，一直被缅甸人视为民族英雄。苏加诺是印尼的开国之父，尽管存在各种问题，但在苏哈托长期专权的衬托下，反而得到人们的怀念。马卡帕加尔政绩尽管不彰，但与马科斯相比，显得更廉洁和正直。阿基诺因反对马科斯的专制统治而遇刺身亡，成为民主的象征。安瓦尔因与马哈蒂尔反目而被捕入狱，遭受虐待，成为正义和民主的象征。这些男性政治家在死亡或遭受迫害以后，成为"殉难者"，成为民主运动的精神源泉，成为缅怀过去的美好象征，使他们的妻女获得了民众极大的尊重和同情，从而拥有巨大的号召力。在缅甸，"昂山的名字受到无上的尊崇，而有关于他的记忆，迄今依然新鲜。他的女儿一踏上政治舞台，就立刻成为缅甸政治抗争运动的中心人物。"② 在印尼，"梅加瓦蒂则在她父亲苏加诺光环的照耀下像似一股清流，并逐渐形成主导政局的核心人物。"③ 这些令人怀念的男政治家成为女领袖的道德资本的重要来源。

女领袖无一例外要借助民众对男性政治家的热爱和怀念，转化为对自己的同情和支持。阿基诺夫人在各种场合言必及丈夫，她作为其夫的

---

① 范若兰：《东南亚女性的政治参与》，社会科学文献出版社 2015 年版，第 395 页。
② 约瑟夫·西瓦史坦：《翁山苏姬——她是缅甸的命运女神吗?》，载［缅］翁山苏姬著，黄梅峰译《翁山苏姬：来自缅甸的声音》，时报文化出版企业股份有限公司 1996 年版，第 336 页。
③ 钟天祥：《印尼政坛女人大斗法 三前总统女儿争总统宝座》，《联合早报》2003 年 12 月 14 日。

替代者，得到民众的拥戴，"因为科丽实际上是尼诺的再生，她成功地把反对派力量团结起来……他们都团结在她的旗帜下用同样的节奏和强度喊着她的名字——'科丽！科丽！'，就像他们过去叫喊'尼诺！尼诺！'他们用集体的希望和热情鼓舞、支持她，因为他们在她的身上可以看到他们所热切希望的尼诺·阿基诺的体现，他们把科丽看作是他们的救星，就像他们把尼诺看作是他们的救星一样。"① 昂山素季则表示是继承父亲事业的责任感才使她决定参与民主运动，因为身为昂山的女儿，她不能对正在发生的事情视若无睹。梅加瓦蒂在竞选时，身后摆着父亲苏加诺的大照片，这喻示着苏加诺站在她背后，随时准备帮助她。以这种方式，梅加瓦蒂使听众相信，她代表他，她"确实像他"，她是父亲的真正传人。阿罗约夫人则强调自己是父亲马卡帕加尔的崇拜者，要"继承父亲未竟之志"②。旺阿兹莎以"替夫出征"的方式从政，表明她是在代替狱中的丈夫继续"他的"事业。英拉在竞选时则以"他信思考，为泰执行"为竞选口号，强调自己是他信的妹妹，不断提到他信："我总是听他信说，他无比想念他的人民。让远在迪拜的他听听（我们的声音）吧！"③

尽管东南亚女政治领袖有上述共性，但还是存在"继承者"或是"替代者"的差别。严格来说，昂山素季、梅加瓦蒂和阿罗约夫人属于"继承者"，她们是男性政治家的女儿，她们的父亲已去世多年，留给她们的"遗产"只是盛名和怀念。女儿们是主动步入政坛，利用父亲的光环，开拓自己的事业，并在某种程度上超越父亲。而科·阿基诺、旺阿兹莎和英拉则属于"替代者"，她们是男性政治家的妻子或妹妹，男性政治家去世不久或尚在人世，她们是被迫步入政坛，在夫兄的光环下，从事政治活动，她们难以超越夫兄，尤其是旺阿兹莎和英拉，她们的替代对象尚活在人世，因而她们的从政生涯深受替代对象的影响。

新加坡女总统哈莉玛则是个例外，她不是出身政治家族，其父是印度裔新加坡人，母亲是马来裔新加坡人。她8岁时父亲去世，母亲靠卖

---

① ［菲］埃萨伯罗·克里索斯托莫著，施能济等译：《科丽·阿基诺传》，东方出版社1988年版，第168页。
② 《继承父亲未竟之志》，光明网，2005年6月28日，http：//news.sohu.com/20050628/n226117071.shtml。
③ 《英禄·西那瓦选情看好 阿披实"慌忙"发警告》，《星暹日报》2011年6月29日。

椰浆饭的微薄收入拉扯家里5个孩子长大,哈莉玛一度面临交不上学费的窘境。她因为长期从政和马来人身份而"自动当选"总统,成为新加坡历史上首位女总统。新加坡总统属于虚位性质,可以想见,如果新加坡总统是实权性质,肯定轮不到平民出身的哈莉玛问鼎。

二 专制腐败政权的反对者和民主象征

很多东南亚国家长期是威权统治或军人统治,民众对专制、贪污腐败、社会不公等弊端积聚了太多不满,这种不满通过民主运动表达出来。女领袖大力提倡自由和民主,批评专制政府罔顾人权,她们在民众眼中成为民主的象征,正是如此,所有东南亚女领袖都是产生于民主运动和民主转型。

科·阿基诺反对马科斯的专制统治,她迎合了菲律宾人对专制的不满和对民主人权的渴望,在竞选集会上,"科丽万岁!"与"民主自由万岁!"的呼声交替响起,她被视为民主的象征,得到民众的拥护。在缅甸,昂山素季第一次在民众面前发表演说,是1988年军政府镇压学生示威之后,她站在仰光大金塔的台阶上,向示威民众提出非暴力、人权和民主的主张。之后,她写了《免于恐惧的自由》《追求民主》等名作,发表了无数次演说倡言民主,昂山素季对民主、自由、人权的追求使她被誉为"民主女神"。梅加瓦蒂突出她在苏哈托政权时被赶下民主党主席职位的经历,主张多党民主制,加强国会和人民协商会议的职能。旺阿兹莎在"烈火莫熄"运动中崛起,先是建立非政府组织"公正运动",宗旨是争取社会正义、民主和人权,后又于1999年4月建立公正党,她一再强调民主、自由、公正等理念,主张人民主权和言论自由。阿罗约夫人反对埃斯特拉达总统的贪污腐败,最终取而代之。

女领袖们反对威权政府的专制统治,积极提倡民主、自由和人权,迎合了民众对专制统治的不满,对民主和人权的渴望,昂山素季、科·阿基诺、梅加瓦蒂、旺阿兹莎等人甚至被视为民主的象征,具有深厚的道德资本。相比之下,阿罗约夫人和英拉这方面的道德资本稍弱。

新加坡总统哈莉玛的上台与上述女领袖不同,她并不是民主象征,而是新加坡威权政体的受益者。1992年新加坡国会颁布民选总统法案,规定从1993年起总统由议会选举产生改为民选产生。2016年新加坡国会三读通过宪法修正案，改进民选总统机制，确保少数族群有机会当选总统。规定如果连续5届总统选举中，某个族群代表没有当选总统，下一届选举只保留给这个族群竞选。由于过去40多年新加坡都未出现过马来族总统，根据宪法规定，2017年总统选举保留给马来族。3名马来人报名参选总统，其中两人是私人企业家，没有达到参选要求，只有担任国会议长超过3年的哈莉玛符合参选资格，因而"不战而胜"。哈莉玛自动当选总统引发少数民众抗议，他们抗议被剥夺了投票选举总统的权利，强调"我们不是反对（总统），我们反对的是制度，我们反对这种违逆我们民主投票权利的程序"①。

三 女性身份与特质

父权制性别规范下的女性被建构为"感情的""非暴力的"和"柔顺的""纯洁的"等特质，强调她们的母亲、妻子角色。女性局限于私人领域，往往被认为因为远离政治而更为纯洁；她们温柔而顺从，崇尚非暴力，被认为不具有侵略性。这些女性特质在东南亚女领袖身上都得到了体现，并被刻意强调，成为其道德资本的一部分。她们之所以被拥戴为领袖，与她们的母亲角色和女性特质有很大关系。

首先，母亲角色有助于女领袖。

在父权制社会，母亲角色是女性的首要角色，与慈爱、勤劳、坚忍、节俭联系在一起。在民主运动中，女领袖的母亲身份成为一种优势而不是劣势。

科拉松·阿基诺一再强调她只是一个妻子和母亲，承诺会将国家建成对我们的孩子来说更好的国家，她利用了"母亲"的角色和修辞。实际上，科·阿基诺一直表现出一种关爱的、牺牲奉献的母亲精神，增加了她的个人魅力，菲律宾人甚至称她为"菲律宾的玛利亚"。梅加瓦蒂也被视为"大地母亲"，在民主斗争党的游行示威队伍中，人们举着的标语上写着"我爱梅加妈妈"，"母亲梅加将拯救我们的国家"。昂山素季被软禁在缅甸，远离孩子和丈夫，她看来不是一个合格母亲，但她

---

① 《新加坡首位女总统"不战而胜" 遭民众"无声抗议"》，海外网，2017年9月18日，http：//news.cri.cn/20170918/54e69790－db4f-daba－2496－208f3c4af90e.html。

舍小我而为大我，为了缅甸奉献自己，仍然是一个牺牲奉献的母亲形象。旺阿兹莎更是将母亲和妻子角色放在第一位，以贤妻良母形象赢得民众的同情。

母亲身份对女领袖十分有利，母亲的坚忍转化为追求民主和自由的毅力，母亲的勇敢转化为反对专制统治的勇气，母亲的奉献转化为她们对国家的奉献，母亲的慈爱转化为对国民的关爱。女领袖们用"母亲"和"孩子们"的修辞，将女领袖与支持者联系起来，将家国联系起来，母亲会慈爱地照顾孩子们，女领袖会关爱国民。①

其次，"非暴力"特质有利于女领袖。

女领袖主张采用非暴力方式进行民主运动，这既符合女性的温柔特质，也将自己与暴力的专制政权区分开来。

科·阿基诺在民主运动中强调要采用和平方式与马科斯政权斗争，她说："我没有要求进行暴力革命，现在还不是进行暴力革命的时候。我一向表明，现在要用非暴力的斗争形式来获得正义和真理，也就是用和平手段与邪恶势力进行积极的斗争。"② 当马科斯宣布胜选总统时，科·阿基诺模仿甘地的非暴力不合作，呼吁民众不服从（参见第一章），这在充满"枪、暴徒和金钱"的菲律宾政治史上是新鲜事。昂山素季也强调非暴力斗争方式，她认为，以暴制暴尽管最有效，却会形成仰仗武力改变政治局势的不良传统。在缅甸的历史上，曾经发生过多次以暴力夺取政权的军事政变。如果民主运动沿袭传统暴力的方式，会导致政权交替的暴力循环，政治斗争因此而陷入恶性循环。英拉也爱强调非暴力，"我是个女人，从生理上来说我不是一个强大的人。但是泰国需要和解，而女性代表着非暴力。因此，我要把我的弱点变成优势。"③

女领袖的"非暴力"方式符合温柔的女性特质，对于常年生活在军政府专制统治之下的民众来说，是极具吸引力的。军政府和专制政权代表着暴力，热衷于动用警察和军队镇压民众反抗，而女领袖主张用非暴

---

① 范若兰：《东南亚女性的政治参与》，社会科学文献出版社 2015 年版，第 400 页。
② ［菲］埃萨伯罗·克里索斯托莫著，施能济等译：《科丽·阿基诺传》，东方出版社 1988 年版，第 215 页。
③ 邹娅妮：《困境中的英拉政府与泰国的"民主政治"》，《人民公仆》2014 年第 3 期，第 80 页。

力表达诉求，追求民主，与暴力统治的专制政权形成鲜明对比。女领袖所表现出来的温柔女性特质以及非暴力对抗独裁政府的形式，让民众觉得她们与独裁政府完全不同。

再次，顺从、协商、合作等特质有助于女领袖。

顺从、协商、合作等特质既符合女性特征，也被人们认为女领袖不具侵略性、愿意倾听，善于团结，容易化解矛盾，这使得民众和民主运动中的反对派阵营乐于拥戴女领袖，也使得她们与野心勃勃、争强好胜的男政治家区分开来。①

反对派派系众多，彼此之间矛盾重重，女领袖善于沟通和合作，可以有效团结反对派力量。在反马科斯的民主运动中，菲律宾出现多个反对派，科·阿基诺最为各派拥护，她能将反对派团结起来。在烈火莫熄运动中，马来西亚的反对党民行党和伊斯兰党意识形态对立，但在以旺阿兹莎为首的公正党的努力下，三个反对党组成反对派阵营——替代阵线，后来又先后组成人民联盟和希望联盟，旺阿兹莎以其亲和力、沟通和协商能力，赢得其他党派的尊敬。

新加坡女总统哈莉玛上台并不是得益于她的女性身份，而是她身为马来人的族群身份。由于占新加坡人口13%的马来族过去40多年都未出现过总统，因此哈莉玛作为马来族的唯一合格候选人，在没有竞争对手的情况下不战而胜，成为新加坡历史上首位女总统。所以不论是她自己，还是新加坡总理李显龙，都不强调她的女性身份，而是强调族群身份，指出这是新加坡作为多元族群和多元宗教国家的成功之处。②

四 从政意愿与经验

东南亚女领袖的从政意愿和从政经验有较大差别，这对她们的执政表现有较大影响。

从从政意愿来看，东南亚女政治领袖可分为主动型和被动型。昂山素季、梅加瓦蒂和阿罗约夫人属于主动型，她们有较强的从政意愿，在

---

① 范若兰：《东南亚女性的政治参与》，社会科学文献出版社2015年版，第401页。
② 《李总理：哈莉玛个人经历是"新加坡故事"体现》，《联合早报》2017年9月15日。

合适的时机主动步入政坛，积累政治经验，最终成为总统（国务资政）。而科·阿基诺、旺阿兹莎和英拉则属于被动型，她们过去没有从政意愿，但在形势逼迫下，不得不作为替代者进入政坛。因为从政意愿不同，女领袖在面对迫害时的表现也有所不同，梅加瓦蒂利用"受害者"身份加强民众对她的支持，昂山素季坚持自己的信念，宁愿被软禁和与家人别离，坚决不离开缅甸，留在缅甸民主斗争的第一线，与支持她的人民同命运。但英拉在当局审判大米渎职案前逃离泰国，而不是利用入狱的机会，塑造自己"民主女神""受害者"形象，为今后重返政坛积累政治资本和道德资本，表明她的从政决心并不坚定。

从从政经验来看，东南亚女领袖的差别极大。最有政治经验的当属阿罗约夫人，她是经济学家，在成为总统前担任过多个行政职务，1986年担任贸易工业部部长助理，1989年任贸易工业部副部长，后来又担任多年参议员，在担任参议员期间，她共提出400多项议案，其中55项获得通过。她数次当选"杰出参议员"，1998年被《亚洲周刊》评选为当年"亚洲最有影响的女性"，是一个既熟悉行政和经济工作又有立法经验的政治家。新加坡女总统哈莉玛也有非常丰富的从政经验，她毕业于新加坡国立大学法律系，之后进入新加坡全国职工总会，当过全国职工总会副秘书长，还担任过国际劳工组织标准委员会副主席。再后当选国会议员，2011年出任新加坡社会与家庭发展部政务部长，2013年被推选为国会议长，是新加坡第一位女议长。梅加瓦蒂长期担任政党主席，有一定政治经验，但缺乏行政经历。昂山素季领导民主联盟进行政治斗争，但她长期被软禁，缺乏行政经历和经验。旺阿兹莎长期担任政党主席，有一定的政治经验，但缺乏行政经验。科·阿基诺和英拉则属于最没有政治经验的人，她们从家庭主妇和商人一步登上总统和总理宝座。

阿罗约夫人从来没有被指责缺乏从政能力，但其他东南亚女领袖都面临缺乏从政能力的质疑。对此，女领袖都强调自己有政治训练，从事过政治活动。科·阿基诺说自己出身政治家族，从小就接触政治，又受到政治家丈夫的熏陶，接受了全方位的政治训练。梅加瓦蒂说自己从小与父亲讨论政治，因此她熟悉政治，长大后从事政治活动。针对她只是"家庭主妇"的讥讽，梅加瓦蒂反击道："我是个地地道道的家庭妇女，这又怎么样呢？别以为家庭妇女就对政治一窍不通。"① 昂山素季则强调一直研究父亲的生平和思想，关注缅甸发展，因而对缅甸政治并不陌生。英拉则说"当我还是一个小孩的时候我就知道政治了"②，因为父亲和亲戚都曾经在议会工作过，她的兄长、姐夫也都担任过总理。

不论是主动还是被动进入政治，女领袖都要迅速培养自己的从政能力，而她们的高等教育经历和政治家族背景使她们具备了学习能力和洞察力，加上她们具有勇气、毅力和对政治的敏感，这些都有助于她们从政能力的培养，使她们能在政治斗争和竞选时不负众望。

首先，她们具有变劣势为优势的能力。

大多数女领袖的政治经验不足，但她们巧妙地将政治经验不足转化为优点而不是弱点。

马科斯总统攻击科·阿基诺是"一个没有经验的飞行员"，旅客不会把生命托给她。还在竞选广告中强调科·阿基诺"只不过是女流之辈"，完全没有政治经验，因而不能期待她胜任总统职务，这职位完全是"男人的事"。③ 对此，科·阿基诺反唇相讥："我知道我在经验上无法与马科斯先生比肩。我承认，我缺乏欺骗、偷窃、说谎以及暗杀政治反对者的经验。"④ 这一反驳及时而切中要害，一下就将马科斯政权的邪恶本质指出来，同时凸显了科·阿基诺的纯洁。昂山素季久居国外，被认为不熟悉缅甸政治，她一方面强调自己一直关注缅甸，另一方面使民众认为她过去远离政治，所以是"未被玷污的"。⑤ 梅加瓦蒂不善言谈，被认为缺乏主见，但她实际上是不随便发表未经考虑成熟的意见，"对我来说，沉

---

① 王绛：《梅加瓦蒂，沉默的"雌狮子"》，环球人物网，2016 年 5 月 18 日，http://www.hqrw.com.cn/2016/0518/50621.shtml（上网时间：2017 年 7 月 28 日）。

② J. P., "Shinawatra Yingluck", *Current Biography*, October 2011, p. 70.

③ ［菲］埃萨伯罗·克里索斯托莫著，施能济等译：《科丽·阿基诺传》，东方出版社 1988 年版，第 168 页。

④ Lewis Simons, *Worth Dying for*, New York: Willian Morrow, 1987, p. 224.

⑤ Linda K. Richter, "Exploring Theories of Female Leadership in South and Southeast Asia", *Pacific Affairs*, Vol. 63, No. 4, p. 527.

默就是政治行为。"① 在1999年大选中她因为"沉默而受到赞扬",这显得她诚实和淳朴,她的竞争对手之一的阿敏因为"饶舌而受到谴责"②。英拉更没有政治经验,被批评连讲话也不会,英拉回击称"有两种领导方式。第一种是很擅长演讲但不知道如何把工作做好;另外一种是全身心集中在工作上但不擅长演讲"③,而她正是后一种。

缺乏政治经验对男性而言是成为政治领袖的最大障碍之一,但对女性而言,却可能成为一种道德资本,因为她们被认为远离了政治领域中的"粗鲁和肮脏",腐败和贪污,没有政治"原罪",因而更为纯洁。④

其次,她们有充分利用女性特质,并将其转化为优势的能力。

传统性别观念强调女性的母性、温柔、关爱、纯洁,女领袖充分发挥这些女性特质。如前所述,她们都充分利用自己的母亲身份,赢得民众拥护。同时,她们也展现自己温柔和优雅的女性气质,科·阿基诺的贤妻良母形象深入人心,旺阿兹莎同样如此。阿罗约夫人是一个干练的政治家,也运用其女性魅力,在讲演后与其丈夫翩翩起舞,吸引选民。而英拉更是把女性特质发挥到极致,她被誉为"泰国华人第一美女",在竞选中,她充分展现自己的温柔与美丽,总是以双手合十的温柔姿态、甜美的笑容、优雅的服装、富含人情味的讲演出现在公众面前,吸引了不少选民。

再次,女领袖具有一定的判断力和洞察力。

科·阿基诺判断1986年大选结束后,马科斯肯定会宣布自己获胜,她预先指出,"即使在没有宣布我获得这次选举胜利之前,我想我们都会一致认为谁是最大的失败者:马科斯先生。任何伪装和对他这次假胜利的吹捧都不能掩盖他在道义上、政治上的失败。"⑤ 这实际上提示民众,

---

① 温北炎、郑一省:《后苏哈托时代的印度尼西亚》,世界知识出版社2006年版,第38页。
② Margo Cohen, "First Choice", *Far Eastern Economic Review*, June 3, 1999, p. 21.
③ Terry Fredrickson, I am not a Puppet, PM Says, 19 Aug. 2013, *Bangkok Post*, http://www.bangkokpost.com/learning/learning-from-news/365310/i-am-not-a-puppet-pm-says.
④ 范若兰:《东南亚女性的政治参与》,社会科学文献出版社2015年版,第405页。
⑤ [菲]埃萨伯罗·克里索斯托莫著,施能济等译:《科丽·阿基诺传》,东方出版社1988年版,第231页。

马科斯如果宣布获胜，是不合法的，在道义上和政治上都站不住脚，这为后来的不承认和不服从定下了基调。梅加瓦蒂总是冷静判断，谋后而行，在弹劾瓦希德总统的斗争中，身为副总统的梅加瓦蒂保持中立，不发表任何评论，她实际上站在幕后，据说与军队达成秘密协议，最终接任总统职位。① 阿罗约夫人更是技高一筹，在打倒埃斯特拉达的"人民力量"运动中，她先是辞去社会福利部长一职，以示与埃划清界限，但并不辞去副总统职位。她强调"所有的行动都应在宪法和法律的范围内进行"，② 为她以副总统身份接替总统埋下伏笔。她与"人民力量"走上街头游行，要求总统辞职。埃向她提出一起辞职，然后提前举行选举，阿罗约夫人一口回绝。众议院通过对总统的弹劾，军队威胁政变，大主教辛站出来反对埃斯特拉达，最后埃不得不辞职，而依据法律规定，阿罗约夫人作为副总统顺利接任总统一职。从这件事可见阿罗约谋略之高，她以辞去部长之职显示反埃的态度，却不辞去副总统职位，以便埃下台后合法接任总统一职。

在东南亚女领袖的从政之路上，道德资本发挥了重要的支持作用。女领袖的父亲和丈夫是开国之父或民主斗士，受人敬仰，他们的光环笼罩着女领袖，成为她们道德资本的来源；女领袖是贤妻良母，充满温柔、关爱和非暴力，被誉为"圣母玛丽亚""大地母亲""菩萨"；女领袖投身民主运动，被视为民主象征；大部分女领袖过去很少涉足政治，被认为没有被肮脏的政治所污染，所以是纯洁的。这些都加强了她们的道德资本，尤其是昂山素季、科·阿基诺、梅加瓦蒂、旺阿兹莎拥有较高的道德资本。相比之下，阿罗约夫人父亲的光环不够耀眼，加之她的政客形象，道德资本逊于上述四位女领袖。而英拉因为他信的毁誉参半形象，道德资本也不强。总的来看，道德资本对于领导民主运动的女领袖最有价值，为她们赢得更多民众支持和拥戴。

---

① Claudia Derichs & Mark R. Thompson, eds., *Dynasties and Female Political Leaders in Asia: Gender, Power and Pedigree*, Berlin: LIT VERLAG Dr. W. Hopf, 2013, p. 278.
② 邢继盛:《阿罗约夫人——才貌双全的东南亚铁娘子》，江苏人民出版社2003年版，第69页。

第二节　东南亚女首脑与双重困扰

东南亚民主化浪潮中涌现出众多女政治领袖，最终，有五位女领袖通过选举成为总统、总理和国务资政，通常称为女首脑，她们是菲律宾总统科拉松·阿基诺（1986—1992年在任）和阿罗约夫人（2001—2004年第一任期，2004—2010年第二任期），印尼总统梅加瓦蒂（2001—2004年在任），泰国总理英拉（2011—2014年在任）、缅甸国务资政昂山素季（2016年至今在任）。女首脑与男首脑有何不同？一般来说，"人们倾向于将女领袖与加强世界和平、减少腐败、帮助弱势群体联系在一起，如果作为社会公正、奉献、正义等价值观的守护者的女性掌握权力，那么，我们周围充斥的冲突、腐败和贪婪将消失。"[①] 那么，东南亚的女首脑们符合上述期望吗？事实上，东南亚民主转型充满混乱和失序，人们也期望女首脑像男首脑一样，建立民主，振兴经济，消除贪腐，重建公正。但是，不论男首脑还是女首脑，都不能一蹴而就地解决上述问题。只是，在这一过程中，女首脑因其性别，面临的困境和争议格外多，普遍陷入"双重困扰"之中。

一　执政能力与表现

东南亚女领袖因为是著名政治家的妻女而获得选民拥戴，她们大都缺乏行政经验。当她们成为国家首脑后，首先面对的就是对她们执政能力的质疑。

菲律宾人认为科·阿基诺总统没有经验，也有人说她受到有实权的男下属的操纵，因为她是个没什么政治经验的女人。从科·阿基诺总统的执政表现看，她虽然政治经验缺乏，但努力奋进，面对马科斯留下的混乱状况，科·阿基诺重建民主政治，致力于振兴经济，以和平谈判方式解决菲共和"摩解"问题，冷静应对多次军事政变，致力于反贪治腐。她在重建民主和解决分离武装冲突方面取得一定成就，但在土地改革、

[①] Virginia E. Schein, "Would Women Lead Differently?" in W. Rosenbach and R. Taylor, eds., *Contemporary Issues in Leadership*, Boulder, CO: Westview Press, 1989, p.154.

振兴经济、军人干政、惩治贪腐方面基本是失败的，被评价执政能力不强，执政表现欠佳，受到更多的"差评"。

梅加瓦蒂也被许多印尼人认为智力不足，执政能力极为有限，如果她不是开国总统苏加诺的女儿，"她就不可能踏入政坛，也无法赢得任何选票。"① 许多人批评她无能经营国家，说她过去"只是个家庭主妇"②，大学没毕业，沉默寡言，没有政见。事实上，梅加瓦蒂在建构民主、处理亚齐问题上取得一定成绩。

泰国的英拉总理的执政能力面对更大的质疑，因为她替代的对象——他信尚活在世上，且不甘心退出政治舞台。英拉因为是他信的妹妹而一跃成为泰党总理候选人并当选总理，人们认为流亡国外的他信是幕后指挥，决定了英拉政府的官员任命和大政方针，而英拉只是他的傀儡，泰国媒体刻薄地称英拉政府为"他信先锋队"，称英拉为"鹦鹉总理"，讥讽她只是他信的传声筒，没有政见和能力。从英拉短暂的执政来看，她致力于振兴经济、狠抓缉毒、解决南部问题、改善与柬埔寨的关系，被媒体认为"干得不错"，说明她有一定的执政能力。

昂山素季经过漫长的软禁，终于重见天日，并通过胜选担任国务资政。人们认为这位民主女神缺乏行政经验，但从民盟执政一年多的表现来看，昂山素季的执政能力相当亮眼，她在治理和外交上得心应手，在推动民族和解上取得一些成绩，在处理与军队的关系时进退有据，但在促进经济发展和解决罗兴亚人问题上表现欠佳。

与其他缺乏行政经验而饱受质疑的女首脑相比，只有阿罗约夫人因在当总统之前有较长的从政经历，其执政能力较少受到质疑。她也确实不负众望，在她的专长——经济领域取得较高成绩，在解决菲南问题上取得一定成绩，但在治理贪腐方面乏善可陈，她在处理各种危机时手法老练，更像一位"穿着裙子的传统政客"（trapos），传统政客被认为擅长

---

① 《360名女候选人争夺560议席》，联合早报网，2009年3月17日，http://www.zaobao.com/yx/yx090317_503.shtml。

② Sonja van Wichelen, *Religion, Politics and Gender in Indonesia: Disputing the Muslim Body*, London: Routledge, 2010, p. 38.

贿选、欺骗和暴力。①

　　女首脑的从政意愿与其执政能力有一定的正相关性。如前所述，阿罗约夫人、昂山素季和梅加瓦蒂的从政意愿是主动型，积累政治经验时间较长，她们的执政能力相对较强，尤其是阿罗约夫人，执政能力高超而圆滑，从未受到对其执政能力的质疑。而昂山素季和梅加瓦蒂虽然之前缺乏行政经验，但执政后上手较快。相比之下，阿基诺夫人和英拉的从政意愿属于被动型，之前没有政治经验的积累，掌权后执政力生涩，处理一些棘手问题时进退失据。

　　执政能力与执政表现并不呈正相关性，执政表现受到多种因素的制约。总体来说，东南亚女首脑受命于危难之机，执政环境普遍不佳，要面对和解决的难题特别多，也特别棘手，她们的执政表现普遍没有受到较高评价。实际上，东南亚国家的民主转型像其他发展中国家一样，是一个复杂而困难的过程，不是一两位领导人可以在任内解决的。菲律宾、印尼、缅甸、泰国的民主缺陷、经济落后、军人干政、地方分离问题，严重制约着国家的发展。民主转型以来，菲律宾历任六位总统，印尼历任五位总统，泰国历任多位总理，缅甸经历两位总统，其中的五位女首脑与她们的前任及继任者一样，为建立民主政治、复兴经济、稳定社会做出努力，她们在这方面取得一定成就，科·阿基诺在重建菲律宾民主、扩大政治参与方面做出了极大努力，并受到较高评价，梅加瓦蒂也为印尼的民主转型做出贡献，有学者认为，"梅加瓦蒂作为印尼历史上第一位女总统执政三年，稳定了政局，稳定了军队，稳定了经济，使印尼在1997年至1998年遭受亚洲金融危机后走上稳步复兴的道路。"② 阿罗约夫人为发展菲律宾经济做出贡献，英拉也在经济、外交上取得一定成就，昂山素季在政府治理、外交、民族和解上取得较高成就。但是，菲律宾、印尼、泰国和缅甸的各种问题、矛盾、冲突十分激烈，而民主转型国家的民众政治参与空前提高，他们对专制、腐败、社会不公的痛恨与对民主、廉洁、公正的强烈要求结合在一起，转化为

---

　　① Claudia Derichs & Mark R. Thompson, eds., *Dynasties and Female Political Leaders in Asia: Gender, Power and Pedigree*, Berlin: LIT VERLAG Dr. W. Hopf, 2013, p.171.
　　② 温北炎、郑一省：《后苏哈托时代的印度尼西亚》，世界知识出版社2006年版，第41页。

对领导人的高要求。

女首脑跻身于一向由男人支配的领地，不得不面对双重困扰：她们一方面要像男性领导人一样面对风云突变的国内外局势并力图促进国家发展，另一方面她们还要因为女性身份而面对来自多方面的指责。女首脑由于政治家族"继承者"和"替代者"身份，面对的最多指责是没有执政能力，尽管这与事实不符。但这种刻板印象时刻支配着人们对女首脑执政能力的评判，并从一些选择性事例来强化这一点。同时，当女首脑表现得很有执政能力时，她们又会被批评为像"传统政客"，不符合女首脑的形象。

二 执政风格

性别规范中的女性被视为"软弱""柔弱""顺从"，女领袖在竞选时也强调自己的"柔弱""关爱""非暴力""协商""合作"等女性特质，然而在登上权力顶峰后，女首脑却受困于自己当初强调的女性形象，普遍被视为软弱。传统政治家标准是"强硬""果断""进取"，因此，"柔弱""关爱""非暴力""协商"对政治家而言是"妇人之仁"，因为"软弱"是政治家的致命缺点。但实际上，所有政治家在处理问题时都是软硬兼施，东南亚女首脑也不例外。

阿罗约夫人很少给人以"软弱"印象，她在处理国内问题上以"硬"为主，对国内武装叛军采用和平谈判的方式，对绑架等恐怖活动则是严厉打击，她还对恐怖主义组织阿布·沙耶夫组织发出强硬信息，坚决以武力镇压，她因此被称为"菲律宾的铁娘子"。

科拉松·阿基诺在竞选时强调以和平方式寻求与菲共、"摩解"和解是她的首要任务之一，掌权后她先后采取了政治大赦、与菲共和谈等较为温和的措施。但军方和政界批评这些政策"过于软弱"，质疑阿基诺无力控制局势。在巨大的压力下，阿基诺总统部分改变了宽容政策，对左右两派的恐怖活动借取军事行动，不再延长停火，使菲律宾一些地区再度陷入战乱。但总体来说，民众认为阿基诺夫人的执政风格是软弱的。

梅加瓦蒂起先是希望通过民主机制、按照宪法和采用非暴力手段的原则来解决亚齐问题，甚至为亚齐省和伊里安查亚省所受到的不公正待遇而公开道歉，但在与"自由亚齐运动"谈判破裂后，梅加瓦蒂采取强硬措施，宣布对亚齐实行戒严，强化军事管制，以海陆空部队"先发制人"，对亚齐展开了"近30年以来最大规模的军事行动"。① 在巴厘爆炸案发生后，梅加瓦蒂立即颁布两项紧急政令，以强硬手腕对付恐怖主义活动，这是30多年来总统第一次颁布紧急政令。②

英拉强调民族和解，认为要使国家向前发展，实现民族和解是必要的。2013年政府提出《特赦法案》，根据该草案，从2006年9月19日军事政变至2013年8月8日之间所有涉及政治集会的罪犯将获得赦免。但《特赦法案》遭到泰国大部分民众的反对，引发大规模抗议浪潮，要求政府下台。英拉被迫宣布解散国会、提前大选。面对示威浪潮，英拉一直"柔情"以对，并一再表示愿意通过对话解决问题，这些举措被有些人视为"软弱"。

昂山素季上台后释放政治犯，积极与少数民族协商，推动国内和平，实现民族和解，符合人们对这位民主女神"非暴力"的预期。但在罗兴亚人问题上，她受制于缅甸军方和缅甸佛教民族主义，没有为罗兴亚人仗义执言，也没有解决罗兴亚人所面临的迫切问题，不符合她的"民主女神""菩萨"形象，因而招来人权组织的一片批评声。

更糟糕的是，东南亚女首脑都不得不面对约束军方权力的问题，菲律宾、印尼、泰国和缅甸的军方都有极大的权力并高度政治化，女首脑不像那些男总统，普遍没有军方背景，显然无力抗衡军方。五位女首脑为了争取军队支持，不得不对军队采取"怀柔"政策。菲律宾军事政变发生后，科·阿基诺公开声明不会容忍叛乱，但实际上政府没有严惩政变者，这样的宽大处理使得军队更加放肆，屡次发动政变。梅加瓦蒂担任总统和其后镇压亚齐分离势力都要借助印尼军方力量，为避免因丧失军方支持而重蹈瓦希德覆辙，梅加瓦蒂没有对军方的侵犯人权及暗杀行为进行调查。英拉上台后立即拜会军方，与军方达成谅解，争取军方支持。昂山素季更是面对缅甸军方的制约，绝不能与军方"对着干"，只能与其斗争、协商、合作，做到"斗而有度""斗而不破"。但对军方的一

---

① 温北炎、郑一省：《后苏哈托时代的印度尼西亚》，世界知识出版社2006年版，第41页。

② 《印尼颁布两紧急政令 反恐慌任务由警方执行》，《联合早报》2002年10月20日。

再"怀柔"而不是削弱军方,加剧了女首脑"软弱"的形象。新加坡总理李光耀根据科·阿基诺一再面对军人政变的例子,认为她在第一次军人政变时没有严惩,招致了以后的多次政变,他的结论是"没有领袖能够保持柔弱的作风而同时希望能够生存"①。从长远来看,正常的国家发展一定要实现军队去政治化,这是上述国家所有民选首脑要面对的难题。

另外,当女首脑试图超越"柔弱"的女性形象,采取强硬措施推行政策的时候,又会因为与竞选时"非暴力"形象相悖而受到民众质疑。梅加瓦蒂在处理亚齐分离和反恐上充分展现了"铁腕"手段,阿罗约夫人则在整个执政过程中都体现出了"菲律宾铁娘子"的强硬作风,昂山素季在罗兴亚人问题上让国际社会闭嘴。女首脑的这些强硬行为一定程度上缓和了对她们"软弱"的批评,但又遭到了"专制"和"暴力"的批判,被认为违背了当初竞选时的"和平"承诺,最糟糕的是她们要同时面对这两种反对的声音。如昂山素季对罗兴亚人的态度满足了缅族人的愿望,却遭到人权组织的批评。

总的来看,东南亚女首脑执政风格存在较大的差异,阿罗约夫人的执政风格总体上是"强硬",阿基诺夫人和英拉的执政风格总体上是"软弱",梅加瓦蒂和昂山素季居中。女首脑的从政经验和意愿似乎与执政风格有一定关联,从政经验越丰富、从政意愿越主动,执政风格越趋向"强硬",如阿罗约夫人,而从政经验缺乏和从政意愿被动,执政风格越趋向"软弱",如阿基诺夫人和英拉。

三 在治腐更腐的困境中

腐败和裙带关系一直是东南亚政治难以割除的毒瘤,也是民主转型的关键问题。

民众对腐败深恶痛绝,女领袖被认为是廉洁的,因为她们"没有政治经验""纯洁",而且"未被玷污",她们自己也乐于宣传这样的"清廉"形象,并因此而获得民众拥戴。②

阿基诺夫人上台后制定一套廉政制度,也努力树立自己的廉洁形象,

---

① [新]《联合早报》编:《李光耀40年政论选》,《联合早报》1994年,第234页。
② 范若兰:《东南亚女性的政治参与》,社会科学文献出版社2015年版,第414页。

还推动菲律宾新宪法禁止家族政治,以杜绝"裙带关系"。但这些努力收效甚微,一是裙带关系丝毫没有减弱,她的家族势力不断壮大,她的六个亲属都参加了国会选举。二是她的众多亲戚,如佩平和布兹屡次被指涉及贪污和商业贿赂。

阿罗约夫人在就职演说中提出消除贫困、打击腐败、摒弃家族政治等主张,但随后就陷入了大选舞弊丑闻,并被指从非法数字赌博行业中收受"分红",她的丈夫、儿子和小叔子都通过为非法赌博活动充当"保护伞"敛财,她自己也受到贪污指控。社会学家大卫·兰迪指出,如果说阿罗约统治与其前任有何不同,那就是贪污受贿已不用再秘密进行,而是正常的政治程序。①

梅加瓦蒂在第一次国会讲演中誓言打击腐败和裙带关系,她承诺约束家人不搞贪污、官商勾结和裙带关系,还要求内阁部长们也做出同样的承诺。但是,她的家人并没有信守承诺,其夫基马斯很快被指利用自己特殊的影响力将很多亲朋好友安插到议会、政府和金融界的各个部门担任要职,并在印尼政府的企业紧急援助计划中徇私舞弊,牟取私利。2004年选举时甚至有评论员戏称梅加瓦蒂团队为"腐败组合"。②

英拉的替代对象他信尚在人世,并在国外遥控指挥,所以英拉面对的贪污和裙带关系指控始终没断过。作为他信家族的一员,对他信的贪污指控被延伸到英拉身上。

从事实来看,只是阿罗约夫人有贪污腐败行为,其他女首脑个人从没有卷入贪污丑闻,相比她们的男性前任的贪污丑闻,大部分女首脑确实是"廉洁"的。但她们的直系亲族涉嫌贪污和滥用职权,而女首脑总是强调自己"继承家族事业",使民众相信她们的确纵容亲属贪污和助长了裙带关系,她们陷入治腐更腐的困境中,逐渐丧失了她们上台前所拥有的道德资本。其实,东南亚国家已形成深厚的腐败土壤,任何一个政治家都难以在短期内铲除贪污腐败毒瘤,男首脑在这方面同样乏善可陈。而女首脑面对的问题是,民众本来对她们的廉洁和反腐抱有格外大的期

---

① David Randy, "The Culture of Cash Politics", *Philippine Daily Inquirer*, 9 November, 2007.
② 《四男一女率五大组合肉搏》,《上海青年报》2004年7月6日,http://news.sina.com.cn/w/2004-07-06/08373001128s.shtml。

望，当他们对女首脑会比男政治家廉洁的期望最终转变为失望时，对她们的批评声音也格外大。

四 关注还是漠视妇女权利

女领袖能在父权制社会走上权力顶峰，被人们视为是妇女地位提高的标志。女性主义认为与男政治家相比，女领袖更可能关注妇女权利问题。人们假定女首脑"至少在表面上关心国内事务多于国际政策，更倾向于将经费使用在环境和各类社会事务中而不是在国防预算上，和他们的男性对手相比，她们更可能关注妇女问题而较少顾及裙带关系。"[①] 因而对女首脑关注妇女权利抱有更大的期望。

女首脑比较重视提高妇女权利。在菲律宾，阿基诺总统1986年任命的制宪会议共有46名成员，女性占了6位，她的内阁也包括了多位女成员。梅加瓦蒂的内阁中任命了两位女部长。英拉上任后提出成立"发展女权基金""全国托儿所计划"等惠及女同胞的竞选政策。

但是，女首脑在提高女性地位和权利方面的作为非常有限，引起妇女组织的强烈不满。

科·阿基诺执政期间的确任命了许多女性在政府关键部门担任职务，但这些女性都属于名门望族，是菲律宾精英阶层，与占多数的下层菲律宾妇女几乎没有共同之处，菲律宾妇女组织认为这些女性根本无法代表大多数菲律宾妇女的利益。阿基诺夫人还被指责对下层妇女权利漠不关心，典型的事件是一个妇女给她写信，控诉当地武装部队骚扰民众，并且强奸她。阿基诺在一次电视节目上简短地回复她，说已经把她的控诉送交有关部门，调查结果是"认为你的控诉没有依据"。强奸在信奉天主教的菲律宾人看来是莫大的耻辱，作为一个女总统当众说出被害妇女的名字并质疑她的信誉，遭到许多人批评。[②] 另外，为了赢得天主教的支持，阿基诺夫人还同意关闭菲律宾的计划生育中心。

---

① Linda K. Richter, "Exploring Theories of Female Leadership in South and Southeast Asia", *Pacific Affairs*, Vol. 63, No. 4, 1990–1991, p. 538.

② Robert H. Reid and Eileen Guerrero, *Corazon Aquino and the Brushfire Revolution*, Baton Rouge: Louisiana State University Press, 1995, p. 173.

阿罗约总统被妇女组织批评最不关注妇女的权利，她从来没有公开赞成妇女框架计划，还公开反对妇女的生育健康计划，她也没有推动妇女权利立法，她任内通过的友善妇女的立法"不是因为她推动通过，而是因为政府咨询部门和非政府组织的努力"[①]。

梅加瓦蒂总统被印尼妇女组织和女选民寄予厚望，但最后却是失望。她的内阁中只有两位女部长，与瓦希德政府一样，令妇女组织不满的是，她不仅没有多任命一些女部长，反而任命了非女权活动家苏马约托取代著名女性主义活动家歌菲法为妇女赋权部部长。更令妇女组织不满的是，她很少就妇女议题发表看法，对她的副总统一夫多妻问题，她不表态，甚至在挑动国人神经的重大问题上，诸如印尼海外女佣工受虐问题、民族冲突中的强奸问题，她也不及时表态，对于妇女组织竭力争取的配额制，她也不积极支持。

昂山素季很少关注妇女权利，在她看来，当缅甸男人也没有权利时，没必要专门关注妇女权利。当她成为国务资政后，面对缅甸的诸多重大问题，更不会优先考虑妇女权利。

从事实来看，大部分女首脑并没有完全漠视妇女问题，但她们没有像妇女组织期望的那样优先重视妇女问题，所做的努力和成效有限，因而遭到妇女组织的批评，认为"有几个亚洲女政治家在选举和执政记录上是怒吼的母虎，但在亲妇女的社会性别议程上是温顺的小猫。"[②] 其实，大部分男首脑也不关注妇女权利，但只要他们关注一点，就会得到赞扬，如妇女组织对菲律宾的拉莫斯总统发出赞扬声，因为他任内出台多项友善妇女的政令和法令，对妇女议题较为关注。

欧美对东南亚女首脑总体评价不高，与其前后任男首脑相比，女首脑的评价通常不是最好的，但也不是最差的。对科·阿基诺的评价，强于马科斯总统，但低于拉莫斯总统。对阿罗约夫人的评价较差，高于马

[①] Marlea Munez, "Can Reforms Withstand Guns-and-Gold Politics", in ed. by Friedrich Ebert Stiftung, *Southeast Asian Women in Politics and Decision-Making*, *Ten Years after Beijing*: *Gaining Ground*? Manila: Friedrich Ebert Stiftung, 2004, p. 135.

[②] Andrea Fleschenberg, "Asia's Women Politicians at the Top: Roaring Tigresses or Tame Kittens?" in Kazuki Iwanaga, ed., *Women's Political Participation and Representation in Asia*: *Obstacles and Challenges*, Copenhagen: NIAS Press, 2008, pp. 49 – 50.

科斯总统，低于科·阿基诺总统、拉莫斯总统。对梅加瓦蒂的评价，高于哈比比和瓦希德总统，低于苏希洛和佐科总统。对英拉的评价，高于其前任阿披实总理。昂山素季执政时间太短，还不能对其与吴登盛总统做出比较。

民众对女首脑评价不高，与其政绩有关，也与其性别有关，女首脑不得不面对双重困扰。民众要求女首脑像男政治一样强硬，也要求她们像女性一样温柔。当她们温柔时，她们被批评为"软弱，优柔寡断"，不符合人们对政治家的期望；当她们强硬时，又被谴责"滥权和复仇心重"，不符合人们对女性的期望。民众希望女首脑有能力，但因为她们作为父兄丈夫的替代者上台，人们总是质疑她们没有能力。民众对女首脑消除贪腐抱有更多的期望，因为她们"纯洁"，但她们在这方面乏善可陈，于是对她们失望更大，批评更多。因为是女首脑，人们认为她们应该致力于提高妇女地位，许多妇女团体对此寄予厚望，但当她们发现女政治家关注的重点与其前任无异时，就会大失所望并展开批评。可是，如果女首脑优先重视妇女问题，宣称投身妇女事业，这无疑是一种政治自杀行为，因为在选民看来，她们首先是政治家，其次才是女政治家，她们不能只优先关注女性的利益。

第三节 对东南亚女政治领袖的理论思考

东南亚女政治领袖的从政经验、从政意愿、执政能力和执政风格有一定的差异，但总体上的从政路径和执政表现存在诸多共性，这些共性与她们类似的家族背景、其国家所处的相似的民主政治水平和松动的父权制社会有密切关系。基于对东南亚女领袖的研究，我们可以深入探讨女领袖类型，以及民主化、父权制与女领袖的关系等理论问题。

一 东南亚女政治领袖类型

女政治领袖类型多种多样，目前学界对女政治领袖的类型没有形成统一标准，笔者在本书"导论"中介绍了学界对女政治领袖类型的划分，学者按照不同的标准，对女领袖有不同的分类。

按照领袖与追随者关系的模式，詹姆斯·伯恩斯将领袖分为两大类型：变革型领袖和交易型领袖，前者包括知识型领袖、改革型领袖、革命型领袖、英雄与思想家，后者包括舆论型领袖、群体型领袖、政党型领袖、立法型领袖、行政型领袖。詹姆斯·伯恩斯认为大多数领袖与群众的关系是交易型的：以工作换选票，或对其他形式的补偿来报答竞选中的支持。而变革型领袖也利用追随者的需求和要求，但不止于，他们还进一步挖掘追随者的潜在动机，追求将每个追随者全身心地占有。变革型领袖有可能转化为道德型领袖。① 安翠·弗莱斯成伯格试图用詹姆斯·伯恩斯的领袖类型为亚洲女领袖分类，她认为昂山素季、科·阿基诺属于变革型领袖，贝·布托、哈斯纳、齐亚属于先是变革型，后为交易型领袖，阿罗约夫人、梅加瓦蒂、索尼娅·甘地、旺阿兹莎、朴槿惠为交易型领袖，库马拉通加夫人为混合型领袖（混合变革型和交易型）。② 但笔者认为詹姆斯·伯恩斯的分类抽离了政体、政治发展水平、政治文化、性别等重要变量，并不适合女政治领袖类型划分。

米切尔·A. 格诺维斯依据女领袖的从政经验将其分为三类："没有""有限的""广泛的"，她指出所考察的大多数女领袖因政治家族身份而掌权，属于"没有政治经验型"。欧美国家女领袖都属于"有广泛的政治经验型"。③ 这个划分标准有一定的合理性，但难以涵盖女领袖的上台路径。

最有影响的是弗朗塞·阿米考的划分，她按照上台方式将女领袖分为三种类型：（Ⅰ）政治替代者；（Ⅱ）政治的局内人或向上攀登者；（Ⅲ）政治局外人或活动家。④ 笔者认为，这个划分尽管有不足之处，有点简单化和片面化，但仍是目前各种女领袖类型划分中最有解释力的，可以在这个基础上稍加修正。

第Ⅰ种类型（Ⅰ型）女领袖来自政治家族，她们的身份可分为"继承者"和"替代者"，前者的继承对象去世多年，女领袖主动步入政坛，

---

① [美] 詹姆斯·麦格雷戈·伯恩斯著，刘李胜等译：《领袖论》，中国社会科学出版社 1996 年版，第 4—5 页。

② Andrea Fleschenberg, "Asia's Women Politicians at the Top: Roaring Tigresses or Tame Kittens?" in Kazuki Iwanaga, eds. , *Women's Political Participation and Representation in Asia: Obstacles and Challenges*, Copenhagen: NIAS Press, 2008, pp. 32 – 33.

③ Michael A. Genovese ed. , *Women as Political Leaders*, London: Sage, 1993, pp. 211 – 218.

④ Francine D'Amico, "Women National Leaders", in Francine D'Amico and Peter R. Beckman eds. , *Women in World Politics: An Introduction*, Westport, CT: Bergin & Garvey, 1995, p. 22.

如英·甘地（印度总理）、梅加瓦蒂、昂山素季、阿罗约夫人、索菲娅（印度国大党主席）等；后者的替代对象刚刚去世或尚在人世，女领袖被动或主动进入政坛，如班达拉奈克夫人（斯里兰卡总理）、贝·布托（巴基斯坦总理）、卡莉达·齐亚和谢赫·哈斯纳（孟加拉国总理）、阿基诺夫人、旺阿兹莎、英拉、庇隆夫人（阿根廷总统）、克里斯蒂娜·费尔南德斯（阿根廷总统）等。这些女领袖来自亚洲和拉丁美洲，她们从政意愿不同，从政经验不同，从政经历不同，执政能力和风格不同，但最大的共性是她们都来自政治家族，或是著名男性政治家的直系亲属，政治家族是她们决定从政、能够上台执政的决定性资源。

第Ⅱ种类型（Ⅱ型）女领袖大都是党内攀登者，如撒切尔夫人（英国首相）、海伦·克拉克（新西兰总理）、吉拉德（澳大利亚总理）、默克尔（德国总理）、塔里娅·哈洛宁（芬兰总统）、布伦特兰（挪威首相）等，她们来自欧洲、大洋洲等西方国家，有不同的从政意愿和执政风格，最大的共性是她们都从政党基层起步，竞选议员，担任政党领袖，最后出任总理或首相。

第Ⅲ种类型（Ⅲ型）女领袖属于从政治体制之外起步，从事基层社会活动，之后进入政坛，如玛丽·麦卡利斯（爱尔兰总统）、维格迪丝·芬博阿多蒂尔（冰岛总统）、罗塞夫（巴西总统）等，这类女领袖人数最少。

当然，这三种女领袖类型划分有简化之嫌，其实很多女领袖结合了两种以上类型，有些人既是Ⅰ型，也是Ⅱ型，如班达拉奈克夫人、甘地夫人、梅加瓦蒂、阿罗约夫人等人，有些人既是Ⅲ型，也兼有Ⅱ型的特征，如罗塞夫。

东南亚女领袖都属于Ⅰ型，尽管有"继承者"和"替代者"的差异，她们也有个别人结合了Ⅰ型或Ⅱ型，但无论如何，Ⅰ型是她们最关键的从政路径。

二 民主化与女政治领袖

（一）民主化发展阶段

民主化是以民主为目标的政治变革过程。简单地说，民主化旨在建设一个更加多元、更具参与性和更少权威的社会，所有公民的言论自由、结社自由等基本人权能得到保证,进行公开和透明的选举。① 民主化是一个漫长的过程,一般来说,按照极权—威权—民主转型—民主巩固—自由民主的序列演进。

所谓"极权",定义有多种,以弗里德里希和布热津斯基的定义最为全面,他们认为极权国家包括六个特征:(1)全面的意识形态;(2)单一政党的一元领导;(3)建立秘密警察;(4)严密控制大众传播媒介;(5)严密控制军队;(6)对经济企业活动加以限制,建立中央计划统制体系。②

而"威权"是处于"极权"与"民主"之间的政权形式,林兹认为"威权政体是一种政治体系,其为有限且不负责的政治多元主义;没有一套有系统、条理分明、主导性的意识形态,但却有一种特殊的心态;没有广泛密集的政治动员,但在发展过程中的某一阶段,也会动员人民;此类政权大都是一人统治或寡头统治。"③ 威权政体有以下特征:"其一,它是非民主的制度;其二,它是集权式统治,但不是极权的制度;其三,它拥有一种变异了的选举制度,这种选举制度几乎完全受到政府的控制;其四,宪法和其他法律无法对政府的行为进行有效的制约。"④

所谓"民主转型",是指从威权转至民主或极权转至民主的过渡阶段,行为者致力于建立(恢复)民主制度、实行选举、发展经济、完善法制、开放言论、建构公民社会,但民主政体很不巩固,贪污腐败、贿选、街头政治、暴力仍是常态。

所谓"民主巩固",以林茨和斯泰潘的观点最具代表性,得到学界普遍认可,他们认为民主巩固包括三方面内涵:(1)行为上,没有重要的民族、社会、经济、政治或者制度性的行为者将重要资源用于建立非民主政体,或者用于暴力;(2)态度上,绝大多数民众都相信民主程序和制度是治理社会集体生活最合适的方式,反体制力量的支持者非常少;

---

① 范若兰:《东南亚女性的政治参与》,社会科学文献出版社2015年版,第9页。
② 转引自吴文程《政治发展与民主转型》,吉林出版集团有限责任公司2008年版,第47—48页。
③ 同上书,第48页。
④ 潘一宁、黄云静、尤洪波:《国际因素与当代东南亚国家政治发展》,中国社会科学出版社2004年版,第165页。

（3）制度上，全国范围内的统治力量和非统治力量都服从于特定的法律、程序和制度，并且习惯于在这些法律、程序和制度范围内解决冲突，而这些法律、程序和制度产生于新生的民主程序。①

所谓"自由民主"，亨廷顿认为，自由民主的国家"不仅举行选举，而且还对行政权加以限制，通过司法独立来坚守法治，保护个人的表达、结社、信仰和参与方面的权利和自由，尊重少数一方的权利，对执政党制定对自己有利的选举程序的能力加以限制，对任意地逮捕和滥施暴力加以有效地防范，不实行新闻审查，并把政府对媒体的控制降至最低限度。"②

世界上一些国家经历了极权阶段，现在还有少数国家是极权国家，如沙特、朝鲜、文莱等国。大部分发展中国家经历了威权阶段，如亚洲、非洲和拉丁美洲的大部分国家。在第三波民主化浪潮中，不少欧洲、亚洲和拉丁美洲国家爆发民主运动，进入民主转型，如波兰、韩国、菲律宾、印度尼西亚、马来西亚、泰国、缅甸、斯里兰卡、巴基斯坦、智利、巴西、阿根廷等国家，有少数国家进入民主巩固阶段，如韩国、巴西、阿根廷等国。而西方国家较早开始民主化，现在已进入自由民主阶段，尤其是北欧、西欧、北美、大洋洲的澳大利亚和新西兰等国。

民主化对女政治领袖有直接的促进作用。在极权国家，从来没有出现女首脑；在威权国家，几乎没有出现女首脑，但出现少数女政党领袖；在民主转型国家，出现较多女领袖和女首脑，她们大多属于Ⅰ型，在民主巩固国家，也出现较多女领袖和女首脑，她们大多属于Ⅰ型和Ⅲ型；在自由民主国家，出现较多女领袖和女首脑，她们大多属于Ⅱ型和Ⅲ型。

(二) 民主转型与东南亚女政治领袖的上台路径

东南亚女政治领袖都出现在民主转型国家，有些涌现于推翻威权统治的民主运动中，如科·阿基诺、昂山素季、旺阿兹莎，有些出现于民主转型中，如阿罗约夫人和英拉。可见，民主化直接促进了东南亚女政

---

① [美] 胡安·J. 林茨、阿尔弗莱德·斯泰潘著，孙龙等译：《民主转型与巩固的问题：南欧、南美和后共产主义欧洲》，浙江人民出版社2008年版，第6页。

② 转引自 [美] 塞缪尔·亨廷顿著，刘军宁译《第三波——20世纪后期民主化浪潮》，上海三联书店1998年版，序言，第6—7页。

治领袖的增长，这是因为，民主运动和民主转型最大范围地扩大了政治动员，改变了权力更替方式。

亨廷顿将民主化分为三种模式：变革、置换和移转。变革主要是自上而下的方式，由政权内部出现民主派，主动、渐进地进行民主改革，完成民主转型；置换是政权内部不存在改革派，政府拒不进行民主改革，最后通过民主运动、街头抗议推翻政权，进行民主转型；移转是由政府和反对派合作，就改变政权进行谈判，进入民主改革，进行民主转型。[①] 变革和移转模式主要是靠"协商"，几乎没有女领袖产生，只有在置换模式中，才涌现出较多女领袖。东南亚几国都属于置换模式，所以女领袖辈出，科·阿基诺、昂山素季、旺阿兹莎、英拉都属于这一模式，借助民主运动才登上政治舞台，而梅加瓦蒂和阿罗约夫人则属于置换和移转相结合的模式，她们借助民主运动活跃在政治舞台，加上协商最终登上权力顶峰。

东南亚女领袖现象表明大规模的、自下而上的民主运动为女领袖提供了生长空间。一是民主运动及其产生的危机使得威权政权受到极大挑战，原有的权力结构出现松动，而为了推翻威权统治，需要最大限度动员民众的支持，加强反对力量的团结，而女领袖聚合了多种期望：对著名男性政治家的怀念；对孀妻弱女的同情；对专制暴力统治的不满；对贪污腐败和社会不公的愤怒；对民主和自由的向往；对团结对抗政权的迫切需求，这一切使得女领袖对民众最有号召力。而在变革和移转模式中，是政权内部政治家与反对派政治家之间进行协商，鉴于以往鲜有女性政治家，所以这两种模式很少出现女领袖。[②] 二是民主转型伴随着选举制度的完善，包括竞选、提名、定期和透明选举等，女首脑都是通过选举上台的，她们获得反对党的拥戴被提名参加竞选，因为在民众中有极大的号召力而获胜。而极权政府没有选举，威权政府只有受到操纵的选举或军人政变，很难产生女首脑。所以，民主化是女领袖产生的必要

---

① [美]塞缪尔·亨廷顿著，刘军宁译：《第三波——20世纪后期民主化浪潮》，上海互联书店1998年版，第154—193页。

② 范若兰、陈妍：《东南亚民主化浪潮中的女领袖现象》，《东南亚研究》2012年第1期，第8页。

条件。

三　父权制类型与女政治领袖

（一）父权制三种类型

世界大部分国家经历了漫长的父权制社会，以男性权力为中心，限制女性平等获得政治、经济、文化等资源，将女性系统性的排斥在政治权力之外。历史上只有少数女性因后妃、公主身份而跻身最高权力之位，但是，父权制的父系血缘继承和性别分工原则，决定了女人涉足男人控制的政治领域是"反常的"，因而缺乏政治合法性，所以几乎所有父权文化都宣扬"女祸论"，夸大和渲染妇女干政的危险。[①] 长期以来，世界绝大多数社会都处于牢固父权制下，其基础是等级的、不平等的经济制度、政治制度和社会性别制度。但父权制并不是一成不变的，它随着社会变迁而不断改变自己的形态。近代以来，随着现代教育、经济、政治和社会的发展，尤其是女性主义的挑战，传统父权制受到不同程度的冲击，出现不同程度的松动。笔者以女性受教育水平、经济参与、政治参与、健康和婚姻家庭权利为标准，认为目前世界上的父权制可分为三种类型：

式微父权制：北欧、西欧、北美、大洋洲两国属于式微父权制国家。据联合国发布的2001年人类发展指数和性别赋权指数排名，上述国家属高人类发展水平国家和高性别平等国家，排名世界前20位，其性别平等主要特征为：在教育权上男女完全平等，15岁以上女性识字率达到99%以上，女大学生入学率大都达到70%以上；女性经济参与水平极高，女性就业率大都达到50%以上；女性政治参与水平较高，女议员比例大都达到20%以上，很多国家达到30%的标准量，女内阁成员比例较高；女性的卫生健康权利得到充分保障，女性预期寿命较高，达到80岁以上，孕产妇死亡率极低；女性的婚姻家庭权利得到充分维护。这些国家女权运动起步早，妇女组织非常活跃，性别平等得到传播和实践，二元对立的性别特征渐趋模糊。式微父权制国家性别差异相对较小，据世界经济论坛2006年发布的《性别差异报告》，上述国家性别差距指数排名也位

[①] 范若兰：《东南亚女性的政治参与》，社会科学文献出版社2015年版，第14页。

居前列（参见表6—1）。

表6—1　三种父权制代表国家的相关数据（21世纪初）

父权制	国家	人类发展指数排名 2001年	性别赋权指数排名 2001年	性别差异指数排名 2006年	人均GDP（美元）2001年	女性预期寿命（岁）2001年	15岁以上女性人口识字率（%）2001年	女大学生入学率（%）2001年	女性就业率（%）2001年	女议员比例（下院）（%）2001年
式微父权制	挪威	1	2	2	29620	81.7	99	85	59.5	36.4
	冰岛	2	1	4	29990	81.8	99	62	66.7	34.9
	瑞典	3	3	1	24180	82.4	99	85	62.6	45.3
	丹麦	11	4	8	29000	78.9	99	68	61.7	38.0
	芬兰	14	5	3	24430	80.9	99	—	56.9	36.5
	英国	13	17	9	24160	80.4	99	67	53	17.1
	德国	18	8	5	25350	81.0	99	45	47.9	31.4
	澳大利亚	4	11	15	25370	81.9	99	70	56.1	26.5
	新西兰	20	12	7	19160	80.6	99	84	57.6	29.2
松动父权制	阿根廷	34	—	41	11320	77.4	96.9	60	36.2	31.3
	智利	43	52	78	9190	78.8	95.7	36	38.1	10.1
	巴西	65	—	67	7360	72.3	87.2	19	43.8	9.1
	韩国	30	63	92	15090	79.0	96.4	57	53.6	5.9
	马来西亚	58	53	72	8750	75.3	84.0	29	48.7	10.4
	泰国	74	55	40	6400	73.2	94.1	32	73.1	9.6
	菲律宾	85	35	6	3840	71.6	95.0	33	49.7	17.2
	印度尼西亚	112	91	68	2940	68.2	82.6	13	55.6	8.0
	缅甸	131	—		1027	59.8	81.0	15	65.8	3.0
	中国	104	—	63	4020	72.9	78.7	41.4	72.6	21.8
	斯里兰卡	99	67	13	3180	75.5	89.3	—	43.1	4.4
	印度	127	—	98	2840	64.0	46.4	8	42.2	9.3

续表

父权制	国家	人类发展指数排名2001年	性别赋权指数排名2001年	性别差异指数排名2006年	人均GDP（美元）2001年	女性预期寿命（岁）2001年	15岁以上女性人口识字率（%）2001年	女大学生入学率（%）2001年	女性就业率（%）2001年	女议员比例（下院）（%）2001年
牢固父权制	沙特阿拉伯	73	—	114	13330	73.3	68.2	25	21.6	0.0
	文莱	31	—	—		74.0	88.1	19	50.4	0.0
	巴基斯坦	144	58	112	1890	60.3	28.8	—	35.8	20.6
	孟加拉	139	69	91	1610	60.9	30.8	5	66.4	2.0
	苏丹	138	—	—	1970	56.9	47.7	7	35.1	
全部国家数		175	175	134						

资料来源：（1）联合国开发计划署：《2003年人类发展报告》，中国财政经济出版社2003年版；（2）World Economic Forum, Global Gender Gap Report 2010, http：//www.doc88.com/p-807104054130.html。

这些变化极大地冲击了欧美传统的父权制，性别关系发生剧烈变化，导致父权制式微，表现在：（1）性别平等成为主流，男尊女卑、男强女弱、男主女从等传统观念遭到扬弃，不强调男女有别；（2）性别分工模式有所改变，男外女内仍是主流，女外男内也不奇怪，更多的是男女同内外，女性进入几乎所有职业领域；（3）经济独立和教育增强了女性的自信和抱负，越来越多的女性追求建功立业，而不是将贤妻良母作为人生唯一目标；（4）女性生育率大幅下降，晚婚少育不育取代了早生多育；（5）家庭模式有所改变，一夫一妻制仍是主流，但不婚、未婚同居、婚前性行为、单亲家庭现象十分普遍，几成常态，甚至同性恋婚姻也能合法存在。

松动父权制：拉丁美洲、亚洲、非洲大部分国家属于松动父权制。据联合国发布的2001年人类发展数据，上述国家既有高人类发展水平国家，如日本、韩国等国，也有少数低人类发展国家，但大部分国家属于中等人类发展水平国家。从性别赋权指数排名来看，这些国家分布在中间，属于中等性别平等国家，其性别平等特征为：在教育权上男女基本平等，但女性受教育水平低于男性，15岁以上女性人口识字率大都在50%以上，女大学生入学率在30%左右；女性经济参与水平较高，女性就业率大都在40%以上，有些高达70%；女性政治参与水平居中，女议员比例在10%—25%；女性的卫生健康权利得到一定保障，女性预期寿命较高，大都在70岁以上，孕产妇死亡率较低（参见表6—1）；女性的婚姻家庭权利得到一定维护。这些国家女权运动起步晚，妇女组织比较活跃，性别平等得到一定程度提倡和传播，父权制有所松动。表现在：（1）性别观念趋向性别平等，男尊女卑观念受到批判，但男强女弱、男主女从等观念仍有较大市场，强调男女有别，女生的专业学习更多集中在人文社科师范等传统所谓"适合"女性的领域；（2）性别分工模式仍强调男外女内，鲜少女外男内，女性进入过去由男子主导的职业；（3）经济独立和教育增强了女性的自信和抱负，越来越多的女性追求建功立业，而不是将贤妻良母作为人生唯一目标；（4）扩大家庭减少，核心家庭成为主流，家族对个体的权威有所消解，女性对家庭的支配能力增强；（5）女性生育率大幅下降，尤其是城市妇女，晚婚少育取代了早生多育；（6）以一夫一妻家庭为主，不婚、不育、离婚、同居、婚前性行为、单亲家庭现象日益增多，对这些现象是宽容和谴责并存，但同性恋受到歧视，不承认同性恋婚姻。

牢固父权制：少数南亚、西亚、北非国家属于牢固父权制国家。据联合国发布的2001年人类发展数据，上述国家既有高人类发展水平国家，如文莱、巴林、科威特等国，也有中等人类发展国家，如沙特阿拉伯、孟加拉、苏丹，还有低人类发展水平国家，如阿富汗、巴基斯坦等。从性别赋权指数排名来看，这些国家排名垫底甚至无法排名，性别平等程度较低或极低，其特征为：女子有受教育权，但教育水平较低，15岁以上女性人口识字率大都在50%以下（但高人类和中等人类国家女性识字率高于50%），女大学生入学率在30%以下；女性经济参与水平较低，女性就业率大都在40%以下，有些低于20%；女性政治参与水平较低，甚至没有参政权，如沙特和文莱，女议员比例大都在10%以下，少数国家在20%以下；女性的卫生健康权利较少得到保障，女性预期寿命较低，孕产妇死亡率较高（参见表6—1）；女性的婚姻家庭权利受到诸多限制，存在一夫多妻、离婚权不平等（三休制）、家庭暴力是正常现象等。这些国家仍处于牢固父权制阶段，表现为：（1）性别不平等仍占主流，男尊女卑、男强女弱、男主女从等观念仍占支配地位，强调男女有别；（2）女性较少接受高等教育，所学专业学习更多集中在人文社科师范等所谓"适合"女性的领域；（3）性别分工模式仍强调男外女内，男性是家长和养家者，女性较少进入过去由男子主导的职业；（4）较少女性追求建功立业，而是将贤妻良母作为人生唯一或第一目标；（5）扩大家庭仍是主流，男主女从仍处于支配地位；（6）生育率较高，尤其是农村妇女，早生多育仍是主流；（7）法律规定一夫多妻制，禁止不婚、同居、婚前性行为、同性恋等。①

根据上述父权制划分标准，东南亚国家，除文莱外，都属于松动父权制。尽管东南亚父权制已经松动，但并没有式微，在城市和乡村、草根与精英、老人与青年、男性与女性等不同地域、阶层、人群、性别之中，性别观念呈现多元化，存在从男尊女卑到女尊男卑的谱系，性别平等成为主流话语，更多的是杂糅了传统与现代性别观念，性别秩序实践则呈现新旧杂陈的图景。

表现一是妇女既要承担家庭责任，也要承担生产责任，面临双重负担。民众认可妇女的母亲身份和家庭责任，提倡贤妻良母形象。"母亲"是女性的首要身份，家庭是女性的首要责任。除了母亲身份，国家和社会也鼓励妇女的劳动者身份，鼓励妇女外出就业，但同时不能忽视自己的母亲和家庭责任，职业妇女不得不面临双重负担。

表现二是男主女次观念取代男主女从观念。传统父权制强调男主女从，父权制松动的结果是人们不再认同女性对男人的顺从，但仍认可男人在家庭和社会发挥主导作用，女人发挥次等作用。

表现三是男强女弱、男刚女柔等性别刻板印象仍深刻影响着人们对男女行为的认知。东南亚大部分人认为男人的能力强于女人，男人是坚

---

① 范若兰：《父权制类型与女性政治参与模式分析：一个理论思考》，《思想战线》2015年第5期，第69—70页。

强的、果断的、勇敢的,而女人应该是慈爱的、温柔的、美丽的,性别刻板印象推崇"刚毅的男人"和"温柔的女人"。

表现四是一夫多妻家庭被一夫一妻制家庭取代,即使伊斯兰国家允许一夫多妻,但社会主流认可理想的家庭模式是一夫一妻制,强调夫妻对婚姻的忠诚。当然,长期以来的传统仍然存在,一些男人热衷于养情妇,社会对男人的婚外情通常更宽容,而对女性的婚外情则更谴责。

表现五是女性大众政治参与热情较高,但权力参与意愿较低。在传统父权制社会,除了少数贵族外,大部分人没有参政治的机会,普通妇女更是被排除在政治之外。随着政治现代化、经济发展和教育普及,民众的政治参与意愿大大提高,他们可以参与投票、游行示威、集会等方式参与政治。妇女积极参与大众政治,从投票率来看,大部分东南亚国家除各别年份外,女选民的投票率都高于男选民。女性在游行和集会中也占半数甚至多数。但与女性较高的大众政治参与热情相比,女性的权力参与意愿和机会较低,较少女性愿意成为候选人参与竞选,也较少女性愿意担任议员、高级官员和政党领袖。[①]

(二)松动父权制与东南亚女政治领袖的关系

松动父权制的性别观念和奠基于此的性别秩序深刻支配着男女两性的行为规范、大众对政治家的期望和评价,因而对东南亚女领袖的上台路径和执政表现具有重要影响。

松动父权制在很大程度上推动了东南亚女政治领袖步入政坛并登上权力顶峰。主要表现在以下两个方面:(1)家族政治有助于女领袖。所有东南亚女领袖都来自政治家族,有著名的政治家父亲、丈夫或兄长,女领袖是家族政治链条中的一环。女领袖们作为父兄丈夫的继承者或替代者,借助男政治家的光环和政治家族的支持网络,有巨大号召力。(2)女性特征有利于女领袖。传统父权文化都坚持二分的性别特征:男性是理性的、果断的、竞争的、武断的、支配的、精明的、刚强的,女性则是感性的、犹豫的、消极的、合作的、顺从的、被动的、直觉的、柔弱的。而政治一向被认为是最具有"男性特征"的领域,政治家应该

[①] 范若兰:《东南亚女性的政治参与》,社会科学文献出版社2015年版,第380—383页。

是有野心的、强硬的、主导的和果断的,所以男性被认为更能胜任政治责任。这种对政治家刚强、果断、理性的"男性特征"要求,将女性长期排斥在权力政治之外。但是,随着民主化进展和父权制松动,人们对女性从政的看法也有所改变,曾经不利于女性从政的女性特征在特定条件下也会帮助女性,人们受够了强硬男领导人的威权统治,渴望改变,于是温柔的、纯洁的、非暴力的女性特征成为一种优势。东南亚女领袖强调自己的母亲身份,强调温柔、关爱、非暴力特质,她们以这种方式与专制政权切割,同时表示了对父权制的认同,淡化了自己"越界"的行为,从而避过社会性别障碍,获得民众支持。① 所以,东南亚女领袖并不挑战父权制,她们从不声称自己是女性主义者,这些女领袖获得如此令人瞩目的地位,"与其说因为她们克服了强大而可怕的障碍,不如说是因为她们与现存父权秩序更为一致。"②

可以说,松动父权制为女领袖提供了支持,但是,它既然能支持女领袖,也就能制约她们,毕竟,父权制性别秩序仍占主导地位,政治家等同于男性特征的刻板印象仍支配着人们对政治的看法,这使女首脑在掌权后面临更多的困境:

因为是女首脑,又是靠父亲丈夫兄长的光环获胜,许多民众和政治评论家总是质疑她们的执政能力。梅加瓦蒂已经证明她的执政能力,"印尼总统梅加瓦蒂访美取得成功,再次显示她并不是一个庸碌无能的家庭主妇,而是一个具有强势国家领袖潜能的总统。"③ 但当她2009年竞选总统时,还是有政治评论家说"她(在2001年)是因为其父亲而当选……这次,她若要再当总统,就得证明她确实是有实力的"④。科·阿基诺和英拉更是如此。

因为是女首脑,她们总是被认为"软弱",尽管她们像男总统一样,有"软""硬"两手,并交替使用,她们还是被认为"软弱"。许多民众

---

① 范若兰:《东南亚女性的政治参与》,社会科学文献出版社2015年版,第422页。
② Linda K. Richter, "Exploring Theories of Female Leadership in South and Southeast Asia", *Pacific Affairs*, Vol. 63, No. 4, 1990 – 1991, p. 528.
③ 余文锁:《美加华蒂访美与九一一事件》,《联合早报》2011年9月24日。
④ 《360名女候选人争夺560议席》,联合早报网,2009年3月17日,http://www.zaobao.com/yx/yx090317_503.shtml。

期望"不独裁的强人"当总统,在菲律宾,"经过六年的动乱,菲律宾人希望能出现强硬的领导和稳定的领导人。"[1] 印尼 2003 年的一个调查表明,相当多的人希望选出一位军人出身的总统,[2] 所以,在科·阿基诺和梅加瓦蒂之后当选的总统都是"强硬"的前军人:拉莫斯和苏希洛。

因为是女首脑,民众希望她们更纯洁,希望她们像家庭主妇一样,"用节俭、效率和能力等家务(妇女的)技巧打扫这个国家。"[3] 但她们在消除腐败和裙带关系方面乏善可陈,其实男政治家也没能消除这些痼疾,反而陷入多种丑闻中,多数女首脑的个人操守至少强于男政治家,但民众仍将女领袖家人和亲信的贪污腐败问题归结到她们身上,对她们失望会更大,批评更多。

正是因为女领袖受制于父权制,像旺阿兹莎和英拉这类女领袖难以真正执掌政治权力,因为她们的替代对象尚在人世,只是因为监禁或流放暂时"缺席",她们才成为女领袖,旺阿兹莎步入政坛是为了被监禁的丈夫,当安瓦尔出狱和恢复政治权力后,旺阿兹莎立即辞去国会议员,制造补选机会,让安瓦尔当选国会议员,成为反对派领袖。当 2014 年安瓦尔再度被判鸡奸罪成立,无法参加政治活动,于是旺阿兹莎再次"代夫出征"。她的做法,她对父权制的认同,很难让人们相信她是有抱负和能力的政治家,印象深刻的只是她对丈夫的忠诚和替代作用。

英拉的处境更糟糕。她的替代对象——他信在泰国农民心目中是英雄,在中产阶级和精英心目中是贪污、专制、滥权的罪犯,他信还在国外呼风唤雨,随时准备重返泰国政坛。英拉从一开始就陷入"替代"还是"切割"的两难中,为了竞选胜利,她选择替代他信,因此赢得支持他信的选民的支持,也因此,英拉不可避免地被视为他信的代言人,另一半反对他信的泰国人对她充满不信任。英拉与他信切割不掉的关系对泰国民主政治和她本人的执政带来极大困扰:(1) 反对他信的中产阶级、

---

[1] Robert H. Reid and Eileen Guerrero, *Corazon Aquino and the Brushfire Revolution*, Baton Rouge: Louisiana State University Press, 1995, p. 237.
[2] 李文主编:《东亚:宪政与民主》,中国社会科学出版社 2005 年版,第 187、189 页。
[3] Greta Ai-Yu Niu, "Wives, Widows, and Workers: Corazon Aquino, Imelda Marcos, and the Filipina 'Other'", *National Women's Studies Association*, Vol. 11, No. 2, 1999, p. 92.

城市民众担心他信通过英拉控制权力，甚至卷土重来、东山再起，不惜以街头政治的方式要求民选产生的英拉政府下台，即使招致军人政变也在所不惜。①（2）英拉被视为他信的傀儡，反他信的人对她的一举一动批评有加，从政策到施政，从着装到讲话，一无是处，对她的成绩则视而不见。

从东南亚女领袖面临的困境，我们可以看到父权制虽然在特定时刻能支持女领袖，但也能制约她们。父权制的男性中心主义、二元对立的性别特征都深刻影响到人们对男女领袖的不同评价和认知，基于男强女弱、男刚女柔的刻板印象，人们总是认为女政治家能力有限，过于软弱，不如男政治家有魄力，不如他们强硬。可是，如果女政治家表现得过于自信或有攻击性，就会招致不符合女性特质的批评，倘若女政治家运用较为柔性的表达方式，也就是温柔的"女性特征"的方式，人们又会认为她们过于优柔寡断、不够强硬。女政治家成为民众矛盾需求下的牺牲品，一方面，人们按男政治家的标准要求她们，要求她们强硬、果断、刚毅；另一方面，人们又按女性的标准要求她们，要求她们温柔、纯洁、关注妇女权利，所以她们面对来自不同人群的批评和指责格外多。"她们如果符合性别角色，就没办法满足对领袖角色的要求，如果符合领袖的角色，又不能满足性别角色的要求。"②

第四节　东南亚女首脑与其他国家女首脑比较研究

20世纪60年代以来，世界范围内出现众多女首脑。东南亚女首脑也是她们中的一部分，与其他地区的女首脑既有共性，也有差异，如果将东南亚女首脑置于世界范围内进行比较研究，能更深刻揭示民主发展、

---

① 笔者对多个泰国留学生进行访谈，她们都属城市中产阶级，对他信的贪腐、专制深恶痛绝，认为支持他信的农民都是被金钱所收买，因此不相信选举能将他信势力选下台，她们支持红衫军的街头政治，宁愿军人政变也不愿让他信卷土重来。

② Pamela Paxton and Melanie M. Hughes, "Women as President, Prime Ministers, and Government Ministers", in Karen O'Connor eds., *Gender and Women's Leadership*, California: SAGE Publications, 2010, p. 328.

父权制与女领袖的关系。

一 世界女首脑类型及特点

随着全球范围民主化进展和女权运动的发展,有越来越多的女领袖登上政治舞台,甚至执掌最高权力。从1960年世界出现第一位女总理——斯里兰卡的班达拉奈克夫人到2016年英国的特雷莎梅首相,共有40多位女首脑曾经或正在活跃于世界政治舞台上。

表6—2　　　　　　　　世界部分女首脑概览

	姓名	国家	出生年月	从政经历	任总统/总理时间	是否著名政治家亲属	女首脑在任前后下院女议员比例(%)
南亚	班达拉奈克夫人	斯里兰卡	1916年	1959年她继任自由党主席	1960—1965年、1970—1977年、1994—2000年任总理	是	4.9(1999年)
	英迪拉·甘地	印度	1917年	1959年参加国大党主席的竞选并成功当选	1966—1977年、1980—1984年任总理	是	4.2(1971年)8.1(1984年)
	贝娜齐尔·布托	巴基斯坦	1953年	1978年当选为人民党中央执行委员会委员1982年出任人民党代主席1986年被推选为人民党两主席之一	1988—1990年、1993—1996年任总理	是	2.3(1997年)

续表

	姓名	国家	出生年月	从政经历	任总统/总理时间	是否著名政治家亲属	女首脑在任前后下院女议员比例（%）
南亚	卡莉达·齐亚	孟加拉国	1945年	1982年担任民族主义党副主席 1984年出任孟加拉国民族主义党主席 1991年当选国会议员	1991—1996年、2001—2006年任总理	是	9.1（1996年）
	谢赫·哈斯纳	孟加拉国	1947年	1981年担任孟加拉国人民联盟主席	1996—2001年、2009年至今任总理	是	18.6（2008年）
	钱德里卡·库马拉通加	斯里兰卡	1945年	1984年组建人民党，先后任书记、主席 1992年，重返自由党，后任自由党副主席 1993年5月起任西部省首席部长	1994—2005年任总统	是	4.9（2004年）
东南亚	科拉松·阿基诺	菲律宾	1933年	1986年参与总统选举	1986—1992年任总统	是	8.9（1987年）
	昂山素季	缅甸	1946年	1988年担任民主联盟总书记 2012年当选议员	2016年至今担任国务资政	是	10.2（2015年）

续表

	姓名	国家	出生年月	从政经历	任总统/总理时间	是否著名政治家亲属	女首脑在任前后下院女议员比例（%）
东南亚	格洛丽亚·阿罗约	菲律宾	1947年	1986年担任内阁部长 1992年当选参议员 1999年当选副总统	2001—2010年任总统	是	17.1—15.3（2001—2010年）
	梅加瓦蒂·苏加诺	印尼	1947年	1987年当选国会议员 1993年任民主党主席 1996年任民主斗争党主席 1999年任副总统	2001—2004年任总统	是	9—11（1999—2004年）
	英拉·西那瓦	泰国	1967年		2011—2014年任总理	是	15.8（2011年）
拉丁美洲	克里斯蒂娜·费尔南德斯	阿根廷	1953年	1989年当选省议会议员 1995年以后四次当选联邦议会议员	2007—2015年任总统	是	38.5（2009年）
	迪尔玛·罗塞夫	巴西	1947年	早年参加游击队，曾被捕入狱 2002年任矿业及能源部部长 2005年任巴总统府幕僚长	2010—2016年担任总统	否	8.6（2010年）

续表

	姓名	国家	出生年月	从政经历	任总统/总理时间	是否著名政治家亲属	女首脑在任前后下院女议员比例（%）
拉丁美洲	米歇尔·巴切莱特	智利	1951年	1998年起先后担任民选政府的顾问 2000年任卫生部长 2002年任国防部长	2006—2010年、2014年至今任总统	否	14.2（2009年）
北欧	塔里娅·哈洛宁	芬兰	1943年	1979—2000年当选国会议员 1987—1990年任芬兰社会事务及健康部长 1990—2000年先后任法律部长和外交部部长	2000—2012年任总统		36.5（1999年）
	维格迪斯·芬博阿多蒂尔	冰岛	1930年	从年轻时起，就积极参加反对扩军备战的和平运动。每年都参加反对美国在凯夫拉维克设立军事基地的游行	1980—1995年任总统	否	25.4（1995年）

续表

	姓名	国家	出生年月	从政经历	任总统/总理时间	是否著名政治家亲属	女首脑在任前后下院女议员比例（%）
北欧	格罗·哈莱姆·布伦特兰	挪威	1939年	1974—1978年任环境保护大臣 1975年当选为工党副主席 1977年当选为议员 1981年当选工党主席	1981—1986年、1990年、1993—1996年两度连任首相	否	36.4（1997年）
	赫勒·托宁·施密特	丹麦	1966年	1997年为丹麦工会联合会的国际顾问 1999年为欧盟议会议员 2005年当选丹麦国会议员 2005年任丹麦社会民主党主席	2011年至今任首相	否	39.1（2011年）
大洋洲	珍妮·希普利	新西兰	1952年	1975年加入国家党 1987年当选议员 1990年起多次出任内阁部长 1997—1999年出任国家党主席	1997—1999年任总理	否	29.2（1997年）

续表

	姓名	国家	出生年月	从政经历	任总统/总理时间	是否著名政治家亲属	女首脑在任前后下院女议员比例（％）
大洋洲	海伦·克拉克	新西兰	1950年	1971年加入工党 1981年起当选议员 1987年起多次出任内阁部长 1989年任副总理 1993年任工党主席	1999—2008年任总理	否	32.2 (2004—2011年)
	茱莉娅·吉拉德	澳大利亚	1961年	20世纪80年代加入工党 1998年当选议员 2007年任副总理 2010年任工党主席	2010—2013年任总理	否	24.7 (2011年)

资料来源：(1) 维基百科相关女首脑介绍；(2) 国际议会联盟网站：http://www.ipu.org/wmn-e/world-arc.htm；(3) Andrea Fleschenberg and Claudia Derichs, *Women and Politics in Asia: A Springboard for Democracy*, Singapore: Institute of Southeast Asian Studies, 2012, p. 46。

如前文指出的，世界上的女领袖大体可分为三种类型，即政治继承者和替代者（Ⅰ型）、局内人或党内攀登者（Ⅱ型）、局外人或社会活动家（Ⅲ型），三种类型的女首脑都是通过选举执掌最高权力，但她们具有许多不同特点：

特点之一，三种类型女首脑家庭背景有较大差异。南亚、东南亚和拉美女首脑大都出身政治家族，或是著名政治家的直系亲属，属于Ⅰ型。

如班达拉奈克夫人的丈夫是斯里兰卡总理（遇刺），英·甘地的父亲尼赫鲁是印度总理，其家族是印度最赫赫有名的政治家族，贝·布托的父亲是巴基斯坦总理布托（被处死），卡莉达·齐亚是孟加拉国总统齐亚·拉赫曼（遇刺）的妻子，谢赫·哈斯纳的父亲是孟加拉国第一任总统穆杰德·拉赫曼（遇刺），庇隆夫人和克里斯蒂娜·费尔南德斯的丈夫都是阿根廷总统。而欧洲和大洋洲女首脑不是出身政治家族，也不是著名政治家的亲属。撒切尔夫人出身杂货店主家庭，海伦·克拉克出身农场主家庭，默克尔、茱莉娅·吉拉德、布伦特兰、哈洛宁也都是出身普通家庭。

特点之二，三种类型女首脑的从政路径不同。南亚和东南亚大部分女领袖在成为首脑之前较少参与政治，如班达拉奈克夫人、贝·布托、卡莉达·齐亚、谢赫·哈斯纳、科·阿基诺和英拉。有些人在成为首脑之前有较长从政经历，但不是从基层做起，而是很快成为政党主席、国会议员或内阁部长，起点很高，升迁很快，如英迪拉·甘地、昂山素季、梅加瓦蒂、库马拉通加夫人、哈斯纳。而欧洲和大洋洲的女首脑从政之路漫长，属于Ⅱ型或Ⅲ型，她们在学生时代就参与政治活动，加入政党，从基层做起，之后竞选议员，担任内阁部长，成为党领袖，最终当选总理或总统。还有少数人长期从事社会运动，积累名望和经验，然后参与选举，成为总统（参见表6—2）。

特点之三，三种类型女首脑与所在国家女性政治参与的关系不同。南亚和东南亚女首脑频出，但女性政治参与水平并不高，尤其是南亚，女首脑出现最早，人数也最多，但女议员比例却最低。以她们当首脑前后所在国家的下院女议员和部长为例，在班达拉奈克夫人任内，1999年斯里兰卡女议员比例为4.9%，女内阁成员为12.1%。英迪拉·甘地先后于1966—1977年、1980—1984年任印度总理，是时印度女议员比例极低，1971年为4.2%，1977年为3.4%，1984年为8.1%。[①] 贝娜齐尔·布托任职前后，1990年巴基斯坦的女议员比例为10%，1997年为2.3%，1999年内阁成员为10.3%。卡莉达·齐亚和谢赫·哈斯纳先后任孟加拉国总理，1991年该国女议员比例为11.81%，1999年女议员比例为

[①] Andrea Fleschenberg and Claudia Derichs, *Women and Politics in Asia: A Springboard for Democracy*, Singapore: Institute of Southeast Asian Studies, 2012, p. 46.

12.4%，女内阁成员为2.8%，① 但2001年女议员比例仅为2%，2008年上升为18.6%，起伏较大。在东南亚五位女首脑当政期间，菲律宾、印尼、泰国、缅甸下议院女议员比例分别为8.9%（科·阿基诺总统时期）、15.3%（阿罗约总统时期）、9.0%（梅加瓦蒂总统任期）、15.8%（英拉总理时期）、10.2%（昂山素季当政期间），上述国家女议员比例不超过16%。拉丁美洲女首脑当政前后女议员比例悬殊较大，既有阿根廷的38.5%，也有智利的14.2%，还有巴西的8.6%。西欧大洋洲女首脑的出现与女性政治参与基本一致，除英国在撒切尔夫人时期女议员比例较低外，其他国家在女首脑任内，女议员比例都在25%以上（参见表6—2）。而北欧女首脑伴随着女性较高的政治参与，北欧国家女议员比例早在1997年已跨越了30%的标准量，目前大都接近40%，内阁中的女部长占一半左右。可以说，南亚和东南亚女首脑现象并不意味着女性政治参与的提高，女首脑现象与家族政治密切相关，而欧洲大洋洲女首脑现象则与女性政治参与提高有较大关联。

二　民主水平与父权制互动对三种类型女领袖上台路径的影响

三种类型女首脑之所以有上述不同特点和差异，与其所处国家的政治、经济、社会发展水平息息相关，最关键的变量是各国的民主发展水平和父权制式微程度。

如前所述，民主化是从极权、威权、民主转型、民主巩固到自由民主的演化过程。民主化与父权制形态有一定的正相关性，民主化程度越高，父权制就越式微。自由民主国家通常都是式微父权社会，它所具有的成熟民主机制、高度经济发展、高教育水平、性别平等极大地冲击了父权制，如北欧、西欧和大洋洲两国；民主巩固国家通常属于松动父权社会，这些国家和经济和教育发展水平较高，政治民主化取得一定成就，如韩国、巴西、印度等国；民主转型国家通常属于松动父权制，如斯里兰卡、菲律宾、泰国、印尼、缅甸；威权国家通常也有属于牢固父权制的国家，如巴基斯坦和孟加拉国，极

---

① Mahbub ul Haq Human Development Centre, *Human Development in South Asia 2000*, Oxford: Oxford University Press, 2000, p. 199. Kazuki Iwanaga, ed., *Women's Political Participation and Representation in Asia: Obstacles and Challenges*, Copenhagen: NIAS Press, 2008, pp. 266, 286.

权国家通常属于牢固父权制社会,如沙特阿拉伯和文莱(参见表6—3)。

表6—3 部分国家女性政治参与数据

父权制	民主化	国家	妇女获得参政权的年份(年) 选举权	妇女获得参政权的年份(年) 被选举权	首位女性当选(E)或指定(A)议员的年份	女议员比例(下院)2001年(%)	政府部级官员中的女性比例2000年(%)	有无女首脑
式微父权制	自由民主	挪威	1907	1907	1911A	36.4	42.1	有
		冰岛	1915	1915	1922E	34.9	33.3	有
		英国	1918	1918	1918 E	17.1	33.3	有
		德国	1918	1918	1919E	31.4	35.7	有
		澳大利亚	1902	1902	1943E	26.5	19.5	有
		新西兰	1893	1919	1933E	29.2	44.0	有
松动父权制	民主巩固	阿根廷	1947	1947	1951E	31.3	7.3	有
		智利	1931	1931	1951E	10.1	25.6	有
		韩国	1948	1948	1948E	5.9	6.5	有
		印度	1950	1950	1952E	8.8	10.1	有
	民主转型	菲律宾	1937	1937	1941E	17.2	—	有
		泰国	1932	1932	1948A	9.2	5.8	有
		印度尼西亚	1945	1945	1950A	8.0	5.9	有
		缅甸	1935	1946	1947E	4.0(2010年)	—	有
		斯里兰卡	1931	1931	1947E	4.4	—	有
牢固父权制	威权	孟加拉国	1972	1972	1973E	2.0	9.5	有
		巴基斯坦	1947	1947	1973E	21.6	—	有
	极权	沙特阿拉伯	2015	2015	无	0.0	—	无
		文莱	无选举权	无选举权	无	0.0	0.0	无

部分数据来源:(1)联合国开发计划署:《2003年人类发展报告》,中国财政经济出版社2003年版,第331—333页;(2)国际议会联盟网站:http://www.ipu.org/wmn-e/world-arc.htm。

女性参政水平与民主化和父权制式微程度也呈正相关性。民主化水平越高，父权制越式微，女性政治参与水平越高（参见表6—3）。

女领袖人数并不与民主化水平和父权制式微程度成正比，事实上，处于松动父权制的民主转型和民主巩固国家产生了更多女领袖，但民主化水平和父权制式微程度确实对不同类型女领袖的上台路径有很大影响。

（一）自由民主社会几乎都是式微父权制，催生Ⅱ型和Ⅲ型女首脑

式微父权制国家都属于"自由民主"国家，女性政治参与水平很高。从大众政治参与来看，这类国家妇女非政府组织数量多、分布广，而且非常活跃，有强大的游说能力，成为强有力的压力集团，促进妇女权利的提升；女性积极参与游行、集会、讨论等活动，表达自己的诉求和对社会问题的看法；女性积极参与投票，大部分情况下女选民投票率高于男选民，因此妇女选票是每一个政党和候选人所不能忽视的。从权力参与上看，这类国家女性大都在20世纪20年代以前取得选举权和被选举权，第二次世界大战前已出现女议员和女部长，[①] 70年代以后出现女首脑。到20、21世纪之交这类国家女议员（下院）比例很多已突破30%的标准量（只有英国、美国等少数国家女议员比例不到20%）。女性内阁成员比例也达到30%以上，所任职位不仅限于与社会、福利、家庭、教育、卫生相关部门的部长，也出任财政、外交、国防部长。很多国家出现女政党领袖、女总统或女总理，执掌最高权力（参见表6—3），而且她们都来自非政治家族。

式微父权制国家的性别特征渐趋模糊，不再强调男女有别，具备所谓"男性特征"的女性或同时具备所谓"男性特征"与"女性特征"的男女日益增多，并且他们不会因为"像男人"或"像女人"而受到"男人婆""女强人"或"娘娘腔"的讥讽。更重要的是，人们不再认可政治需要强硬、武断、进攻等"男性特征"，相反，更推崇合作、协商、理解、关爱等"女性特征"。当政治领域的男性特征有所削减，就更有利于扩大女性的政治参与，于是，有执政能力、具有合作和协商精神、关爱弱势群体的女政治家受到选民的支持。

具体来说，西欧、大洋洲等发达国家政治发展已处于"自由民主"

[①] Drude Dahlerup and Monique Leyenaar, eds., *Breaking Male Dominance in Old Democracies*, Oxford: Oxford University Press, 2013, p. 228.

阶段。实行议会内阁制，有成熟的政党制度，议会民主，立法、行政、司法三权分立，符合规范的选举。在自由民主框架下，西欧和大洋洲的澳大利亚、新西兰等国建立了成熟的两大政党集团，通过竞选轮流执政的制度框架，政党也建立健全的民主制度，女性通过政党进入政界，代表政党竞选议会席位，出任内阁部长，积累政治经验和人望，通过党内选举竞争党领袖职位，并以党领袖身份出任总理，撒切尔夫人、珍妮·希普利、海伦·克拉克、默克尔和吉拉德都是走的这条道路，她们都属于Ⅱ型，与男领袖的上台路径没有什么差别。西欧大洋洲的政治文化崇尚自由、个人主义、注重个人成就而不是家庭出身，根除了家族政治的弊端，政治家要靠能力、从政经验、政治理念和政策主张获得提名，靠政党资源参与竞选，而不需要借助家族或与著名政治家的亲属关系得到提名。这种政治文化对出身普通家庭而又有能力、有政治抱负的人有利，同样对普通女性参与政治比较有利，西欧大洋洲的几位女首脑都出自非政治家庭，她们的丈夫或男友也不是政治家。女领袖不必刻意去符合或迎合传统女性角色——贤妻良母，海伦·克拉克没有孩子，她公开承认不想要孩子，因为"照看孩子对我的生活方式是一种灾难，怀孕对我来说是不可想象的"[1]。吉拉德一直未婚，也无子女，她的现任同居男友是一个美发师。默克尔与男友同居 17 年，当上总理后才结婚，无子女。2005 年竞选时，竞争对手指出"德国女性会努力将孩子、家庭与事业结合起来。但这不是默克尔的世界"[2]，暗示她不是理想的德国女性，但选民并不介意默克尔是否有孩子，是否贤妻良母，她最终胜利，并连任多年。

北欧国家政治发展也处于"自由民主"阶段。有成熟的议会民主，成熟的多党政治，立法、行政、司法三权分立，符合规范的选举。在自由民主框架下，女性可以通过政党参与政治，代表政党竞选议会席位，出任内阁部长，积累政治经验和人望，通过党内选举竞争党领袖职位，并以党领袖身份出任首相，或直接竞选总统，也可以通过社会活动积累

---

[1] V. Myers, *Head and Shoulders*, Auckland, New Zealand: Penguin Books, 1986, p.173.

[2] S. E. Wiliarty, "How the Iron Curtain Helped Break through the Glass Ceiling", in R. Murray, ed., *Cracking the Highest Glass Ceiling*, Santa Barbara, CA: ABC-CLIO, 2010.

政治经验和人望，直接竞选总统。所以北欧国家的女首脑都属于Ⅱ或Ⅲ型，她们出自普通家庭，受过高等教育，长期从事政治和社会活动，具有相当高的民望。北欧性别平等程度最高，在这样的环境下，女性靠个人能力和经验登上权力顶峰是司空见惯的事情，选民不会介意是否女性当首脑，女领袖也不必迎合父权制性别规范。相反，她们违背和挑战父权制性别规范，声称自己是女性主义者，支持同性恋和未婚同居，如哈洛宁是激进女性主义者，未婚同居，育有一女，支持同性恋。冰岛女总理约翰·西于尔扎多蒂是同性恋，并于2010年与她多年的同性伴侣结婚。

（二）民主转型和民主巩固国家都属于松动父权制，催生了大量Ⅰ型和少数Ⅱ型和Ⅲ型女领袖

松动父权制国家有少数属于"民主巩固"国家，如韩国、阿根廷和印度，有属于"民主转型"国家，如菲律宾、泰国、印度尼西亚和缅甸，大部分属于威权统治国家。这类国家女性政治参与有较大差异，但相较式微父权制国家，其女性政治参与普遍处于中等水平。从大众政治参与方面看，妇女非政治组织比较活跃，尤其是民主巩固和民主转型国家，妇女组织数量较多，也比较活跃，有一定的游说能力，但还不能像西方国家妇女组织能形成强大的压力集团；妇女积极参与游行和集会，在推翻专制统治的民主运动中发挥重要作用；女选民积极参与投票，女性投票率高于男选民，因此政党和候选人十分重视女选民。但在威权统治国家，妇女非政府组织遭遇较多控制，选举受到操控。从权力参与方面看，除少数国家妇女在20世纪30年代取得选举和被选举权外，大部分国家妇女是在第二次世界大战后随着民族国家的独立才获得这一权利，所以女议员出现的时间大多在50年代以后。世纪之交只有少数国家女议员比例在25%以上，多数国家在10%—20%，女内阁成员比例不高，且多集中在妇女、家庭、社会福利、卫生和教育部门。一些国家出现女政党领袖、女总统和女总理，尤其是在民主转型和民主巩固国家，出现不少女首脑（参见表6—3），她们大部分来自政治家族，是著名政治家的妻女，属于Ⅰ型，少部分出自非政治家族。

南亚几国民主发展差异较大，印度号称世界上最大民主国家，但家族政治色彩深厚，印度的尼赫鲁—甘地家族已成为印度总理的来源，这个家族的尼赫鲁、英迪拉·甘地、拉吉夫·甘地、索尼娅·甘地以及他

们的下一代先后担任印度总理或即将担任这一职位。斯里兰卡的班达拉奈克家族将班达拉奈克夫人和库马拉通加夫人这对母女多次送上总理和总统宝座,该家族控制自由党长达半个世纪,世所罕见。在这种政治环境下,南亚女首脑只能出自有影响的政治家族(Ⅰ型),几乎排除了一般女性问鼎最高权力的可能性。印度和斯里兰卡父权制虽有松动,但歧视妇女现象严重,仍存在对妇女的各种暴力(家庭暴力、性暴力、溺杀女婴、烧死新娘、流产女胎),传统性别规范深入人心,为争取选票,女领袖不能逾越父权制,而是要迎合父权制性别规范,强调自己的母亲身份,英迪拉·甘地指出母亲身份是她生活中很重要的一部分:"我生活中的一个主要问题便是,怎样协调我的公共职责和我对家人及孩子的责任。当拉吉夫和桑贾伊很小的时候,我不喜欢让旁人参与他们的事,我自己尽可能为他们多做些事。晚些时候,当他们开始上学的时候,我尽量将我的工作安排在他们上课的时候,以保证他们回家时我有空。"①

东南亚四国仍处于"民主转型"阶段,有公开而定期的选举,但伴随着暴力、贿选、街头政治,其政治文化具有家族政治、庇护政治和金钱政治的色彩。这种政治文化对一般妇女参与政治选举特别不利,而对政治家族的女性相对有利,女领袖全都来自政治家族,是著名男政治家的妻女(Ⅰ型),在民主运动中步入政治舞台,受命于危机之时,家族政治和民主化为她们提供崛起的基础,父权制在一定程度上为她们提供支持,她们或者直接参与总统竞选,或者直接担任党领袖,通过胜选掌握权力。东南亚女领袖要想赢得更多民众支持,也不能逾越父权制性别规范,而是要迎合它,因而她们强调自己的"女性特质",强调自己的"非暴力""纯洁",强调自己的贤妻良母身份。

拉丁美洲国家处于"民主转型"和"民主巩固"阶段,实行总统制,有较成熟的政党,实行定期、公开的选举,但选举伴随着暴力和贿选,其政治文化具有家族政治、庇护政治和金钱政治的色彩。拉美女首脑既有Ⅰ型,也有Ⅱ型,还有Ⅲ型,其类型多样性表明随着民主转型向民主巩固的发展,拉美女首脑从Ⅰ型居多数向Ⅱ型、Ⅲ型转变。在 20 世纪下半叶,拉美产生的女首脑都是Ⅰ型,如庇隆夫人、查莫罗夫人,21 世纪

---

① Indira Gandhi, *My Truth*, New York: Grove, 1980, p. 55.

以后,拉美的女领袖越来越多产生于非政治家族,如智利总统巴切莱特、巴西总统罗塞夫等。拉美女首脑主要靠个人能力和经验登上权力顶峰,同时借助家族和庇护人的支持,如克里斯蒂娜·费尔南德斯和罗塞夫。她们不必刻意强调自己的贤妻良母身份,选民也不介意罗塞夫和巴切莱特已离婚,是单亲母亲。

(三)威权国家属于松动父权制或牢固父权制,只能产生Ⅰ型女领袖,而极权国家属于牢固父权制,不可能出现女首脑

牢固父权制国家有少数属于极权国家,如沙特阿拉伯和文莱,大部分属于威权国家,如孟加拉国、巴基斯坦等国,女性政治参与水平较低或极低。牢固父权制国家的政治仍然是充满"男性特征"的游戏,男人比女人优越,比女人坚强,比女人理性,因而"适合"从事政治,这种看法普遍存在。所以一般人认为女性不应该从事政治活动,女性也不愿参与政治,选民较少意愿投票给女候选人。在这种专制的政治环境和保守的性别观念氛围下,妇女组织较少活动空间;由于政府的高度控制,民众的言论、结社、示威游行权利受到限制,女性较少参与这类活动;选举受到操控,女选民的投票受到各种干扰。从权力参与方面看,沙特和文莱没有选举,女性长期没有选举权,也就没有女议员,直到2015年沙特妇女才首次取得选举权。其他国家女议员比例大都在10%以下,少数实行配额制或保留席位的国家女议员比例较高,如巴基斯坦2000年女议员比例为20.6%。这类国家女内阁成员比例极低,很少出现女国王、女总统和女总理,只有巴基斯坦和孟加拉国出现三位女总理,她们都来自政治家族。

巴基斯坦和孟加拉国民主发展水平较低,贪污腐败盛行,各种暴力冲突不断。其政治文化是强烈的家族政治、庇护政治和暴力政治,父权制传统深厚。巴基斯坦的布托家族叱咤政坛几十年,而孟加拉国政坛成了来自拉赫曼家族和哈斯纳家族两个女人争斗的战场,可以说,在南亚,家族政治最为兴盛,"家族继承关系决定了她们的地位以及使她们的政权合法性。"[①] 而且这一过程伴随的暴力也更激烈。巴基斯坦和孟加拉国的

---

① Kazuki Iwanaga, ed., *Women's Political Participation and Representation in Asia: Obstacles and Challenges*, Copenhagen: NIAS Press, 2008, p. 261.

性别观念非常保守，男尊女卑、男外女内、男强女弱等规范仍大有市场，性别隔离和对妇女的各种暴力（家庭暴力、性暴力、荣誉杀人）普遍存在。在顽固的父权制社会，女首脑不能逾越父权制，而是要迎合父权制性别规范，贝·布托进入政坛时未婚，这不利于她从政，于是她接受包办婚姻，迅速结婚生子，以母亲身份从政，大大减少了她的阻力。巴孟两国女领袖都强调自己的贤妻良母身份，但在这个暴力横行的社会，她们也要强调自己强硬的一面。

可见，民主发展水平与父权制式微程度成正比，也与女首脑上台路径密切相关。父权制越顽固，民主发展水平越低，越没可能产生女首脑。父权制出现松动，民主发展进入民主转型阶段，涌现出不少Ⅰ型女领袖，民主发展水平达到民主巩固阶段，产生不少Ⅱ型女首脑。当民主发展水平达到自由民主阶段，父权制也就式微，女首脑只能出自Ⅱ型Ⅲ型，杜绝了Ⅰ型的可能。东南亚三国还处于民主转型和父权制松动阶段，产生的女首脑只能是Ⅰ型。

三　民主化和父权制对不同类型女首脑执政表现和评价的影响

民主发展水平和父权制式微程度不仅影响到女首脑从政的不同路径，也深刻影响到她们的执政表现，更影响到民众对她们的评价和争议。

一个合格的政治领导人应该是什么样子？不同的人有不同的标准，如果不带有意识形态和性别偏见，"最为有效的领导人应该是一位能够综合各方面的全面思考者，在面对危机时可以灵活地掌控各种机会、处理矛盾。"① 这需要掌握情况、包容、协商沟通、自信、雄心、果断、理性、冷静等基本素质和能力。结合三种类型女首脑主要面对的问题，笔者主要从执政能力、施政风格、执政廉洁、妇女权利四个方面进行探讨。

第一，在执政能力上，三种类型女首脑表现差异较大，Ⅰ型女首脑面对的质疑最多，而Ⅱ型和Ⅲ型女首脑面对的争议较少。

由于Ⅰ型女首脑都是来自政治家族，能够上台的关键因素是靠父亲或丈夫或兄长的光环，所以她们普遍被认为没有行政经验和执政能力，

---

① T. E. Cronin & M. A. Genovese, *Leadership Matter: Unleashing the Power of Paradox*, Boulder, CO: Paradigm Press, 2012, p. ix

只有极少数女首脑是例外。从事实来看，不少女首脑执政能力欠佳，如庇隆夫人、阿基诺夫人、贝·布托、卡莉达·齐亚、哈斯纳、英拉等，她们欠缺执政经验，在处理有些问题时缺乏自信和果断，也有不少女首脑的执政能最初不强，但经过多年磨炼，执政能力得到一定认可，如英·甘地、班达拉奈克夫人，少数女首脑执政能力较强，如阿罗约夫人、昂山素季等，她们有自信和雄心，能果断和理性地处理危机。

而Ⅱ型和Ⅲ型女首脑的执政能力较少受到质疑，她们长期活跃于男性主导的政治领域，以果断、精明、协商和智慧在从政之路上过五关斩六将当选国家最高领导人，人们对她们的执政能力较少质疑。事实上，她们的执政能力普遍强于男首脑，英国首相撒切尔夫人执政11年，被认为是战后英国最杰出的首相之一。新西兰总理海伦·克拉克执政近十年，在她任内，新西兰保持多年经济高速增长，社会公正和性别平等也取得长足进步，她在民众中享有极高威望，在2009年的一项民意调查中，她被民众选为在世的最伟大的新西兰人。挪威首相布伦特兰任职长达15年，她深受民众欢迎，对她的支持超过了对工党的支持率，达到70%，有时甚至超过90%。① 她认为，引导议程、提出问题以及做出决策都是一名领导者的一部分。② 民众普遍认可她有极强的执政能力，媒体报道将她描绘成一位发奋图强、坚定不移和充满激情的政治家，认为"她的成功可归功于其顽强的个性，果断、坚持、专注与勤勉。"③ 德国总理默克尔也受到高度评价，她担任总理超过12年，被认为是战后德国最能干的总理之一。智利总统巴切莱特执政能力较强，在她2010年结束总统任期时，民众支持率高达84%，这是对她执政能力的认可，2014年她第二次竞选总统，再次获胜。

总的来说，女首脑的执政能力和表现多种多样。一些女首脑执政能力很强，政绩卓著（如撒切尔夫人、海伦·克拉克、布伦特兰和默克

---

① R. Hattersley & J. Henley, "The Observer Profile: Earth Mother", *The Observer*, 1996, Oct. 28, p. 20.

② Gro Harlem Brundtland, *Madame Prime Minister: A Life in Power and Politics*, New York: Farrar, Straus and Giroux, 2002, p. 153.

③ R. Hattersley & J. Henley, "The Observer Profile: Earth Mother", *The Observer*, 1996, Oct. 28, p. 20.

尔），有些则被认为执政能力较差，成绩乏善可陈（如庇隆夫人、阿基诺夫人、贝·布托、英拉）。可见，执政成绩并不取决于性别，而是与她们所面对的困难和危机程度及个人能力有关。Ⅰ型女首脑大都受命于危难之际，国家处于民主转型期，面对各种棘手问题，加之她们大部分人缺乏行政经验或政治历练，执政能力和表现不如Ⅱ型、Ⅲ型女首脑，也是可以理解的。但与她们本国的男首脑相比，Ⅰ型女首脑并不是最差的。

第二，在施政风格上，不同类型女首脑差别较大，面对争议也较大。

很多研究者，发现男性和女性在领导风格方面有所差别，男性惯用一种较硬的领导风格，强调分级、支配和命令。女性运用一种较为柔和的领导方式，如合作、影响与授权。① 那么女首脑的施政风格符合女性的领导方式吗？

Ⅰ型女首脑的执政风格从"软弱""柔中带刚"到"强硬"，应有尽有。如前所述，东南亚女首脑大都要面对执政软弱的指责，尤其是阿基诺夫人和英拉被认为施政最软弱，梅加瓦蒂、昂山素季则是"刚柔并济"，只有阿罗约夫人施政风格是"强硬"。南亚女首脑都以执政"强硬"著称，贝·布托被称为"铁蝴蝶"，英·甘地在第三次印巴冲突中被称为内阁中"唯一真正的男人"，库马拉通加夫人被称为"是她的政党里唯一的男人——也许甚至在她的整个联盟里的唯一男人"②。孟加拉国的两位女总理也十分强硬，她们分属不同政党，彼此争斗不休，绝不妥协。南亚女首脑所处的国家暴力盛行，陷入内外冲突之中，她们必须依靠具备所谓"男性特征"的思维方式和行事风格，来显示自己的"能力"，尤其在保卫"国家利益"时要显示自己同样具有果断、强硬、进攻性的男子气概。

Ⅱ型和Ⅲ型女首脑很少被指责为"软弱"。欧洲、大洋洲女首脑是在男性主导的政治游戏规则中升迁和掌权的，她们都被冠以"强硬"。撒切尔夫人被称为"铁娘子"，这成为后来对强硬女政治家的通称，她的领导

---

① H. S. Astin & C. Leland, *Women of Influence, Women of Vision*, San Francisco: Jossey-Bass, 1991.

② Inger Skjelsbak and Dan Smith, eds., *Gender, Peace and Conflict*, London: Sage Publications, 2001, p. 126.

风格、支配方式和强势行为都表现出男性特征,"行动就像男性一样"。珍妮·希普利被称为新西兰"铁娘子",以强硬态度推行社会福利改革。海伦·克拉克被人们认为个性坚强,处事果断,过分自信,施政强硬。

实际上,大部分女首脑则是刚柔并济,将男性和女性方式结合起来,形成中性领导风格,如默克尔,她的领导风格明显表现出男性与女性相结合的特质,她强调沟通协商、构建共识,她因构建自由的讨论环境以及学院派的风格而受到赞扬。① 海伦·克拉克的施政风格并不是只有"强硬",她认为21世纪的领导人应该具备的条件是"努力、节制、包容、关爱"②。布伦特兰的施政风格也是既有果断、理性的一面,也有包容、协商的一面。

第三,在执政廉洁问题上,Ⅰ型女首脑面对的批评最多,而Ⅱ型和Ⅲ型女首脑面对的批评较少。

腐败和裙带关系一直是南亚、东南亚、拉丁美洲政治难以割除的毒瘤,民众对女首脑革除腐败、清廉政治的期望特别大。但她们在消除贪污和腐败方面作为不大,自己和家人也陷入腐败丑闻,这是Ⅰ型女首脑不可避免的结局。东南亚女首脑除昂山素季外,都因自己或家人深陷贪腐和裙带关系而受到批评。南亚女首脑更是如此,贝·布托的丈夫扎尔达里通过接受贿赂以及回扣,收敛了大量财富,他的外号"10%先生",是说他在经手的政府合同中收取10%的回扣。③ 巴西总统罗塞夫也陷入贪污丑闻,最终因政党斗争被弹劾下台。但是,同样是拉美,智利总统巴切莱特却超越了这样的结局,智利媒体称赞她是智利历史上最清廉的元首。欧洲、大洋洲女首脑很少面对贪腐指责,这与媒体监督、法律健全、廉政制度相关。

一般认为,男政治家更贪腐,女政治家更廉洁,但实际上,贪腐与性别没有关系,与民主水平、政治文化和廉政机制有直接关系。在威权、

---

① Michael A. Genovese and Janie S. Steckenrider, *Women as Political Leaders: Studies in Gender and Governing*, New York: Routledge, 2013, p. 242.

② 《新西兰女总理克拉克:传奇人生》,http://www.ausnz.net/people/article_detail.asp?articleID=155。

③ O. B. Jones, *Pakistan: Eye of the Storm*, New Haven, CT: Yale University Press, 2002, p. 235.

民主转型、民主巩固国家，权力导致腐败，政治文化宽容和习惯腐败，惩治腐败的机制不完善，执行不力，女首脑深陷制度性腐败和家人腐败，只有极少数女首脑能成为例外。而在自由民主国家，政治文化已没有贪污腐败的土壤，防止贪腐机制健全而有力，绝大多数女首脑廉洁自律，只有极少数例外。

第四，在维护妇女权利问题上，不同类型女领袖有不同作为，面对的压力也不同。

Ⅰ型女首脑虽然没有完全漠视妇女权利，但并不积极推动妇女权利，因而受到女性主义者的批评。东南亚女首脑不特别关注妇女权利，南亚女首脑更不关注妇女权利，甘地夫人不推动女性参政，她的内阁没有女性任职，在她任职期间，印度女性的处境反而更糟了，主要表现在受教育程度和就业率方面，还有性别比例的失衡。[1] 贝·布托1988年参选时表示要废除对女性不利的胡杜法案和证据法，这些主张遭到宗教人士的反对，她执政后并没有废除上述立法，又受到女权主义者的严厉批评，认为她缺乏诚意和解决问题的决心，谴责她对权力而不是对女权更感兴趣。[2] 孟加拉国的女首脑同样不关注妇女权利，"人们认为她们是代表男政治家及男性政策利益，因此，这只不过是旧有的非参与性、不民主和强权政治的孟加拉政治领袖的重复循环——她们'只不过恰好是女性'。"[3] 南亚国家，妇女所遭受的歧视依然非常严重。有学者悲哀地指出，"在权力金字塔顶端，我们有女政治领袖；在底端……我们有女人弹。具有讽刺意味的是，顶端和底端的妇女都是通过她们已故的男性亲属而参与政治的。这是南亚后殖民国家建构时期的社会经济发展的残酷现实。"[4]

在Ⅱ型女首脑中，既有拒绝维护妇女权利的，如撒切尔夫人，也有

---

[1] Manushi Collective, "Our Alarming Silence: Women, Politics and the Recent Elections", *Manushi*, 1979 – 1980, Dec. – Feb., pp. 2 – 5.

[2] C. Thomas, "Bhutto's Reforms Stalled", *The Times*, 1989, Oct. 11.

[3] Dagmar Hellmann-Rajanayagam and Andrea Fleschenberg, eds., *Goddesses, Heroes, Sacrifices: Female Political Power in Asia*, Munster: LITVERLay, 2008, p. 47.

[4] Kazuki Iwanaga, ed., *Women's Political Participation and Representation in Asia: Obstacles and Challenges*, Copenhagen: NIAS Press, 2008, p. 272.

积极推动妇女权利的,如海伦·克拉克、布伦特兰、默克尔等,这主要取决于政党政策和她们个人的女性主义倾向。而Ⅲ型女首脑普遍积极推动妇女权利,她们通常是女性主义者,高度关注妇女权利,尤其是北欧国家女首脑。布伦特兰是女性主义者,做了许多开创性的工作,在女性参政方面,她的内阁成员中有40%的女性,是当时世界上比例最高的。她还对工党进行改革,在各级职位中将性别比例调至最低40%,最高60%,这一比例配额制大大提高了女性的权力参与,1977年布伦特兰首次进入挪威议会时,女议员比例是24%,1996年她离任的时候,女议员比例达到40%。[①] 默克尔虽然没有自称为女性主义者,但她非常提倡性别平等,出台了多项政策支持女性。哈洛宁、吉拉德、海伦·克拉克等人都认同女性主义,积极提升妇女权利。

Ⅰ型女首脑处于松动父权制甚至顽固父权制社会,她们能够登上政治顶峰,是民主化和家族政治相结合的结果,不是妇女解放的结果。她们是父权制的受益者,不能或不愿挑战父权制社会所盛行的男权主义、等级制和性别歧视,自然不会特别关注妇女权利。Ⅱ型和Ⅲ型女首脑能够登上权力顶峰,是民主化的结果,也与女权主义的发展有一定关系,大部分女首脑自觉自愿关注提升妇女权利。

概而言之,不同的民主发展水平和父权制类型决定了不同类型女首脑的上台路径、执政表现和执政关切。三种类型女首脑还可以更细致地划分,呈现出更多的差别:

Ⅰ型女首脑是"作为女性被结合进政治,而男性是作为政治家被结合进政治,结果,女政治家被有问题的性别刻板模式所束缚,这限制了她们的潜能和代理性。"[②] 南亚女首脑是作为政治家族的女性成员进入权力政治,东南亚女首脑是作为贤妻良母被结合进权力政治,所以,南亚女首脑是家族政治的产物,家族出身最重要;东南亚女首脑是家族政治加上民主化的产物,家族出身和贤妻良母身份比较重要,个人能力并不

---

① Michael A. Genovese and Janie S. Steckenrider, *Women as Political Leaders: Studies in Gender and Governing*, New York: Routledge, 2013, pp. 68 - 69.

② Andrea Fleschenberg, "Asia's Women Politicians at the Top: Roaring Tigresses or Tame Kittens?" in Kazuki Iwanaga, eds., *Women's Political Participation and Representation in Asia: Obstacles and Challenges*, Copenhagen: NIAS Press, 2008, p. 45.

重要，但相对南亚，家族政治的影响有所淡化。

Ⅱ型和Ⅲ型女首脑是作为政治家和社会活动家被结合进政治，她们在男性支配的政治领域浸淫多年。西欧大洋洲女首脑是政党政治加上民主政治的产物，家族出身和女性身份并不重要，个人能力和政党身份最重要；北欧女首脑是女权运动加上民主政治的产物，家族出身并不重要，而个人能力、女性身份和政党身份比较重要。事实上，Ⅱ型和Ⅲ型女首脑或多或少呈现出男性特质或中性特征，并不强调自己的女性特质或贤妻良母身份。撒切尔夫人指出，"我不会在意我是一名女性，我将自己看作一位首相。"① 默克尔将她的东德人品性与科学家背景相结合，形成了一个很少带有女性特质的形象。

不论三种类型女首脑重视不重视自己的女性身份，当她们进入一向由男人支配的权力政治，掌握最高权力，总是引起民众的"激动"或"骚动"，这一反应本身，就表明人们认为女性出现在一向由男人主导的最高权力领域是"不正常"的。民众热衷于关注女首脑，从衣服到发型，从举止到演讲，还用对与男首脑不一样的标准谈论和评价她们，所以女首脑的共同点是都要面对双重困扰，尽管程度不一。强硬如撒切尔夫人，也不得不承认人们对男女政治家的双重标准："如果一位女性很强，那她是刺眼的。如果一位男性很强，天啊，他真的非常不错。"② 女首脑如果表现出得像一位典型的"女性"，比如流泪，就会被批评过于感性。但是，如果她是独断而自信的（典型的"男性"举止），她就会被贴上犀利、过于敏锐、不够"人性化"等标签。

余 论

20世纪80年代以来，越来越多的女政治领袖出现在政治舞台，东南亚女领袖是其中的重要组成部分，因为各国不同的民主化阶段和父权制状态，女领袖可分为三种类型，她们的上台路径、执政表现有较大差异。Ⅰ型女领袖主要借助家族政治，加上民主化的推动，进入政坛起点较高，

---

① *Daily Mirror*, March 1, 1980.
② H. Young, *One of Us*, London: Pan, 1990, p.543.

升迁迅速，进入权力顶层，她们的执政能力有高有低，执政风格有强有弱，受到的批评和质疑较多；Ⅱ型女领袖主要借助政党，从基层做起，竞选议会议员，进入内阁，担任党主席，最终登上权力顶峰，她们执政能力较强，执政风格有强硬，有强中有柔，较少受到质疑；Ⅲ型女领袖从基础社会活动起家，积累经验和人望，通过选举担任总统，她们的执政能力较强，较少受到质疑。

不论是何种类型女领袖，女性能登上一向由男子把持的权力顶峰，都引起极大的关注。一方面，她们会对更多女性起到激励作用。英·甘地成为总理，使印度女性认识到："如果英迪拉·甘地可以成为这个国家的总理，那么我们也都有机会。"[1] 在女性主义取得长足进步的欧美国家更是如此。另一方面，女首脑现象在不同程度上冲击了传统性别观念和性别秩序，民众逐渐习惯将女性执掌最高权力视为正常现象，使男政治家习惯与女政治家共事并接受她们的领导，这在欧美尤其如此。

---

[1] E. Bumiller, *May You be the Mother of a Hundred Sons*, New York: Fawcett Columbine, 1990, p. 151.

主要参考文献

一 言论集与回忆录

［缅］翁山苏姬著,黄梅峰译:《翁山苏姬:来自缅甸的声音》,时报文化出版企业股份有限公司1996年版。

［缅］昂山素季著,马肇元译:《民主——人类的共同遗产》,《信使》(联合国教科文组织中文版)1995年第6期。

［缅］昂山素季:《人权与缅甸》,http://blog.sina.com.cn/s/blog_82865e370100rr17.html,2011年7月27日。

［缅］昂山素季:《仰光演讲》,http://www.chinese-thought.org/ddpl/008707.htm,2010年11月14日。

［缅］昂山素季:《菩提树下最清凉》,《经济观察报·书评》2015年6月16日。

［美］贝丝·戴·罗慕洛著,李延陵、卢保江、温满玉译:《菲律宾政坛回忆》,广西人民出版社1987年版。

［印尼］苏哈托著,居三元译:《苏哈托自传——我的思想、言论和行动》,世界知识出版社1991年版。

Alan Clements, *The Voice of Hope: Aung San Sun Kyi Conversation with Alan Clements*, New York: Seven Stories Press, 1997.

Aung San Suu Kyi, *Freedom From Fear: and Other Writings (Second Edition with Additional material)*, London: Penguin Books Press, 1995.

Aung San Suu Kyi, *Aung San of Burma: A Biographical Portrait by His Daughter (Second Edition)*, Michigan: Kiscadale Publications Press, 1991.

Aung San Suu Kyi, "Let's Visit Burma", *Burke Books: Let's Visit Places and Peoples of the World*, London: Burke Publications Press, 1985.

Aung San Suu Kyi, *Burma and India: Some Aspects of Intellectual Life under Colonialism*, Michigan: Indian Institute of Advanced Study, Shimla, in Association with Allied Publishers, 1990.

Aung San Suu Kyi, "The True Meaning of BOH", *Asian Survey*, Vol. 31, No. 9 (Sep. 1991).

Gro Harlem Brundtland, *Madame Prime Minister: A Life in Power and Politics*, New York: Farrar, Straus and Giroux, 2002.

Indira Gandhi, *My Truth*, New York: Grove, 1980.

Megawati Soekarnoputri, "Pidato Ketua Umum DPP PDI: Menyambut HUT KE XXV PDI"(《印尼民主党中央委员会主席演讲：庆祝印尼民主党成立二十五周年》), Diperbanyak Oleh: S. Purwanto/K. Manurung, Januari 10, 1998, Jakarta.

Megawati Soekarnoputri, Bendera Sudah Saya Kibarkan: Pokok-pokok Pikiran Megawati (《梅加瓦蒂的主要思想：我已高举旗帜》), Jakarta: Pustaka Sinar Harapan, 1993.

Megawati Soekarnoputri, *Restoring Democracy, Justice, and Order in Indonesia: An Agenda for Reform*, Jakarta: not Published, 1997.

Wan Azizah, "Women in Politics: Reflections from Malaysia", *International IDEA*, 2002, Women in Parliament, Stockholm, http://www.idea.int.

二　中文论著

（一）中文著作

［菲］埃萨伯罗·克里索斯托莫著，施能济等译：《科丽·阿基诺传》，东方出版社1988年版。

［英］彼德·波凡姆著：《翁山苏姬》，庄安祺、范振光译，联经出版事业股份有限公司2012年版。

陈明华：《当代菲律宾经济》，云南大学出版社1999年版。

陈岳、吴秀慧：《阿基诺夫人》，中国妇女出版社1988年版。

范若兰：《东南亚女性的政治参与》，社会科学文献出版社2015年版。

葛怀宇：《梅加瓦蒂——千岛之国的名门女杰》，江苏人民出版社 2003 年版。

贺圣达等：《战后东南亚历史发展 1945—1994》，云南大学出版社 1995 年版。

贺圣达：《当代缅甸》，四川人民出版社 1993 年版。

金应熙主编：《菲律宾史》，河南大学出版社 1990 年版。

李晨阳：《军人政权与缅甸现代化进程研究（1962—2006）》，香港社会科学出版社有限公司 2009 年版。

李英桃：《社会性别视角下的国际政治》，上海人民出版社 2003 年版。

廖小健：《世纪之交的马来西亚》，世界知识出版社 2002 年版。

[缅]貌丁昂著，贺圣达译：《缅甸史》，云南省东南亚研究所 1983 年版。

[缅]貌貌著，赵维扬、李孝骥等译：《缅甸政治与奈温将军》，云南省东南亚研究所 1982 年版。

刘志杰编：《泰国总理塔信传奇》，世界知识出版社 2005 年版。

[美]露西·科米萨著，吴壬林等译：《女总统——科拉松·阿基诺》，黑龙江人民出版社 1988 年版。

[菲]尼克·华谨著，施雨、施迪夫译：《走进马拉卡楠宫：菲律宾总统阿罗约夫人传》，海潮摄影艺术出版社 2005 年版。

潘一宁、黄云静、尤洪波：《国际因素与当代东南亚国家政治发展》，中国社会科学出版社 2004 年版。

彭慧琳：《从女高管到女总理——英拉给女人的 8 堂成功课》，中国华侨出版社 2012 年版。

[马]邱武德著，王国璋、孙和声、黄进发、陈文煌合译：《超越马哈迪：大马政治及其不平之鸣》，燧人氏事业有限公司 2004 年版。

任一雄：《东亚模式中的威权政治：泰国个案研究》，北京大学出版社 2002 年版。

[美]塞缪尔·亨廷顿著，刘军宁译：《第三波——二十世纪末的民主化浪潮》，上海三联书店 1998 年版。

[美]塞缪尔·P.亨廷顿著，王冠华等译：《变化社会中的政治秩

序》，生活·读书·新知三联书店1996年版。

孙嘉莉：《科·阿基诺传》，黑龙江人民出版社1995年版。

孙小迎：《东南亚妇女》，广西人民出版社1995年版。

宋立道：《传统与现代化——变化中的南传佛教世界》，中国社会科学出版社2002年版。

宋立道：《神圣与世俗：南传佛教国家的宗教与政治》，宗教文化出版社2000年版。

田禾、周方冶主编：《列国志——泰国》，社会科学文献出版社2009年版。

温北炎、郑一省：《后苏哈托时代的印度尼西亚》，世界知识出版社2006年版。

吴文程：《政治发展与民主转型》，吉林出版集团有限责任公司2008年版。

邢继盛：《阿罗约夫人——才貌双全的东南亚铁娘子》，江苏人民出版社2003年版。

［美］詹姆斯·麦格雷戈·伯恩斯著，刘李胜等译：《领袖论》，中国社会科学出版社1996年版。

［菲］伊萨贝洛·克里索斯托莫著，水恒涌等译：《传奇式的女总统：阿基诺夫人传》，西北大学出版社1988年版。

周方冶：《王权·威权·金权——泰国政治现代化进程》，社会科学文献出版社2011年版。

张锡镇、宋清润：《泰国民主政治论》，中国书籍出版社2013年版。

朱幸福：《风云诡谲的菲岛政坛》，中国社会科学出版社2002年版。

（二）中文论文

陈文：《东南亚南亚为何频出女首脑?》，《东南亚纵横》2001年第12期。

陈岳、吴秀慧：《菲律宾总统阿基诺夫人》，《现代国际关系》1987年第2期。

陈波：《文武关系与民主转型——印度尼西亚个案研究（1998—2014）》，《东南亚研究》2016年第4期。

尔良：《教父"总统"瓦希德》，《世界知识》1999年第22期。

储昭根：《"铁娘子"阿罗约的起伏人生》，《检察风云》2012年第1期。

范若兰、陈妍：《东南亚民主化浪潮中的女领袖现象探析》，《东南亚研究》2012年第1期。

范若兰、陈妍：《掌权之后：东南亚女总统与民主转型的性别分析》，《妇女研究论丛》2012年第1期。

范若兰：《政治替代者与党内攀登者：东南亚和大洋洲女首脑比较研究》，《中山大学学报》2013年第3期。

范若兰：《父权制类型与女性政治参与模式分析：一个理论思考》，《思想战线》2015年第5期。

范若兰：《父权制松动和性别秩序变化对女性政治参与的影响——以东南亚国家为中心》，《东南亚研究》2014年第5期。

范若兰：《当代菲律宾家族政治与女性权力政治参与的关系》，《南洋问题研究》2014年第4期。

方拥华：《阿罗约连任及菲律宾内外政策走向》，《东南亚》2004年第3期。

加贝：《印尼政坛新亮点——梅加瓦蒂》，《世界知识》1999年第5期。

廖小健：《印尼内乱：梅加瓦蒂日子难过》，《世界知识》2003年第5期。

绿依：《瓦希德与梅加瓦蒂：印尼的"兄妹"政治》，《国际展望》2000年第21期。

李晨阳、陈茵：《影响缅甸民主化进程的主要政治势力》，《当代亚太》2006年第4期。

李晨阳：《昂山素季其人其事》，《世界知识》2012年第10期。

林锡星：《缅甸著名政治明星——昂山素姬》，《东南亚研究》1995年第5期。

林锡星：《昂山素季与缅甸政治》，《东南亚研究》2002年第4期。

林锡星：《缅甸与昂山素季的未来》，《南方周末》2003年11月20日。

林锡星：《试析昂山素季对缅甸军政权态度的转变》，《东南亚研究》

2004 年第 1 期。

林锡星：《美缅关系的趋缓与缅甸政治生态探析》，《东南亚研究》2009 年第 6 期。

陆建人：《英拉下台背后的隐情》，《环球人物》2014 年第 13 期。

罗梅：《浅论科拉松·阿基诺夫人》，《东南亚纵横》1994 年第 4 期。

马燕冰：《印尼新总统梅加瓦蒂》，《国际资料信息》2001 年第 8 期。

麦棠源：《梅加瓦蒂：沉默的雌狮》，《21 世纪》2001 年第 7 期。

麦棠源：《梅加瓦蒂执政 100 天：印尼前途充满荆棘》，《瞭望新闻周刊》2001 年第 46 期。

孟庆顺：《菲南和平进程的回顾与思考》，《南洋问题研究》2008 年第 4 期。

［缅］敏辛：《缅甸为改变而投票——权力再分配》，《南洋资料译丛》2016 年第 3 期。

木生：《昂山素季在当前缅甸政治中的角色》，《东南亚研究》1997 年第 1 期。

沈红芳：《埃斯特拉达：菲律宾特色民主的产物和替罪羊》，《南洋问题研究》2001 年第 2 期。

宋清润：《泰国首位女总理英拉》，《国际资料信息》2011 年第 8 期。

孙小迎：《东南亚"水"文化承载着的两位女总统——科拉松·阿基诺和梅加瓦蒂主政随想》，《东南亚纵横》2002 年第 3 期。

孙小迎：《少了梅加瓦蒂，印尼大选不会这么精采》，《东南亚纵横》1999 年第 4 期。

唐昀：《在民主的浪潮中成长——印尼民主斗争党领袖梅加瓦蒂》，《国际展望》1999 年第 15 期。

天桥：《梅加瓦蒂与阿罗约：谁更像谁？》，《国际展望》2001 年第 9 期。

王冠兴：《缅甸民盟政府的国家治理及面临的挑战》，《东南亚研究》2017 年第 2 期。

王子昌：《权力的合法性：菲律宾政权更迭的政治学分析》，《东南亚研究》2001 年第 3 期。

王子昌：《缅甸民盟的胜选及其执政难题》，《东南亚研究》2016 年第 2 期。

王孜:《缅甸国务资政昂山素季》,《国际研究参考》2017 年第 1 期。

温北炎:《梅加瓦蒂政府的国内外政策走势》,《当代亚太》2002 年第 3 期。

魏抗抗:《昂山素季与缅甸政治发展》,硕士学位论文,云南大学,2006 年。

吴钦、魏华:《昂山素季 在总统之上》,《领导文萃》2016 年第 16 期。

武文侠:《对印尼大选及大选后国内形势的分析》,《国际论坛》2005 年第 1 期。

武文侠:《亚齐独立运动的历史背景及其前景展望》,《国际论坛》2004 年第 4 期。

夏峰:《维护国家团结 摆脱经济困境——梅加瓦蒂政府的政策走向》,《当代世界》2001 年第 9 期。

夏峰:《从大家闺秀到炙手可热的总统候选人——印尼民主斗争党总主席梅加瓦蒂》,《当代世界》1999 年第 8 期。

薛晨:《戏剧性的变数 最理想的组合——印尼总统选举评析》,《国际展望》1999 年第 20 期。

张洁:《从亚齐分离运动看印尼的民族分离主义问题》,《当代亚太》2000 年第 7 期。

张洁:《腐败问题与印尼执政党的更迭》,《当代亚太》2005 年第 5 期。

赵洋:《阿罗约:菲律宾"铁娘子"的未来之路》,《国际纵横》2012 年第 1 期。

赵阳:《以昂山素季为例分析政治家的新闻形象塑造》,《传播与版权》2015 年第 7 期。

杨讴:《美丽 智慧 贤淑:英拉的三个侧面》,《环球人物》2014 年第 13 期。

杨潇:《追求修复式的正义——对话昂山素季》,《南方人物周刊(封面人物)》2012 年 2 月 13 日第 4 期,总第 287 期。

杨潇:《素季的国度》,《南方人物周刊(封面人物)》2012 年 2 月 13

日第 4 期，总第 287 期。

于景浩：《几代人积累财富，三总理来来去去：西那瓦家族未完的传奇》，《环球人物》2014 年第 13 期。

曾莫休：《亚洲第一位女总统：阿基诺夫人的崛起》，《东南亚研究》1988 年第 1 期。

曾莫休：《科·阿基诺政府进入第三年》，《东南亚研究》1988 年第 2 期。

周方冶：《泰国首位女总理的三大考验》，《人民论坛》2011 年 8 月。

周方冶：《泰国政治权力结构调整的动力、路径与困境》，《东南亚研究》2011 年第 2 期。

邹娅妮：《困境中的英拉政府与泰国的"民主政治"》，《人民公仆》2014 年第 3 期。

庄礼伟：《亚洲"政治"超女现象》，《南方人物周刊》2007 年 2 月 1 日。

庄礼伟：《"弱国家"现状下梅加瓦蒂的选择》，《领导科学》2003 年第 15 期。

三 外文论著

（一）英文著作

Aazar Ayaz and Andrea Fleschenberg, eds., *The Gender Face of Asian Politics*, Oxford: Oxford University Press, 2009.

Alton Grizzle, *Gender-Sensitive Indicators for Media: Framework of Indicators to Gauge Gender Sensitivity in Media Operations and Content*, New York: UNESCO, 2012.

Angus McIntyre, *The Indonesian Presidency: The Shift from Personal toward Constitutional Rule*, Lanham: Rowman & Littlefield Publishers, 2005.

Angus McIntyre, *In Search of Megawati Sukarnoputri*, Clayton: Centre of Southeast Asian Studies, Monash University, 1997.

Barbara Victor, *The Lady: Aung San Suu Kyi: Nobel Laureate and Burma's Prisoner*, London: Faber and Faber, 1998.

Christopher John Baker and Pasuk Phongpaichit, *A History of Thailand*,

London: Cambridge University Press, 2009.

Claude A. Buss, *Cory Aquino and the People of the Philippines*, Calif.: Stanford Alumni Association, 1987.

Claudia Derichs & Mark R. Thompson, eds. , *Dynasties and Female Political Leaders in Asia: Gender, Power and Pedigree*, Berlin: LIT VERLAG Dr. W. Hopf, 2013.

Clinton Bennett, *Muslim Women of Power: Gender, Politics and Culture in Islam*, London: A&C Black, 2010.

Dagmar Hellmann-Rajanayagam and Andrea Fleschenberg, eds. , *Goddesses, Heroes, Sacrifices: Female Political Power in Asia*, Manster LIT Verlg, 2008.

Damien Kingsbury, *The Presidency of Abdurrahman Wahid: An Assessment after the First Year*, Melbourne: Monash University, 2001.

David Wurfel, *Filipino Politics: Development and Decay*, New York: Conell University, 1988.

Drude Dahlerup and Monique Leyenaar, eds. , *Breaking Male Dominance in Old Democracies*, Oxford: Oxford University Press, 2013.

Duncan McCargo, *Reforming Thai politics*, Denmark: Nordic Institute of Asian Studies, 2002.

Duncan McCargo, *Ukrit Patthamānan, The Thaksinization of Thailand*, Denmark: NIAS Press, 2005.

Edward Aspinall, Greg Fealy, *Local Power and Politic in Indonesia: Decentralisation & Democratisation*, Singapore: Institute of Southeast Asian Studies, 2003.

Edward Aspinall, *Opposing Suharto: Compromise, Resistance, and Regime Change in Indonesia*, California: Stanford University Press, 2005.

Federico Ferrara, *Thailand Unhinged: The Death of Thai-Style Democracy*, London: Equinox Publishing, 2011.

Francine D'Amico and Peter R. Beckman eds. , *Women in World Politics: An Introduction*, Westport, CT: Bergin & Garvey, 1995.

Friedrich Ebert Stiftung, *Southeast Asian Women in Politics and Decision-*

Making, Ten Years after Beijing: Gaining Ground? Manila: Friedrich Ebert Stiftung, 2004.

G. Minault, ed., *The Extended Family: Women and Political Participation in India and Pakistan*, Delhi: Chanakya Publications, 1989.

Gustaaf Houtman, *Mental Culture in Burmese Crisis Politics: Aung San Suu Kyi and the National League for Democracy*, Tokyo: Tokyo University of Foreign Study, 1999.

H. S. Astin & C. Leland, *Women of Influence, Women of Vision*, San Francisco: Jossey-Bass, 1991.

Hadi Soesastro, Anthony L. Smith and Han Mui Ling, *Governance in Indonesia: Challenges Facing the Megawati Presidency*, Singapore: Institute of Southeast Asian Studies, 2003.

Hiroko Iwami Malott, *Struggle for Justice: The Story of Dr. Wan Azizah Wan Ismail of Malaysia*, Kuala Lumpur: IUniverse, 2005.

Isabelo T. Crisostomo, *Cory-Profile of a President: The Historic Rise to Power of Corazon Cojuangco Aquino*, MA: Branden Pub. Co., 1987.

James Ockey, *Making Democracy: Leadership, Class, Gender, and Political Participation in Thailand*, Hawaii: University of Hawaii Press, 2004.

Joaquin G. Bernas, *A Living Constitution, the Troubled Arroyo Presidency*, Manila: Ateneo de Manila University Press, 2007.

John Parenteau, *Prisoner for Peace: Aung San Suu Kyi and Burma's Struggle for Democracy*, Greensboro: Morgan Reynolds, 1994.

Karen O'Connor, ed., *Gender and Women's Leadership: A Reference Handbook*, London: SAGE Publications, Inc., 2010.

Karen Ross, *Women, Politics, and Change*, New York: Oxford University Press, 2002.

Kathleen Nadeau, *The History of the Philippines*, London: Greenwood Press, 2008.

Kathryn Robinson, Sharon Bessell eds., *Women in Indonesia: Gender, Equity and Development*, Singapore: Institute of Southeast Asian Studies, 2002.

Kazuki Iwanaga, ed., *Women's Political Participation and Representation* in Asia: Obstacles and Challenges, Copenhagen: NIAS Press, 2008.

Kazuki Iwanaga, ed., Woman and Politics in Thailand: Continuity and Change, Denmark: NIAS Press, 2008.

Leo Suryadinata, Elections and Politics in Indonesia, Singapore: Institute of Southeast Asian Studies, 2002.

Lucy Komisar, Corazon Aquino: The Story of a Revolution, New York: G. Braziller, 1987.

Mario D. Zamora, Donald J. Baxter and Robert Lawless, Social Change in Modern Philippines: Perspective, Problem, and Prospects, Manila: Rex Book Store, 1982.

Michael A. Genovese, ed., Women as National Leaders, London: SAGE Publications, 1993.

Michael A. Genovese and Janie S. Steckenrider, Women as Political Leaders: Studies in Gender and Governing, New York: Routledge, 2013.

Mikio Oishii, Aung San Suu Kyi's Struggle: It's Principles and Strategy, Penang: Just World Trust, 1997.

Mina Roces, Women, Power, and Kinship Politics: Female Power in Postwar Philippines, Westport, CT: Praeger, 1998.

Lewis Simons, Worth Dying for, New York: Willian Morrow, 1987.

Paz Policarpio Mendez and F. Landa Jocano, The Filipino Family in Transition: A Study in Culture and Education, Manila: Centro Escolar University Research and Development Center, 1984.

Peter Popham, The Lady and the Peacock: The Life of Aung San Suu Kyi, New York: The Experiment Publishing, 2012.

R. Murray, ed., Cracking the Highest Glass Ceiling, Santa Barbara, CA: ABC-CLIO, 2010.

Rena Pederson, The Burma Spring: Aung San Suu Kyi and New Struggle for the Soul of a Nation, New York and London: Pegasus Books, 2015.

Robert H. Reid and Eileen Guerrenro, Corazon Aquino and the Brushfire Revolution, Baton Rouge: Louisiana State University Press, 1995.

Sonja van Wichelen, Religion, Politics and Gender in Indonesia: Disputing *the Muslim Body*, London: Routledge, 2010.

Soren Ivarsson and Lotte Isager, eds. , *Saying the Unsayable: Monarchy and Democracy in Thailand*, Denmark: Nordic Institute of Asian Studies, 2010.

Suwanna Satha-Anand ed. , *Women's Studies in Thailand: Power, Knowledge and Justice*, Seoul: Ewha Woman's University Press, 2004.

Thak Chaloemtiarana, *Thailand: The Politics of Despotic Paternalism*, New York: Cornell Southeast Asia Program Publications, 2007.

Thomas W. Rokinson ed. , *Democracy and Development in East Asia: Taiwan, South Korea, and the Philippines*, Washington D. C. : American Enterprise Institute, 1991.

W. Rosenbach and R. Taylor, eds. , *Contemporary Issues in Leadership*, CO: Westview Press, 1989.

Whitney Stewart, *Aung San Suu Kyi: Fearless Voice of Burma*, Minneapolis: Lerner Publications, 1997.

William Case, *Routledge Handbook of Southeast Asian Democratization*, London: Routledge, 2014.

（二）英文论文

Ben Reid, "Historical Blocs and Democratic Impasse in the Philippines: 20 Years after 'People Power'", *Third World Quarterly*, Vol. 27, No. 6, 2006.

"Beginner's Yingluck", *Business Asia*, July 11th 2011.

Bertil Lintner Source, "The Battle for Thailand: Can Democracy Survive?" *Foreign Affairs*, Vol. 88, No. 4, July/August 2009.

Björn Dressel and Marcus Mietzner, "Tale of Two Courts: The Judicialization of Electoral Politics in Asia", *Governance*, Vol. 25, No. 3, July 2012.

Björn Dressel, "Thailand's Elusive Quest for a Workable Constitution, 1997–2007", *Contemporary Southeast Asia*, Vol. 31, No. 2, August 2009.

Björn Dressel, "When Notions of Legitimacy Conflict: The Case of Thailand", *Politics & Policy*, Vol. 38, No. 3, 2010.

Carolina S. Ruiz Austria, "The Church, the State and Women's Bodies in the Context of Religious Fundamentalism in the Philippines", *Reproductive*

Health Matters, Vol. 12, No. 24, November 2004.

Catharin Dalpino, "Thailand in 2011: High Tides and Political Tensions", Asian Survey, Vol. 52, No. 1, 2012.

Clifton Sherrill, "PromotingDemocracy: Results of Democratization Efforts in the Philippines", Asian Affairs, Vol. 32, No. 4, 2006.

Dorothy Friesen, "The Women's Movement in the Philippines", National Women's Studies Association Journal, Vol. 1, No. 4, 1989.

Eiji Oyamada, "President Gloria Macapagal-Arroyo's Anti-Corruption Strategy in the Philippines: An Evaluation", Asian Journal of Political Science, Vol. 13, No. 1, June 2005.

Greta Ai-Yu Niu, "Wives, Widows, and Workers: Corazon Aquino, Imelda Marcos, and the Filipina 'Other'", National Women's Studies Association Journal, Vol. 11, No. 2, 1999.

James Ockey, "Thailand in 2012: Reconciling a New Normal", Asian Survey, Vol. 53, No. 1, January/February 2013.

James Ockey, "Thailand in 2013: The Politics of Reconciliation", Asian Survey, Vol. 54, No. 1, January/February 2014.

Jaylyn Silvestre, "The Rise of Women Leaders in the Philippines: A Study of Corazon Aquino and Gloria Macapagal-Arroyo", The Berkeley McNair Research Journal, 2001.

John L. Linantud, "The 2004 Philippine Elections: Political Change in an Illiberal Democracy", Contemporary Southeast Asia, Vol. 7, No. 1, April 2005.

Josef Silverstein, "The Idea of Freedom in Burma and the Political thought of Daw Aung San Suu Kyi", Pacific Affairs, Vol. 69, No. 2, Summer, 1996.

J. P, Shinawatra, "Yingluck", Current Biography, October 2011.

Linda K. Richter, "Exploring Theories of Female Leadership in South and Southeast Asia", Pacific Affairs, Vol. 63, No. 4, 1990 - 1991.

Mark R. Thompson, "Female Leadership of Democratic Transitions in Asia", Pacific Affairs, Vol. 75, No. 4 (Winter, 2002 - 2003).

Myrna S. Feliciano, "Law, Gender, and the Family in the Philippines", Law and Society Review, Vol. 28, No. 3, 1994.

Nathan Gilbert, "The Philippines: Political Parties and Corruption", *Southeast Asian Affairs*, 2007.

Pasuk Phongpaichit and Chris BakerSource, "Reviving Democracy at Thailand's 2011 Election", *Asian Survey*, Vol. 53, No. 4, July/August 2013.

Patricio N. Abinales, "The Philippines: Weak State, Resilient President", *Southeast Asian Affairs*, 2008.

Paul D. Hutchcroft, "The Arroyo Imbroglio in the Philippines", *Journal of Democracy*, Vol. 19, No. 1, January 2008.

Perry Schmidt-Leukel, "Buddhism and the Idea of Human Rights: Resonances and Dissonances", *Buddhism-Christian Studies*, Vol. 26 (2006).

Renato Cruz De Castro, "The 1997 Asian Crisis and the Revival of Populism/Neo-Populism in 21st Century Philippine Politics", *Asian Survey*, Vol. 47, No. 6, November/December 2007.

Rounaq Jahan, "Women in South Asian Politics", *Third World Quarterly*, No. 3, 1987.

Seibel, Lydia, "Review: Women and Politics in Thailand: Continuity and Change", *Journal of Current Southeast Asian Affairs*, Vol. 29, No. 1, 2010.

Sir V. S. Naipaul, "Keeping Sukarno's Promise? Megawati's Indonesia", *The Brown Journal of World Affairs*, Spring 2002 – Volume IX, Issue 1.

Tin Maung Maung Than, "Myanmar in 2001", *Asia Survey*, Vol. XLII, No. 1, January/February 2002.

（三）印尼语专著

A. Malik Haramain, *Gus Dur, Militer, dan Politik*（《瓦希德、军事和政治》），Yogyakarta: PT LKIS Pelangi Aksara, 2004。

Ade Ma'ruf, *Megawati Soekarnoputri: Riwayat Pribadi dan Politik Putri Bung Karno*（《梅加瓦蒂·苏加诺普特丽：生平与苏加诺家族政治》），Yogyakarta: Ar-Ruzz Media, 2013。

Adian Husaini, *Presiden Wanita: Pertaruhan Sebuah Negeri Muslim*（《女总统：一个穆斯林国家的赌注》），Jakarta: Darul Falah, 2001。

Agus Siswantoro, *Membongkar Kudatuli, Menggugat Megawati: Kesaksian Agus Siswantoro, Ketua GP 27 Juli*（《追责梅加瓦蒂：7月27日青年运动主

席阿古斯的证词》），Jakarta: Gerakan Pemuda 27 Juli 1996, 2004。

Ana Sabhana Azmy, *Negara dan Buruh Migran Perempuan: Menelaah Kebijakan Perlindungan Masa Pemerintahan Susilo Bambang Yudhoyono 2004–2010* （《国家和女性移民劳工：2004—2010 年苏希洛·班邦·尤多约诺执政期间的保护政策研究》），Jakarta: Yayasan Pustaka Obor Indonesia, 2012。

Andi Setiono Dll, *Tragedi Megawati: Revisi Politik Massa di Indonesia* （《梅加瓦蒂的悲剧：回顾印尼的大众政治》），Yogyakarta: Tarawang Press, 2000。

Ani Widyani Soetjipto, *Politik Perempuan Bukan Gerhana: Esai-Esai Pilihan* （《精选论文：女性政治不是困境》），Jakarta: Penerbit Buku Kompas, 2005。

Derek Manangka, *Jurus dan Manuver Politik Taufiq Kiemas: Memang Lidah Tak Bertulang* （《陶菲克·马基斯的政治姿态与机动：三寸不烂之舌》），Jakarta: Gramedia Pustaka Utama, 2009。

Dibyo Soemantri Priambodo, *Monolog Kang Sastro: Sebuah Renungan tentang Berbagai Peristiwa dan Perilaku Anak Manusia* （《萨斯特罗的独白：对各种事件和人类行为的反思》），Yogyakarta: Media Pressindo, 2004。

Freddy Ndolu, A. Az. Lestaluhu, *Dia: Sebentuk Potret Diri Megawati Soekarnoputri* （《她：梅加瓦蒂·苏加诺普特丽的个人形象》），Jakarta: Magnum Pub, 2004。

Giebels, Lambert, *Soekarno: Biografi 1901–1950* （《苏加诺：1901—1950 年传记》），Jakarta: PT Gramedia Widiasarana Indonesia, 2001。

H. Syofyan Saad, *Indonesia dalam Era Gus Dur dan Mega* （《瓦希德和梅加瓦蒂时期的印尼》），Jakarta: Uhamka Press, 2003。

Hasrullah, *Megawati Dalam Tangkapan Pers* （《镜头下的梅加瓦蒂》），Yogyakarta: LKIS, 2001。

Hubungan Sipil dan Militer Era Megawati （《梅加瓦蒂时期的军民关系》），Jakarta: Pusat Penelitian Politik, Lembaga Ilmu Pengetahuan Indonesia, 2005。

Imran Hasibuan, *Muhammad Yamin, dkk, Menjaga Rumah Kebangsaan: Jejak Langkah Politik Taufiq Kiemas* （《维护国家与民族：陶菲克·基马斯

的政治足迹》), Jakarta: Q Communication, 2009。

Imran Hasibuan, *Muhammad Yamin, Empat Pilar Untuk Satu Indonesia: Visi Kebangsaan Dan Pluralisme Taufiq Kiemas* (《一个印尼的四大支柱: 陶菲克·基马斯民族与多元主义的愿景》), Jakarta: Q-Communication, 2011。

Kristin Samah, *Megawati dalam Catatan Wartawan Bukan Media Darling Biasa* (《访谈中的梅加瓦蒂, 不是媒体的宠儿》), Jakarta: Gramedia Pustaka Utama, 2017。

L. Misbah Hidayat, *Reformasi Administrasi: Kajian Komparatif Pemerintahan Tiga Presiden, Bacharuddin Jusuf Habibie, Abdurrahman Wahid, dan Megawati Soekarnoputri* (《哈比比、瓦希德和梅加瓦蒂: 三位总统的执政比较研究》), Jakarta: Gramedia Pustaka Utama, 2007。

Megawati Membangun Negeri (《梅加瓦蒂建设国家》), Jakarta: Komunitas Peduli Komunikasi, 2004。

Megawati Soekarnoputri: Pantang Surut Langkah (《梅加瓦蒂·苏加诺普特丽: 几起几落》), Jakarta: Institut Studi Arus Informasi, 1996。

Mohamad Sobary, *Tak Ada Jalan Pintas: Perjalanan Panjang Seorang Perempuan* (《没有捷径: 一位女性的人生成长之路》), Jakarta: Antara Pustaka Utama, 2003。

Muin Kubais Madzeen ed., *Megawati Soekarno Putri: Menolak Politik Anti Nurani* (《梅加瓦蒂·苏加诺普特丽: 反对违心政治》), Yogyakarta: BIGRAF Pubilishing, 1999。

Mukhlisin, Damarhuda, *Ratu Adil dan Perjalanan Spiritual Megawati* (《公平女王与梅加瓦蒂的精神之路》), Yogyakarta: Yayasan Purbakala, 1999。

Pataniari Siahaan, *Api Perjuangan Rakyat: Kumpulan Tulisan Terpilih Bung Karno* (《人民斗争的星星之火: 苏加诺文集精选》), Jakarta: Lembaga Kajian Ekonomi Politik, 2002。

Rendro Dhani, *Centang-Perenang Manajemen Komunikasi Kepresidenan: Dari Soekarno sampai Megawati* (《执政沟通与管理: 从苏加诺到梅加瓦蒂》), Jakarta: LP3ES, 2004。

Rusdi Muchtar, *Megawati Soekarnoputri, Presiden Republik Indonesia* (《梅加瓦蒂·苏加诺普特丽: 印度尼西亚共和国总统》), Depok:

Rumpun Dian Nugraha-Gema Pesona Depok, 2002。

Soedjono Dirdjosisworo, *Megawati Dalam Babar Sejarah Pemimpin Perempuan Indonesia*（《印尼女性领袖历史上的梅加瓦蒂》），Bandung: Mandar Maju, 2001。

Soekarno, *Sarinah: Kewadjiban Wanita Dalam Perdjoangan Republik Indonesia*（《萨琳娜：女性在印度尼西亚共和国斗争中的义务》），Jakarta: Oesaha, 1947。

Sumarno, *Megawati Soekarnoputri: dari Ibu Rumah Tangga sampai Istana Negara*（《梅加瓦蒂·苏加诺普特丽：从家庭主妇到总统府》），Depok: PT Rumpun Dian Nugraha, 2002。

Syamsu Hadi, *Presiden Megawati, Liku-liku Kehidupan VIII: Menyelamatkan Kapal Yang Nyaris Karam*（《梅加瓦蒂总统人生的变幻第8册：拯救危难之中的国家》），Jakarta: Pustaka Simponi, 2004。

Tio, M., *Megawati Dimata Politisi: 25 Dalil Menolak Mega Jadi Presiden*（《政客眼中的梅加瓦蒂：拒绝梅加瓦蒂当总统的25个理由》），Jakarta: Garuda Ijo, 2001。

Tjahjo Kumolo, Dkk, *Megawati Soekarnoputri: Presiden Pilihan Rakyat*（《梅加瓦蒂·苏加诺普特丽：人民选择的总统》），Jakarta: Global Publika Bekerja Sama Dengan Yayasan Kawula Alit Nusantara, 2004。

Tjipta Lesmana, *Dari Soekarno Sampai SBY: Intrik & Lobi Politik Para Penguasa*（《从苏加诺到苏希洛·班邦·尤多约诺：各统治者的阴谋和政治游说》），Jakarta: Gramedia Pustaka Utama, 2009。

Trimedya Panjaitan dan Imran Hasibuan, *Gelora Kebangsaan Tak Kunjung Padam 70 Tahun Taufiq Kiemas*（《70岁的陶菲克·基马斯民族精神不减》），Jakarta: Q-Communication, 2013。

Warjio, Ph. D., *Politik Belah Bambu Jokowi: Dari Mafia Politik Sampai Islamfobia*（《佐科维的分而治之政治：从政治黑手党到伊斯兰恐惧症》），Yogyakarta: Puspantara, 2015。

Yafet Kambai, *Gerakan Papua Merdeka Di Bawah Bayang-Bayang Mega-Haz: Tentang Nasib Perjuangan Hak Asasi Manusia dan Demokrasi di Papua Barat*（《梅加瓦蒂—哈姆扎时期巴布亚独立运动：西巴布亚民主与人权的

斗争命运》), Jayapura: Elsham Papua, 2003。

Yayasan Kawula Alit Nusantara, *Gajah di Pelupuk Mata Tak Tampak: Keberhasilan Tiga Tahun Pemerintahan Megawati Soekarnoputri* (《一叶障目: 梅加瓦蒂·苏加诺普特丽执政三年的成果》), Jakarta: Yayasan Kawula Alit Nusantara, 2004。

Yvonne de Fretes, Rita Sri Hastuti, *Megawati: Anak Putra Sang Fajar* (《梅加瓦蒂: 曙光之女》), Jakarta: Gramedia Pustaka Utama, 2012。

Zainun Ahmadi, Rahadi Zakaria, *Mereka Bicara Mega* (《他们口中的梅加瓦蒂》), Jakarta: Yayasan Paragraf, 2008。

(四) 印尼语论文

Anas Hasyimi Dll, "Konteks Politik Pemilu Tahun 1999 di Indonesia" (《1999年印尼大选的政治背景》), Tugas Kelompok, *Mata Kuliah Politik Pemilihan Tingkat Nasional dan Daerah*, Universitas Brawijaya, 2015。

Arbi Sanit, "Manuver Politik Megawati" (《梅加瓦蒂的政治策略》), *Adil*, 23-39 April 1997。

Cornelis Lay, "KLB PDI" (《印尼民主党的临时大会》), *Gatra*, 8 Juni 1996。

Eep Saefulloh Fatah, "Kepemimpinan Megawati dan Intervensi Negara" (《梅加瓦蒂的领导力和国家干预》), *Republika*, 24 Juni 1995。

Eep Saefulloh Fatah, "Mega Tiada Mega Ada" (《梅加瓦蒂没有, 梅加瓦蒂有》), *Adil*, 14-20 Mei 1997。

Hadi Mustafa, "Kepemimpinan Karismatik: Studi Tentang Kepemimpinan Politik Megawati Soekarnoputri Dalam PDIP Partai Demokrasi Indonesia Perjuangan" (《超凡领导力: 梅加瓦蒂·苏加诺普特丽在印尼民主斗争党中的政治领导力研究》), Skripsi, Program Studi Ilmu Politik Fakultas Ilmu Sosial Dan Ilmu Politik Universitas Islam Negeri Syarif Hid Ayatullah, 2011。

Muhammad A. S. Hikam, "Nasib PDI Pasca 27 Juli" (《7月27日后印尼民主党的命运》), *D&R*, 17 Agustus 1996。

Usman MS, "Kongres PDI Medan: Refleksi Sebuah Kepentingan" (《印尼民主党棉兰大会: 利益的反映》), *Fajar*, 16 Juni 1996。

后　记

　　暑假被认为是教师的休闲之时，但这只是局外人的想象，对于高校教师来说，暑假是最好的学术时间，因为没有上课、会议和杂事的烦扰，我们可以有完整的、大块的、安静的时间从事研究。现在，《东南亚女政治领袖研究》伴随着2017年暑假的酷热，在珠海50多年一遇的14级台风过后，终于杀青。

　　这本书是拙著《东南亚女性的政治参与》的姊妹篇，也是我与学生们合作的产物。早在2010年我申请到教育部项目《东南亚女性政治参与研究》，就开始进行东南亚国家女性大众政治参与和权力参与的研究，包括对女领袖的研究，同时指导硕士生以科·阿基诺、昂山素季、阿罗约夫人、英拉为题，进行硕士论文写作。2015年出版的《东南亚女性的政治参与》梳理和分析了女性大众政治参与和权力政治参与，并在第八章对东南亚女领袖进行综合研究。我认为，东南亚女政治领袖是世界女领袖的重要组成部分，值得深入研究，既要研究其共性，也要研究其差异，因此有了出版一本东南亚女政治领袖研究的设想。

　　本书在数篇硕士论文基础上进行了重新修改，补充了最新资料和内容，并增加了导论、第六章和第七章，以加强理论建构和探讨。各章节分工如下：

　　导论　　范若兰
　　第一章　陈妍　李紫薇（第二节）
　　第二章　香宇
　　第三章　潘玥
　　第四章　罗壮雄　范若兰（第一节）

第五章 范若兰 郑晴云（收集资料）

第六章 范若兰

师生合作进行研究，是一种奇妙的体验，人说教学相长，我们是研学相长，希望以此方式，能更好地培养学生的科研能力。

期望得到方家指正。

范若兰
2017 年 8 月于中山大学珠海校区
fanrl@mail.sysu.edu.cn